Social Work in Health Care

의료사회복지론

송효석, 조성상, 이기주, 이동영, 정대희 공저

신정

머리말

Preface

오늘날 우리의 의료 환경은 이전과는 비교할 수 없을 만큼 복잡하고 역동적으로 변화하고 있습니다. 평균 수명의 연장으로 만성질환과 복합 질환 유병률이 급증하고 있고, 첨단 의학 기술은 환자의 생명을 연장시키는 동시에 치료 과정과 퇴원 후의 삶에 대한 근본적인 질문을 던지고 있습니다. 특히, 질병 자체가 가져오는 고통 외에도 돌봄 부담, 경제적 어려움, 심리적 소외, 사회적 단절 등의 문제는 환자와 그 가족의 삶의 질을 심각하게 위협하는 주요 요인이 되었습니다.

이제 의료는 단순히 생물학적 치료 영역에 국한될 수 없으므로 환자를 질병을 가진 유기체로 보는 시각을 넘어, 사회적 맥락 속에 놓인 총체적인 한 인간으로 이해하는 전인적(Holistic) 접근이 절실합니다. 특히 고령화 사회의 심화는 장기 요양 및 돌봄 서비스에 대한 수요를 폭발적으로 증가시켰고 건강 불평등 또한 우리 사회의 심각한 문제로 점차 인식되고 있습니다. 그리고 치료의 성공여부에 대한 판단은 질병의 완치 여부뿐만 아니라 환자가 질병을 겪으며 얼마나 인간다운 삶을 회복했는지로 평가하는 패러다임으로 변화되고 있습니다.

이러한 변화 속에서, 인간의 사회적 기능에 초점을 맞추는 의료사회복지사의 전문성은 미래 의료의 핵심 동력이 될 것이며 지역사회 통합 돌봄(커뮤니티 케어), 정신 건강 증진, 호스피스 · 완화 의료 분야 등에서의 의료사회복지사의 역할은 양적, 질적으로 크게 확대될 것입니다.

이 책은 급변하는 의료 환경에서 요구되는 이론적 토대와 실제적 지침을 제공하기 위해 집필되었습니다. 의료사회복지의 핵심 개념과 역사부터, 실제 임상 현장에서의 개입 모델, 그리고 주요 질환 및 대상별 실천 기술에 이르기까지 폭넓은 내용을 체계적으로 담아내고자 노력했습니다. 또한 이 책은 저자들이 함께 집필한 「의료사회복지실천론」을 기본으로 하되 데이터의 최신화 및 의료환경의 변화에 따른 관련 이슈에 대한 보완 작업을 거쳐 신간으로 발간하게 되었습니다. 아무쪼록 이 책을 통해 의료사회복지사로서의 전문적 정체성을 확립하고, 환자의 고통에 깊이 공감하며 따뜻한 실천력을 갖춘 전문가로 성장하는 데 견고한 밑거름이 되기를 진심으로 희망합니다.

이 책의 집필에 함께한 조성상 교수님, 이동영 교수님, 이기주 팀장님, 정대희 팀장님께 감사드리며 원활하게 집필 작업이 진행될 수 있도록 애써주신 도서출판 신정 직원 여러분들께 저자를 대표하여 감사드립니다.

2026년 1월

저자 대표 송효석

차례

Contents

Chapter 02 의료사회복지에서의 윤리문제

Chapter 03 우리나라의 의료보장제도

Chapter 04 의료사회복지사의 직무와 서비스 품질에 대한 보증

Chapter 05 의료사회복지 대상자의 문제와 욕구

Chapter 06 의료사회복지 실천과정

Chapter 07 의료사회복지 실천기술

Chapter 09 집단 프로그램과 지지집단

Chapter 10 의료사회복지 실천사례

Chapter 12 호스피스 · 완화의료와 연명의료결정

Chapter 13 의료사회복지활동의 미래와 과제

Chapter

01 의료사회복지의 기본적 이해

1. 건강 및 질병에 대한 이해
2. 의료사회복지에 대한 기본적 이해(개념 및 관점)
3. 의료사회복지에 필요한 지식과 기술
4. 의료사회복지의 역사적 발전과정

Chapter 01

의료사회복지의 기본적 이해

이 장에서는 다음과 같은 질문들을 다루고 있다.
첫째, 의료사회복지란 무엇인가?
둘째, 의료사회복지를 이해하는 데 필요한 지식과 기술은 무엇인가?
셋째, 주요국의 의료사회복지 발전과정은 어떠하고, 우리나라에 주는 역사적 교훈은 무엇인가?

1. 건강 및 질병에 대한 이해

1) 건강 및 질병의 의미

'건강은 무엇인가? 건강하다는 것은 무었을 의미하는가?' 이에 대한 답으로 사람들이 흔히 떠올리는 답은 '아픈 데 없는 것, 혹은 몸에 질병이 없는 것'이라 할 것이다. 물론 틀린 말은 아니다. 하지만 앞의 답은 건강의 의미를 일부만 반영한 답이라 하겠다. 건강(health)은 단지 몸이 아프지 않다는 것 이상의 의미를 내포하고 있기 때문이다.

세계보건기구(World Health Organization: WHO)의 정의에 따르면, "건강이란 신체적, 정신적, 사회적, 영적으로 완전한 안녕의 상태이며, 단지 질병이 없거나 허약하지 않은 상태만을 의미하지 않는다(Health is a dynamic state of complete physical, mental, social and spiritual well-being and not merely the absence of disease or infirmity).”라 밝히고 있다. 즉 건강이란 단지 신체(physical body)에만 한정되는 것도 아니고, 또한 의학적 이상(medical disorder)이 없음만을 의미하는 것도 아니다. 진정한 의미의 건강은 ‘나’라는 개체를 구성하고 있는 몸과 마음의 모든 요소, 즉 신체와 정신, 그리고 사회적 측면과 영적 측면 모두를 포함하여 전체적 통합과 유기적 활성이 긍정화된 상태로 규정하고 있는 것이다. 같은 맥락에서 테리스(Terris)는 “건강이란 신체적, 정신적, 사회적 측면에서 얼마나 안녕한지 그리고 얼마나 기능발휘를 잘하는지를 의미하는 것으로, 질병이나 허약함이 없는 것을 의미하지 않는다(Health is a state of physical, mental and social well-being and ability to function and not merely the absence of illness or informity.)”라 하여 세계보건기구의 개념에 추가로 건강구성요소들의 상태뿐 아니라 기능적 발휘역량까지도 포함하여 의미규정하였다. 또한 트와들(Twaddle)은 건강개념의 이분법적 사고(의학적 기준점에 따라 구분하는 건강과 불건강 혹은 정상과 이상)를 부정하여 건강과 질병의 연속적 개념을 제안하였는데, 즉 건강은 완전한 건강(perfect health)과 완전한 불건강(죽음, death)을 양대 축으로 하는 연속선상의 한 점에 위치하게 되고, 이는 한 개인의 기능발휘 수준(level of functioning)으로 평가되는 것이라 하였다. 이상과 같이 건강은 생물학적 측면에서 신체구조와 기능상에 이상이 없고, 심리학적 측면에서 스트레스 없는 평안한 마음상태가 유지되며, 사회학적 측면에서 원활한 관계형성과 역할수행이 발휘되고 있는 것 등을 모두 포함하는 포괄적이고 복합적인 개념을 갖고 있다 할 수 있다.

다음은 질병에 대한 개념을 살펴보기로 하자. 우리나라에서는 질병(疾病) 혹은 질환(疾患)이라는 단어로 동일한 의미, 즉 의학적 기준점(medical cut-off score)에서 벗어난 이상상태를 의미하는 것으로 통용되고 있다. 하지만 이의 영어표현인 disease, illness, sickness 등은 그 의미가 약간씩 차이가 있는데, 우선 disease는 우리나라에서 흔히 사용되는 질병개념과 같은 맥락에서의 의미로, 생의학적 개념

(bio-medical concept) 차원에서 비추어 보았을 때 정상수치를 벗어나는 상태를 의미한다. 즉 다양한 의학적 기준 부합검사(혈액검사 등)를 통해 과학적 수치를 산출하고, 이것이 통상적 정상범위에 해당되는지를 평가하여 그 범위를 벗어나는 경우 질병으로 판단하는 것이다. 예를 들어, 혈압(blood pressure)은 심장의 펌프작용에 의해 혈액이 혈관 벽에 미치는 압력을 의미하는 것으로, 최고(수축) 혈압은 보통 약 120㎜Hg(140~100㎜Hg)로, 최저(이완) 혈압은 보통 약 80㎜Hg(100~60㎜Hg)로 알려져 있다. 만약 의학적 검사도구에 의해 혈압을 검사(측정)한 결과 120/80의 오차 한계 범위 밖의 값으로 측정될 경우 우리는 그것을 고혈압(최고 혈압의 오차범위 밖에 존재하는 수치) 혹은 저혈압(최저 혈압 오차범위 밖에 존재하는 수치)이란 질환명으로 불리게 되는 것이다. 이것이 바로 disease인 것이다. 물론 이러한 관점에서의 접근은 생의학적 측면에서 질병을 진단하고, 이를 정상으로 교정하는 치료노력이 주된 요소가 됨은 당연하다.

반면, illness는 disease와 달리 객관화된 수치에 의한 질병진단보다는 개인의 주관적 평가에 의한 불편함을 보다 중시하고, 또한 이로부터 파생되는 개인의 기능수행에 보다 초점을 맞추어 질병을 규정한다. 이에 만약 혈압이 160/100mmHg인 성인의 경우 disease 관점에서는 질병으로 진단되나, 이 성인이 별다른 불편함을 느끼지 못하고 일상생활에 있어 큰 어려움이 없다면 이를 질병으로 보지 않는 것이다. 즉 disease는 있지만 illness는 없다고 보는 것이다.

한편, sickness는 사회적 요소(social factor)를 강조한 개념으로, 질병은 한 개인이 갖고 있는 문제에 국한되지 않고, 사회적 맥락을 고려하여 규정된다는 것이다. 즉 질병의 발생원인과 파급효과 모두에서 사회적 요소의 영향은 상당하며 특히 사회적으로 가해지는 낙인이나 차별 등의 부정적 영향은 질병개념의 중요한 요소라는 것이다. 만약 고혈압인 성인이 일상적으로는 문제가 없었으나, 취업과정에서 고혈압이란 이유로 불합리한 불이익(고용차별)을 받게 되었다면, 이 경우 disease는 있지만 illness는 없고 sickness가 있는 것이라 할 수 있다. 이상의 개념에서 단지 질병이 생의학적 측면의 객관적 수치에 의한 비정상성만을 의미하는 것이 아니라는 것을 이해할 수 있다. 질병은 때론 개인의 주관적 평가가 보다 의미 있을 수 있고, 또한 사회적 맥락의 고려가 필요할 수도 있음을 이해하는 것이 필요하다.

이러한 맥락의 일환으로 최근 병원에서도 기본적 질병체크 과정에서 스트레스(stress)나 통증(pain) 등을 기본요소로 추가 고려하고 있고([그림 1-1] 참고), 체계적 건강평가항목에도 사회적 기능수행 등을 반영하고 있는 측면이 이러한 건강과 질병에 대한 개념의 포괄성과 복합성을 반영한 결과라 할 수 있다(〈부록 1〉 건강평가체계 참고).

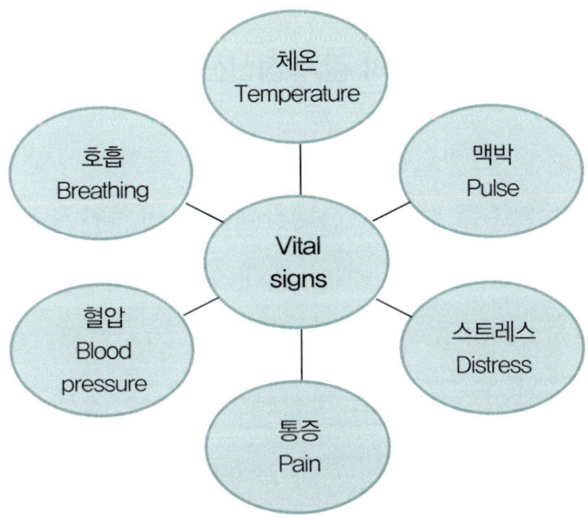

그림 1-1 바이탈 사인(Vital Signs)

2) 건강을 구성하는 요소들 간의 관계

앞서 살펴보았듯이 건강개념에는 신체적 요소, 정신적 요소, 사회적 요소 등을 포함하고 있다. 물론 진정한 건강은 이러한 요소들 모두의 건강함을 의미하는 것으로, 각각의 요소들은 서로 독립적인 별개의 것들이 아니라 서로 영향을 주고받는 상호의존적이고도 상호보완적인 관계의 것들이다. 우리가 일상에서 경험하는 비근한 예로 심한 감기에 걸리면(신체적 요소) 우울한 감정이 수반되기도 하고(정신적 요소), 학습 및 여가활동에 제약이 생기기도 한다(사회적 요소). 또한 학업이나 직무과정에서 발생하는 심한 스트레스(정신적 요소)는 암이나 심장질환을 일으키는 한 원인이 될 수도 있고(신체적 요소), 친구사이에서의 폭력(사회적 요소) 또는 자존감 저하, 고립감의 증대로 이어지거나(정신적 요소) 또 다른 신체적 질병으로 이어질 수도 있는 것이다. 이와 같이 신체적 요소와 정신적 요소, 그리고 사회적 요소 등은 건강평가의 개별적 조합이 아닌 전체적 통합의 요소로 그 의미를 갖는 것이다.

(1) 신체적 요소와 정신적 요소와의 관계(정신신체의학)

의학적 측면에서 보면 신체질환 상태는 정신적 증상을 동반하여 나타날 수 있고, 한편 정신적 요인은 종종 다양한 신체장애의 유발원인 또는 소인(素因)으로 작용하거나 그 진행, 악화, 회복 지연, 재발 등에 영향을 끼친다. 이러한 분야를 다루는 의학을 정신신체의학이라고 부른다. 이와 같이 정신신체의학은 정신과 신체가 관련되어 있다는 것을 보여주고 있다. 정신신체의학분야에서 다루는 정신신체질환(psychosomatic disorder 또는 정신생리질병, psychophysiological disorder)이란 성격적 요소들, 정서적 스트레스에 대한 반응, 기질적 증상 등의 여러 변수들이 복잡하게 얽혀 이루어지는 많은 질병 또는 증후들에 대한 서술적 용어이다. DSM-Ⅳ[01]에서는 '의학적 상태에 영향을 미치는 심리적 요인(Psychological Factors Affecting Medical Condition)'이라고 진단하고, 정신적으로 의미 있는 환경 자극이 신체적 질병의 발생과 시간적으로 관련이 있을 때로 정의했다. 아직 논란은 계속되고 있으나 정신신체장애는 스트레스, 일반적 정신생활적 요인들, 유전적 내지는 기관 취약

01 Diagnostic and Statistical Manual of Mental Disorders 4th의 준말, 정신장애의 진단 및 통계 편람 제4판.

성, 환자의 감정적 갈등들, 그들 간의 상호작용 등이 그 원인적 요소로 생각되고 있다. 따라서 현대의 정신신체의학은 환자, 질병과 관련된 생물학적 · 정신적 · 사회학적 요인들, 그 요인들 사이의 상호작용 등에 관심의 초점을 맞추고 있다. 전통적으로는 정신분석 또는 정신치료방법을 사용하여 치료해 오고 있으나 현재는 다양한 방법이 개발되어 동원되고 있다. 약물치료, 학습이론에 근거한 행동치료 내지 행동수정 기술이 많이 사용되고 있다. 행동치료에 사용되는 기술은 이완요법[02], 바이오 피드백[03] 등이다. 정신신체질환의 임상양상은 다음과 같다(민성길, 2000).

- **소화기계 장애:** 소화성 궤양, 궤양성 대장염, 신경성 식욕부진증, 비만증 등
- **호흡기계 장애:** 과호흡 증후군, 기관지 천식, 고초열, 결핵 등
- **심혈관계 장애:** 관상동맥성 심장병, 고혈압, 감압성 실신, 울혈성 심부전, 부정맥 등
- **내분비계 장애:** 갑상선 기능항진증, 당뇨병, 쿠싱증후군과 스테로이드 정신병
- **여성 내분비계 장애:** 월경 전 불쾌장애, 늦은 황체단계 정신불안장애, 월경불순, 특발성 무월경, 폐경 등

---

02 사람들이 일상생활에서 유발되는 스트레스에 대처할 수 있도록 가르치는 방법으로서 근육과 정신의 이완을 목표로 한다. 대개 정신신체적 증상으로 종종 나타나는 스트레스나 불안과 관련된 문제의 해결을 위해 사용된다. 이완훈련이 도움이 되는 또다른 영역은 고혈압, 심장혈관문제, 편두통, 천식, 불면증 등이다(Corey, 2006).

03 바이오로지(biology, 生物)와 피드백(feedback, 歸還)의 합성어로 생체의 자기제어(自己制御), 즉 생체의 신경 · 생리상태 등을 어떤 형태의 자극정보(刺戟情報)로 바꾸어서 그 생체에 전달하는 조작을 말한다. 미국에서는 이미 일종의 자기 컨트롤법으로 쓰이고 있다. 예를 들면 뇌파피드백의 경우 피검자(被檢者)의 머리에 전극(電極)을 부착시키고 뇌파를 채취하며, 일정한 주파수 성분(α波)이 나타날 때마다 버저를 울려서 α파가 나왔다고 피검자에게 알린다. 이와 같이 피검자는 항상 자신의 뇌파상태를 파악하면서 훈련을 받으면 자의로 α파를 내보낼 수 있게 된다. 이것은 이전에는 불가능한 것으로 생각해 온 자율반응(自律反應)이나 뇌파도 스스로 컨트롤할 수 있음을 보여주는 것으로 본태성(本態性) 고혈압 · 긴장성 두통 · 편두통 · 부정맥(不整脈) · 간질 · 천식 · 불안신경증 · 불면증 등의 치료법으로서 연구되고 있다(네이버 백과사전).

- **피부계 장애:** 소양증, 다한증, 적면증, 두드러기, 지루성 피부염 또는 신경성 피부염
- **골근계 장애:** 류마티스 관절염, 요통, 섬유조직염
- **신경계 장애:** 신체상(body image) 장애, 두통(편두통, 긴장성 두통)
- **만성 통증**
- **면역계 장애:** 감염, 알러지 장애, 장기이식에 따른 거부반응, 자가면역질병
- **암**

(2) 정신적 요소와 사회적 요소와의 관계(사회적 지지)

인간의 사회적 관계 요소도 건강과 관련이 있다. '사회적'이라는 말에는 자신과 타인(들) 간의 관계성이 포함되어 있는데, 그러한 인간의 대인관계적 측면이 건강에 영향을 미치게 된다. 사회적 관계 요소로서 많은 연구자들의 관심을 받아 온 개념 중에는 사회적 지지가 있다. 사회적 지지(social support)는 개인의 정서적, 물질적 욕구를 충족시키기 위해서 의도된 중요한 타인으로부터의 도움이라고 정의할 수 있다. Tardy(1985)는 사회적 지지를 방향(direction), 성질(disposition), 묘사(description)/평가(evaluation), 내용(content), 관계망(networks) 등 다섯 가지의 차원이 포함된 다차원적 개념으로 이해하고 있다. 방향은 지지를 주는지 또는 받는지를 말하는 것이고, 성질은 지지를 이용 가능한 것인지 또는 이용을 한 것인지를 말하며, 묘사/평가는 주어진 지지에 대한 평가를 일컫는다. 그리고 내용에는 첫째, 신뢰, 사랑, 감정이입과 같은 정서적 지지, 둘째, 돈과 시간 같은 자원을 포함하는 도구적 지지, 셋째, 특별한 분야에 관하여 제공받은 정보나 조언과 같은 정보적 지지, 넷째, 개인에 대한 평가적 언급과 같은 평가적 지지 등 네 가지 형태가 있다. 마지막 차원인 관계망은 개인의 지지망에 속하는 자원이나 구성원을 말하는데, 달리 말하면 사회적 지지원이라고 할 수 있다.

사회적 지지는 스트레스의 완충자(stress moderator)로서 가장 많은 관심을 받아왔다. 사회적 지지가 정신적 · 신체적 건강에 관하여 가지는 두드러진 효과에는 완충효과(buffering effect)와 직접효과(direct effect)가 있다. 완충효과 모델에서 사회적 지지는 어려운 상황에 있는 개인이 건강을 유지하도록 돕는 반면 정상적인 상황에서는 거의 효과를 발휘하지 않는다. 직접효과 모델에서는 사회적 지지가 특별한 상황에 관계없이 모든 개인들에게 도움을 준다고 본다(홍영수, 2004). Hough와 그의 동료들(1997)이 고혈압이나 당뇨병 등의 만성질환을 하나 이상 가진 성인여성들을 대상으로 실시한 연구에서 사회적 지지의 결여는 우울을 예견하는 가장 강력한 요인인 것으로 나타났다. 이러한 결과는 일반인구 집단을 대상으로 한 연구의 결과와 일치하는 것이다. 이로부터 볼 때 사회적 요인은 인간의 정신적 건강에 영향을 주는 요인이라고 말할 수 있다.

2. 의료사회복지에 대한 기본적 이해(개념 및 관점)

1) 의료사회복지의 개념

어떤 생소한 복합개념(C=A+B)에 대한 기초적 이해를 진행하는데 있어 가장 손쉽고도 효과적인 방법 중 하나는 그 단어의 의미요소를 분해하여 각각의 의미를 살펴본 후 그 의미를 다시 합지어 전체 의미를 파악해 보는 것이다. 의료사회복지의 개념을 이해하는데도 마찬가지이다. 의료사회복지는 '의료'와 '사회복지'가 합성된 복합어이다. 따라서 우선 의료와 사회복지의 기본적 핵심개념을 중심으로 각각 이해하고, 그 다음 이 둘을 합쳐서 의료사회복지의 개념을 구성하고 이해하면 도움이 될 것이다.

우선 의료사회복지에서 '의료(medical or health care)'는, 다루고자 하는 이슈와 관점을 포함하는 개념으로 이해하면 된다. 즉 의료는 사회복지에서 다루는 다양한 이슈(빈곤이슈, 폭력이슈 등) 중 '건강이슈'에 초점을 맞춘다는 것이고, 또한 건강의 구성요소 중 '생의학적 측면(관점)'도 겸한다는 의미이기도 하다(일반적인 사회복지실천에서는 생의학적 측면에 대한 관심이 소홀함). 따라서 의료는 '포괄적 건강이슈를 생의학적 관점을 겸하여 다루는 것'이라 정의내리면 될 것이다.

다음으로 사회복지(social welfare)는, 이슈를 다루는 방식과 내용에 관한 것이라 할 수 있다. 이에 접근방식은 미시적 측면과 거시적 측면 모두를 포괄하는 것이고, 활동내용은 이슈에 대한 전문적이고 체계적인 변화노력(문제상황에 대한 해결)이라 할 수 있다. 즉 사회복지는 미시적 및 거시적 측면 모두에서 문제로 생각되어지는 이슈에 대해 긍정적인 방향으로 변화시키고자 하는 전문적인 실천노력(활동)인 것이다.[04]

이러한 개별적 구성단어의 개념규정을 바탕으로 '의료사회복지'에 대해 의미규정하면, 의료사회복지는 '포괄적 건강이슈에 대해 미시적 및 거시적 측면에서 접근하여 긍정적 방향으로 변화시키고자 하는 전문적 실천노력'이라 정의내릴 수 있겠다. 따라서 의료사회복지는 환자만을 대상으로 하는 사회복지도 아니고, 의료적 치료에만 한정하는 실천활동도 아닌 것이다. 환자뿐 아니라 그 가족은 물론, 건강이슈와 관여되는 모든 사람들(환자가 아니어도 건강증진을 위해 혹은 예방적 차원에서 건강이슈에 해당되는 대상 모두가 해당됨)을 대상으로 하는 것이고, 치료뿐 아니라 사

04 만약 한 개인이 친구관계에 어려움을 겪고 있는 문제상황이라면 미시적 측면에서의 임상적 실천을 통해 그 문제를 해결하여 원만한 관계기능이 가능하도록 긍정적으로 변화시키는 노력이 사회복지이고, 또한 사회적으로 건강불평등이 심각하여 적절하고 충분한 의료혜택의 사각지대가 존재한다면 거시적 측면에서의 제도개정 노력을 통해 이 문제상황을 긍정적인 방향(건강불평등 해소)으로 변화시키고자 노력하는 것이 사회복지인 것이다.

회복지 실천활동을 겸함으로써 건강요소의 신체적, 정신적, 사회적 측면을 모두 다루는 것이라 할 수 있다.[05]

다음은 대한의료사회복지사협회의 의료사회복지에 대한 설명을 소개하기로 하겠다. 해당 협회에서는 의료사회복지를 주체, 객체(대상), 방법의 구성요소에 따라 의미규정하고 있는데, 실천주체는 의료사회복지사 개인 및 그를 고용하고 있는 기관, 지역사회, 국가 등 다양할 수 있다. 객체로서의 대상은 정책적 대상(일반국민 등)과 기술적 대상(환자 등)으로 대별하여 이해할 수 있다. 또한 실천방법 역시 그 초점대상에 따라 정책적 방법과 임상적 방법, 사회조사 등이 있을 수 있다. 이러한 구성요소의 이해를 바탕으로 의료사회복지는 정책적 관점, 기술적 관점(임상적 관점), 통합적 관점으로 구분하여 설명할 수 있는데, 우선 정책적 관점에서의 의료사회복지는 사회문제의 발생이 사회제도의 결함으로 발생한 것으로 인식함을 전제로 질병의 예방과 건강증진 및 향상을 지향하고자 보건 및 의료영역에서 구현하는 사회복지정책 및 행정을 의미한다고 하고 있다. 이러한 방법을 통하여 보건의료의 욕구측정과 의료서비스나 전달체계를 평가하여 그 개선과 활용을 용이하게 하고, 의료보호 및 의료부조의 확대와 질적 향상에 참여하는 사회복지의 한 과정이라 할 수 있다. 한편, 기술적 관점(임상적 접근)에서의 정의는 의료기관에서 치료팀의 일원으로서 사회복지의 전문적인 방법을 활용하여 환자의 질병치료와 회복 및 사회복귀

05 의료사회복지는 사회복지실천분야의 한 종류이다. 흔히 우리가 사회복지의 분야를 규정할 때 대상, 셋팅, 이슈를 중심으로 구분하는데, 대상과 관련해서는 노인, 장애인 등과 같고, 셋팅과 관련해서는 학교, 교도소(교정) 등과 같으며, 이슈와 관련해서는 빈곤, 학대 등이 있을 수 있다. 의료사회복지의 경우도 모든 기준에 적용하여 분류가능한데, 대상중심 구분은 '환자를 대상으로 하는 사회복지'로, 셋팅을 중심으로 하면 '병원에서 하는 사회복지'로, 이슈를 중심으로 하면 '건강이슈를 다루는 사회복지'로 각각 의미규정이 가능하다. 이 중 대상중심 구분 및 정의는 환자 이외의 대상(일반국민 등)이 배제되어 한계가 있고, 셋팅 중심 구분도 의료사회복지가 병원 외 사회복지기관(어르신 대상 건강증진프로그램 등)에서도 이루어지는 만큼 이 역시 부적절하다 하겠다. 결론적으로 이슈중심 구분은 본문에서 규정한 정의와 부합되는 정도가 가장 높은 만큼 이슈중심으로 구분하여 정의내린 의료사회복지가 가장 적절하다고 할 수 있겠다.

기능을 돕는 목적을 가지고, 질병으로 인하여 파생되는 환자의 심리적, 사회적 및 경제적 문제가 질병치료에나 그 회복에 악영향을 주지 않도록 문제를 해결해 주거나 조정하는 실천을 말한다. 마지막으로 통합적 관점에서의 정의는 앞서 설명한 정책적 관점의 정의와 기술적 관점에서의 정의를 통합한 것으로, 질병에 대한 다각적인 접근방법을 바탕으로 질병을 가진 개인과 환경과의 상호작용관계에 초점을 두고 의료팀의 일원으로서 환자 및 가족의 사회기능 향상을 위해 거시 및 미시적 실천방법을 활용하여 질병의 예방, 치료 및 재활 등에 이르는 다양한 활동을 수행하는 것이라 하고 있다. 이러한 설명 중 앞서 설명한 의료사회복지의 정의에 비추어 본다면 통합적 접근에 따른 정의가 가장 적절하리라 판단된다.

참고로, 의료사회복지와 관련한 영어식 표현으로 다양한 용어들이 혼용되고 있는데, 우리는 앞서 살펴본 내용과 의미를 가장 잘 내포하고 있는 'Social Welfare in Health Care(의료사회복지)'란 표현을 수용하고자 한다. 이외 'Hospital Social Work(병원사회사업)'은 병원중심의 임상적 실천에 초점이 맞춰져 있고, 'Medical Social Work(의료사회사업)'은 질병중심의 의료적 치료(medical treatment)에 초점이 맞춰져 있으며, 'Social Work in Health Care(의료사회사업)'는 포괄적 건강이슈는 다루기는 하지만 임상적 실천에 보다 초점이 맞춰진 측면이 있어 그 한계가 있기 때문이다. 즉 'Social Welfare in Health Care'가 포괄적 건강이슈(신체적, 정신적, 사회적 측면)를 포함하며 미시적 · 거시적 실천(치료뿐 아니라 예방이나 재활, 관리 등 포함)을 모두 내포할 수 있기 때문이다.

표 1-1 의료사회복지 표현의 상대적 비교

	social work	social welfare
hospital or medical	의료적 치료중심 /임상적 실천	의료적 치료중심 /통합적 실천
health care	포괄적 건강이슈 /임상적 실천	포괄적 건강이슈 /통합적 실천

2) 의료사회복지의 관점(기본전제)

포괄적 건강이슈를 거시적 · 미시적 측면에서 실천하는 의료사회복지는 다음의 두 가지 관점을 기본전제로 함에 이를 명확히 이해하는 것이 중요하다. 즉 인간은 환경과의 상호작용 속에서 살아간다는 생태체계 관점(Person In Environment perspective: PIE)과 한 인간의 건강이슈는 기본적으로 생물학적 · 심리적 · 사회적 요소를 모두 포괄한다는 생심리사회 관점(Bio-Psycho-Social perspective: BPS)이 그것이다.

(1) 생태체계 관점(PIE perspective)

생태체계 관점은 생태이론(Auerswald, 1968)과 사회체계이론(Bertalanffy, 1967)의 결합으로, 한 인간(개인)은 다양한 사회체계 속에 존재하고(사회체계이론), 이러한 체계환경과 끊임없이 관계를 맺으며 적응 및 상호작용하며 살아간다는 것(생태이론)이다. 즉 한마디로 '환경 속의 인간(person-in-environment)'을 전제한다는 것이다.

따라서 개인이 경험하는 다양한 사회복지문제(특히 여기서는 건강문제)들의 원인과 결과, 과정과 메커니즘을 이해하는 데 있어 개인에만 초점을 맞춰서는 안 되고 개인을 둘러싼 다양한 사회체계들(가족, 학교, 지역사회 등)과의 관계 속에서 파악해야 하는 것이다. 의료사회복지에서도 마찬가지이고, 더욱 강조되게 되는 것이다. 즉 의료사회복지사는 환자와 가족, 병원 또는 건강보호조직(health care organization)을 포함한 학교, 직장, 지역사회 등 모든 환경의 문제에 관여할 필요가 있으며, 그들 사이의 관계적 구조와 기능에 관심을 갖고 개입해야 하는 것이다

결국 생태체계 관점은 개인(하나의 체계)과 환경(하나의 체계)의 상호작용(생태적 적응과 발달)을 중심으로 이해해야 한다. 개인에 대해서는 개인적 특성을 이해함에

있어 그 역시 체계이기에 생물학적(신체적) 특성, 지적 특성, 정서적 특성, 사회적 특성, 영적 특성, 경제상황, 가족상황, 문화배경 등의 특성이 혼합되어 하나의 전체적 구조와 가능을 갖춘 인간으로 이해해야 하고, 환경 역시 각각 체계를 갖고 있음과 동시에 다른 체계와의 관계 속에 존재하므로 다양한 체계수준(미시 · 중간 · 거시체계)의 다수준적 관점(multi-level perspective)에서 바라봐야 하는 것이다.

(2) 생심리사회 관점(BPS perspective)

생심리사회 관점은 건강개념의 다차원성과 관련한 것으로, 세계보건기구의 건강개념 정의와 맥을 같이 한다. 즉 한 인간의 건강문제는 생물학적 측면뿐 아니라 심리적 측면, 사회적 측면을 모두 고려해야 한다는 것이다.

이는 기존에 건강문제를 생물학적 측면에서만 다루고자 했던 의료모델(medical model)에 대비되는 관점인데, 의료모델은 개인의 의학적 기준에 근거한 생물학적 질병진단에 관심을 갖고, 개인문제에 국한한 의료적 치료와 회복(medical care)에 주안점을 두어 건강이슈를 다룬다. 반면, 생심리사회 관점은 개인에 국한된 질병문제보다 개인과 환경의 관계 속에서 파생되는 포괄적 건강문제를 다루며, 따라서 질병의 치료에 국한되지 않고 건강의 증진, 예방, 재활, 관리 등 포괄적 건강관리(health care) 전반을 다루게 된다. 이는 와이너만(Weinerman, 1965)의 포괄적 의료(comprehensive health care)와도 궤를 같이 하는데, 포괄적 의료는 통합 건강서비스를 가족 집단에게 조직적으로 제공하는 것, 예방에서 재활에 이르기까지 충분한 서비스를 제공하고, 지속적인 치료를 제공하며, 질병의 사회적 · 개인적 측면의 관리를 강조하고, 의사의 책임이 포함되어 있는 건강 팀의 개념 사용(health team), 다양한 현대의 과학적 요소가 강조되는 것 등을 포함하고 있다.

3) 의료사회복지의 특징

의료사회복지는 다음의 2가지 핵심적 특성과 2가지 부수적 특성을 지닌다. 이는 현실적으로 의료사회복지가 주로 '병원셋팅'에서 환자와 가족을 대상으로 한 임상적 실천에 초점 맞춰 진행됨을 감안한 특징임을 밝힌다.

(1) 2차 셋팅(secondary)

의료사회복지의 주 무대인 병원에서는 아무래도 주가 되는 것은 의료적 진단과 치료이지 사회복지 개입은 아니다. 즉 의료사회복지의 주 대상인 환자는 사회복지 서비스를 받기 위해 의료기관을 찾은 것이 아니라 1차적으로는 질병을 정확히 진단하고 치료하기 위해서 방문한 것이다. 그리고 의료적 개입과정에서 발생한 심리·사회적 문제와 관련한 욕구발생으로 인해 2차적으로 사회복지개입을 요청하게 된 것이다. 이와 같이 병원 등의 의료기관에서 의료사회복지는 2차 셋팅에 머무를 수밖에 없기에 병원 내 입지와 기능에 많은 도전을 받게 된다. 만약 사회복지기관에서 건강교육이나 건강증진활동을 진행한다면, 이용대상의 서비스 목적이 사회복지인 만큼 이곳에서의 의료사회복지실천은 1차 셋팅이 되는 것인바 병원에서의 활동과는 다소 성격차이를 보이게 되는 것이다.

(2) 팀접근(team approach)

의료사회복지는 팀접근이 강조된다. 사회복지팀 내 다른 사회복지사들 간의 팀워크 뿐 아니라 의료진과 여타의 전문직과도 긴밀히 연계·협력하여 실천해야 한다. 특히 치료의 주된 기능을 담당하는 의사들과의 관계수립은 의료사회복지실천의 성패를 가늠할 정도로 매우 중요한 요소이다. 또한 간호사, 영양사, 심리학자, 물리치료사, 운동치료사 등과의 협조 체제도 원활한 실천과정 수행을 위해 중요하다. 환자의 건강문제는 복합적이고 다차원적이기에 한 전문가의 접근만으로는 문제해결의 효과성을 기대하기 어렵기 때문이다.

(3) 개인과 가족을 하나의 체계로 간주하고 접근(공간적 의미)

병원에서의 의료사회복지 실천과정에서 환자와 가족은 하나의 단위(체계)로 이해해야 할 것이다. 다른 사회복지실천영역에서도 가족은 중요한 의미를 갖고 있으나, 특히 의료영역에서는 환자의 의료적 치료와 사회복귀개입에 있어 가족의 기능이 절대적인 비중을 차지한다. 때에 따라서는 환자보다 가족이 상담에 있어 큰 비중을 차지하는 경우도 있고, 어떤 경우에는 가족에 대한 접근만이 가능한 경우도 있다. 아동환자의 경우가 전자에 해당하며, 의식불명 상태에 있는 환자의 경우가 후자에 해당한다. 또한 가족상황에 따라 환자의 치료와 회복에 상당한 영향을 미치게 된다. 때문에 사회복지사들은 환자의 특성뿐 아니라 가족의 특성도 살펴야 하고, 가족문제에 개입할 수 있는 준비가 필요하다.

(4) 치료 중 뿐 아니라 치료 전 · 후 모두에 접근(시간적 의미)

의료사회복지실천은 입원 기간뿐 아니라 퇴원 후나 입원 전에도 시행되어야 한다. 의료의 개념이 포괄적으로 바뀌면서 질병을 집중적으로 치유하는 입원 기간뿐 아니라 퇴원한 후의 사회적 적응과 사회적 기능회복을 위한 사후관리가 필요하게 되는 것이다. 또한 환자의 빠른 회복과 병원 경영의 효율성을 기하기 위하여 입원 전 계획(preadmission planning)의 중요성도 강조되고 있는데, 사회복지사는 원활한 퇴원계획을 진행하기 위한 차원에서도 입원 전부터 이에 관여하게 된다. 따라서 의료사회복지사는 적합한 입원 전 계획과 입원 시의 환자와 가족을 지원하는 활동, 이를 통한 효율적인 퇴원이 체계적으로 이루어질 수 있도록 연계된 활동을 수행해야 한다.

3. 의료사회복지에 필요한 지식과 기술

의료사회복지사에게 필요한 지식과 기술은 구체적으로 어떤 것일까? 먼저 미국 건강보호분야에서 실시한 조사결과를 살펴보고, 다음으로는 정책 차원의 업무와 실천 차원의 업무로 나누어 살펴보기로 한다.

1) 미국 건강보호분야의 경우

Browne 등(1996)의 조사에서 건강보호분야의 사회복지사가 사용하고 있고, 또한 필요하다고 응답한 지식과 기술들이다(〈표 1-2〉 참고). 이것은 우리의 의료사회복지실천에도 참고할 만하다. 여기에 제시된 것 외에는 서비스 동의에 대하여 클라이언트와 계약하기, 연구 프로젝트 수행하기, 병원 간행물에 기사 쓰기 등에 대한 지식과 기술이 포함된다.

표 1-2 건강보호분야의 사회복지사에게 필요한 지식과 기술

지 식	기 술
• 의학용어	• 다문화 인구집단과 일하기
• 지역사회자원	• 병원직원과 논의하기
• 복잡한 의료 세팅 내에서의 서비스 전달	• 의사소통기술
• 문화적 맥락	• 부서에 대한 신뢰성 증가시키기
• 만성질환	• 다른 전문가와 협력하기
• 건강분야에서의 사회복지 역할과 기능	• 퇴원계획과 조정
• 노숙자	• 외부의 클라이언트 서비스를 얻도록 촉진하기
• 환경적 요인의 영향	• 클라이언트 서비스에 대한 팀 접근
• 가족체계	• 적절한 사례기록과 문서정리
• 노인	• 자기를 평가하고, 더 많이 배우기
• 윤리적 의사결정 모델	• 정보 제공 및 의뢰 서비스

• 다학제적 세팅에서의 사회복지사의 역할	• 클라이언트에게 사회사업 기능에 대하여 설명하기
• 생명을 위협하는 질병	• 클라이언트 옹호
• 물질남용	• 책임성 있는 실천
• 질병에 대한 가족의 적응	• 부서직원 교육 개발
• 정신질환	• 구체적 서비스
• 임상기술의 적용	• 단기치료 모델
• 성숙단계에 따른 특정한 질병의 영향	• 사례발표
• 정신적 충격	• 위기개입
• 생물심리사회적 관점	• 개인상담
• 장기적 보호	• 가족상담
• 클라이언트 서비스에 대한 건강정책의 영향	• 지도감독
• 건강보호 비용조달	• 심리사회적 평가
• 건강보호체계와 정책	• 협상
• 산부인과학	• 지역사회집단과 일하기
• 소아청소년학	• 건강교육
• 현재의 건강연구	• 회의나 훈련에서 발표하기
• 사회조사	• 집단 프로그램

2) 업무차원에 따른 검토

의료사회복지 업무는 정책 차원과 실천 차원으로 나누어 볼 수 있다.[06] 의료사회복지사에게 필요한 지식과 기술을 이 두 차원에 따라 구분하면 다음과 같다.

(1) 정책차원

정책 차원의 업무란 의료사회복지가 이루어지는 법적, 제도적, 정책적 환경과 기구들을 대상으로 하는 일을 말한다. 보건복지정책을 수립하고 추진하는 입법기구와 행정기구, 건강보험업무를 관장하는 국민건강보험공단, 의료급여업무를 관장

06 사회복지실천을 구분하는 방법은 학자에 따라 차이가 있다. Zastrow(2008)는 일대일로 개인을 접촉하는 미시적 방법, 가족과 소집단을 접촉하는 중범위적 방법, 조직과 지역사회를 접촉하거나 법과 사회정책을 변화시키려는 거시적 방법 등으로 구분한다.

하는 행정기구 등이 대상이 된다. 따라서 사회복지사는 이러한 체계들의 조직과 업무, 관련 법규에 대한 지식을 갖추어야 한다. 이러한 지식은 클라이언트를 위한 환경을 개선하는 데 도움이 될 뿐만 아니라 클라이언트를 옹호하는 활동의 근거로 활용되기도 한다. 예를 들어 의료급여법의 수급권자의 자격요건과 선정절차에 대한 지식은 진료비 조달에 어려움을 겪는 저소득층 환자의 의료급여 수급자 선정을 위한 노력의 기초가 될 수 있다. 또는 국민건강보험법의 적용을 받지 못하는 난치병에 대하여 법 적용을 받을 수 있도록 자조집단 지도자들과 함께 해당기관 담당자를 방문하여 그 필요성을 설명하는 것 등의 옹호활동을 전개할 수 있다. 또한 외부 행정체계에 대한 지식과 운용기술이 필요하다. 의료기관이 관련을 가시는 외부기관인 보건소나 시 · 군 · 구청 등의 조직과 업무에 대하여 이해함으로써 협조적인 관계를 유지하고 업무를 수행할 수 있다. 예를 들어 의료기관은 특정 지역에서 저소득층 주민을 위한 무료진료를 수행하기 위하여 행정기관으로부터 지역의 상황과 주민에 대한 정보를 제공받을 수 있다.

(2) 실천차원

실천 차원의 업무란 환자, 가족, 소집단, 지역사회 주민 등 사람을 대상으로 하는 일을 말한다. 이를 위해서 특별히 필요한 지식과 기술은 다음과 같다.

첫째, 질병의 의학적 특성에 대한 지식을 갖출 필요가 있다. 의학적 지식은 의학서적을 공부함으로써 얻을 수 있다. 의학적 특성에 대한 지식은 환자의 건강상태를 이해할 뿐만 아니라 유전병이나 난치병 또는 만성적인 장애와 관련된 가족 구성원의 반응을 이해하고, 의료진과의 의사소통을 원활히 하는 데에 도움을 준다.

둘째, 질병의 의학적 특성의 원인이 되거나 결과로서 나타나는 환자와 가족의 심리사회적 문제에 대한 지식이 필요하다. 이는 기존의 사회복지 연구물을 참조하거나 개별 클라이언트에 대한 심층 면접을 반복적으로 실시함으로써 도달할 수 있다. 특정한 질병을 가진 환자와 가족의 심리사회적 상황에 대한 이해의 획득은 사회복지사로 하여금 전문가로서의 자신감을 갖게 함은 물론 상담을 효과적으로 만들 수 있게 하는 요인이다. 특정 질병을 가진 사람들의 공통점에 주목하는 것이 사회복지사에게 편견이나 선입견을 가지게 하는 것은 아니다. 사회복지사는 "지금까지 나눈 이야기 외에 다른 어려움이나 궁금한 점이 있나요?"라고 질문함으로써 클라이언트에 대한 개별화의 원칙을 지킬 수 있다.

셋째, 사회복지실천과정에 대한 이해가 필요하다. 사회복지실천의 지식과 기술이 부족하다면 클라이언트에게 어떤 서비스를 제공해야 할지 몰라 당황하거나 그동안 사용해 온 극히 제한적인 서비스에만 의존할 수도 있다. 또는 당신이 제공하는 사회복지서비스가 클라이언트에게 최선의 것인지를 확신하지 못하여 불안한 마음을 가질 수도 있다. 그러므로 사회복지사는 실천이 체계적으로 이루어지도록 하기 위해 접수로부터 평가와 종결에 이르는 실천과정을 명확히 알고 있어야 한다. 그리고 제공된 서비스가 개입목표의 도달에 기여하도록 해야 한다.

넷째, 클라이언트의 욕구를 파악하기 위한 지식과 기술이 필요하다. 예를 들어 새로운 집단 프로그램을 개발하고자 한다면 욕구조사는 필수적이다. 또는 건강강좌와 자선진료 프로그램을 개발하기 위해서는 먼저 지역사회주민의 욕구를 조사해야 한다. 이와 같이 클라이언트의 욕구를 파악하는 지식과 기술은 유용하게 사용될 수 있다.

다섯째, 클라이언트의 사회적 기능 회복을 지원할 수 있는 상담에 관한 지식과 기술을 갖출 필요가 있다. 당신은 상담에서 어떤 말을 먼저 꺼내야 하고, 어떤 말로 마무리를 해야 할 것인지에 대한 두려움과 불안을 가질 수 있다. 상담의 시작과 마무리를 위한 준비를 해 둔다고 하더라도 클라이언트가 어떤 문제를 꺼내 놓는다면 당신은 그것을 어떻게 다룰 수 있을 것인가? 이를 위해서는 심리치료나 가족치료에 대한 부가적인 학습이 필요하다. 상담에 관한 지식과 기술을 갖춘다면 사회복지사로서의 유능감과 자신감을 가지게 될 것이다.

여섯째, 클라이언트에게 필요한 사회적 조건이 무엇인지를 명확히 하고, 필요한 공식적 및 비공식적 자원을 개발하고 관리하는 능력을 갖출 필요가 있다. 이를 위해서는 보건의료에 관한 정책과 법률, 의료서비스 전달체계, 관련 기관이나 단체 등의 제도적 환경을 잘 이해해야 한다.

일곱째, 팀 협력활동에 대한 이해와 실천기술이 필요하다. 의료사회복지는 의사와 간호사 등 관련 전문가와 협력적으로 일하는 경우가 많으므로 관련 전문가들에게 의료사회복지의 가치와 필요성을 이해시킬 수 있는 지식과 기술을 갖추어야 한다. 그리고 관련 전문가들의 역할과 기능을 이해하고 그들의 협력을 이끌어 내는 실천기술이 필요하다. 지역사회를 대상으로 하는 실천에서는 지역사회기관과 의료기관의 이해를 조정하는 기술 등이 필요하다. 프로그램을 의료기관과 지역사회기관이 공동으로 운영한다면 두 기관의 목표가 효과적으로 달성될 수 있도록 양측의 이해를 조정하는 기술을 사용해야 한다.

여덟째, 의료기관 내부의 행정조직에 대한 이해가 필요하다. 의료기관은 대부분 진료부서(내과나 외과 등), 간호부서, 진료지원부서(영양실 등), 행정부서 등으로 이루어져 있다(사회복지사가 소속되어 있는 부서는 의료기관에 따라 다르다). 사회복지사는 각 부서의 업무와 부서 간 관계를 이해하여야 업무를 효율적으로 수행할 수 있다. 예를 들어 장애아동복지시설과 연계하여 무료진료 프로그램을 운영하는 경우에 사회복지사는 해당 외부기관과 협조하는 것은 물론 의료기관 내에서도 진료부서, 간호부서, 원무나 홍보를 담당하는 행정부서와 협력해야 하므로 각 부서의 업무를 정확히 이해하고 협조관계에 있는 업무담당자와 신뢰를 구축해 둘 필요가 있다.

4. 의료사회복지의 역사적 발전과정

역사는 단순한 과거의 사실이나 산물이 아니다. 역사는 현재의 창이고 미래의 길이다. 즉 역사는 현재를 들여다 볼 수 있는 훌륭한 자료가 되고, 미래의 방향을 가늠하고 나아갈 수 있는 훌륭한 지침이 된다. 그러하기에 의료사회복지의 역사적 기원과 시대상황에 따른 변화, 그리고 이러한 조화가운데에서의 발전은 현재의 의료사회복지를 보다 가치 있게 이해하고 평가할 수 있게 하며, 동시에 앞으로 의료사회복지가 나아가야 할 방향에 대해서도 의미 있는 시사점을 던져주게 된다 하겠다.

이에 본 장에서는 우선 영국과 미국에서 시작한 건강보호(health care) 관련 기원적 활동들에 대해 살펴보고, 다음으로 현재 의료사회복지가 가장 발전한 국가 중에 하나인 미국을 중심으로 과거에서 현재에 이르는 일련의 흐름을 살펴본 후 이를 바탕으로 마지막에 우리나라의 역사를 간단히 살펴보고자 한다.[07]

1) 의료사회복지의 기원적 활동들

근대적 의미의 의료사회복지가 시작되기 이전에 영국과 미국에서는 의료사회복지와 관련하여 다양한 활동들이 지속적으로 있어 왔는데, 이러한 기원적 활동들이

07 참고로, 의료사회복지의 역사를 학습함에 있어 단순한 과거사실의 병렬적 열거로만 이해하는 데 그치지 말고, 다음에 초점 맞춰 이해하면 좋겠다. 첫째, 역사적 시대구분의 결정적 사건(critical event)을 이해하고, 둘째, 그러한 역사적 사건의 시대상황적 배경(embeded situation)을 맥락가운데 함께 이하하며, 셋째, 역사적 전개나 흐름의 연결고리(historical linkage)를 염두하며 살펴보는 노력이 필요하다. 그리고 마지막으로 각 나라의 역사적 변천을 이러한 맥락에서 각각 이해함과 동시에 비교 · 평가함으로써 특히 우리나라 의료사회복지 발전에 대한 비판적 고찰을 통해 현재와 미래에 대한 발전적 고민과 노력의 단초로도 활용하길 희망해 본다.

체계화되어 의료사회복지실천의 도입과 발전에 기여한 만큼 그 의미가 크다.

(1) 비조직적인 활동(non-organized activity)

14세기 초 영국의 일부 교회에서는 병원이나 구빈원 형태의 수도원을 운영하면서 빈곤자를 비롯한 다양한 환자 등을 수용·보호하였고, 존 웨슬리(John Wesley)는 런던에 최초로 자선진료소를 개설하기도 하였다. 자선조직협회(Charity Organization Society: COS)는 빈곤 환자의 가정방문을 통해 질병의 치료와 생활원조에 힘쓰기도 하였다.

(2) 부녀봉사단의 활동(Lady Almoner/Friendly Visitor)

'Almoner'는 19세기 영국의 자선사업가 혹은 봉사원을 지칭하는 말로, 'Lady Almoner'는 특히 부녀봉사원을 말한다. 이들은 당시 영국의 자선조직협회(COS)와 병원 간 긴밀한 연계 및 협조 역할을 통해 의료진과 환자에게 도움을 제공하는 기초적 의료사회복지 활동을 구현한바 의료사회복지 활동의 원형으로 불리기도 한다. 1875년 영국 런던 자선조직협회의 로크(Lock)의 선도적인 역할로 조직되어 주로 환자의 병원비 지불능력, 구빈법 기준으로 구제대상의 적격 여부 사정 및 통보, 입원이 필요한 환자는 무료진료소에 의뢰하는 것 등을 담당하였다.

(3) 간호사들의 봉사활동(nursing care)

미국의 17~18세기 당시 병원에 근무하던 간호사들은 환자를 위하여 단순한 치료보조자의 역할에 한정하지 않고, 환자와의 면담을 통해 환자 개인 및 가족들의 제반문제에 관여하여 도움을 주었다. 이러한 간호사들의 활동은 1869년 빈곤환자 가정방문을 통해 질병 외의 문제를 도와주는 데서 비롯되었는데, 이후 1887년에는 보스턴과 시카고 등에서, 1893년에는 뉴욕 등에서 보다 조직화된 활동으로 발전하게 되었다.

(4) 의과대학생들의 봉사활동

1902년 미국의 존스 홉킨스 대학(Johns Hopkins University)의 에머슨(Charles P. Emerson) 박사는 의학교육과정 중 의과대학생들에게 사회 및 정서적인 문제에 관한 이해와 환자의 질병과 관련된 사회경제적 환경의 영향을 이해시키기 위해 자선기관(settlement house)에서 봉사활동을 하게 하였다. 이들은 환자에 대한 의료적 접근뿐 아니라 심리사회적 측면의 중요성을 봉사활동을 통해 이해하고 의료실천과정에도 이를 적용하고자 노력하였다.

이상의 내용을 살펴보면 당시 활동들의 특징은, 건강보호관련 활동에 경제적 지원 등 초기 사회복지활동을 연계하여 병행하는 방식으로 진행되었다는 점이다. 이에 주로 자선기관이나 병원을 중심으로, 주 대상은 빈곤환자로 하되 환자개인뿐 아니라 가족까지 확대하여 실천하였고, 환자나 가족의 신체적 문제뿐 아니라 경제적 문제를 포함한 생활환경 전반을 아우르는 심리사회적 부분까지도 관심을 갖고 실천하고자 노력하였던 것을 알 수 있다. 이러한 활동들의 토대 위에 지속적 발전을 거듭하여 그 결실로 근대적 의미의 의료사회복지가 도입되었는데, 대략적으로 영국에서는 1895년경 병원사회복지담당자(hospital almoner)로 불린 최초의 사회복지사가 왕립무료병원(Royal Free Hospital)에 고용되면서 시작되었다. 이들은 주로 클라이언트의 서비스 수급자격 심사를 위한 업무에 초점이 맞춰졌었다. 반면, 미국에서는 1905년 보스턴에 있는 매사추세츠종합병원(Massachusetts General Hospital)의 의사 리차드 캐봇(Richard Cabot)이 질병치료에 사회적 환경이 중요한 영향을 깨닫고 효과적인 진료를 위하여 의사와 환자(혹은 가족)를 중재하는 역할을 맡기기 위하여 사회복지사를 고용하면서 시작되었다(Gehlert & Browne, 2006).

그림 1-1 토인비홀(좌)과 부녀봉사단(우)

2) 미국 의료사회복지의 변천

(1) 태동기(1905년 이전)

이 시기에는 지역사회를 중심으로 결핵, 유아사망, 매독, 소아마비, 미혼모 임신과 같은 공중보건 문제에 관심을 가지게 되면서 보건과 생활환경 등에 대한 실천노력이 강조되었다. 미국은 영국의 인보관운동에 자극을 받아 아담스(Jane Addams)가 1893년 Hull House(현재 지역사회복지관과 같은 기능의 기관)에 어린이 진료소를 개소하고, 빈곤한 환자와 공중보건의 문제를 갖고 있는 사람들을 병원에 연계 · 상담하였다. 병원에서는 주로 정신병원, 요양원, 시립병원 등에서 환자의 신원 확인, 위생교육 등을 실시하였다.

(2) 도입기(1905~1930년)

미국 메사추세츠종합병원의 외래진료부 의사였던 캐봇(Richard Cabot)은 많은 환자들 진료가운데 의학적으로 치료가 되었다고 생각했던 환자들이 동일질환으로 반복 내원하는 것에 문제의식을 갖게 되었고, 재발의 원인에 환자의 심리사회적 환경이 주된 영향일 수 있음을 깨닫게 되었다. 이에 1905년 간호사 펠튼(Garnet Pelton)을 고용하여 환자와 환자가족의 심리사회적 요인들에 대해 상담하고 진료과정 중 연계할 수 있도록 지원하는 역할을 부여하게 하였다. 이에 환자와 의사, 의사와 지역사회 자원을 효과적으로 연계시키고, 환자와 환자가족에 대한 교육과 홍보를 전개함으로써 진료과정과 성과에 상당한 긍정적 영향을 미쳤다(현재의 의료사회복지사의 역할과 유사한 업무를 수행함). 이후 1907년 존스홉킨스대학과 1918년 시카고대학병원에서도 이러한 효과를 바탕으로 사회복지사를 채용하여 진료협조의 역할을 부여하게 됨으로써 근대적 의미의 실질적 의료사회복지가 시작되었다고 평가할 수 있다.

한편, 이러한 초기 도입이 전개되던 1915년 플렉스너(Flexner)는 "과연 사회복지사가 전문직인가?"라는 질문을 던지고 그 답으로 아직 전문직으로 규정하기는 어렵다는 결론을 내리게 된다. 이에 충격에 빠진 사회복지계는 사회복지 전문교육이 가능한 학교를 설립하고(약 17개의 전문교육 실시기관 설립), 전문서적도 발간하며(Social Diagnosis 등 출간), 관련 전문가협회도 다수 창립하는 등(1918년 미국병원사회사업협회, 1921년 미국사회복지사협회, 1924년 미국정신의학사회복지사협회 등 설립) 꾸준한 노력을 전개하기 시작하였다. 이러한 노력으로 1920년 미국병원협회

그림 1-2 메사추세츠 병원(좌)과 캐봇(우)

(American Hospital Association: AHA)에서 병원 내 사회복지사를 공식적인 의료인(medical staff)으로 소개하기에 이르렀고, 현장에서의 실천활동도 보다 구체화되고 전문화되기 시작하였다.

(3) 제도화기(1930~1960년)

1935년 미국에서는 사회복지와 관련하여 가장 기본이 되는 법인 사회보장법(Social security Act)이 제정되고, 이를 기반으로 공공부문에 사회복지사가 상당수 고용되게 되었다. 이 시기 미국에서는 시대적으로 큰 사건이 벌어지게 되는데, 그것이 바로 대공황과 세계대전이었다. 대공황은 빈곤자의 급증이라는 사회문제를, 세계대전은 사상(死傷)피해를 입은 참전병사와 가족들의 재활과 지원의 사회문제를 야기시킴으로써 보다 체계화되고 전문화된 사회복지실천의 증대에 요구가 높아지게 되었다. 이에 미국 의료보장제도인 메디케어(medicare)와 메디케이드(medicaid)가 만들어지고, 참전용사를 위한 정신사회복지실천(psychiatric Social Work)이나 집단사회복지실천(group work) 등도 도입되었다. 또한 프로이드(Freud)의 영향으로 진단주의적 전문실천이 각광을 받으며 1964년에는 사회복지사가 전문적 실천을 위해 개업도 가능하게 제도화되었다.

(4) 전문화기(1970~1980년)

1970~80년대에는 의료사회복지가 학문적으로 그리고 실천적으로 체계화되어 전문화된 시기라 할 수 있다. 우선, 학문적으로는 다양한 관련 이론이나 실천모델들이 상당수 개발 · 적용되었는데, 이에는 과업중심이론, 가족치료, 위기개입, 인지행동이론, 행동수정이론 등이 대표적 예이다. 실천적으로는 임상과의 세분화와 함께 표준화 노력(미국 내 병원활동심의위원회에서 병원승인기준상 사회복지를 포함)이 진행되었다. 또한 의료사회복지의 전문성 발휘와 병원행정의 효율성 증진을 위한

일환으로 사례관리기법의 적용과 서비스 품질관리(퇴원계획과 DRGs의 도입 등)가 적용되었다.

(5) 확장기(1980년대 이후)

80년대 이후에는 전문가로서의 입지를 공고히 하며 임상과별로 보다 세분화된 영역(당뇨전문 사회복지사, 호스피스전문 사회복지사 등)이 확대되고, 기존의 전문적 · 실천적 전문성의 임상적 확대와 더불어 제도적 명문화도 확대되어 가고 있다. 또한 의료사회복지사의 역할과 기능도 환자와 가족, 병원, 그리고 지역사회까지 영역이 확대되고, 포괄적 건강이슈를 다루는 확장적 실천으로 양적 · 질적 확대가 가속화되고 있다.

3) 우리나라 의료사회복지의 변천

우리나라의 의료사회복지 역사는 미국 등 다른 선진국에 비해 상대적으로 상당히 짧고, 상세한 기록물에 대한 자료도 충분치 않은 관계로 구체적 정리에 일정부분 한계가 있다. 이에 이하의 내용도 이러한 한계를 감안하여 살펴보기 바란다.

(1) 태동기(1950년대 이전)

과거 동서대비원이나 혜민국에서 빈민구제 활동이 있어 왔고, 1883년에는 캐나다 선교사의 지원 아래 근대식 병원으로서의 제중원(현, 연세대학교 세브란스병원)이 설립되었으며, 그곳에서 회원으로 구성된 자원봉사자들이 영국의 부녀봉사단처럼 봉사활동을 한 것에서 그 기원을 찾을 수 있다.

(2) 도입기(1950~1960년대)

우리나라에서 의료사회복지의 본격적 도입과 활동은 한국전쟁 이후 외원기관의 원조활동 가운데 시작되었다 할 수 있다. 즉 1950년 한국전쟁이 일어나고 전후과정에서 수많은 전쟁난민(부상자, 고아, 빈자 등)의 발생에 따른 심각한 상황이 전개되자 유엔은 국제 엔지오(NGO) 단체들에게 한국전쟁 난민구호를 위한 지원협조를 요청하게 된다. 이에 13개국 120여개 단체가 한국에 들어와 1952년 한국민간원조연합회(Korea Association of Voluntary Agency: KAVA)를 설립하고, 5개 분야(구호, 교육, 복지, 의료, 지역개발)에 대한 원조활동을 시작하게 되었는데, 특히 캐나다유니테리안봉사협회(Unitarian Service Committee of Canada: USCC)와 한노협회(Norwegian Korean Associal: NKA)가 가장 활발한 활동을 전개하였다.

1958년 7월경 한노협회 대표였던 레케보(Diakon Gotfred Rekkebo)는 캐나다유니테리안협회로부터 지원을 받아 한노병원을 설립하고, 당시 한노협회 총무였던 조기동(공식적인 우리나라 최초의 의료사회복지사로 평가됨)을 사회복지사로 채용하며 사회복지팀(Social Case Work)을 설치 · 운영하였다. 주된 활동은 결핵환자와 가족에 대한 지원이었지만, 이뿐만 아니라 영양실조나 난치병환자에 대한 도움도 적극 전개하였다.

이후 1959년 국립중앙의료원과 원주기독병원에서 개원과 동시에 의료사회복지실천을 도입하였고, 1962년 국립정신병원에서도 정신과 환자의 진단 및 치료, 사후지도에 의료진과 사회복지팀이 팀워크(teamwork)를 통해 활동하는 것을 도입하였으며, 1964년에는 미국인 의료사회복지사인 쇼(Juanita R. Show)가 한국에 파견되어 세브란스병원에서 의료사회복지실천을 시작하여 1965년 정식으로 의료사회복지사 2명이 채용되기도 하였다. 이어 계명대학교 부속 동산의료원, 전주예수병원, 한강성심병원, 삼육재활원, 목포아동결핵병원 등에서도 사회복지사를 채용하여 의료사회복지를 도입실천하는 과정이 전개되었다.

그림 1-3 제중원(좌)과 한노병원(우)

(3) 제도화기(1970~1990년대)

1973년 의료법 시행령에 종합병원에서의 사회복지사 인력기준이 규정되고, 1977년 건강보험이 실시되면서 그해 7월부터 정신 의료사회복지 수가 청구가 가능해졌다(재활 의료사회복지는 1994년 8월부터 청구시작). 1983년에는 병원 표준화심사 도입에 따라 병원 내 사회복지팀의 구축에 대한 논의가 활발해짐으로써 인력 및 서비스에 대한 제도적 뒷받침이 마련되기 시작하였다. 1995년에는 의료기관 평가제도가 도입되고(평가항목에 의료사회복지실천관련 내용 포함), 1999년 장기 등 이식에 관한 법률 시행령에 사회복지사의 역할을 명문화하기에 이르렀다.

한편, 전문가 단체로서의 대한의료사회복지사협회는 1973년 발족하고(당시 대한의료사회사업가협회로 호칭), 1993년에는 정신의료사회사업가협회가 분리되었으며, 1998년부터 전문 사회복지사자격의 일환으로 의료사회복지사 제도화를 위해 꾸준히 노력해오고 있다.

(4) 전문화 및 확장기(2000년대 이후)

지속적인 제도발전(노인장기요양보험 등 보건의료 관련법의 제 · 개정 확산)과 대형병원의 설립(대기업 운영 병원 포함)에 따라 실천현장에서도 일반 · 정신 · 재활의료 혹은 만성 · 급성의료 등의 분화별 전문화가 진행되었고, 최근에는 호스피스 등 전문 임상과별 세분화가 더욱 가속화되고 있는 추세이다.

한편, 2000년 3월 기존의 대한의료사회복지가협회는 대한의료사회복지사협회로 협회명칭을 개정하고, 2008년 제1회 의료사회복지사 자격시험을 시행하여 의료사회복지직의 양적 · 질적 확대에 지속적으로 노력해 오고 있다.

한편, 2018년에는 사회복지사업법 개정을 통해 의료사회복지사를 전문사회복지사로 인정하는 계기를 마련하게 되었다. 이는 사회복지의 다양한 영역 내 특정 전문분야를 법적으로 규정하고, 그 자격을 공식적으로 인정하였다는데 의의가 있다 할 수 있으며, 향후 의료법상 의료기관의 인력기준 등 관련 법률에 이러한 기준이 반영됨으로써 의료사회복지사의 전문성 및 의료사회복지실천의 체계성에 큰 발전이 있을 것으로 기대된다.

건 강 평 가 체 계

의료사회복지사가 환자의 건강상태를 평가할 때 사용할 수 있는 평가도구에는 어떤 것이 있는가? PIE 분류체계는 그것에 대한 대안 중의 하나이다. 여기서는 이에 덧붙여 저자가 실천경험을 바탕으로 구성한 클라이언트 건강평가체계(CHAS)에 대해서도 살펴보기로 한다.

1. PIE 분류체계

많은 실천가와 연구자들은 클라이언트의 상황을 평가하기 위한 방법을 고안해 왔으며, PIE(Person-In-Environment) 분류체계[08]는 가장 대표적인 것 중의 하나이다. 이는 성인 클라이언트의 사회기능 수행 문제를 기술하고, 분류하고, 기록하기 위한 체계이다. 미국사회복지사협회(National Association of Social Workers, NASW)의 지원하에 개발된 PIE 분류체계는 클라이언트의 사회적 기능수행 문제, 환경문제, 정신건강 문제, 신체건강 문제 등의 간결한 묘사체계를 제공하기 위한 조직적인 개념이다. PIE는 네 가지 요소를 갖는다. 처음 두 가지 요소는 사회복지의 핵심적 서술로 구성되어 있다. 나머지 두 가지 요소는 다른 전문직의 분류작업을 사용하여 정신적, 신체적 문제를 확인하도록 되어 있다. 이 네 가지 요소 모두는 클라이언트 문제에 대한 전체 그림을 그리는 데 필요하다. PIE는 다음과 같은 형식으로 클라이언트 문제를 기술한다.

- 요소 Ⅰ: 사회적 기능수행 문제 – 역할 영역, 문제유형, 심각성, 지속기간, 대처능력
- 요소 Ⅱ: 환경문제 – 사회체계 종류, 문제유형, 심각성, 지속기간
- 요소 Ⅲ: 정신건강 문제 – 임상적 증후군, 인격과 발달장애
- 요소 Ⅳ: 신체건강 문제 – 의사에 의해 진단된 병, 클라이언트나 다른 사람에 의해 보고된 다른 건강상의 문제

요소 Ⅰ에서 실천가는 클라이언트의 사회적 역할문제를 확인하고 부호화한다. 일반적으로 한 가지 이상의 문제가 있게 된다. 실천가는 또한 각 문제의 유형과 그 문제로 야기된 어려움의 정도 그리고 그 문제를 다루기 위한 클라이언트의 대처능력을 확인하고 부호화한다.

요소 Ⅱ에서 실천가는 요소 Ⅰ에 영향을 미치는 환경조건 혹은 그 정도뿐만 아니라 각 문제가 야기한 어려움의 정도 그리고 각 문제의 지속기간도 확인한다. 요소 Ⅱ의 문제 역시 한 가지 이상이 될 수 있다. 요소 Ⅰ, Ⅱ는 클라이언트의 사회적 기능수행 문제와 환경에 관한 핵심 서술로 이루어져 있으며, 사회복지의 주요 초점이 된다.

---

08 PIE 분류체계에 대한 보다 자세한 내용은 〈임상사회복지 사정분류체계〉(임상사회사업연구회, 2000)를 참고하기 바란다.

요소 Ⅲ, Ⅳ는 클라이언트의 정신적, 신체적 건강상태를 기술한다. 정신적, 신체적 건강상태가 사회적 기능수행에 영향을 줄 수 있고, 많은 사회복지실천가가 정신장애를 치료하기 위해 훈련받고 면허도 가지고 있지만 그것이 사회복지실천가의 일차적 관심은 아니다. 요소 Ⅲ은 실천가가 클라이언트에 대한 이해와 개입에 관계가 있는 현재의 정신적, 성격적 혹은 발달상의 장애 혹은 상태를 표시하도록 한다. 이와 같은 문제는 DSM-Ⅳ의 요소 Ⅰ, Ⅱ에 나와 있다.

요소 Ⅳ는 클라이언트의 사회적 역할수행과 환경문제에 대한 이해 및 유지 관련 가능성이 있는 현재의 신체장애 혹은 현재 상태를 실천가가 표시하도록 한다. 요소 Ⅳ는 DSM-Ⅳ의 요소 Ⅲ과 동일하다.

2. 클라이언트 건강평가체계(CHAS)

PIE 분류체계는 생태체계학적 관점에 기반하여 개발되었다. PIE는 정신건강과 신체건강에 관한 의사의 소견을 요소 Ⅲ과 요소 Ⅳ에 각각 기술하도록 하고 있지만, 의료적 문제를 가진 클라이언트의 정신건강과 신체건강 문제에 대해서는 그보다 더 상세한 평가가 필요하다. 예를 들어 최근에 난치병으로 진단받은 A씨가 그것으로 인해 매우 우울한 기분상태에 놓여 있지만 정신건강의학과 의사에 의하여 우울증으로 진단을 받을 정도는 아니라고 하자. PIE 분류체계에서 요소 Ⅲ에는 DSM-Ⅳ의 진단내용을 기록하도록 되어 있으므로 A 씨의 정신건강은 '특별한 진단 없음'이라고 기록될 것이다. 그러나 그의 우울한 기분상태는 진료받기를 거부하는 원인이 될 수도 있고 가족과의 불화를 야기하는 원인이 될 수도 있을 것이다. 그러므로 '진단 없음'이라고만 기록하는 것은 사회복지 개입을 위하여 적절하지 않다.

또 다른 예를 들어보자. 관절염으로 입원한 B씨는 화상으로 인하여 보기에 흉한 얼굴과 손을 가지고 있으며 다른 건강상의 문제는 없다. 그는 요소 Ⅲ에 '관절염(의사의 진단)'이라고만 기록될 것이다. 그러나 그의 외모는 대인관계나 구직에 영향을 미칠 수 있으므로 퇴원계획이나 지역사회 복귀 지원계획을 수립하는 사회복지사에게는 충분하지 않다. 이와 같은 문제들로 인하여 PIE 분류체계는 적절하게 변형될 필요가 있다. 이에 저자는 의료 세팅에서의 실천경험을 토대로 다음과 같은 '클라이언트 건강평가체계(Client Health Assessment System: CHAS)'를 제시하고자 한다. CHAS는 PIE 분류체계의 구성체계와 요소를 정교화하고 변형을 기한 것이다. CHAS의 활용은 신체적, 심리적, 사회적, 환경적 문제와 욕구들을 포괄적으로 평가하도록 해주며, 각 영역에서 다루어야 할 세부적인 내용들을 보여주고 있다.[09]

클라이언트 건강평가체계(Client Health Assessment System: CHAS)

이 체계는 신체적 건강 영역, 심리적 건강 영역, 사회적 관계 영역 및 환경적 영역 등 네 개의 영역으로

09 클라이언트의 건강에 대한 전반적 평가는 표준화된 도구를 사용해서 이루어질 수도 있다. 세계보건기구 삶의 질 척도(World Health Organization Quality of Life Assessment Instrument)는 클라이언트의 건강체계를 평가할 수 있는 표준화된 도구 중의 하나이다.

구성되어 있다. 각 영역에서 다룰 수 있는 내용은 다음과 같다.

1) 신체적 건강 영역

신체적 건강 영역에서는 일반의학적 진단과 치료, 기능, 상태 등에 대해서 기술하고 평가한다.

(1) 일반의학적 진단과 치료

신체적 질병이나 장애에 대해서는 일반의사에 의한 진단, 치료내용 및 예후 등을 기록한다. 의무기록 등을 참고할 수도 있다.

(2) 신체적 기능과 상태

사회복지사가 평가한 신체적 특성을 기술한다. 심리적 건강 영역과 사회적 관계 영역에 영향을 줄 수 있는 특성들을 중점적으로 평가한다.

- 신체적 기능: 식사, 착탈의, 용변, 목욕, 쇼핑, 걷기 등 일상생활동작, 여가활동 등을 할 수 있는 신체적 기능을 평가한다. 일상생활동작(Activities of Daily Living: ADL)과 도구적 일상생활동작(Instrumental Activities of Daily Living: IADL) 평가척도를 활용할 수 있다.
- 신체적 상태: 키, 체형, 신체적 매력, 얼굴 생김새, 인상, 표정, 용모, 흉터 등을 평가한다.

2) 심리적 건강 영역

심리적 건강 영역에서는 정신의학적 진단과 치료, 심리적 기능과 상태 등에 대해서 평가하고 기술한다.

(1) 정신의학적 진단과 치료

정신건강의학과 의사에 의한 진단 및 치료내용이 기록되며, ICD-10[10]이나 DSM-Ⅳ에서 사용되는 임상적 증후군과 성격적 · 발달적 장애의 개념들이 활용된다.

(2) 심리적 기능과 상태

사회복지사가 평가한 인지, 감정, 행동적 기능과 상태 그리고 환자로서의 기능수행 상태를 기록한다. 환자로서의 기능 또는 역할수행에 대한 평가는 환자 및 가족과의 면담, 의료진의 진술 및 관찰내용 등을 기초로 하여 종합적으로 평가한다. 특히 감정적 기능과 상태를 평가함에 있어서는 유전질병자, 장애인, 난치병환자 등이 심한 감정적 혼란을 경험할 수 있음을 유의한다.

---

10 ICD-10은 세계보건기구(WHO)에서 정한 국제 질병 및 건강문제 분류 제10판(International Classification of Disease and Health Problems 10th Edition)의 준말이다.

- 인지적 기능과 상태: 지적능력, 자기존중감, 질병에 대한 태도와 특별한 종교적 신념, 자신의 강점 및 제한점에 대한 인식 등을 평가한다.
- 감정적 기능과 상태: 질병의 진단 및 관리에 대한 심리적인 반응과 상태(치료 의욕, 죄책감, 분노, 우울, 불안, 강박, 무력감, 거부, 수용, 자신감 등), 감정의 표현 정도, 감정에 대처하는 방법, 질병관리에 방해가 되는 요인과 도움이 되는 감정상의 특성 등을 평가한다.
- 행동적 기능과 상태: 개인의 위생, 정리정돈 등 개인적 습관, 자기표현 기술, 타인과 관계를 맺는 방식, 공격적 행동의 유무 등을 평가한다.
- 환자로서의 기능과 상태: 질병의 원인 및 치료과정 등에 대한 이해도, 환자와 가족이 갖는 회복에 대한 기대와 의료진이 설정한 의료적 목표의 일치도, 진료 일정의 준수상태 등 진료에 대한 순응도, 의료적 지시에 대한 환자의 순응도, 의료진에 대한 환자의 요구사항 등을 평가한다.

3) 사회적 관계 영역

가족체계, 친구나 애인과 같은 중요한 타인체계, 학업이나 직업체계, 종교단체, 자원봉사단체, 지지집단 등 기타 관련 체계 등과의 관계에서 클라이언트가 가지는 사회적(대인관계상) 문제와 욕구들을 평가한다.[11] 사회복지사의 면접과 관찰, 관련 체계의 진술, 측정도구를 사용한 심리 · 사회평가 등에 의한다.

(1) 가족과의 관계

가족에 대한 평가에서는 가계도와 생태도를 활용할 수 있다. 가계도는 특정 기간 동안의 클라이언트 가족의 역사와 그 과정에서 주된 사건을 한눈에 볼 수 있게 해주는 평가도구이며, 생태도는 가족체계와 환경체계 간의 관계를 보여주는 것이다.

- 가족구성원의 성명, 성별, 연령, 종교, 학력상태, 직업, 환자와의 관계, 결혼상태, 동거 여부 등의 인적 사항과 가족력에 대하여 기술한다.
- 가족의 정서적 지지 정도, 간병 등에 관한 업무분담 정도, 발병으로 인한 가족 간의 관계 변화, 질병관리에 따른 가족갈등, 질병관리에 대한 가족의 협조 정도, 가족 외부 체계와의 상호작용, 가족의 의사소통 등에 대하여 평가한다.

(2) 중요한 타인/학업/직업상 관계된 사회적 관계망과의 관계

사회적 관계망을 평가하기 위하여 사회적 관계망 도표를 활용할 수 있다. 사회적 관계망이란 한 개인이 지속적으로 관계를 맺고 있는 사람들이나 집단을 의미하는데, 클라이언트에게 정보와 조언 또는 구체

11 사회적 지지에 관해서는 표준화된 도구를 사용해서 평가할 수도 있다. 박지원(1984)의 사회적 지지 척도는 그중 하나이다.

적인 원조나 행동으로 도움을 주는 지지망과 스트레스를 가중시키거나 해로운 영향을 미치는 비지지망으로 구분할 수 있다.

질병으로 인한 대인관계의 변화, 사회적 관계상 질병관리에 도움이 되는 요인과 방해가 되는 요인, 대인관계상의 주요 스트레스 요인 및 대처방법, 사회적 지인에 대한 질병 노출 여부 등을 평가한다.

(3) 기타 관련 체계

종교기관, 자원봉사단체, 지지집단 등 환자와 가족을 둘러싼 체계들을 평가한다.

4) 환경적 영역

클라이언트의 문제에 영향을 주고 있는 환경상의 문제를 기술한다. 질병의 치료에 방해가 되는 환경적 요인은 물론 클라이언트의 문제를 해결하거나 욕구를 충족시킬 수 있는 자원들을 기술한다. 경제적 및 기본적 욕구체계, 교육과 훈련체계, 사법적/법적 체계, 사회서비스 등을 평가한다.

(1) 경제적/기본적 욕구체계

- 경제적 자원: 수입과 수입원, 재산, 금융기관 부채, 사채, 경제적 자립 여부 및 자립 가능성, 경제적 지원의 필요성 등을 평가한다.
- 음식/영양: 음식 공급체계, 영양상태, 환자와 가족의 식습관 등을 평가한다.
- 주거: 주거형태(단독/연립/아파트), 계단/엘리베이터의 사용 여부, 화장실 형태(양변기/좌변기/재래식/이동식), 방의 수 등의 주거상태와 큰길에서 집까지의 경사로 여부 등 거주지 주변 환경의 상태가 환자의 생활에 도움이 되는 요인과 장애가 되는 요인 등을 평가한다.
- 교통/이동수단: 이동수단(도보, 승용차, 택시, 버스), 교통의 연결성, 자동차 소유 여부, 집에서 병원(응급실)이나 학교, 직장까지의 거리 등을 평가한다.

(2) 교육과 직업체계

- 교육체계: 학교, 직업훈련기관 등의 학력상태, 학교생활, 과외활동, 학원수강, 취미, 특기, 전공, 컴퓨터 활용 능력 등에 대하여 조사된 자료를 바탕으로 학업욕구, 아동환자의 학교 적응 문제, 성인환자의 사회교육 프로그램에 관한 욕구 및 계획상태와 이를 지원할 수 있는 교육적 여건 등을 평가한다.
- 직업체계: 최종 학력 및 전공, 자격증 소유 여부, 장래희망, 취업경험 등의 이력사항, 현재의 직업상태, 현재의 직업에서 나타나는 문제상황, 아동환자의 경우는 학업계획과 직업과의 관련성, 성인환자의 경우는 앞으로의 직업계획 등 직업준비 및 유지에 관련된 사항을 평가한다.

(3) 사법적 · 법적 체계/안전체계

- 사법적 · 법적 체계: 클라이언트에 관련된 보호관찰소, 경찰서, 법원 등의 관련 사항을 평가한다. 비

행청소년, 학대받은 아동, 가정폭력 피해자 등에 대해서는 진행 중인 법적 상황, 법적 대응을 위하여 이용할 수 있는 서비스 등을 평가한다. 사회복지사의 면접, 관찰, 가정방문과 더불어 법원 등의 사법기록, 병원의 의무기록, 사회서비스 기관 목록 등을 활용한다.

- 안전체계: 환자와 가족의 안전에 위협이 되는 요소를 평가한다.

(4) 사회적 서비스

- 사회적 서비스: 의료보장 상태, 의료보험법, 의료급여법, 국민기초생활보장법, 산재보호법, 장애인복지법 등에 의한 서비스 및 이용하고 있거나 이용할 수 있는 동사무소 등 공공기관, 병원, 지역사회복지관, 사회복지 관련 단체 · 시설, 자원봉사자 등의 사회적 서비스를 평가한다.

Chapter

02 의료사회복지에서의 윤리문제

1. 윤리의 기본 개념
2. 생명윤리 이슈와 관련 법률
3. 윤리적 의사결정
4. 병원윤리위원회와 사회복지사의 역할

Chapter 02

의료사회복지에서의 윤리문제

이 장에서는 다음과 같은 질문에 대해 다룰 것이다.
첫째, 윤리의 개념과 관련 법률은 어떤 것들이 있는가?
둘째, 윤리적 의사결정시 고려해야 할 사항은 무엇인가?
셋째, 병원윤리위원회에서 의료사회복지사는 어떤 역할을 하는가?

1. 윤리의 기본 개념

건강보호분야에서 일하는 사회복지사는 이따금 윤리적 문제에 대한 의사결정을 해야 하기 때문에 윤리의 개념에 대해서 알아둘 필요가 있다. Thiroux(2004)가 제시한 내용을 토대로 윤리, 도덕, 가치, 법 등에 대해서 살펴보기로 한다.

1) 윤리와 도덕

윤리학(ethics)은 인식론(epistemology)[01], 형이상학(metaphysics)[02]과 함께 철학(philosophy)[03]의 한 분야를 이룬다. 윤리학은 도덕에 대한 연구이며, '인간행동에 있어서 옳거나 그른 것은 무엇인가?'를 다룬다. 이것은 '무엇이 좋은, 나쁜, 옳은 또는 그른 어떤 사람이나 행동을 구성하는가? 그리고 우리는 어떻게 그것을 아는가?(인식론)'와 같은 질문을 한다. 윤리(ethics)는 '특성(character)'을 의미하는 그리스어 ethos로부터 유래하였고, 도덕(morality)은 '습관(customs)이나 태도(manners)'를 의미하는 라틴어 moralis로부터 유래하였다. 윤리는 사람의 개인적 특성에 관계되고, 도덕은 인간 간의 관계를 가리키는 것처럼 보인다. 그러나 두 용어는 서로 바꾸어 사용할 수 있으며 의미에서 차이는 없다. 다만 철학에서 윤리라는 말은 특정한 연구 영역을 말하기 위해서 사용되고, 도덕 영역은 인간의 행위와 인간의 가치에 집중한다.

우리가 어떤 사람 또는 인간의 행동을 '도덕적(moral), 윤리적(ethical), 비도덕적(immoral), 비윤리적(unethical)'이라고 말할 때 그것은 '좋은(good), 옳은(right), 나쁜(bad), 그른(wrong)'을 의미하는 것이다. 좋은 또는 옳은 것은 적어도 어떤 기쁨이나 행복을 포함하고, 나쁜 또는 그른 것은 어떤 고통이나 불행을 포함한다. 그러나 기쁨을 주는 것이 반드시 좋은 것은 아니다. 가학성 변태성욕을 가진 사람의 경

---

01 지식에 대한 연구인 인식론은 "지식이란 무엇인가?", "진실과 거짓은 무엇인가? 그리고 그것들은 무엇에 적용되는가?", "지각의 본질은 무엇이고 그것은 얼마나 믿을 수 있는가?" 등에 대한 질문들을 다룬다.

02 실재의 본질에 대한 연구인 형이상학은 "실재로 무엇이 존재하는가 그리고 존재하는 것의 본질은 무엇인가?", "정신 또는 영혼과 같이 신체 외의 어떤 것이 존재하는가?" 등에 대한 질문들을 다룬다

03 철학(philosophy)은 '사랑(love) 또는 우정(friendship)'을 의미하는 그리스어 philia와 '지혜(wisdom)'를 의미하는 sophia가 결합된 말로 문자 그대로 지혜에 대한 사랑을 의미한다. 철학은 기본적으로 인식론, 형이상학, 윤리학 등 세 영역과 관계가 있다. 이 세 영역은 서로 관련되어 있고 겹치기도 한다.

우처럼 확실히 '악의적인 기쁨'이 있기 때문이다. 행복의 성취에 포함되는 한 가지 요소는 단기적 관점보다는 장기적 관점을 취하는 것이 필수적이라는 것이다. 예를 들어 일주일의 행복을 가져다줄 돈을 벌기 위하여 하루 동안의 고통스러운 작업을 감수할 수도 있다. 게다가 '좋은(good)'이라는 용어는 추상적인 의미보다는 인간의 경험과 인간관계의 맥락에서 정의되어야 한다. 예를 들어 지식과 권력은 인간이 그것으로부터 만족을 얻어내지 않는다면 또는 어떤 식으로든 도덕적이고 의미 있는 인간관계에 기여하지 않는다면 그 자체는 좋은 것이 아니다. 한편 '좋고, 나쁘고, 옳고, 그른'이라는 용어는 도덕의 영역과 무관하게 사용될 수도 있다. 대개는 어떤 사람 또는 어떤 것이 어떻게 기능하는가를 언급할 때 사용된다.

2) 도덕과 가치

도덕과 윤리는 '좋은, 나쁜, 옳은, 그른'과 관계된 가치(values)를 다룬다. 가치는 완전히 주관적이거나 객관적이라기보다는 주관적이기도 하고 객관적이기도 하다. 가치는 매우 자주 의식하는 인간(conscious human beings)과 특별한 맥락(물질적, 정신적, 정서적) 내에 있는 것들(things) 간의 복잡한 상호작용의 결과로 생긴다. 즉, 가치는 가치평가되는 것, 가치를 평가하는 사람, 가치평가가 이루어지는 맥락이나 상황 등 세 가지 변수에 의해서 결정된다. 도덕이 인간사회에서 발달하고 변화하는 방법을 관찰해 보면 그것이 대개 인간의 욕구(needs)와 바람(desires)에 기인하고 인간의 정서(emotions)와 판단(reason)에 근거한다는 것을 알 수 있다.

인간은 그들의 환경과 다른 사람들에 대해서 알게 되면서 그들은 서로 고립되어 있을 때보다 함께 이어져 있을 때 더 많은 것을 이룰 수 있다는 것을 알게 된다. 깊은 느낌과 생각을 통하여 그리고 많은 경험을 한 후에 그들은 더 성공적으로 그리고 의미 있게 함께 살아가도록 도움을 주는 좋은 것(goods)과 나쁜 것(bads)을 판단한다. 이러한 신념은 승인을 필요로 하며, 승인은 고위 성직자, 예언자, 다른 지도자들에 의해서 제공된다. 도덕은 이들 지도자들에 의해 지도자들의 권위만이 아니라 어떤 초자연적인 존재(들)의 권위나 자연에 의존하고 있었다. 예를 들면 인간은 고립된 개인으로서보다 집단을 이룰 때 환경 내에서 더 성공적으로 살아남을 수 있다. 그렇지만 공동체로 살아남으려면 살인에 대한 어떤 금지가 있어야만 한다. 이것은 공동체의 모든 구성원의 합의에 의해서 또는 집단지도자에 의해 취해진 행동에 의해서 도달될 수 있다. 지도자는 어떤 초자연적인 존재가 살인은 나쁘다고 말한다고 사람들에게 알림으로써 살인에 반대하는 법에 대해 더 많은 승인을 제공해야 한다. 초자연적인 존재는 자연을 통하여 작용하는 것으로 생각될 수도 있고 그렇지 않을 수도 있다.

물론 그러한 도덕적 법을 규정한 초자연적인 존재가 실제로 존재할 수도 있다. 그렇지만 대부분의 그러한 법은 사실상 다른 인간들(모세, 예수, 부처, 무하메드, 공자 등)에 의해 인간에게 전달되어 왔기 때문에 대부분의 도덕과 윤리는 우리 자신으로부터 발생한다고 확실히 말할 수 있을 뿐이다. 그밖의 모든 것은 사색과 믿음의 문제이다. 사람들은 자신들의 경험과 가장 훌륭하고 깊은 생각과 느낌을 사용함으로써 그리고 가능한 한 이성적으로 의미 있게 자신들을 적용함으로써 무엇이 옳거나 좋은지, 무엇이 그르거나 나쁜지를 판단해야 한다.

3) 도덕과 법

법은 사람이 해야 할 것과 하지 말아야 할 것에 대하여 안내하고, 다른 사람과 소유물에 해가 되지 않도록 하기 위한 일련의 공식인 진술이다. 법은 도덕과 서로 관계가 없는가? 많은 우리의 도덕은 법전(legal codes)으로 구체화되기 때문에 그러한 질문에 "예."라는 대답을 지지하기는 어려울 것이다. 또한 법과 도덕의 관계는 완전히 상호 교환적이지는 않다. 도덕적인 것이 반드시 법적이지는 않으며, 법적인 것이 반드시 도덕적이지도 않다. 불법이민자를 도와주는 것은 도덕적일 수는 있지만 법적이라고 할 수는 없으며, 노예법과 같이 도덕적으로 옳지 못한 법이 있을 수도 있다.

도덕이 반드시 법에 근거를 두고 있지 않다는 것은 확실하다. 아마도 사회가 복잡해질수록 법의 필요성은 더 커질 것이다. 한편 단지 몇 개의 도덕적 규칙만을 두고 법적인 체계를 전혀 가지지 않은 도덕적 사회가 이루어질 수 있다고 생각할 수도 있다. 이것은 인간 사회에서 법을 제거해야 한다는 것을 말하려는 것이 아니라 법이 도덕의 필수적인 속성이 아니라는 것을 보여주려는 것이다. 즉, 법이 있어야 도덕이 있는 것은 아니다. 도덕은 법의 존재와 관계없이 존재할 수 있다. 그렇다면 법은 도덕을 필요로 하지 않는가? 도덕은 법에 근거를 제공해 주는 것 같다. 오늘날 도덕적인 취지를 갖지 않는 법은 거의 없다. 회사의 합병을 다루는 법조차도 관계인 모두에게 공정함을 보증하기 위하여 기능한다. 도덕적 행동방법으로 받아들여지게 되는 것을 적어 놓고 있다는 점에서 법은 도덕을 공적으로 체계화한 것이라고 말할 수 있다. 도덕은 법을 앞서간다. 반면에 법은 도덕을 승인해 준다고 볼 수 있다. 법은 사회적 도덕의 공적 표현이고 승인이다. 법은 어떤 방법으로도 도덕을 대신할 수 없다. 그러므로 우리는 법적인 것과 도덕적인 것을 임의로 등식화할 수 없다. 법은 도덕을 체계화하고 승인하는 데 쓸모가 있지만 도덕이나 도덕적 취지가 없다면 법은 무가치하다고 할 수 있다.

2. 생명윤리 이슈와 관련 법률

생명윤리(bioethics)는 생명에 관한 윤리(life ethics) 또는 의료에서의 윤리(ethics in medicine)를 의미한다. 그것은 의료윤리(medical ethics)[04]보다 넓은 범위를 포함한다. 생명윤리는 의료의 다음 영역을 포함한다(Thiroux, 2004).

- 죽어가는 환자의 치료, 어떤 사람이 죽도록 허용하는 것, 환자의 요구에 따른 안락사(mercy death), 환자의 허락이 없는 안락사(mercy killing)
- 행동 통제(정신질환자 강제입원 등)
- 인간 실험과 고지(告知)에 입각한 동의(informed consent)
- 유전, 수태, 출생
- 건강보호서비스의 전달과 그 비용
- 인구와 산아제한(birth control), 낙태, 불임
- 불충분한 의료자원의 할당, 장기이식, 혈액투석
- 줄기세포연구, 복제
- 의사 직업에서의 사실고지와 비밀유지

여기서는 여전히 윤리적 의제로 남아 있기는 하지만 의료사회복지 세팅에서 종종 만나게 되는 몇 가지 이슈들 중에서 낙태, 장기매매, 연명치료 중단, 비밀 누설 금지 및 신고의무 등에 대한 법률적인 판단들을 살펴보기로 한다. 각각의 의제들에 대한 찬반양론에 대한 소개는 본서의 목적을 넘어서므로 생략하기로 한다.

---

04 의료윤리는 의사-환자 관계 또는 의사가 광고를 해야 하는가와 같은 이슈들을 언급하기 위하여 사용된다.

1) 낙태

낙태는 유산의 한 형태이다(〈표 2-1〉 참고). 유산(流産, abortion)은 임신 7개월(28주) 이전에 태아가 죽어서 나오는 현상을 말한다. 자연히 일어나는 유산을 자연유산[05]이라고 하고, 인공적으로 일으키는 유산을 인공유산(인공임신중절)이라고 한다. 인공유산에는 합법적인 것과 불법적인 것이 있다. 불법적인 인공임신중절을 낙태라고 하는데, 낙태(落胎, abortion)는 자연분만기 전에 자궁에서 발육 중인 태아를 인공적으로 제거하는 일을 말한다. 의사의 지시에 따른 적법한 것도 여기에 포함되나 대개 좁은 의미로 불법적인 임신중절만을 뜻한다. 이것은 임신부 스스로 행하는 것이든 타의에 의하여 시행되는 것이든 모두 해당된다. 의사에 의한 합법적 임신중절이란 임신의 지속으로 모체의 건강이 현저하게 나빠질 우려가 있거나 악질적인 유전적 소인을 없애야 할 필요가 있는 경우 태아가 모체 밖에 나와도 생명을 유지할 수 없는 시기에 행하는 것을 뜻한다. 이밖에 의사가 시술한 경우에도 형법상 낙태죄에 해당된다.

표 2-1 유산의 형태

<table>
<tr><td rowspan="3">유산</td><td colspan="2">자연유산</td></tr>
<tr><td rowspan="2">인공유산(인공임신중절)</td><td>합법적인 인공임신중절</td></tr>
<tr><td>불법적인 인공임신중절(낙태)</td></tr>
</table>

현재 우리나라의 형법(법률 14415호)은 낙태를 금지하고 있다. 성매매 알선 등 행위의 처벌에 관한 법률(법률 제12349호)에서도 낙태에 대한 벌칙 조항을 두고 있다.

05 자연유산에는 임신 초기에 태아가 어떤 원인으로 사망하여 태아의 난막(卵膜)이 나오는 것과 임신이 상당히 진행한 후에 자궁이 어떤 원인으로 수축을 일으켜서 태아를 산 채로 나오게 하는 것이 있다.

그리고 모자보건법(법률 제14323호)은 인공임신중절수술[06]의 허용한계에 대하여 정하고 있다.

(1) 「형법」에서의 낙태금지 관련 조항

제269조 (낙태) ① 부녀가 약물 기타 방법으로 낙태한 때에는 1년 이하의 징역 또는 200만 원 이하의 벌금에 처한다.
② 부녀의 촉탁 또는 승낙을 받아 낙태하게 한 자도 제1항의 형과 같다.
③ 제2항의 죄를 범하여 부녀를 상해에 이르게 한 때에는 3년 이하의 징역에 처한다. 사망에 이르게 한 때에는 7년 이하의 징역에 처한다.
제270조 (의사 등의 낙태, 부동의 낙태) ① 의사, 한의사, 조산사, 약제사 또는 약종상이 부녀의 촉탁 또는 승낙을 받아 낙태하게 한 때에는 2년 이하의 징역에 처한다.
② 부녀의 촉탁 또는 승낙 없이 낙태하게 한 자는 3년 이하의 징역에 처한다.
③ 제1항 또는 제2항의 죄를 범하여 부녀를 상해에 이르게 한 때에는 5년 이하의 징역에 처한다. 사망에 이르게 한 때에는 10년 이하의 징역에 처한다.
④ 전 3항의 경우에는 7년 이하의 자격정지를 병과한다.

(2) 「성매매 알선 등 행위의 처벌에 관한 법률」의 낙태 관련 조항

제18조 (벌칙) ③ 다음 각 호의 어느 하나에 해당하는 자는 3년 이상의 유기징역에 처한다.

06 인공임신중절수술이란 태아가 모체 밖에서는 생명을 유지할 수 없는 시기에 태아와 그 부속물을 인공적으로 모체 밖으로 배출시키는 수술을 말한다(모자보건법 제2조). 참고로 소파(搔爬)는 진단 또는 치료의 목적으로 이용하며, 일반적으로 인공임신중절수술이나 유산할 때 자궁의 내용물을 제거하는 것을 이른다.

2. 성을 파는 행위를 하였거나 할 사람을 고용 · 관리하는 것을 이용하여 위계 또는 위력으로 낙태하게 하거나 불임시술을 받게 한 사람

(3) 「모자보건법」에서의 인공임신중절수술의 허용한계 관련 조항

제14조 (인공임신중절수술의 허용한계) ① 의사는 다음 각 호의 어느 하나에 해당되는 경우에만 본인과 배우자(사실상의 혼인관계에 있는 사람을 포함한다. 이하 같다.)의 동의를 받아 인공임신중절수술을 할 수 있다.

1. 본인이나 배우자가 대통령령으로 정하는 우생학적(優生學的) 또는 유전학적 정신장애나 신체질환이 있는 경우
2. 본인이나 배우자가 대통령령으로 정하는 전염성 질병이 있는 경우
3. 강간 또는 준강간에 의하여 임신된 경우
4. 법률상 혼인할 수 없는 혈족 또는 인척 간에 임신된 경우
5. 임신의 지속이 보건의학적 이유로 모체의 건강을 심각하게 해치고 있거나 해칠 우려가 있는 경우

② 제1항의 경우에 배우자의 사망 · 실종 · 행방불명, 그밖에 부득이한 사유로 동의를 받을 수 없으면 본인의 동의만으로 그 수술을 할 수 있다.

③ 제1항의 경우 본인이나 배우자가 심신장애로 의사표시를 할 수 없을 때에는 그 친권자나 후견인의 동의로, 친권자나 후견인이 없을 때에는 부양의무자의 동의로 각각 그 동의를 갈음할 수 있다.

제28조 (형법의 적용배제) 이 법에 따른 인공임신중절수술을 받은 자와 수술을 한 자는 「형법」 제269조 제1항 · 제2항 및 제270조 제1항에도 불구하고 처벌하지 아니한다.

2) 장기이식

「장기 등 이식에 관한 법률」(법률 제11976호)은 장기의 매매를 금지하고 있다. 그리고 장기 등의 적출 및 이식과 뇌사판정 등에 관한 보건복지부장관의 자문에 응하기 위하여 보건복지부에 장기등이식윤리위원회를 두도록 하고 있다.

(1) 「장기 등 이식에 관한 법률」의 장기매매금지 및 윤리위원회 관련 조항

제4조 (정의) 이 법에서 사용하는 용어의 뜻은 다음과 같다.

1. "장기 등"이란 사람의 내장이나 그 밖에 손상되거나 정지된 기능을 회복하기 위하여 이식이 필요한 조직으로서 다음 각 목의 어느 하나에 해당하는 것을 말한다.
   가. 신장 · 간장 · 췌장 · 심장 · 폐
   나. 말초혈(조혈모세포를 이식할 목적으로 채취하는 경우에 한정한다) · 골수 · 안구
   다. 뼈 · 피부 · 근육 · 신경 · 혈관 등으로 구성된 복합조직으로서의 손 · 팔 또는 발 · 다리
   라. 제8조제2항제4호에 따라 장기등이식윤리위원회의 심의를 거쳐 보건복지부장관이 결정 · 고시한 것
   마. 그 밖에 사람의 내장 또는 조직 중 기능회복을 위하여 적출 · 이식할 수 있는 것으로서 대통령령으로 정하는 것

제7조 (장기 등의 매매행위 등의 금지) ① 누구든지 금전 또는 재산상의 이익 그밖의 반대급부를 주고받거나 주고받을 것을 약속하고 다음 각 호의 어느 하나에 해당하는 행위를 하여서는 아니 된다.

1. 다른 사람의 장기 등을 제3자에게 주거나 제3자에게 주기 위하여 받는 행위 또는 이를 약속하는 행위

2. 자신의 장기 등을 다른 사람에게 주거나 다른 사람의 장기 등을 자신에게 이식하기 위하여 받는 행위 또는 이를 약속하는 행위
3. 제1호 또는 제2호의 행위를 교사 · 알선 · 방조하는 행위

② 누구든지 제1항제1호 또는 제2호의 행위를 교사 · 알선 · 방조하여서는 아니 된다.

③ 누구든지 제1항 또는 제2항을 위반하는 행위가 있음을 알게된 경우에는 그 행위와 관련되는 장기등을 적출하거나 이식하여서는 아니 된다.

제8조 (장기 등 이식윤리위원회) ① 장기 등의 적출 및 이식과 뇌사판정 등에 관한 주요사항을 심의하기 위하여 보건복지부에 장기 등 이식윤리위원회(이하 "위원회"라 한다)를 둔다.

② 위원회는 다음 각 호의 사항을 심의한다.
1. 뇌사판정 기준에 관한 사항
2. 장기 등을 이식받을 사람(이하 "이식대상자"라 한다)의 선정기준에 관한 사항
3. 제13조제1항에 따른 장기이식등록기관, 제19조제1항에 따른 뇌사판정대상자 관리전문기관, 제20조제1항에 따른 장기구득기관 및 제25조제1항에 따른 장기이식의료기관의 지정기준에 관한 사항
4. 장기 등의 범위에 관한 사항
   4의2. 종합계획에 관한 사항
5. 그 밖에 장기 등의 적출 및 이식 등에 관하여 보건복지부장관이 회의에 부치는 사항

제9조 (위원회의 구성과 운영) ① 위원회는 위원장을 포함한 15명 이상 20명 이하의 위원으로 구성하고, 위원은 의사 또는 변호사 자격을 가진 사람, 판사, 검사, 공무원, 그 밖에 학식과 사회적 덕망이 풍부한 사람 중에서 보건복지부장관이 임명하거나 위촉한다. 이 경우 공무원이 아닌 위원이 전체 위원의 과반수가 되도록 하여야 한다.

② 위원장은 위원 중에서 호선한다.

③ 위원회는 위원회를 효율적으로 운영하기 위하여 분야별로 전문위원회를 둘 수 있다.

④ 위원회와 전문위원회의 구성 및 운영 등에 관하여 필요한 사항은 대통령령으로 정한다.

3) 연명치료 중단

우리나라에서는 2009년 5월 대법원이 연명치료(延命治療)의 중단을 허용하면서 1997년 보라매병원 사건[07] 이후 계속되어 온 논란에 마침표를 찍었다. 대법원은 세 가지 연명치료 중단 허용기준을 제시했다. 첫째, 환자가 회복 불가능한 사망단계에 진입해야 하고, 둘째, 연명치료 중단에 대한 환자의 사전 의료 지시가 있어야 하며, 셋째, 사망단계 진입 여부는 전문의 등으로 구성된 위원회가 판단해야 한다는 것이다(중앙일보, 2009. 5. 22). 대법원의 판결(2009다17417, 다수 의견) 이후 법제정에 대한 논의가 활발하게 진행되었고 2016년 2월 호스피스 · 완화의료 및 임종과정에 있는 환자의 연명의료결정에 관한 법률이 제정되었으며 1년 6개월의 경과조치 후 2017년 8월 4일부터 시행되었다.

(1) 대법원 판결요지

환자가 의식의 회복가능성이 없고 생명과 관련된 중요한 생체기능의 상실을 회복할 수 없으며 환자의 신체상태에 비추어 짧은 시간 내에 사망에 이를 수 있음이 명백한 경우에는 환자가 회복 불가능한 사망의 단계에 들어선 것으로 볼 수 있고,

---

07 1997년 보라매병원이 의식불명 환자의 인공호흡기를 떼어내 사망에 이르게 한 사건을 말한다. 대법원은 가족과 의사에게 각각 살인죄와 살인방조죄를 적용해 유죄를 선고했다.

위와 같은 환자의 경우 환자의 의사결정을 존중하여 연명치료를 중단하더라도 환자의 인간으로서의 존엄과 가치 및 행복추구권을 보호하는 것이 사회 상규에 부합되고 헌법정신에도 어긋나지 아니한다. 이러한 환자의 의사결정은 사전 의료 지시에 의하여 이루어질 수도 있고 환자의 추정적 의사를 인정하는 것도 가능하다. 환자의 의사를 추정함에 있어서는 확인할 수 있는 객관적인 자료가 있는 경우에는 반드시 이를 참고하여야 하고, 환자가 평소 일상생활을 통하여 가족, 친구 등에 대하여 한 의사표현, 타인에 대한 치료를 보고 환자가 보인 반응 등을 환자의 나이, 치료의 부작용, 환자가 고통을 겪을 가능성 등 객관적인 사정과 종합하여 환자가 현재의 신체상태에서 의학적으로 충분한 정보를 제공받는 경우 연명치료 중단을 선택하였을 것이라고 인정되는 경우라야 그 의사를 추정할 수 있다. 연명치료를 중단하기 위하여 반드시 법원에 소송을 제기해야 하는 것은 아니지만 전문의사 등으로 구성된 위원회의 판단을 거치는 것이 바람직하다.

4) 비밀 누설 금지 및 신고의무

의료법(법률 제20817호)은 의료인이 비밀을 누설하지 못하도록 정하고 있다. 이는 법적으로 의료인은 아니지만 의료기관에 종사하는 사회복지사에게도 적용된다고 볼 수 있다. 그리고 장기 등 이식에 관한 법률(법률 제20329호)도 종사자가 비밀을 유지하도록 정하고 있다. 그러나 비밀유지에 상반되는 법규도 있다. 아동복지법(법률 제20932호)과 노인복지법(법률 제35819호)은 학대 사실을 신고하도록 하고 있다. 따라서 사회복지사는 업무를 수행하면서 알게 된 클라이언트의 비밀을 유지하되 해당 사유가 발생한 경우에는 이를 신고하여야 한다. 물론 상담을 시작하기 전에 클라이언트에게 이러한 사실에 대해 알려주어야 한다.

(1) 「의료법」의 정보 누설 금지 관련 조항

제19조 (정보 누설 금지) ① 의료인이나 의료기관 종사자는 이 법이나 다른 법령에 특별히 규정된 경우 외에는 의료 · 조산 또는 간호업무나 제17조에 따른 진단서 · 검안서 · 증명서 작성 · 교부 업무, 제18조에 따른 처방전 작성 · 교부 업무, 제21조에 따른 진료기록 열람 · 사본 교부 업무, 제22조제2항에 따른 진료기록부등 보존 업무 및 제23조에 따른 전자의무기록 작성 · 보관 · 관리 업무를 하면서 알게 된 다른 사람의 정보를 누설하거나 발표하지 못한다.

(2) 「장기 등 이식에 관한 법률」의 비밀유지 관련조항

제31조 (비밀의 유지) ① 국립장기이식관리기관 · 등록기관 · 뇌사판정기관(제16조 제5항에 따른 의료기관을 포함한다) · 이식의료기관(제25조 제3항 단서에 따른 의료기관을 포함한다) · 뇌사판정대상자관리전문기관 · 장기구득기관에 종사하는 사람으로서 대통령령으로 정하는 사람은 이 법에서 특별히 규정한 경우 외에는 해당 장기 등 기증자 등의 등록, 뇌사판정대상자 관리, 장기구득 또는 장기 등의 적출 · 이식과 관련된 업무를 담당하는 사람 외의 사람에게 다음 각 호의 어느 하나에 해당하는 행위를 하여서는 아니 된다.

1. 장기 등 기증자와 적출한 장기 등에 관한 사항을 알려주는 행위
2. 이식대상자와 이식한 장기 등에 관한 사항을 알려주는 행위
3. 장기 등 기증희망자 및 장기 등 이식대기자에 관한 사항을 알려주는 행위

② 다음 각 호의 어느 하나에 해당하는 경우에는 제1항을 적용하지 아니한다.

1. 범죄수사를 위하여 수사기관이 장기 등의 적출 또는 이식에 관련된 자료를 요청한 경우
2. 재판과 관련하여 법관이 장기 등의 적출 또는 이식과 관련된 자료의 제출명령을 한 경우

3. 제6조 제2항 제1호에 따라 장기 등 기증희망자임을 표시하기 위하여 해당 증명서의 발급기관에 장기등 기증희망자의 명단을 제공하는 경우
4. 장기기증 홍보사업 등 공익 목적을 위하여 장기등 기증자, 장기등 기증자의 유족 또는 장기 등 이식대기자 본인이 정보제공에 동의한 경우

(3) 「아동학대범죄의 처벌 등에 관한 특례법」의 신고의무 관련 조항

제10조 (아동학대범죄 신고의무와 절차) ① 누구든지 아동학대범죄를 알게 된 경우나 그 의심이 있는 경우에는 특별시 · 광역시 · 특별자치시 · 도 · 특별자치도(이하 "시 · 도"라 한다), 시 · 군 · 구(자치구를 말한다. 이하 같다) 또는 수사기관에 신고할 수 있다.

② 다음 각 호의 어느 하나에 해당하는 사람이 직무를 수행하면서 아동학대범죄를 알게 된 경우나 그 의심이 있는 경우에는 시 · 도, 시 · 군 · 구 또는 수사기관에 즉시 신고하여야 한다.

1. 「아동복지법」 제10조의2에 따른 아동권리보장원 및 가정위탁지원센터의 장과 그 종사자
2. 아동복지시설의 장과 그 종사자(아동보호전문기관의 장과 그 종사자는 제외한다)
3. 「아동복지법」 제13조에 따른 아동복지전담공무원
4. 「가정폭력방지 및 피해자보호 등에 관한 법률」 제5조에 따른 가정폭력 관련 상담소 및 같은 법 제7조의2에 따른 가정폭력피해자 보호시설의 장과 그 종사자
5. 「건강가정기본법」 제35조에 따른 건강가정지원센터의 장과 그 종사자
6. 「다문화가족지원법」 제12조에 따른 다문화가족지원센터의 장과 그 종사자
7. 「사회보장급여의 이용 · 제공 및 수급권자 발굴에 관한 법률」 제43조에 따른 사회복지전담공무원 및 「사회복지사업법」 제34조에 따른 사회복지시설의 장과 그 종사자

8. 「성매매방지 및 피해자보호 등에 관한 법률」 제9조에 따른 지원시설 및 같은 법 제17조에 따른 성매매피해상담소의 장과 그 종사자
9. 「성폭력방지 및 피해자보호 등에 관한 법률」 제10조에 따른 성폭력피해상담소, 같은 법 제12조에 따른 성폭력피해자보호시설의 장과 그 종사자 및 같은 법 제18조에 따른 성폭력피해자통합지원센터의 장과 그 종사자
10. 「119구조 · 구급에 관한 법률」 제2조 제4호에 따른 119구급대의 대원
11. 「응급의료에 관한 법률」 제2조 제7호에 따른 응급의료기관등에 종사하는 응급구조사
12. 「영유아보육법」 제7조에 따른 육아종합지원센터의 장과 그 종사자 및 제10조에 따른 어린이집의 원장 등 보육교직원
13. 「유아교육법」 제2조 제2호에 따른 유치원의 장과 그 종사자
14. 아동보호전문기관의 장과 그 종사자
15. 「의료법」 제3조 제1항에 따른 의료기관의 장과 그 의료기관에 종사하는 의료인 및 의료기사
16. 「장애인복지법」 제58조에 따른 장애인복지시설의 장과 그 종사자로서 시설에서 장애아동에 대한 상담 · 치료 · 훈련 또는 요양 업무를 수행하는 사람
17. 「정신건강증진 및 정신질환자 복지서비스 지원에 관한 법률」 제3조 제3호에 따른 정신건강복지센터, 같은 조 제5호에 따른 정신의료기관, 같은 조 제6호에 따른 정신요양시설 및 같은 조 제7호에 따른 정신재활시설의 장과 그 종사자
18. 「청소년기본법」 제3조 제6호에 따른 청소년시설 및 같은 조 제8호에 따른 청소년단체의 장과 그 종사자
19. 「청소년 보호법」 제35조에 따른 청소년 보호 · 재활센터의 장과 그 종사자
20. 「초 · 중등교육법」 제2조에 따른 학교의 장과 그 종사자
21. 「한부모가족지원법」 제19조에 따른 한부모가족복지시설의 장과 그 종사자

22. 「학원의 설립 · 운영 및 과외교습에 관한 법률」 제6조에 따른 학원의 운영자 · 강사 · 직원 및 같은 법 제14조에 따른 교습소의 교습자 · 직원
23. 「아이돌봄 지원법」 제2조 제4호에 따른 아이돌보미
24. 「아동복지법」 제37조에 따른 취약계층 아동에 대한 통합서비스지원 수행인력
25. 「국내입양에 관한 특별법」 제37조 제1항 및 「국제입양에 관한 법률」 제32조 제1항에 따라 업무를 위탁받은 사회복지법인 및 단체의 장과 그 종사자
26. 「영유아보육법」 제8조에 따른 한국보육진흥원의 장과 그 종사자로서 같은 법 제30조에 따른 어린이집 평가 업무를 수행하는 사람
27. 「대안교육기관에 관한 법률」 제2조 제2호에 따른 대안교육기관과 「초 · 중등교육법 시행령」 제54조에 따라 학교의 장으로부터 학업에 어려움을 겪는 학생들에 대한 교육을 위탁받은 교육기관 등의 장과 그 종사자

③ 누구든지 제1항 및 제2항에 따른 신고인의 인적 사항 또는 신고인임을 미루어 알 수 있는 사실을 다른 사람에게 알려주거나 공개 또는 보도하여서는 아니 된다.

(4) 「아동복지법」의 신고의무자 교육 관련 조항

제26조 (아동학대 신고의무자에 대한 교육) ① 관계 중앙행정기관의 장은 「아동학대범죄의 처벌 등에 관한 특례법」 제10조제2항 각 호의 어느 하나에 해당하는 사람(이하 "아동학대 신고의무자"라 한다)의 자격 취득 과정이나 보수교육 과정에 아동학대 예방 및 신고의무와 관련된 교육 내용을 포함하도록 하여야 하며, 그 결과를 보건복지부장관에게 제출하여야 한다.

② 관계 중앙행정기관의 장 및 시 · 도지사는 아동학대 신고의무자에게 본인이 아동학대 신고의무자라는 사실을 고지할 수 있고, 아동학대 예방 및 신고의무와 관련한 교육(이하 이 조에서 "신고의무 교육"이라 한다)을 실시할 수 있다.

③ 아동학대 신고의무자가 소속된 기관 · 시설 등의 장은 소속 아동학대 신고의무

자에게 신고의무 교육을 실시하고, 그 결과를 관계 중앙행정기관의 장에게 제출하여야 한다.

④ 제1항부터 제3항까지에 따른 교육 내용 · 시간 및 방법 등 그 밖에 필요한 사항은 대통령령으로 정한다.

(5)「노인복지법」의 신고의무 관련 조항

제39조의6 (노인학대 신고의무와 절차 등) ① 누구든지 노인학대를 알게 된 때에는 노인보호전문기관 또는 수사기관에 신고할 수 있다.

② 다음 각 호의 어느 하나에 해당하는 자는 그 직무상 65세 이상의 사람에 대한 노인학대를 알게 된 때에는 즉시 노인보호전문기관 또는 수사기관에 신고하여야 한다.

1. 의료법 제3조 제1항의 의료기관에서 의료업을 행하는 의료인 및 의료기관의 장

   1의2.「의료법」제3조 제1항의 의료기관에 종사하는 자 중 환자의 간호 및 진료를 보조하거나 환자와 직접 접촉하는「간호법」제2조 제3호에 따른 간호조무사 및「사회복지사업법」제11조에 따른 사회복지사
2. 제27조의2에 따른 방문요양과 돌봄이나 안전확인 등의 서비스 종사자, 제31조에 따른 노인복지시설의 장과 그 종사자 및 제7조에 따른 노인복지상담원
3. 「장애인복지법」제58조의 규정에 의한 장애인복지시설에서 장애노인에 대한 상담 · 치료 · 훈련 또는 요양업무를 수행하는 사람
4. 「가정폭력방지 및 피해자보호 등에 관한 법률」제5조 및 제7조에 따른 가정폭력 관련 상담소 및 가정폭력피해자 보호시설의 장과 그 종사자
5. 「사회보장급여의 이용 · 제공 및 수급권자 발굴에 관한 법률」제43조에 따른 사회복지전담공무원 및「사회복지사업법」제34조에 따른 사회복지시설의 장

과 그 종사자

6. 「노인장기요양보험법」 제31조에 따른 장기요양기관의 장과 그 종사자
7. 「119구조 · 구급에 관한 법률」 제10조에 따른 119구급대의 구급대원
8. 「건강가정기본법」 제35조에 따른 건강가정지원센터 및 제35조의2에 따른 가족센터의 장과 그 종사자
9. 「다문화가족지원법」 제12조에 따른 다문화가족지원센터의 장과 그 종사자
10. 「성폭력방지 및 피해자보호 등에 관한 법률」 제10조에 따른 성폭력피해상담소 및 같은 법 제12조에 따른 성폭력피해자보호시설의 장과 그 종사자
11. 「응급의료에 관한 법률」 제36조에 따른 응급구조사
12. 「의료기사 등에 관한 법률」 제1조의2 제1호에 따른 의료기사
13. 「국민건강보험법」에 따른 국민건강보험공단 소속 요양직 직원
14. 「지역보건법」 제2조에 따른 지역보건의료기관의 장과 종사자
15. 제31조에 따른 노인복지시설 설치 및 관리 업무 담당 공무원
16. 「병역법」 제2조 제1항 제10호 라목에 따른 사회복지시설에서 복무하는 사회복무요원(노인을 직접 대면하는 업무에 복무하는 사람으로 한정한다)

③ 신고인의 신분은 보장되어야 하며 그 의사에 반하여 신분이 노출되어서는 아니된다.

④ 관계 중앙행정기관의 장은 제2항 각 호의 어느 하나에 해당하는 사람의 자격취득 교육과정이나 보수교육 과정에 노인학대 예방 및 신고의무와 관련된 교육 내용을 포함하도록 하여야 하며, 그 결과를 보건복지부장관에게 제출하여야 한다.

⑤ 제2항에 따른 노인학대 신고의무자가 소속된 다음 각 호의 기관의 장은 소속 노인학대 신고의무자에게 노인학대예방 및 신고의무에 관한 교육을 실시하고 그 결과를 보건복지부장관에게 제출하여야 한다.

1. 제31조에 따른 노인복지시설
2. 「의료법」 제3조제2항제3호라목 및 마목에 따른 요양병원 및 종합병원

3. 「노인장기요양보험법」 제2조제4호에 따른 장기요양기관

⑥ 제4항 및 제5항에 따른 교육 내용 · 시간 및 방법 등에 관하여 필요한 사항은 보건복지부령으로 정한다.

3. 윤리적 의사결정

사회복지 실천 영역에는 어쩔 수 없는 윤리적 이슈와 질문들이 존재한다. 사회복지사는 이러한 이슈들을 다루고 질문에 답변함에 있어서 중요한 역할을 한다. 의료사회복지에서 실천가들은 환자들에게 그들의 치료와 퇴원문제에서의 선택권에 대해서 알려주고, 다학제적 팀 안에서 환자를 옹호하고, 윤리위원회의 일원으로서 일을 하고 정책을 고안한다. 그러한 경험들은 사회복지윤리학에 대한 미시적 및 거시적 관점을 얻을 수 있는 독특하고 가치 있는 기회를 제공한다. 자신의 입장을 명확히 표명하고 변화를 가져오는 능력은 관계된 윤리적 이슈를 얼마나 잘 이해하는가에 달려 있다. 역사상 어느 때보다도 오늘날 사회복지사들은 건강보호에 있어서의 윤리적 딜레마와 그러한 딜레마를 다루기 위해 건강사회복지윤리학이 어떻게 채택될 수 있는지에 대한 실용적 지식을 가지고 있어야 한다.

대부분의 사회복지사들은 실천과정에서 각 대안들이 부분적으로 바람직하지 않은 결과를 가져오기 때문에 완전히 바람직한 어떠한 해결책도 발견할 수 없는 상황을 만나게 된다. Proctor와 그의 동료들(1993)은 윤리적 딜레마를 '사회복지사가 전문적 가치를 고수할 수 없는 상황 또는 하나의 윤리를 고수하는 것이 또 다른 윤리를 거슬러 행동하도록 요구하는 상황'이라고 정의한다. 딜레마에 대한 이해를 한

후에 사회복지사는 문제해결에 관계될 수 있는 가치, 원칙, 기준 등을 확인하기 위하여 사회복지사 윤리강령에 주의를 기울여야 한다. 윤리강령은 실천을 위한 어떤 직접적인 안내를 제공함으로써 딜레마를 경험하는 사회복지사에게 도움을 줄 수 있다. Lowenberg와 Dolgoff(1996)는 윤리강령의 다음과 같은 네 가지 목적을 제시한다(Gehlert & Browne, 2006).

- 윤리강령은 대중을 보호한다.
- 윤리강령은 전문직을 보호한다. 자기조정은 전문직의 특징이다. 그리고 정부의 관여보다 더할 나위 없이 효과적이다.
- 내적인 다툼을 예방한다.
- 실천가를 소송으로부터 보호한다. 특별한 행동경로가 왜 선택되었는지에 대한 이론적 설명을 제공함으로써 소송에 대해 방어할 수 있게 한다.

윤리적 딜레마를 고찰함에 있어서 윤리적 담론의 초점이 반드시 불변의 '올바른' 해결책에 도달하도록 해주는 것은 아니다. 깊이 있는 검토와 토론에는 가치라는 문제가 놓여 있다. 윤리학 담론의 과정을 통하여 더 완전한 이해에 도달할 수 있고, 대안적인 행동경로가 나타날 수 있다. 그렇지 않다고 하더라도 어떤 결정에 도달하든 간에 환자의 보호에 관계된 당사자에 의해 표현된 단일한 선택보다는 정통하고 사려 깊은 생각의 결과에 도달할 수 있을 것이다. 훌륭한 윤리적 결정을 내리는 것은 벅찬 일일 수 있다. 훌륭한 결정을 내리기 위해서 실천가는 다음과 같은 요인들에 대해서 알아두어야 한다.

- 개인적 가치와 동료 · 조직 · 사회에 주는 영향
- 윤리이론과 의사결정 모델
- 사회복지의 이론, 연구 및 실천의 기준
- 사회복지윤리강령과 다른 전문직의 지침
- 관계된 기관의 정책

- 법률과 규칙들
- 환자에 대한 영향과 실천가에 대한 영향

의사결정을 돕기 위한 다양한 모델이 나와 있다. 좋은 모델은 다양한 요인들과 변수들을 고려하도록 안내하는 것이다. Netting과 그의 동료들(1993)은 의사결정의 단계로 다음을 제시한다(Gehlert & Browne, 2006).

- 문제를 인식하라.
- 변수를 조사하라.
- 다른 사람들로부터 피드백을 얻어라.
- 딜레마에 적용되는 가치들을 평가하라.
- 딜레마를 평가하라.
- 가능한 대안들을 확인하고 생각하라.
- 각 대안들에 대해 찬반양론을 비교 · 검토하라.
- 결정을 하라.

4. 병원윤리위원회와 사회복지사의 역할

장기이식, 유전공학 및 성교화된 생명지원체제 등을 포함한 의료기술의 발달로 인하여 병원의 사회복지사들은 환자와 가족에게 영향을 미치는 윤리적 딜레마에 관련되는 다른 전문가 집단과 협력적으로 일하고 있다. 병원윤리위원회는 치료를 그만둘 것인지 어떨지에 관한 문제들에 대해 의사결정을 함에 있어서 가족들을 지원한다. 우리나라에서도 사회복지사가 윤리위원회의 구성원으로서 일하고 있지만 그에 대한 연구나 임상사례는 거의 보고되어 있지 않다. 이에 여기에서는 미국의 경우를 중심으로 병원윤리위원회와 사회복지의 역할을 소개하기로 한다(Csikai & Sales, 1998).

1) 병원윤리위원회

새로운 의학적 딜레마에 대응하기 위하여 의료기관신임합동위원회(Joint Commission on the Accreditation of Healthcare Organization: JCAHO), 미국병원협회(American Hospital Association) 등은 윤리적 검토 절차를 개발하였고, 그 결과 병원윤리위원회들이 생겨나게 되었다. 윤리위원회(Ethics committees)는 윤리적 문제를 검토하기 위하여 병원에 조직된 다분야 전문가 집단이다. 윤리위원회는 대개 의사, 간호사, 행정직원, 사회복지사, 종교지도자, 변호사, 일반시민 및 다른 건강보호 전문가들로 이루어진다. 위원회의 일차적 목적은 환자의 권리와 이익을 보호하는 것이고, 치료를 계속할 것인지의 결정에 대한 환자와 가족의 바람, 장기기증, 말기환자의 치료결정, 이러한 문제들에 대한 기관의 다양한 정책들이 논의된다. 최근에 좀더 초점이 맞추어지는 부분은 위원회에 의해서 권고되고 의료진에 의해서 수행된 결과의 책임성에 대한 것이다.

세인트루이스 아동병원 윤리위원회(St. Louis Children's Hospital Medical Ethics Subcommittee) 사례를 통해 병원윤리위원회 운영의 실제에 대해서 알아보기로 하자. 세인트루이스 아동병원에서는 의료윤리소위원회를 운영하고 있다. 위원회는 의사, 간호사, 병원관리자, 변호사, 사회복지사, 목사, 부모, 교육전문가 등으로 구성되며, 의료진, 가족이나 후견인, 환자 전체의 자문에 응하고 있다. 위원회는 어떤 것이 옳은 것인지가 명확하지 않을 때 가족과 의료팀의 이해와 선택을 돕는다. 그리고 환자를 위하여 무엇이 최선인지에 대한 동의에 이르도록 돕는다. 물론 모든 토론에 대해서는 비밀이 보장된다. 위원회는 또한 병원의 정책들을 검토하고 윤리에 대하여 의료진과 직원을 교육한다. 위원회가 다루는 문제들은 다음과 같다.

- 아동이 더이상 회복되도록 할 수 없을 때 어떻게 해야 하는가?(보호가 효과가 없을 때)
- 도움이 아동에게 해가 될 수도 있을 때 어떻게 해야 하는가?(이득과 부담을 비교 검토한다.)
- 어떤 치료를 언제 그만두거나 시작해야 하는가?(치료를 철회해야 하는지 또는 보류해야 하는지에 대한 질문)
- 사람들은 아동을 위하여 정말로 무엇을 원하는가?(그들의 가치, 목표 그리고 기대)

2) 병원윤리위원회에서 사회복지사의 역할

병원윤리위원회에 대한 사회복지사의 가능한 역할은 무엇인가? 병원윤리위원회의 주요한 기능은 사례에 대한 검토와 자문, 정책의 검토와 개발, 교육 등이다. 사례 검토와 자문은 현재 일어나고 있거나 이미 일어난 윤리적 딜레마를 해결하는 데 도움이 된다. 정책 부분에 있어서 위원회는 현재의 정책을 검토하고, 변화가 필요한 부분을 조사하며, 병원에서 일어날 수 있는 윤리적 관심사에 입각한 새로운 정책을 고안해 낸다. 교육적 활동은 위원회의 구성원과 다른 전문가들 또는 생명윤리 관계자들에게 공식적이거나 비공식적인 방법으로 정보를 제공하는 것을 포함한다. 사회복지사는 윤리위원회의 세 가지 기능 모두에 있어서 중요한 기여를 할 수 있다. 조정과 문제해결에 있어서 사회복지사들의 고유한 기술은 위원회에 부과된 특별한 사례들에 대한 토론을 촉진할 수 있다. 그것의 가치에 대한 지식을 포함한 지역사회에서의 사회복지적 관여는 정책문제에 대한 토론을 명확하게 하는 데 도움이 될 수 있다. 또한 사회복지사들은 그들의 클라이언트가 만나는 특별한 어려움을 이해하거나 더 잘 대처할 수 있도록 도울 때 교육자로서 활동할 수 있기 때문에 그들은 건강보호 전문가들과 윤리적 문제에 대한 관계자들을 교육하는 데 또한 효과적일 수 있다. 이를 구체적으로 제시하면 다음과 같다.

(1) 사례 검토와 자문

- 위원회에 지역사회자원에 대한 지식을 제공하기
- 포함된 모든 당사자를 대상으로 사례의 실상을 조사하기
- 의료진과 환자/가족 간의 의사소통이 촉진되도록 돕기
- 환자/가족에게 신념과 가치들에 대하여 소개하기
- 환자와 가족의 심리사회적 경험에 대한 정보를 제공하기
- 병원 입원기간 동안의 가족 관여에 대한 정보를 제공하기
- 해당 사례의 중심적인 윤리적 이슈에 대한 개요를 제공하기
- 토론을 촉진하기
- 사례 자문 후 환자와 가족에게 필요한 지지를 제공하기
- 사례 자문 후 의료진에게 필요한 지지를 제공하기

(2) 정책 검토와 개발

- 위원회가 클라이언트의 자기결정원리에 주의를 집중하도록 돕기
- 윤리적 문제에 관련된 현재의 정책을 검토하도록 지원하기
- 정책들의 체계화를 돕기
- 지역사회에 대한 정보 또는 정책적 이슈에 관련된 문화적 가치들에 대해 제공하기
- 윤리적 정책에 관한 토론을 촉진하기
- 새로운 윤리적 정책에 관하여 직원교육을 지원하기

(3) 교육활동

- 세미나와 직무교육에서 윤리적 이슈를 제시하기
- 지역사회 가치에 대한 직원교육을 지원하기
- 윤리적 문제에 대한 직원 직무교육을 조직화하도록 돕기
- 지역사회를 위한 윤리 세미나를 조직화하도록 돕기
- 위원회를 위한 윤리 세미나를 조직화하도록 돕기
- 병원의 교육적 욕구를 조사하기

의료기관에서의 윤리적 문제에 대한 사회복지사들의 경험이 확대된 것을 고려하면 많은 학자들이 사회복지사들의 전문적인 지식을 병원윤리위원회에 필수적인 것으로 보는 것은 놀라운 일이 아니다. 특히 그러한 위원회의 주요 목적이 사회복지의 가치와 일치하기 때문에 더욱 그러하다. 그런데 병원윤리위원회에 대한 사회복지사의 기여는 꽤 많이 협력과정의 성공에 달려 있다. Abramson과 Mizrahi(1994)는 역사적으로 사회복지사들은 가치, 권력, 전문적 우선성에서의 차이들 때문에 의사 및 다른 의료진들과의 협력에 있어서 어려움들을 경험해 왔음을 주목하였다. 그들의 사회복지사와 의사에 대한 질적 면접은 두 집단이 병원사회복지사의 역할에 대하여 다르게 정의하고 있음을 보여준다. 그들의 연구결과는 의사와 사회복지사의 협력은 동일한 기대를 공유할 때 촉진될 수 있음을 함축하고 있다. Joseph과 Conrad(1989)의 이전 연구도 역할에 대한 합의가 건강보호에 대한 의사결정에서의 사회복지적 영향력의 주요 결정요인이라고 밝히고 있다. 사회복지사 자신과 다른 건강보호 전문가들에게 자신의 역할이 명확하다고 지각하고 있는 사회복지사는 더 큰 영향력을 보고하고 있다. 이들의 연구가 윤리위원회에 관한 것은 아니지만 각 전문가의 지식이 이해되고 존중되며, 기대가 명확한 다분야 전문가 집단에서 윤리적 결정이 가장 잘 이루어질 수 있음을 시사하고 있다고 하겠다.

Chapter

03 우리나라의 의료보장제도

1. 의료보장제도의 기본적 이해
2. 우리나라의 의료보장제도
3. 의료사회복지실천에 도움이 되는 제도들

Chapter 03

우리나라의 의료보장제도

이 장에서는 다음과 같은 질문들을 다루고 있다.
첫째, 우리나라의 의료보장제도는 어떠한가?
둘째, 의료사회복지실천에 도움이 되는 제도들은 무엇인가?

의료사회복지사는 실천의 특성상 미시체계뿐 아니라 거시체계에 대한 이해도 충분히 할 필요가 있다. 의료사회복지사에 의해 제공되는 다양한 서비스들의 상당수는 관련정책(제도)의 행정과정(서비스전환 및 전달)을 통해 환자 및 가족 등에게 제공된다. 따라서 관련제도들을 충분히 이해하고 실천과정에 참고하는 것은 서비스의 범위와 수준 등을 결정하고 지속화하는 데 매우 중요한 일이 된다. 또한 의료사회복지사는 실천현장에서 느끼는 관련제도의 한계와 모순에 대해 이슈를 제기하고 제도개선의 선도자 역할도 수행해야 하기에 관련정책의 이해는 더욱 중요한 의미를 갖는다.

이러한 중요성을 갖고 본 장에서는 거시영역의 제도들에 대해 크게 세 부분으로 나누어 살펴보고자 한다. 첫 번째 부분은 의료보장제도를 이해하는 데 기본이 될 수 있는 내용을 간단히 소개하였고, 두 번째 부분에서는 우리나라 의료보장체계의 핵심제도들(건강보험제도, 노인장기요양보험제도, 의료급여제도)을 중심으로 살펴보았으며, 마지막 부분에서는 부수적으로 알아두면 의료사회복지실천에 도움이 될 법한 제도들을 소개하였다.

1. 의료보장제도의 기본적 이해[01]

1) 의료보장제도의 의의 및 유형

의료보장은 국민의 건강권을 보호하기 위하여 요구되는 보건의료서비스를 국가사회가 제도적으로 제공하는 것을 말한다. 따라서 의료보장은 사회보장의 중요한 요소 중 하나로 인식되고 있고, 국민생활의 근본적 이슈(건강)에 대한 접근이라는 점에서 필수적 영역으로 자리매김하고 있다. 이에 형식과 내용에 다소간의 차이는 있으나 어느 나라를 막론하고 의료보장체계를 구축하고 시행하고 있는 것이다. 이러한 제도는 국가의 책임하에 국민의 건강 및 의료문제를 해결함으로써 국민의 건강한 삶을 보장하기 위한 것으로, 의료수혜의 불평등을 해소하고, 예측할 수 없는 질병의 발생 등에 대한 개인 및 가계의 경제적 부담을 완화시켜 주며, 개인의 위험을 사회적 · 국가적 위험으로 인식하여 위험의 분산 및 사회연대 인식을 제고하기 위한 것이라 하겠다.

의료보장제도의 유형은 크게 의료보험방식(National Health Insurance: NHI)과 국가보건서비스방식(National Health Service: NHS)이 있다. 우선 사회보험 방식은 일명 비스마르크(Bismarck)형 의료제도라고도 하는데, 개인이 건강할 때 소득의 일부를 보험료로 납부하고, 이후 질병 등 보험사고 발생 시 국가로부터 급여를 받는 것이다. 단, 사회보험의 낭비를 줄이기 위하여 수진 시에 본인의 일부 부담금이 부과되기도 한다. 이러한 방식을 택하고 있는 나라로 우리나라를 비롯하여 독일, 프랑스, 일본 등이 있다. 한편, 국가보건서비스방식은 일명 조세방식 혹은 비버리지(Beveridge)형 의료제도라고도 하며, 국민의 의료문제는 국가가 책임져야 한다는

01 이하의 내용은 건강보험심사평가원 홈페이지(https://www.hira.or.kr)의 제도설명 내용과 「건강보험제도의 개요(국민건강보험공단, 2025)」를 참고하여 작성한 것임을 밝힌다.

관점에서 조세를 재원으로 모든 국민에게 국가가 직접 의료서비스를 거의 무상으로 제공하는 의료보장방식이다. 이러한 방식을 취하고 있는 나라로는 영국, 이탈리아, 스웨덴 등이 있다. 두 유형의 주요 특성들을 중심으로 보다 구체적으로 비교해보면 다음 〈표 3-1〉과 같다.

표 3-1 사회보험방식(NHI)과 국가보건서비스방식(NHS)의 비교

구분	사회보험방식(NHI)	국가보건서비스방식(NHS)
기본 이념	– 의료비에 대한 국민의 1차적 자기 책임의식 견지	– 국민의료비에 대한 국가책임 견지
적용대상 관리	– 국민을 임금소득자, 공무원, 자영자 등으로 구분관리(빈곤계층 별도 구분)	– 전 국민을 일괄 적용관리 (집단구분 없음)
재원 조달	– 보험료 및 일부 국고지원	– 정부의 일반조세
급여 특성	– 치료 중심적	– 예방 중심적
진료비보상제도	– 행위별수가제 또는 총액계약제 등	– 개원의는 인두제, 병원소속 의사는 봉급제 등
관리기구	– 보험자(조합 등)	– 정부기관(사회보장청 등)
관리운영	– 보험자 중심 자율운영(대표기구를 통한 가입자의 조합운영 참여보장) 혹은 정부기관 직접 관리(가입자의 운영참여 배제) – 직접 관리운영비 소요(보험료 징수 등)	– 정부기관 직접 관리(가입자의 운영참여 배제) – 직접 관리운영비 부분적 축소(보험료 징수비용이 조세관리 비용으로 전가)
국민의료비	– 의료비 억제기능 취약	– 의료비 통제효과 증가
보험료 형평성	– 보험자 내 보험료 부과의 구체적 형평성 확보가능 – 보험자가 다수일 경우 보험자 간 재정불균형 발생 우려	– 조세에 의한 재원조달로 소득재분배 효과 강화(단, 조세체계가 선진화되지 않은 경우 소득역전현상 초래가능성)
의료서비스	– 기술적 측면에서 상대적으로 양질의 의료서비스 제공가능 – 첨단의료기술발전에 긍정적 – 과잉서비스제공 가능성 높음	– 대기시간 장기화 가능성 – 적정 의료서비스 제공에 긍정적
적용국가	– 독일, 프랑스, 네덜란드, 일본, 한국 등	– 영국, 스웨덴, 이탈리아, 캐나다 등

출처: 국민건강보험공단(2025).

참고로, 의료보장제도는 독일에서 가장 먼저 도입되었는데, 19세기 후반 수공업, 광산, 공장 노동자 대상의 공제제도로부터 출발하였다. 독일의 경우 질병보험법(1883), 산업재해보상법(1884), 연금보험법(1889), 장기요양보험(1994)의 순으로 사회보험을 도입하였다. 영국의 경우 1911년 국민사회보험법 제정에 따라 사회보험방식의 의료보장제도를 실시하였으나(1912), 1948년 조세에 의한 재원조달에 기반을 둔 국가보건서비스방식을 도입하였다. 기타 유럽 국가들은 1930년대까지 질병 및 모성보험(sickness and maternity insurance)라는 명칭의 건강보험을 도입하였고, 미국은 1920년대 후반 New Deal정책과 1935년 사회보장법 제정을 통해 Medicare(노인, 상애인), Medicaid(저소득층), 민간보험(Blue Cross, Blue Shield)을 도입하였다.

2) 진료비지불제도(수가제도)의 의미 및 유형

진료비지불제도 혹은 수가제도는 의료기관에서 수행한 진료에 대한 보상으로 의료서비스 제공자에게 비용을 보전해 주는 제도를 말하는 것으로, 한마디로 진료비 보상을 위한 지불제도이다. 이 제도는 일반적으로 의료공급자에 대한 것(의사 등)과 의료기관에 대한 것으로 구분된다. 전자의 경우 주로 의료행위라는 전문기술에 대한 보상을 목표로 하고, 후자의 경우는 의료기관의 시설, 장비, 물자, 운영비용 등 투입비용에 대한 보상을 의미하게 된다. 그런데 이러한 진료비 지불제도는 의료서비스의 질, 의료비 부담규모, 진료비 심사 및 관리방식 등에 결정적인 영향을 미치게 되기에 중요한 이슈가 된다. 대체로 한 나라의 지불제도는 지불제도의 기본형 하나에 속하기보다는 그 나라의 실정에 맞게 변형된 것이나 혼합형태로 존재하는 경우가 많다. 우리나라의 경우도 행위별수가제를 기본으로 하고, 행위별수가제의 보완 및 의료자원의 효율적 활용을 위하여 질병군별 포괄수가제(DRG)와 정액수가

제(요양병원, 보건기관 등)를 병행하여 실시하고 있다. 진료비 지불제도의 여러 유형들을 간략히 살펴보면 다음과 같다.

(1) 행위별수가제(Fee-for-Service)

행위별수가제는 진료에 소요되는 약제 또는 재료비를 별도로 산정하고, 의료인이 제공한 진료행위 하나마다 항목별로 가격을 책정하여 진료비를 지급하도록 하는 제도이다. 가장 보편적이고 시장접근적인 방법으로서 대부분의 자본주의 경제체제를 가진 국가에서는 이 행위별수가제를 많이 채택하고 있다. 의료인이 제공한 시술내용에 따라 값을 정하여 의료비를 지급하는 것으로서 전문의의 치료방식에 적합하다. 즉 위중하거나 진료에 시간이 많이 걸리며 특별한 기술을 요하는 질병이나 진료재료가 많이 소요되는 질병에 대하여는 정확히 그만큼 많은 진료비를 의료인에게 지급하게 된다. 이는 일반 상행위의 원칙이 가장 많이 적용되는 방식으로서 의료인이 가장 선호하는 방식이기도 하다.

(2) 인두제(Capitation)

인두제는 문자 그대로 의사가 맡고 있는 환자 수, 즉 자기의 환자가 될 가능성이 있는 일정지역의 주민 수에 일정금액을 곱하여 이에 상응하는 보수를 지급 받는 방식이다. 주민이 의사를 선택하고 등록을 마치면, 등록된 주민이 환자로서 해당 의사의 의료서비스를 받든지 안 받든지간에 보험자 또는 국가로부터 각 등록된 환자 수에 따라 일정수입을 지급 받게 된다. 인두제는 기본적이고 비교적 단순한 1차 보건 의료에 적용되며, 의료전달체계의 확립이 선행되어야 한다. 따라서 주치의사 또는 가정의의 1차 진료 후에 후송의뢰가 필요한 경우에만 전문의의 진료를 받을 수 있다. 가령, 영국의 일반가정의에게 적용되는 방식이라 하겠다.

(3) 봉급제(Salary)

사회주의국가나 영국과 같은 국영의료체계의 병원급 의료기관의 근무의에게 주로 적용되는 방식으로 농 · 어촌 등 벽 · 오지에 거주하는 국민이라도 쉽게 필요한 때 의료서비스를 제공받을 수 있으나 그 진료수준은 낮은 편이다. 법 · 제도상으로 공공의료의 혜택을 모든 국민이 받을 수 있게 되어 있으나, 제한된 의료시설 및 인력때문에 의사의 윤리적 기준이 낮은 나라의 경우 개인적인 친밀관계나 뇌물수수관계에 따라 의료혜택의 기회가 부여될 여지가 있다. 봉급제의 단점은 의사의 관심이 환자진료보다는 승진 또는 더 높은 보수를 위해서 승진결정권을 가진 상사나 고위공직자의 만족에 맞추어진다는 것이다.

(4) 포괄수가제(Bundled-Payment)

포괄수가제는 한 가지 치료행위가 기준이 아니고, 환자가 어떤 질병의 진료를 위하여 입원했는가에 따라 질병군(또는 환자군)별로 미리 책정된 일정액의 진료비를 지급하는 제도이다. 미국에서 의료비의 급격한 상승을 억제하기 위하여 1983년부터 DRG(Diagnosis Related Groups)에 기초를 둔 선불상환제도로 개발하였고 연방정부가 운영하는 메디케어 환자의 진료비지급방식으로 사용되고 있다. 이 제도는 의료비용의 사전예측이 가능하기 때문에 장기입원에 대한 인센티브를 제거할 수 있다. DRG지불제도하에서는 현재와 같은 행위별 심사는 약화되는 대신에 의료기관들의 진단명조작이나 의료의 질 저하를 방지하기 위한 활동(모니터링 등)을 담당하는 기능이 필요해지며 이것을 현재의 심사기구가 수행하게 된다. DRG코드의 조작에 대한 감시와 조정은 포괄수가제의 안정적인 정착을 위해 꼭 필요한 조치이다.

(5) 총액계약제(Global Budget)

보험자 측과 의료공급자 간에 국민에게 제공되는 의료서비스에 대한 진료비 총액을 추계하고 협의한 후 사전에 결정된 진료비 총액을 지급하는 방식으로(의사단체는 행위별 수가기준 등에 의하여 각 의사에게 진료비를 배분함) 독일의 보험의에게 적용되는 방식이다. 총액계약제는 전체 보건의료체계 또는 보건의료체계의 특정 부문에 국한하여 적용이 가능하다. 전체 보건의료체계 또는 총액계약제가 적용되는 보건의료 부문의 비용에 대한 효과적 조정이 가능하므로, 진료의 가격과 양을 동시에 통제 및 조정함으로써 진료비 지출 증가 속도를 조절하고 예측할 수 있다. 그러나 이 제도는 의료서비스 제공자가 과소진료를 제공하거나 건강상태가 좋지 못한 환자를 기피하는 현상도 발생할 수 있다.

2. 우리나라의 의료보장제도

우리나라의 의료보장제도는 대표적으로 사회보험으로서의 국민건강보험제도와 노인장기요양보험제도가 있고, 공공부조로서 의료급여제도가 있다. 이하에서는 각각의 제도에 대한 적용대상, 급여, 재정 및 관리체계를 중심으로 간략히 소개하고자 한다.

1) 국민건강보험제도

국민건강보험제도는 국민의 질병 · 부상에 대한 예방 · 진단 · 치료 · 재활과 출산 · 사망 및 건강증진에 대하여 보험방식을 적용하여 기여와 급여를 실시함으로써 국민보건향상 및 사회보장 증진에 기여함을 목적으로 하는 제도이다.

(1) 적용대상

국민건강보험의 적용대상은 당연가입에 따라 전 국민이 된다(의료급여대상자는 제외됨). 단, 가입유형에 따라 직장가입자와 지역가입자로 구분되는데, 직장가입자는 상시 1인 이상의 근로자를 사용하는 사업장에서 고용된 근로자와 그 사용자, 공무원 및 사립교원 교직원으로 임용 또는 채용된 자이다. 지역가입자는 직장가입자 및 피부양자, 의료급여대상자를 제외한 가입대상자를 말한다.[02]

표 3-2 건강보험제도 적용대상 유형

구분		일반 사업장	공교 사업장
직장가입자	가입자	– 상시 근로자 1인 이상을 사용하는 사업장에 고용된 근로자와 사용자	– 공무원 및 교직원으로 임용 또는 채용된 자
	피부양자	– 직장가입자의 배우자 – 직장가입자의 직계존속 및 배우자의 직계존속 – 직장가입자의 직계비속 및 그 배우자 – 직장가입자의 형제, 자매	
지역가입자		– 직장가입자와 그 피부양자 및 의료급여대상자를 제외한 자	

02 직장가입자의 피부양자는 직장가입자에 의해 주로 생계를 유지하는 자로 당연가입대상에서 제외된다.

(2) 급여

건강보험에 의해 제공되는 급여는 가입자 및 피부양자의 질병 · 부상에 대한 예방 · 진단 · 치료 · 재활과 출산 · 사망 및 건강증진에 대하여 법령이 정하는 바에 따라 제공하는 모든 급여를 말한다. 급여의 종류로는 현물급여(서비스)와 현금급여가 있는데, 현물급여에는 요양급여, 건강검진 등이, 현금급여에는 요양비, 장제비, 본인부담액보상금, 장애인보장구지급비 등이 있다.

우선 현물급여로서의 요양급여는 가입자 및 피부양자에게 질병 및 부상 등 보험사고가 발생하였을 경우 보험자가 직접 혹은 요양기관을 통해 의료서비스를 제공하는 것을 말한다. 국민건강보험법 상 요양급여에는 진찰 · 검사, 약제 · 치료재료의 지급, 처치 · 수술 · 기타의 치료, 예방 · 재활, 입원, 간호, 이송 등이 포함된다. 건강검진은 자각증상이나 질병이 없는 상태에서 사전에 질병을 예방하는 건강예방행위(preventive health behavior)로, 질병에 걸릴 가능성이 있는 대상에 대하여 검진을 실시하여 질병을 조기에 발견 및 치료함으로써 국민의료비를 절감하고 건강을 증진시키기 위한 2차적 예방사업이다.

다음으로 현금급여로서의 요양비(출산비 포함)는 가입자 또는 피부양자가 긴급 혹은 기타 부득이한 사유로 인하여 요양기관에서 제외되는 의료기관 등에서 질병 등에 의한 요양을 받거나 출산을 한 경우에 지급된다. 장제비는 가입자 또는 피부양자가 사망한 경우에 그 장제를 행한 자에게 일시불형태로 지급하는 급여이다. 본인부담상한제는 과도한 의료비로 인한 부담을 덜어주기 위해 가입자가 부담한 연간 본인부담금이 개인별 상한액을 초과하는 경우 공단에서 부담하는 제도이다. 장애인보장구급여비는 장애인복지법에 의하여 등록된 장애인 가입자 및 피부양자에게 보장구에 대한 할인을 적용하는 급여이다.

(3) 재정 및 관리운영체계

국민건강보험에 소요되는 재정은 원칙상 기본적으로 보험가입자의 기여를 바탕으로 하는 보험료에 의해 충당된다. 직장가입자로서 근로자의 경우 근로소득에 대하여 일정한 비율의 보험료를 근로자와 사용자가 공동으로 부담하고, 지역가입자의 경우 자산규모를 고려하여 가입자에게 부담하도록 하고 있으며, 단, 지역가입자에 대하여는 보험료의 50%를 국고에서 보조하도록 하고 있다. 또한 급여발생시 비용의 일정부분을 의료서비스 이용자가 부담하도록 하는 본인부담금제도를 함께 시행하고 있다.[03] 따라서 우리나라는 가입자, 사용자, 국가의 세 주체가 재정을 분담하고 있는 구조로 되어 있다 하겠다.

다음으로 국민건강보험제도의 관리운영체계에 대해 살펴보면, 국가를 대신하여 건강보험사업을 수행하는 주체로 국민건강보험공단, 건강보험심사평가원, 요양기관 등이 있고, 건강보험 운영에 있어 제도 운영 전반에 관한 관리 · 감독은 보건복지부가 맡고 있다.

국민건강보험공단(이하 공단)은 보험자로서 가입자 및 피부양자의 자격관리, 보험료 부과 · 징수, 가입자의 건강증진업무 추진, 의료서비스 가격책정 등의 업무를 수행한다. 건강보험심사평가원(이하 평가원)은 심사 및 평가기구로서 요양기관이 제공한 의료서비스와 서비스비용의 적정성을 객관적이고 공정하게 심사 · 평가하여 공단이 지급할 비용을 확정하는 역할을 한다. 요양기관은 가입자에 대한 의료서비스를 직접 제공하고 이에 따른 서비스비용(진료비용)을 공단에 요청하여 지급받는다.

03 건강보험가입자가 의료서비스 이용 시 부담하는 비용으로 본인일부부담 · 전액본인부담 · 비급여 항목들의 금액이 이에 해당된다.

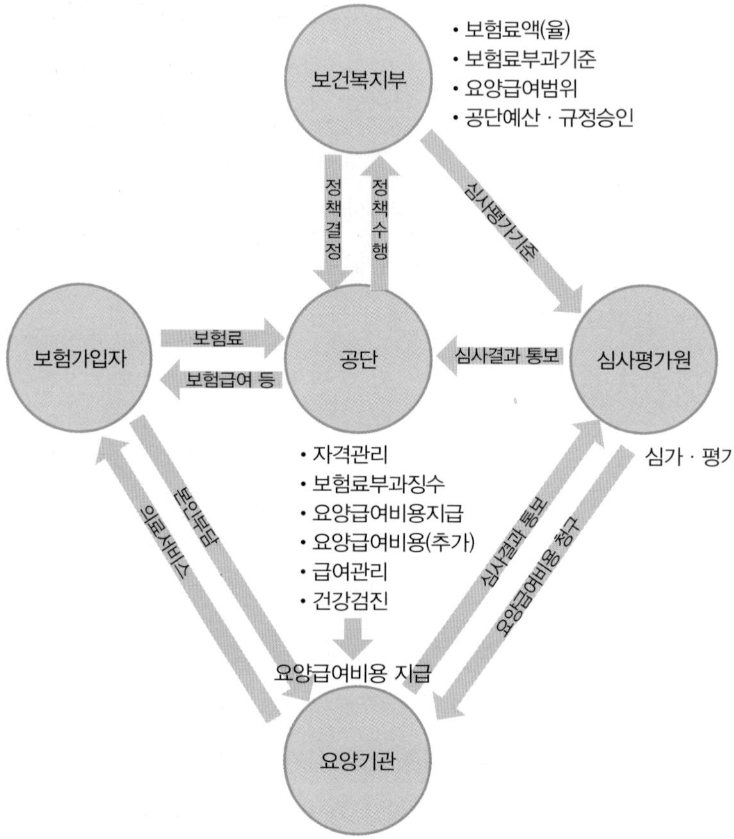

그림 3-1 국민건강보험제도의 관리운영체계

출처: 국민건강보험공단(2025).

참고로, 요양급여비용의 청구 및 지급절차는 요양기관의 지급청구→평가원의 심사평가→공단의 지급으로 이루어진다. 즉 요양기관은 건강보험법 제43조 제1항 및 제2항에 의거 요양기관의 요양급여비용 지급청구을 공단에 한다. 다만, 요양기관의 비용청구는 절차를 간소하게 하기 위하여 요양기관은 요양급여비용 청구서에 급여를 받은 자에 대한 요양급여비용명세서를 침부하여 평가원에 제출한다. 요양기관이 인체에서 채취한 가검물에 대한 검사(검체검사)를 다른 요양기관 또는 검사

기관으로 의뢰하는 경우 요양기관은 수탁기관의 요양기관기호 및 검사내역을 요양급여비명세서에 기재하여 청구하고, 수탁기관은 검체검사공급내역통보서를 수신자별로 작성하여 위탁기관별로 분철한 후 EDI 방식으로 해당 위탁기관 관할 평가원에 통보한다. 평가원은 요양급여비용 심사를 진행하고, 그 결과를 공단 및 해당 요양기관에 각각 통보한다. 요양급여비용 심사 · 평가는 요양급여의 기준 「건강보험법」 제39조 요양급여비용의 내역(건강보험법 제42조의 규정)에 적합한지를 심사하는 것이다. 마지막으로, 공단은 평가원으로부터 요양급여비용 심사결과를 통보받아 지급 전 사전점검후 요양급여비용지급통보서에 의거 요양기관 또는 공급자에게 해당 요양급여비용을 지급한다. 다만, 소득세 및 주민세, 요양기관에 대한 미환수금, 심사조정으로 발생한 본인부담금환급금 등 공단 정산분, 가지급 정산금액, 요양기관의 위탁검사비용, 채권압류금 등의 공제내역은 차감(요양급여비용지급통보서에 기재)하여 지급한다.

2) 노인장기요양보험제도

(1) 적용대상

노인장기요양보험(이하 요양보험)의 적용대상은 국민건강보험의 적용대상과 동일하다. 즉 전 국민이다. 이는 장기요양보호 문제를 국가사회가 공동으로 해결하고자 하는 제도의 취지에 비추어 그 타당성을 갖는다 하겠다. 단, 가입자(보험료 납부자)와 수급자(서비스 수혜자) 사이에 불일치하는 문제가 발생할 수도 있는데, 이는 재정부담을 노인 및 가족뿐 아니라 국민전체가 연대의식 하에 분담함으로써 국가보호의 큰 틀을 구현하기 위함이다. 요양보험에 의한 요양급여(서비스) 수급권자는 두 종류로 나뉘어지는데, 한 유형은 65세 이상 노인으로 질병의 종류와 무관하게 요양등급 인정을 받은 자이고, 다른 유형은 45세 이상 64세 이하인 자로서 노화 및 노인성질환에 의해 요양등급 인정을 받은 자이다.

(2) 급여

요양급여는 기본적으로 현물급여를 원칙으로 한다. 급여한도는 요양등급 평가판정에 의하여 등급별 월 사용한도액 범위 내에서 이용 가능한데, 종류는 크게 재가급여, 시설급여 또는 특별 현금급여 등이 있다. 재가급여는 가정에서 요양보호사와 간호사 등으로부터 식사도움, 화장실 도움, 세면, 목욕, 말벗, 외출 동행, 간호서비스 등을 받을 수 있다. 시설급여는 요양에 필요한 시설과 설비 및 전문인력을 갖추고 있는 노인요양시설에 장기간 입소하여 전문요양서비스를 받을 수 있고, 특별현금급여는 도서벽지 지역 등 요양시설이 없어 불가피하게 가족 등으로부터 요양을 받는 경우에 지원되는 현금급여를 말한다.

표 3-3 요양보험에 의한 요양급여 종류

구분	급여내용	
재가급여	– 방문요양 – 방문목욕 – 방문간호	– 주 · 야간보호 – 단기보호 – 기타재가급여
시설급여	– 노인요양시설 – 노인요양공동생활시설	
특별현금급여	– 가족요양비 – 특례요양비 – 요양병원 간병비	

(3) 재정부담 및 관리체계

요양보험제도의 재정부담은 기본적으로 건강보험제도와 동일한 3자부담 체계로 이루어진다. 즉 건강보험 보험료 납부와 동일한 가입자가 부담하는 장기요양보험료와 국고지원, 그리고 본인부담 등이 그것이다. 장기요양보험료는 건강보험료액에 일정한 장기요양보험료율을 곱하여 산정하여 건강보험료와 통합고지하고, 징수 후 장기요양보험료와 건강보험료는 각각의 독립회계로 운영된다.

한편, 요양보험제도의 관리운영체계는 기본적으로 건강보험제도와 유사한 관리운영체계를 갖는다. 이에 건강보험공단에서 급여 및 재정을 통합관리하고 있고, 요양보험 수가 및 보험요율 등에 관한 심의 · 결정 등을 담당할 장기요양위원회와 요양보호 대상 여부 및 요양등급 결정 등을 위한 장기요양등급판정위원회 등을 설치 · 운영하고 있다.

3) 의료급여제도

의료급여제도(구 의료보호제도)는 생활유지 능력이 부족하거나 생활이 어려운 저소득 국민의 의료문제(질병, 부상, 출산 등)를 국가가 조세를 통해 보장하는 공공부조형식의 의료보장제도이다. 무상 혹은 약간액의 본인부담을 수반하여 의료서비스를 이용할 수 있다. 단, 수급권자는 본인이 자주 이용하는 의원급 기관 선택을 원칙으로 하여 이용하되 선택의료급여기관 이외의 기관을 방문할 때에는 선택의료급여기관에서 발급한 의료급여의뢰서를 소지 후 이용해야 한다. 또한 의료기관 중복방문, 약물 오남용 등 과잉수급에 따른 건강상의 위해가 발생할 위험이 높은 수급권자 및 급여 상한일수 초과자는 선택의료급여기관을 지정하여 이용하여야 하고, 의료급여 절차에 의하지 않고(의료급여의뢰서 없이) 의료급여기관을 이용한 경우에는 진료비 전액을 본인이 부담해야 한다.

(1) 적용대상

적용대상으로서의 수급권자는 크게 1종 의료급여대상자와 2종 의료급여대상자로 구분되는데, 1종 의료급여대상자는 국민기초생활보장수급자(근로무능력가구, 희귀난치성질환등록자, 중증질환자, 시설수급자 등), 타법 적용자(이재민, 의상자 및 의사자의 유족, 입양아동(18세미만), 국가유공자, 중요무형문화재 보유자, 북한이탈주민, 5 · 18 민주화운동 관련자, 노숙인 등), 행려환자 등이 해당되고, 2종 의료급여대상자는 국민기초생활보장 대상자 중 1종 수급대상이 아닌 가구가 해당된다.

(2) 급여

급여내용에 있어서 1종 의료급여대상자의 경우 의료비용 전액이 무료였으나, 2007년 7월 1일부터 1종 수급권자에 대한 일부 본인부담금제를 도입하였다. 단, 18세 미만 아동, 임산부, 희귀난치성질환자는 종전처럼 본인부담금이 면제된다. 또한, 1종 수급권자가 의료기관, 약국 외래진료 때 치료비와 약값을 부담하게 됨에 따라 건강생활유지비를 월 일정액씩 지원받게 된다. 2종 의료급여대상자의 경우는 본인이 일부를 부담하도록 하고 있다. 한편, 의료이용절차는 다음의 [그림 3-2]와 같이 이루어진다.

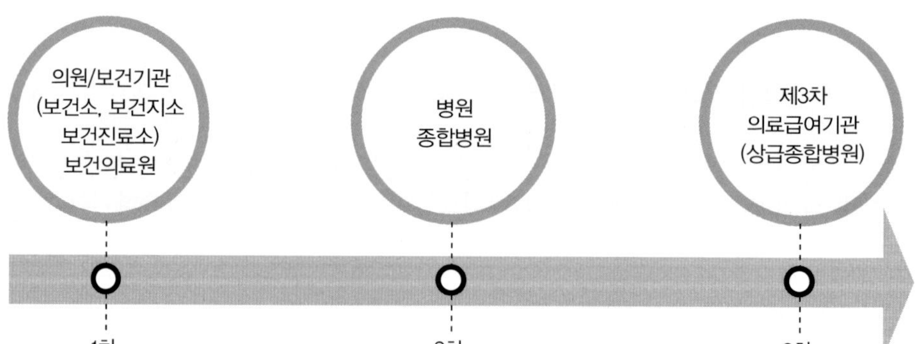

그림 3-2 **의료급여 이용절차**

출처: 건강보험심사평가원 홈페이지.

3. 의료사회복지실천에 도움이 되는 제도들

의료사회복지사는 전문적 의료사회복지 실천을 위해 거시체계를 이해함에 있어 의료관련 제도와 복지관련 제도를 함께 이해할 필요성이 있다. 이는 실천의 적법성과 전문성의 확보는 물론 필요욕구에 대한 대응성과 적확성을 높이는데 큰 도움이 된다. 이에 본 절에서는 앞서 살펴본 의료보장관련 제도 외 실천과정에서 추가적으로 이해가 요구되는 제도들을 간략히 소개하고자 한다.[04]

① 의료법

의료법은 모든 국민이 수준높은 의료 혜택을 받을 수 있도록 국민의료에 필요한 사항을 규정함으로써 국민의 건강을 보호하고 증진하는 데에 목적을 두고 만들어진 제도이다. 이에 의료인과 의료기관의 법적 기준에 대한 내용을 주축으로 관리감독에 대한 사항을 규정하고 있다.

② 국민건강증진법

본 법은 국민에게 건강에 대한 가치와 책임의식을 함양하도록 건강에 관한 바른 지식을 보급하고 스스로 건강생활을 실천할 수 있는 여건을 조성함으로써 국민이 건강을 증진함을 목적으로 만들어진 법이다. 이에 보건에 대한 국민의 이해와 관심을 높이기 위하여 보건의 날로 정하며, 보건의 날부터 1주간을 건강주간으로 하는 것을 포함하여 국민건강증진 종합계획의 수립, 국민건강증진정책심의위원회의 설치, 다양한 국민건강증진사업의 시행(금연사업 등), 국민건강증진기금의 설치 등에

04 본서에서는 지면상의 한계로 간단한 제도내용 혹은 법명소개에 한정하고, 보다 구체적 내용은 법제처 홈페이지(www.moleg.go.kr)를 참고하기를 권장한다.

대한 사항을 규정하고 있다.

③ 희귀질환관리법

희귀질환관리법은 희귀질환에 대한 국민들의 이해를 도모하고 희귀질환자들에 대한 원활한 관리체계를 수립 · 추진하기 위하여 만들어진 제도이다. 이 법에서는 희귀질환극복의 날 지정에 대한 내용과 함께 희귀질환관리체계, 종합계획의 수립, 전문위원회 및 전문기관 구성, 지원센터 및 지원사업의 내용 등에 대한 사항을 규정하고 있다.

④ 장기 등 이식에 관한 법률

본 법은 장기 등에 대한 기증, 적출, 이식의 체계적이고 윤리적인 관리를 위해 제정된 제도로서, 장기이식 윤리위원회 및 관련기관(관리기관 및 의료기관 등), 장기의 적출 및 이식 등에 대한 사항, 장기기증자에 대한 지원 및 감독에 대한 사항을 구체적 사항을 규정하고 있다.

⑤ 호스피스 · 완화의료 및 임종과정에 있는 환자의 연명의료결정에 관한 법률

호스피스법은 호스피스 · 완화의료와 임종과정에 있는 환자의 연명의료와 연명의료중단 등 결정 및 그 이행에 필요한 사항을 규정함으로써 환자의 최선의 이익을 보장하고 자기결정을 존중하여 인간으로서의 존엄과 가치를 보호하는 것을 목적으로 하여 만들어진 법이다. 이에 본 법에서는 제1장 총칙은 물론 연명의료중단 등 결정의 관리체계에 대한 사항(전문인력 등 포함), 연명의료중단 등 결정의 이행에 대한 사항, 호스피스 및 완화의료 서비스에 대한 사항 등에 대해 규정하고 있다.

⑥ 의료 · 요양 등 지역 돌봄의 통합지원에 관한 법률

본 법은 노쇠, 장애, 질병, 사고 등으로 일상생활 수행에 어려움을 겪는 사람이 살던 곳에서 계속하여 건강한 생활을 영위할 수 있도록 의료 · 요양 등 돌봄 지원을 통합 · 연계하여 제공하는 데 목적이 있다. 통합지원이란 국가와 지방자치단체가 보건의료, 건강관리, 장기요양, 일상생활돌봄, 주거, 다양한 서비스를 직접 또는 연계하여 통합적으로 제공하는 것을 말한다. 따라서, 통합지원 대상자에 대한 예방적 건강관리부터 생애 말기 돌봄까지 필요한 서비스를 포괄적으로 제공할 수 있는 지원체계의 구축이 필요하다.

Chapter

04 의료사회복지사의 직무와 서비스 품질에 대한 보증

1. 의료사회복지사의 직무와 사회복지사의 역할
2. 의료사회복지서비스 품질보증

Chapter 04

의료사회복지사의 직무와 서비스 품질에 대한 보증

이 장에서는 다음과 같은 질문들에 대해서 다룰 것이다.
첫째, 의료사회복지사가 맡는 업무에는 어떤 것들이 있으며, 어떤 역할을 수행하도록 기대되는가?
둘째, 서비스 품질보증이란 무엇이고, 의료사회복지서비스의 품질은 어떻게 보증하는가?

1. 의료사회복지사의 직무와 사회복지사의 역할

1) 의료사회복지사의 직무

의료사회복지사의 직무란 의료사회복지사가 책임을 지고 담당하는 업무를 말한다. 의료사회복지사가 수행해야 하는 직무를 명시하는 것은 책임성을 분명하게 하고 전문직 간의 업무협조를 촉진한다는 점에서 의미를 가진다. 그동안 의료사회복지사의 직무는 병원 규모, 서비스 수혜대상, 직급, 문제유형 등에 따라 다양하게 제시되어 왔다. 일반적으로는 업무의 성격에 따라 크게 임상업무, 행정업무, 교육연구업무 등으로 나눌 수 있다(강흥구, 2007; 김규수, 1985; 김기환, 1998; 유수현, 1978). 첫째, 임상업무는 서비스 유형에 따라 직접서비스와 간접서비스로 구분할 수 있다. 직접서비스는 개별 클라이언트, 집단, 가족을 대상으로 하며, 상담과 교육의 형태로 제공된다. 간접서비스는 클라이언트를 직접 대면하지 않으면서 수행되는 업무로 팀 협력활동, 자원의 개발과 관리, 집단 프로그램의 개발·관리·평가, 수퍼비전, 클라이언트를 위한 옹호활동 등이 포함된다. 임상업무는 질병의 치료와 생활관리 등의 심리사회적 문제, 진료비를 포함한 경제적 문제, 지역사회 복귀나 타 기관으로의 이송 등 퇴원계획 문제, 지역사회자원 연결 문제, 재활문제 등을 돕기 위한 것이다. 둘째, 행정업무에는 보고서 및 업무일지 작성, 사회복지부서 운영에 관한 회의참석, 부서 직원의 지휘감독, 기관의 행정 및 경영에 관계된 회의참석 등이 포함된다. 셋째, 교육연구업무에는 실습생 및 수련생 지도, 신규직원 교육, 전문성 제고를 위한 교육참가, 의료사회복지 조사 및 연구활동 등이 포함된다(표 4-1 참고).

표 4-1 의료사회복지사의 직무

<table>
<tr><th colspan="2">대분류</th><th>소분류</th><th>직무내용</th></tr>
<tr><td rowspan="8">임상
업무</td><td rowspan="3">직접서비스</td><td>개별상담/교육</td><td rowspan="8">• 심리사회적 문제
• 경제적 문제
• 퇴원계획 문제
• 지역사회자원 연결 문제
• 재활문제
• 기타</td></tr>
<tr><td>집단상담/교육</td></tr>
<tr><td>가족상담/교육</td></tr>
<tr><td rowspan="5">간접서비스</td><td>팀 협력활동</td></tr>
<tr><td>자원의 개발과 관리</td></tr>
<tr><td>집단 프로그램의 개발 · 관리 · 평가</td></tr>
<tr><td>수퍼비전</td></tr>
<tr><td>클라이언트를 위한 옹호활동</td></tr>
<tr><td colspan="2" rowspan="4">행정업무</td><td>보고서 및 업무일지 작성</td><td></td></tr>
<tr><td>사회복지부서 운영에 관한 회의참석</td><td></td></tr>
<tr><td>부서 직원의 지휘감독</td><td></td></tr>
<tr><td>기관의 행정 및 경영에 관계된 회의참석</td><td></td></tr>
<tr><td colspan="2" rowspan="4">교육연구업무</td><td>실습생 및 수련생 지도</td><td></td></tr>
<tr><td>신규직원 교육</td><td></td></tr>
<tr><td>전문성 제고를 위한 교육참가</td><td></td></tr>
<tr><td>의료사회복지 조사 및 연구</td><td></td></tr>
</table>

또한, 의료사회복지사의 직무분류와 내용을 김기환 외(1997) 연구에서 제시된 문헌조사 및 전문가 집단자문회의를 통해 도출한 33개의 직무로 구분하기도 한다(표 4-2 참고).

표 4-2 의료사회복지사의 직무분류와 직무내용

직무차원	직무하위하원	직무내용	
사회사업 임상	심리 · 사회 · 정신적 문제해결 직무차원	1	심리 · 사회적 문제의 원인조사 및 사정
		2	치료계회겡 의한 환자의 개별치료
		3	내원객의 욕구에 의한 환자의 개별상담
		4	치료계획에 의한 환자의 가족치료
		5	내원객의 욕구에 의한 환자의 가족상담
		6	집단치료
		7	집단활동지도
		8	환자와 환자가족의 교육
		9	환자와 환가자고에게 질병에 관한 정보제공
	경제적 문제해결 직무차원	10	사회보장 및 법적 제도에 대한 정보제공과 지원
		11	변원 내의 자원을 이용한 진료비 지원
		12	후원자, 후원단체 연결을 통한 병원 외적자원과의 연결
	지역사회 자원 연결 직무차원	13	지역사회의 새로운 자원 개발 및 정보망 조성
		14	수집된 기존 지역사회의 자원체계에 대한 정보제공
		15	지역사회 자원과 연결
	사회복귀 및 재활 문제해결 직무차원	16	퇴원계획 상담
		17	추가치료 및 자가치료 지원(가정방문, 외래상담 등)
		18	직업재활 상담지도
		19	회복상태 및 사회적응도 평가
		20	사회생활 훈련지도

	Team Approach 직무차원	21	회진 참여
		22	타부서와의 case conference
		23	병원경영에 어려움을 줄 수 있는 고위험 환자의 조기 발견
		24	질병에 의한 고위험 환자의 조기발견
		25	사례분석 평가
행정	사회사업 부서의 순수행정	26	보고서 및 업무일지의 기록
		27	사회사업 부서의 운영에 관한 회의
		28	부서 직원의 지휘 및 감독
		29	병원(기관)의 행정 및 경영에 관계된 회의
교육 및 연구조사	교육 및 연구조사 직무차원	30	실습생 지도
		31	신규직원 교육
		32	전문성 제고를 위한 교육참여(임상연구 회의, 저널 클럽)
		33	의료사회사업 연구 및 조사활동

출처: Kim, G. H., Seo, J. H., & Choe, S. H. (1997).

표 4-3 의료사회복지직무의 우선순위 변화

순위	유수현(1978년)	김규수(1985년)	김기환(1997년)	강흥구(2008년)	남석인(2016)
1	심리 · 사회적, 정신적 문제해결 업무	심리 · 사회적, 정신적 문제해결 업무	심리 · 사회적, 정신적 문제해결 업무	경제적 문제해결 업무	경제적 문제해결 업무
2	경제적 문제해결 업무	교육 및 연구	행정 업무	지역사회자원 연결	행정 업무
3	사회복귀 및 재활 문제해결 업무	행정 업무	사회복귀 및 재활 문제해결 업무	심리 · 사회적, 정신적 문제해결 업무	심리 · 사회적, 정신적 문제해결 업무
4	지역사회자원 연결	사회복귀 및 재활 문제해결 업무	팀 어프로치 (Team approach)	행정 업무	지역사회자원 연결
5	행정 업무	지역사회자원 연결	지역사회자원 연결	사회복귀 및 재활 문제해결 업무	사회복귀 및 재활 문제해결 업무
6	교육 및 연구	경제적 문제해결 업무	경제적 문제해결 업무	교육 및 연구	팀 어프로치 (Team approach)
7	기타 업무	기타 업무	교육 및 연구	기타 업무	교육 및 연구조사

한편 의료사회복지사의 직무에도 시대적인 변화가 있어 왔다. 의료사회복지사가 제도화되기 시작한 70년대부터 90년대까지는 환자와 가족의 심리 · 사회적, 정신적 문제를 해결하는 직무가 제일 우선이었다. 그러나 2000년대부터는 심리 · 사회적, 정신적 어려움보다는 경제적인 문제를 해결하는 직무가 우선임을 나타내고 특히 최근에는 행정업무에 대한 직무가 심리 · 사회적, 정신적 업무보다도 우선시 되는 직무임을 나타내고 있다. 이것은 의료사회복지사의 실천활동을 알리기 위한 다양한 문서작업 및 홍보활동 등의 업무가 늘어난 결과로 해석된다(표 4-3 참조).

2) 의료사회복지사의 역할

의료사회복지사가 수행해야 할 역할은 건강의 영역에 따라 심리적 건강을 유지하고 회복하도록 돕기 위한 역할, 사회적 건강을 유지하고 회복하도록 돕기 위한 역할, 환자의 건강이 회복되는 데 도움이 되도록 환경을 조정하는 역할 등으로 나누어 생각해 볼 수 있다.

(1) 심리적 건강에 관한 역할

환자와 가족은 심리적으로 매우 불안한 상태일 수 있다. 또는 극도의 스트레스나 우울한 감정상태에 놓여 있을 수도 있다. 환자와 가족이 심리적으로 건강한 상태를 회복하고 유지하도록 돕기 위해 사회복지사가 해야 할 가장 중요한 일은 그들로 하여금 희망을 가지고 치료에 적극적으로 임하도록 돕는 것이다. 희망은 환자를 지탱해 주는 힘이다. 희망은 결과를 통제할 수 있다는 일반화된 신념, 그러한 결과에 영향을 줄 힘을 가지고 있다는 신념, 특정한 사람(예: 의사)이나 프로그램(예: 치료)이 효과가 있을 것이라는 신념 등에 의해서 또는 절대자(예: 하나님)에 대한 긍정적 신념에 의해서 고무된다. 물론 희망은 그러한 신념이 긍정적인 결과를 가져올 것 같은 경우에만 존재할 수 있다. 또한 사회복지사는 환자와 가족이 문제해결기술을 익히고 활용하도록 도와야 한다. 문제해결기술은 정보를 탐색하고, 문제가 무엇인지 상황을 분석하고, 대안들을 비교 검토하고, 그 대안들의 결과를 예측하여 비교해 보고, 적절한 행동계획을 선택하고 보완하는 능력을 포함한다. 문제해결기술은 개인의 경험, 지식, 그 지식을 사용하는 인지적 및 지적 능력, 자기통제능력 등과 같은 다른 자원들로부터 이끌어 내는 것이다.

(2) 사회적 건강에 관한 역할

사회적 건강을 회복하고 유지한다는 것은 중요한 관계에 있는 사람들과 원만하게 지지를 주고받는 것을 말한다. 사회적 지지는 스트레스나 우울을 극복하도록 해준다. 예를 들면 나무(클라이언트)가 바람에 흔들릴 때(스트레스 상황) 지지대를 대주면(사회적 지지) 그 나무는 바람을 견뎌낼 수 있을 것(극복)이다. 센 바람에는 강한 지지대가 필요할 것이다. 누가 사회적 지지자로서 중요한가는 클라이언트의 지각에 달려 있다. 대개는 가족이 중요한 지지자이다. 환자는 신체적 질병으로 인해 심리적으로도 취약한 상태이다. 가족으로부터의 지지는 환자가 힘든 치료과정을 헤쳐 나아가는 데 큰 힘이 된다. 질병과 장애로 인한 위기는 오히려 가족의 정서적 유대와 문제해결능력을 강화하는 좋은 기회로 작용할 수도 있다. 사회복지사는 환자의 지지에 대한 욕구를 파악하고 지지원으로부터 지지를 이끌어 내는 역할을 수행해야 한다.

(3) 환경 조정을 위한 역할

환경은 건강에 위협이 될 수도 있지만 자원이 될 수도 있다. 사회복지사는 위협요인을 파악하고 제거하기 위하여 노력하여야 한다. 물질적 자원은 좋은 대처자원이다. 물질적 자원은 돈과 돈으로 구입할 수 있는 상품 및 서비스를 말한다. 빈곤

환자의 진료비 마련을 위한 후원금 개발과 연결, 퇴원 후 지역사회에서의 재활을 돕기 위한 자원봉사자 연결 등은 물질적 자원을 통한 지원활동이다. 사회복지사는 가정방문을 통하여 환자의 생활환경을 평가하고 지역사회로의 복귀가 원활히 이루어지도록 환경을 조정하기도 한다. 사회복지사는 집안의 내부 구조, 환자 방의 구조 및 특성, 주변 환경의 특성 등 물리적 환경과 각 가족원의 가정방문에 대한 태도, 언어적·비언어적 표현을 통해 관찰된 가족원의 관계 등 심리적 환경을 조사하고 평가한다. 가정방문을 실시한 후에는 가정환경에 대한 사정내용을 명확히 하고, 지원목표를 재검토하며, 지역사회 복귀 일정을 조정하는 등의 후속 조치를 취한다.

2. 의료사회복지서비스 품질보증

현재 우리나라에서 의료기관 내 의료사회복지서비스에 대한 평가만 대상으로 수행되는 평가는 없으며, 의료기관인증평가 관련하여 세부항목에 의거하여 평가가 이루어지고 있다. 전공의 수련병원의 경우 수련환경평가가 이루어지며, 국공립의료기관의 경우 보건복지부 공공보건의료계획 및 결과 제출, 경영평가 등에 활동내용을 반영하여 제출한다.

1) 서비스 품질보증

사회복지사전(Barker, 1995)에 따르면 품질보증(Quality Assurance: QA)이란 조직이 그것의 생산품이나 서비스가 정해진 기준에 부합되는지를 확인하기 위하여 실시하는 과정과 수단을 말한다. 이 용어는 품질조절(Quality Control: QC)이나 품질향상(Quality Improvement:QI)과 같은 의미로 사용된다. 품질보증에 대한 확인 작업은 관리감독자, 동료, 소비자를 위한 옹호자, 법적으로 지정된 감독자 등이 업무를 검사하거나, 업무기술서를 검토하거나, 업무산출체계를 평가하도록 함으로써 이루어질 수 있다. 기준을 충족하지 못한 생산품이나 서비스는 거부될 수 있고, 실행절차가 수정될 수 있고, 공급자에 의해 제재가 가해질 수 있다.

사회복지사에게 요구되는 품질보증 수단에는 인가받은 사회복지학위 과정 이수를 통한 교육, 자격을 충족하는 슈퍼바이저의 슈퍼비전 하에서의 업무경험(실습), 자격시험 통과, 자격증 취득, 법에서 정한 보수교육 이수를 통한 지속적인 교육수강 등이 포함된다. 대중과 소통과정에서 준수해야 하는 전문적인 윤리 규정, 동료검토, 유용성 검토, 프로그램 평가, 전문적 인가, 과오에 대한 소송, 범법적인 방임에 대한 기소 등의 수단이 추가 될 수도 있다. 의료사회복지사는 사회복지사 1급 취득 이후 특정영역에서의 전문성 확보를 위해 추가적인 1년의 수련 과정 이수, 의료사회복지사 보수교육 이수 등이 추가적으로 요구된다(대한의료사회복지사협회 홈페이지).

2) 의료기관인증평가

의료법 제58조(의료기관 인증) ①에 의거 '보건복지부장관은 의료의 질과 환자 안전의 수준을 높이기 위하여 병원급 의료기관 및 대통령령으로 정하는 의료기관에 대한 인증(이하 "의료기관 인증"이라 한다)을 할 수 있다.'라고 정해져 있으며, 의료기관인증 평가 항목에는 의료사회복지서비스 관련 항목을 포함한다.

(1) 평가대상

의료기관 인증제는 모든 의료기관을 대상으로 하고 있다. 따라서 병원급 이상의료기관은 자율적으로 인증을 신청할 수 있다. 다만, 요양병원은 의료 서비스의 특성 및 환자의 권익 보호 등을 고려하여 2013년부터 의무적으로 인증신청을 하도록 의료법에 명시되어 있다. 평가의 주기는 4년이며, 조사의 종류는 정기조사와 비정기조사로 구분되며, 정기조사에는 본조사, 중간자체조사, 중간현장조사가 있으며, 비정기조사에는 추가조사와 수시조사가 있다. 추가조사는 인증등급 결정을 위해 시행하는 보완적인 조사로서 서면 또는 현장 조사방법으로 시행한다. 추가조사는 본조사결과가 '인증 또는 조건부인증'이라 하더라도 필수 조사항목 중 '중'이 1개 이상일 경우 의료기관 선택에 의해 시행된다. 수시조사는 인증받은 의료기관에 대해 인증기간 중에 특정 요건이 발생하였을 경우 시행할 수 있다(의료기관인증평가원 홈페이지, https://www.koiha.or.kr).

(2) 평가업무의 위탁

보건복지부 장관은 의료기관인증평가에 관한 업무를 대통령으로 정하는 바에 따라 관계 전문기관에 위탁하고 있다. 즉 보건복지부 장관의 허가를 받아 설립된 비영리법인에 업무를 위탁하고 있는데 현재 의료기관평가 인증원에서 그 업무를 위탁받아 수행하고 있다.

(3) 평가방법 및 평가내용

평가방법은 현장평가를 원칙으로 하며, 환자의 입장(관점)에서 진료 및 치료 경로를 따라 의료진 및 환자와의 대화, 기록검토, 관찰을 통합하는 역동적인 조사과정을 거치는 추적조사방법을 취한다(Magnarelli, 2005; Murphy-Knoll, 2006). 평가의 세부기준은 의료기관 유형에 따라 일부 달리 적용된다. 급성기병원 인증기준(4주기)에 의하면, 기본가치체계, 환자진료체계, 조직관리체계, 성과관리체계의 4개 영역에 대하여 환자안전보장활동, 진료전달체계와 평가, 환자진료, 의약품 관리,

수술 및 마취진정관리, 환자권리존중 및 보호, 질향상 및 환자안전활동, 감염관리, 경영 및 조직운영, 인적자원 관리, 시설 및 환경관리, 의료정보의무기록관리, 성과관리 등 13개 장에 대한 92개 기준이 있으며, 총 512개(병원 507개)의 조사항목으로 구성되어 있다(그림 4-1 참고).

의료사회복지체계 관련 평가부분은 환자진료체계 중 6장 환자권리존중 및 보호의 평가 항목으로 포함되어 있다(그림 4-2 참고).

그림 4-1 인증기준의 기본 틀

출처: 의료기관인증평가원 홈페이지, 급성기병원 인증기준(4주기).

인증기준
6.1 환자의 권리를 존중하고, 안전을 보장한다.
6.2 취약환자의 권리를 보호하고, 안전을 보장한다.
6.3 환자의 불만 및 고충을 관리한다.
6.4 의료사회복지체계를 수립하고 운영한다.
6.5 환자 또는 보호자에게 동의서를 받는다.
6.6 임상연구를 안전하게 수행하고 관리한다.
6.7 장기기증 및 이식과정을 관리한다.

그림 4-2 6장 환자권리존중 및 보호

출처: 의료기관인증평가원 홈페이지, 급성기병원 인증기준(4주기).

(4) 평가의 활용

의료기관인증평가 결과는 인증, 불인증으로 나뉘며 그 결과에 따라서 국가로부터 지원받는 병원 질관리 및 안전과 관련된 지원금 지급에 영향을 미친다.

참고 1 의료기관 인증평가 취약환자권리보호체계 항목

기준 6.2

취약환자의 권리를 보호하고, 안전을 보장한다.

조사 목적

의료기관은 취약환자의 권리를 보호하고 안전을 보장하기 위해 취약환자의 정의 및 절차를 마련하여 의료기관의 책임과 지원체계를 이해하고 수행한다.

조사 항목

	조사항목	구분	상급	종합	병원	조사결과
1	취약환자의 권리 보호에 대한 규정이 있다.	S	정규	정규	정규	□ 상 □ 중 □ 하
2	직원은 학대 및 폭력피해자를 위한 보고 및 지원체계를 알고 있다.	P	정규	정규	정규	□ 상 □ 중 □ 하
3	직원은 신생아와 소아환자의 유괴를 예방하는 절차를 알고 있다.	P	정규	정규	정규	□ 상 □ 중 □ 하
4	직원은 의사소통이 어려운 환자를 위한 지원체계를 알고 있다.	P	정규	정규	정규	□ 상 □ 중 □ 하
5	직원은 장애환자의 편의를 위한 지원체계를 알고 있다.	P	정규	정규	정규	□ 상 □ 중 □ 하

기준의 이해

※ (ME.3) 미해당 적용대상 : 신생아 및 소아환자를 전혀 진료하지 않는 '병원'

1) 취약환자의 권리 보호에 대한 규정에는 다음의 내용을 포함한다.

- 취약환자의 정의
  - 학대(아동, 노인학대 등) 및 폭력피해자(성폭력, 가정폭력 등), 신생아와 소아(영유아)환자, 의사소통이 어려운 환자(외국인, 청각장애), 장애환자 등
- 학대(아동, 노인학대 등) 및 폭력피해자(성폭력, 가정폭력 등)를 위한 보고 및 지원체계
  ※ 아동복지법, 아동학대범죄의 처벌 등에 관한 특례법, 노인복지법, 가정폭력범죄의 처벌 등에 관한 특례법, 성폭력 방지 및 피해자보호 등에 관한 법률 등 준수
  - 보고체계 : 관련법에 근거한 외부보고 시행
  - 지원체계 : 정신 및 심리상담, 유관기관 연계, 사회사업연계, 필수검사 및 신체검진 등
- 신생아와 소아(영유아)환자의 유괴예방 절차
  방문자 신분확인 절차, 신생아와 소아(영유아)환자의 안전한 이동 절차 등
- 의사소통이 어려운 환자(외국인, 청각장애인 등) 지원체계
  - 의사소통이 어려운 환자의 요구를 파악하고 지원*
  * 예시 : 통역사, 수어, 구화, 필담, 문자통역 또는 외부자원(통역센터 등) 활용 등
- 장애환자의 편의를 위한 지원체계
  - 장애환자를 위한 편의시설 : 전용 화장실, 전용 주차구역 등
- 직원교육

- 환자 및 보호자 교육

2) 직원은 학대 및 폭력피해자를 위한 보고 및 지원체계를 알고 있다.
3) 직원은 신생아와 소아환자의 유괴예방 절차를 알고 있다.
4) 직원은 의사소통이 어려운 환자를 위한 지원체계를 알고 있다.
5) 직원은 장애환자의 편의를 위한 지원체계를 알고 있다.

참고 2 의료기관 인증평가 의료사회복지체계 항목

기준 6.4

의료사회복지체계를 수립하고 운영한다.

조사 목적

의료기관은 의료윤리경영을 실현하기 위해 지역사회 요구도를 반영한 의료사회복지체계를 수립하고, 대상자에게 서비스를 제공한다.

조사 항목

	조사항목	구분	상급	종합	병원	조사결과
1	의료사회복지체계가 있다.	S	정규	정규	정규	□ 상 □ 중 □ 하
2	직원은 의료사회복지서비스 의뢰 가능대상 및 의뢰절차를 알고 있다.	P	정규	정규	정규	□ 상 □ 중 □ 하
3	의료사회복지서비스를 제공한다.	P	정규	정규	정규	□ 상 □ 중 □ 하
4	지역사회 요구도를 반영한 의료사회복지서비스를 제공한다.	P	정규	정규	정규	□ 상 □ 중 □ 하

기준의 이해

1) 의료사회복지체계에는 다음의 내용을 포함한다.
   - 의료사회복지 담당 부서 또는 담당 직원
   - 의료사회복지서비스 의뢰 가능대상 및 의뢰절차
   - 의료사회복지서비스의 종류와 대상자 선정절차
     - 환자 상담 : 심리사회적 상담, 경제적 문제 상담, 지역사회 자원연결 상담, 재활상담
     - 진료비용 지원 등
   - 사회공헌
     * 예시 : 보육시설, 학교 등 지역사회 의료지원 등
2) 직원은 의료사회복지서비스 의뢰 가능대상 및 의뢰절차를 알고 있다.
3) 체계에 따라 대상자를 선정하고 필요한 의료사회복지서비스를 제공한다.
4) 체계에 따라 지역사회 요구도를 반영한 의료 사회공헌을 한다.

3) 병원신임평가(현 수련환경평가)

병원신임평가는 1981년 병원협회에서 주관하여 실시한 병원표준화심사로부터 시작되었다. 1977년 의료보험제도가 제도화되면서 의료에 대한 수요가 증가하여 병원개설이 급증하게 되었고 아울러 의료기관의 질관리에 대한 우려를 낳게 되었다. 1980년 병원윤리강령 제정되었고 환자에게 적정진료를 보장하는 자율적 관리를 위해 '병원표준화사업'이 도입되었다.

2003년에 "병원신임평가제도"로 명칭이 변경되었으며, 2018년에는 "병원수련환경평가제도" 로 변경되어 현재까지 운영되고 있다.

2010년대 중반 이후 국내 보건의료 분야에서는 수련의(인턴 · 레지던트) 근무환경 개선과 수련의 권리 보호 필요성이 제기되었고, 이에 따라 「전공의의 수련환경 개선 및 지위 향상을 위한 법률」(전공의법)이 도입되었다. 이 법령은 수련병원에 대한 평가 · 감독의 권한을 법적으로 명확히 하고, 기존의 병원신임평가에서 상대적으로 포괄적 · 기관 중심이던 평가를 수련환경의 질(교육 · 근무 · 지원체계 등)에 초점을 둔 평가로 전환하도록 제도적 토대를 제공하였다. 이로 인해 수련관련 평가의 주체 · 항목 · 절차가 재편되며, 이 과정에서 의료사회복지서비스에 대한 항목은 제외되었다. 평가의 대상은 전공의 수련병원이며, 평가의 활용은 수련병원 지정 및 재지정 심사의 근거 등으로 활용된다.

[참고 3]의 내용은 과거 병원신임평가 항목의 구성내용으로서 참고용으로 활용하기 바란다.

참고 3 병원수련환경평가 의료사회복지부문 항목

개요 및 작성지침

※ 다음 문항은 병원의 업무현황을 설명하는 내용으로 구성되어 있습니다.
각 문항 중에서 실제로 해당되는 세문항에는 근거에 의거하여 해당 □안에 ✓표를 정확히 기입하여 주시고, 특별히 추가하여 보충 설명할 필요가 있을 경우에는 부문 문항이 모두 끝난 다음에 있는 보충설명란에 설명하고자 하는 문항의 번호를 먼저 명기한 후 내용을 기술하여 주시기 바랍니다. 문항에 대한 응답은 이 부문의 담당책임자가 작성하여야 하며, 서명란에는 반드시 성명, 직위, 작성일자를 명기하여 주시기 바랍니다.

1. 의료사회복지부분의 업무규정은 다음의 내용을 포함한다.

- □ 해당사항 없음(업무규정이 없으므로)
- □ ① 사회복지의 업무 범위와 직원의 직무분장
- □ ② 의료사회복지사의 개입문제목록과 전문적인 개입기술
- □ ③ 사회복지 서비스 대상 환자 선정 기준
- □ ④ 협진의뢰(Consultation) 절차 및 체계
- □ ⑤ 사회복지 기록(Recording)의 보존에 관한 사항
- □ ⑥ 사례의 전반적인 진행 과정(Process)에 관한 사항
- □ ⑦ 사회복지상담에서 요구되는 비밀보장 등 윤리에 관한 사항
- □ ⑧ 활용 가능한 외부자원에 대한 정보체계 및 기관의 list
- □ ⑨ 질 향상(QI)을 위한 방법에 관한 사항
- □ ⑩ 사회복지전문교육에 관련된 사항

2. 직원 현황: 사회복지사 수(단위: 명) [ ]
기타 지원 수(단위: 명) [ ]

* 100병상당 사회복지사의 수를 오른쪽 란에 기입하시오.
[산출방법: (사회복지사 수 / 허가병상수) × 100]

3. 상남실의 독립성과 접근도(현징확인)

3-1. 수혜자의 Privacy 유지를 위한 독입된 상담공간이 있다.

□ ⓪ 아니요

□ ① 예

*오른쪽 란에 독립된 상담실의 총 수를 기입하시오 (단위: 개) [ ]

3-2. 상담실은 환자와 가족, 의료진 등이 접근하기 쉽게 되어 있다. (유도 안내판을 확인한 후 직접 찾아가면서 평가한다.)

□ ⓪ 해당사항 없음

□ ① 접근하기 좋고, 유도사인도 잘 되어 있다.

□ ② 접근하기 좋으나, 유도사인이 잘 되어 있지 않다.

□ ③ 접근하기 어려우나, 유도사인이 잘 되어 있다.

4. 의료사회복지 대상환자 협진의뢰체계

4-1. 의료사회복지부문으로의 협진의뢰 체계가 있다.

□ ⓪ 아니요

□ ① 예

4-2. 의료사회복지서비스 대상자인 취약계층 및 문제환자 발견체계를 갖고 있다.

□ ⓪ 아니요

□ ① 예

5. 의료사회복지부문의 기록

5-1. 의료사회복지부문의 의무기록은 다음과 같이 보존된다.

□ ⓪ 아니요

□ ① 예

□ ⓐ 사회복지의 자체기록으로 보존된다.

□ ⓑ 병원의 의무기록으로 보존된다.

5-2. 의료사회복지 기록에는 다음의 내용이 충실히 기술되어 있다. [현지평가]

(전년도 퇴원 종결한 사회복지 사례를 접수대장에서 무작위로 3례를 추출하여 기록의 적절성 여부를 평가한다.)

a. Case 1

– 면접기록

□ ⓪ 적절하지 않음

□ ① 적절함

- 경과기록
  - □ ⓪ 적절하지 않음
  - □ ① 적절함
- 종결기록
  - □ ⓪ 적절하지 않음
  - □ ① 적절함

b. Case 2

- 면접기록
  - □ ⓪ 적절하지 않음
  - □ ① 적절함
- 경과기록
  - □ ⓪ 적절하지 않음
  - □ ① 적절함
- 종결기록
  - □ ⓪ 적절하지 않음
  - □ ① 적절함

c. Case 3

- 면접기록
  - □ ⓪ 적절하지 않음
  - □ ① 적절함
- 경과기록
  - □ ⓪ 적절하지 않음
  - □ ① 적절함
- 종결기록
  - □ ⓪ 적절하지 않음
  - □ ① 적절함

6. 의료사회복지부문 활동실적

6-1. 의료사회복지 상담 실적

* 각 오른쪽 란에 해당 숫자를 기입하시오.

구분		해당건수
개별상담	심리사회적 상담	
	경제적 상담	
	퇴원계획 상담	
	지역사회자원연결 상담	
	재활 상담	
집단상담		
-집단상담 참석자 수 (단위: 명)		
기타		
총계		

*사회복지사 1인당 연간 상담건수

6-1-1. 개별상담을 실시한다.

□ ⓪ 아니요

□ ① 예

6-1-2. 집단상담을 실시한다.

□ ⓪ 아니요

□ ① 예

6-2. 의료사회복지활동 실적은 다음과 같다.

구분	실적(명)	금액(천원)
진료비지원실적		
의료봉사		
프로그램운영비		
기타		

7. 병원은 지역사회를 위한 보건의료서비스를 제공하고 있다.

□ ⓪ 아니요
□ ① 예

8. 의료사회복지활동을 평가하고 개선한다.
□ ⓪ 아니요
□ ① 예

◇ 보충설명 ◇
* 이 부문의 평가서는 다음 사람에 의해 작성되었다. (작성 및 피 평가 책임자 기재)

1. 성명
2. 직위(직책)
3. 작성일자

〈작성 양식〉
*문항 번호 / 보충 설명 순으로 작성

1.
* 보충 설명

2.
* 보충 설명

3.
* 보충 설명

4.
* 보충 설명

5.
* 보충 설명

4) 의료사회복지의 표준, 기준, 지표

우리의 경우 의료사회사업의 표준, 기준이 없는 상황에서 업무가 수행되어 왔다(강흥구 외, 2003). 이로 인해 새로이 업무를 시작해야 하는 의료기관의 경우 준거 없이 업무가 이루어졌으며, 병원 간의 큰 편차로 인해 의료사회사업의 정체성에 혼란을 가져왔다. 또한 이러한 준거의 부재는 수행평가를 어렵게 하고, 사회사업서비스의 질 보장을 어렵게 하는 요인이 되었다. 때문에 강흥구 등(2003)이 2003년 1월부터 6월까지 대한의료사회복지사협회의 연구 용역을 받아 의료사회사업의 표준, 기준, 지표를 개발하였다. Donabedian(1980)의 연구 모형을 참조하여 구조, 과정, 결과 차원에서 13개의 표준[05]과 31개의 기준[06], 103개의 하위 지표[07]를 제시하였다.

(1) 구조부문의 표준, 기준, 지표

[표준 1] 의료사회복지업무는 문서화된 규정에 의해 실시되어야 한다.

기준	지표
1-1. 의료사회복지의 근거가 기관의 정관 또는 규정집 등에 명시되어야 한다.	① 의료사회복지의 직제 규정이 있다. ② 의료사회복지부문의 정원이 책정되어 있다. ③ 의료사회복지업무의 분장이 되어 있다.

05 표준(standard)은 양호와 불량 정도를 정하는 구체적이며 양적인 척도로 바람직한 탁월성의 수준에 대한 요약적 진술을 말하며, 여기서의 표준은 사회복지에 대한 기대 수준으로 달성 가능한 수준의 정도 또는 목표를 의미한다.

06 기준(criteria)은 목표 또는 기대 수준(표준)에 대한 달성 정도를 측정하기 위한 척도로, 점수 혹은 가치의 범위를 산출할 수 있어야 하는데, 의료사회사업의 기준은 표준의 달성 정도를 측정할 수 있고, 지표 평가의 토대를 의미한다.

07 지표(indicator)는 질적 수준이나 목표 달성 정도를 나타내는 측정 가능한 변수나 특성을 말하며, 이 연구에서는 기준의 하위 문항으로서 기준을 달성하기 위한 구체적이고 객관적으로 측정 가능한 사회복지사의 활동을 말한다.

1-2. 의료사회복지업무는 직무매뉴얼에 의해 수행되어야 한다.	① 직무매뉴얼에는 의료사회복지의 개입 대상이 제시되어 있다. ② 직무매뉴얼에는 사회복지사의 서비스 내용이 제시되어 있다. ③ 직무매뉴얼에는 사회복지사의 역할이 기술되어 있다.

[표준 2] 의료사회복지업무는 독립적 구조를 갖추어 실시되어야 한다.

기준	지표
2-1. 의료사회복지부서는 자율적 업무 수행에 필요한 독립적 구조를 갖추어야 한다.	① 사회복지 부서는 적절한 단위 이상으로 운영되고 있다. ② 사회복지 부서는 진료나 진료 지원 부문에 편제되어 있다. ③ 사회복지 부문의 예산이 별도로 편성되어 있다. ④ 사회복지 업무는 1급 이상의 사회복지사에 의해 수행되고 있다. ⑤ 사회복지 업무 수행에 필요한 적정한 수의 사회복지사가 근무하고 있다.

[표준 3] 의료사회복지업무는 유자격자에 의해 시행되어야 한다.

기준	지표
3-1. 의료사회복지업무는 책임 있는 사회복지사에 의하여 지도·감독되어야 한다.	① 사회복지 부서의 책임자는 사회복지사 1급 자격증을 소지하고 있다. ② 사회복지 부서의 책임자는 사회복지 석사학위 이상의 학력을 소지하고 있다. ③ 사회복지 부서의 책임자는 의료사회복지업무 경력이 5년 이상이다.

[표준 4] 사회복지사는 적절한 훈련과 교육, 슈퍼비전을 받아야 한다.

기준	지표
4-1. 사회복지사는 책임 있는 서비스를 제공하기 위하여 적절한 훈련과 교육을 받아야 한다.	① 사회복지사의 교육계획이 수립되어 있다. ② 사회복지사의 훈련계획이 수립되어 있다. ③ 외부 교육에 참가한다. ④ 외부 교육 참가 시는 교육비 지원이 이루어진다. ⑤ 협회에서 주관하는 자격 유지에 필요한 교육에 참석한다.
4-2. 사회복지사는 업무의 적절성 유지와 전문성 향상을 위해 슈퍼비전을 받아야 한다.	① 사회복지사의 슈퍼비전은 정기적으로 이루어진다. ② 슈퍼비전은 협회가 인정한 슈퍼바이저에 의해 시행된다.

[표준 5] 의료사회복지의 내용은 많은 사람이 이용하도록 홍보되어야 하며 이용 절차가 알려져야 한다.

기준	지표
5-1. 잠재적 클라이언트에게 사회사업 업무가 홍보되어야 하며 의료사회복지 업무의 이용 절차가 알려져야 한다.	① 기관의 홍보물을 활용하고 있다. ② 사회사업 업무를 안내하는 리플릿이 구비되어 있다. ③ 입원 생활 안내 책자 등에 사회사업서비스에 대해 소개되어 있다.

[표준 6] 사회복지 상담실은 사회복지사의 상담에 적합한 구조를 갖추어야 한다.

기준	지표
6-1. 상담실은 접근이 용이해야 한다.	① 상담실은 기관의 주 통로에 인접해 있다. ② 상담실을 안내하는 안내판(signage)이 있다.
6-2. 상담실의 구조는 상담을 진행하는 데 적합해야 한다.	① 상담실은 비밀이 보장된다. ② 상담실은 심리적 안정감을 제공한다.
6-3. 상담실은 상담의 형태에 따라 달리 활용될 수 있어야 한다.	① 개별상담을 할 수 있는 상담실이 있다. ② 가족과 집단을 상담할 수 있는 상담실이 있다..

(2) 과정부분의 표준, 기준, 지표

[표준 7] 의료사회복지업무는 적절한 업무 절차에 의해 수행되어야 한다.

기준	지표
7-1. 의료사회복지업무는 공식적 의뢰 절차에 의해 이루어져야 한다.	① 의료진의 협의 진료(consultation)가 이루어진다. ② 지역사회로부터 의뢰를 받는 체계가 있다. ③ 사회사업의 개입 대상에 대한 스크리닝이 이루어진다. ④ 자발적 방문자에게 서비스가 제공된다. ⑤ 아웃리치에 의해서 서비스가 제공된다.
7-2. 사회복지사의 개입은 시의 적절해야 한다.	① 의뢰된 지 48시간 이내 초기 면접이 이루어진다. ② 위기개입 대상자의 경우 24시간 이내 개입이 이루어진다. ③ 협의 진료 의뢰에 대한 응답은 72시간 내에 이루어진다.

7-3. 사회복지사는 클라이언트와 의미 있는 원조관계를 수립해야 한다.	① 의뢰자의 의뢰 사유와 욕구를 파악한다. ② 클라이언트의 욕구를 파악한다. ③ 필요한 경우 다른 기관으로 의뢰한다. ④ 클라이언트에게 사회복지사의 역할을 설명한다. ⑤ 질병과 관련된 심리 · 사회적 문제의 중요성과 영향력을 설명한다. ⑥ 질병으로 발생된 어려움을 경청하고, 민감하게 반응한다.
7-4. 사회복지사는 클라이언트의 욕구와 문제를 규명하기 위해 필요한 자료를 수집하고 사정하여야 한다.	① 사정을 위해 환자 외에 가족, 의미 있는 타자와 상담을 진행한다. ② 의료적 상태에 대한 객관적 정보(현재 상태, 치료 기간 및 내용, 예상 입원 기간, 외래 f/u 필요 여부 등)를 수집한다. ③ 현재 클라이언트가 갖고 있는 심리 · 사회적 문제가 의료적 상태 변화와 어떤 연관성을 갖는지 평가한다. ④ 클라이언트의 질병에 대한 시각, 태도, 치료 동기를 확인한다. ⑤ 이용 가능한 자원을 탐색한다. ⑥ 사정의 내용에는 클라이언트의 자아 기능, 의료적 상황, 심리적 상태, 가족체계, 역할수행 수준, 경제력, 지지체계 등이 포함된다. ⑦ 객관적 사정의 결과를 얻기 위해 사정 도구를 활용한다. ⑧ 상황의 변화에 따른 재사정이 이루어진다.
7-5. 사정의 결과 개입 목표와 실행계획은 표적문제를 중심으로 수립되어야 한다.	① 개입 목표는 클라이언트의 의료적 상황, 치료계획을 고려하여 현실성 있게 수립한다. ② 개입계획은 문제의 중요성과 변화의 시급성을 기준으로 선정한다. ③ 개입계획은 클라이언트와 함께 문제해결을 위한 대안들의 장단점을 확인한 이후에 선정한다.
7-6. 사회복지사는 개입 목표가 달성되도록 구체적인 실행계획을 수립하고, 사례의 진행과정을 점검하면서, 문제해결을 도모해야 한다.	① 실행과정은 구체적 변화 전략과 계획에 따라 진행한다. ② 문제해결에 필요한 자원을 동원하고 활성화한다. ③ 현재의 실행과정이 건강 회복에 어떻게 도움이 되는 것인지 설명함으로써 적극적 참여를 격려하고 유도한다. ④ 필요한 경우 클라이언트, 의료진이 함께 치료 일정과 사회사업적 개입의 계획을 조정하거나 수정한다.
7-7. 일정 시점에 이르면, 개입 목표의 달성 정도를 평가해야 한다.	① 평가계획은 개입에 대한 계획 수립 시 미리 고려한다. ② 어떤 평가방법을 사용할 것인지에 관하여 미리 정한다. ③ 평가에 필요한 도구를 구비하고 있다. ④ 평가의 결과는 업무 개선에 반영되고 있다.
7-8. 사례의 종결은 달성된 개입 목표가 유지되도록 이루어져야 한다.	① 목표가 달성되었거나 개입 기간이 종료될 때 사례를 종결한다. ② 종결 시에는 종결에 따른 클라이언트의 불안과 긴장을 다루어 준다. ③ 개입을 통해 획득한 효과가 유지될 수 있도록 클라이언트에게 강화와 지지를 제공한다. ④ 클라이언트의 문제가 해결되지 않은 경우 다른 기관에 의뢰한다. ⑤ 일정 기간이 지난 후 클라이언트가 잘 적응하고 있는지 사후관리를 실시한다.

[표준 8] 사회복지사는 다른 전문적과 팀협력활동을 해야 한다.

기준	지표
8-1. 사회복지사는 팀협력활동에 참여하여야 한다.	① 사회복지사는 치료팀의 일원으로 활동한다. ② 치료팀은 클라이언트의 특성과 개입 세팅의 특성에 따라 특화되어 있다. ③ 사회복지사는 회진에 참여한다.

[표준 9] 사회복지사의 활동은 기록 관리되어야 하며, 그 내용은 정기적으로 보고되어야 한다.

기준	지표
9-1. 사회복지사의 활동은 체계적으로 기록되어야 한다.	① 기록의 형식, 방법 등에 관한 원칙이 있다. ② 인테이크, 경과 기록 등의 표준 기록 양식이 있다. ③ 기록의 보존 연한에 따라 사례 기록이 관리되고 있다.
9-2. 사회복지사의 기록은 활용되어야 한다.	① 기록의 검토가 정기적으로 이루어지고 있다. ② 기록의 검토는 정해진 방법과 기준에 따른다. ③ 기록의 내용을 검색할 수 있는 체계를 갖추고 있다.
9-3. 사회복지사가 제공한 사회사업서비스에 대한 기록(recording)은 환자의 의무 기록에 포함되어야 한다.	① 의무 기록에 포함될 사회복지사의 기록 범위가 공식적으로 인정되어 있다. ② 협의 진료 의뢰 기록기자 의무 기록에 포함된다.
9-4. 사회복지사의 활동은 정기적으로 보고되어야 한다.	① 통계 작성에 관한 원칙이 있다. ② 통계는 일정 기간을 단위로 정기적으로 이루어진다. ③ 통계와 업무활동 결과는 기관장에게 보고된다.

[표준 10] 사회복지사는 의료사회복지실천의 질 향상을 위한 사업에 지속적으로 참여한다.

기준	지표
10-1. 사회복지의 질 향상 업무는 계획적이고 체계적인 절차에 의해 수행되어야 한다.	① 질 향상 활동은 기준에 의해 수행된다. ② 질 향상 활동 방법은 구조화되어 진행된다. ③ 질 향상 활동에는 전 부서원이 참여한다.
10-2. 질 향상 활동의 결과는 문서화되고 적절하게 활용되어야 한다.	① 질 향상 활동의 결과는 문서화되어 있다. ② 질 향상 활동의 결과는 기관의 질 전담 부서에 전달되거나 기관장에게 보고된다. ③ 질 향상 활동의 결과는 업무 개선이나 슈퍼비전 시 활용되고 있다.

[표준 11] 사회복지사는 지속적으로 지역사회와 교류하여야 한다.

기준	지표
11-1. 사회복지사는 지역사회로부터 인적 · 물적 자원을 확보하는 체계를 갖추고 있어야 한다.	① 자원봉사자 등 인적 자원을 공급받을 수 있는 체계를 갖추고 있다. ② 기금 등 물적 자원을 공급받을 수 있는 체계를 갖추고 있다.
11-2. 사회복지사는 클라이언트를 의뢰할 수 있는 지역사회자원 연계망을 구축하여야 한다.	① 활용 가능한 지역사회자원 목록을 구비하고 있다. ② 지역사회자원 목록에는 대상자, 이용 가능한 서비스 내용, 이용 절차 등이 나타나 있다. ③ 자원 목록은 연 1회 이상 보완된다.

[표준 12] 사회복지사는 퇴원계획과정 및 문제환자 처리과정에 참여하여야 한다.

기준	지표
12-1. 사회복지사는 퇴원계획에 참여하여 클라이언트의 권익 옹호를 도모해야 한다.	① 퇴원계획은 기준에 의해 실시되고 있다. ② 퇴원계획은 팀협력에 의해 이루어지고 있다. ③ 퇴원계획의 대상이 되는 클라이언트의 기준이 제시되어 있다.
12-2. 사회복지사는 문제 환자 처리과정에 참여하여야 한다.	① 문제 환자 처리과정은 기준에 의해 수행되고 있다. ② 사회복지사가 관여하는 문제 환자의 범위가 제시되어 있다.

(3) 결과부문의 표준, 기준, 지표

[표준 13] 사회복지 업무에 대한 결과를 측정하고 평가하여야 한다.

기준	지표
13-1. 사회복지서비스를 받은 클라이언트를 대상으로 만족도 조사를 실시하여야 한다.	① 만족도 조사 도구가 있다. ② 만족도 조사는 분석되어 업무 개선에 활용된다.
13-2. 프로그램을 시행한 후에는 프로그램 평가를 시행하여야 한다.	① 프로그램 평가의 도구를 갖고 있다. ② 프로그램 평가의 결과는 문서화되어 있다. ③ 프로그램 평가의 결과는 업무 개선에 반영된다.

Chapter

05 의료사회복지 대상자의 문제와 욕구

1. 의료사회복지의 대상
2. 건강행태와 질병행태
3. 환자의 심리사회적 문제와 적응
4. 환자 가족의 욕구와 부담

Chapter 05

의료사회복지 대상자의 문제와 욕구

이 장에서는 다음과 같은 질문들에 대해서 다룰 것이다.

첫째, 의료사회복지는 누구를 대상으로 하는가?

둘째, 사람들은 건강을 유지하고, 증진하거나 질병을 예방, 치료하기 위하여 어떻게 행동하는가?

셋째, 환자들은 심리사회적으로 어떤 경험을 하고, 어떻게 적응해 나아가며, 어떤 대처전략을 사용하는가?

넷째, 환자의 가족 중에서 특히 아픈 아동의 부모들이 가진 욕구나 노인환자의 보호자가 느끼는 부담은 어떤 것들인가?

1. 의료사회복지의 대상자

일반인구집단, 고위험집단, 환자집단 등 의료사회복지의 대상자는 보건학적 개념을 원용하여 구분할 수 있다. 그중에서 특히 환자는 진료과목에 따라 구분할 수 있다.

1) 보건학적 개념을 원용한 구분

의료사회복지의 대상자는 환자와 가족뿐 아니라 모든 사람이 될 수 있다. 다만 그들이 가지는 문제와 욕구가 다르기 때문에 의료사회복지 대상자를 1, 2, 3차로 구분할 수 있다.[01] 1차 대상자는 건강한 상태에 있는 사람들인 일반인구집단을 말한다. 이들을 위해서는 건강 증진을 목표로 금연교육을 위한 원외 활동(out-reach program)이나 건강강좌 등의 보건교육을 기획하고 운영할 수 있다. 2차 대상자는 질병이나 장애에 노출될 위험이 높은 사람들인 고위험집단을 말한다. 이들을 위해서는 농어촌 또는 도서벽지 순회진료 등 질병의 조기발견을 위한 건강검진 프로그램을 기획하여 운영할 수 있다. 3차 대상자는 이미 질병이나 장애에 노출된 사람들인 환자집단을 말한다. 이들에게는 의료서비스와 함께 질병별 상담 및 교육 등 다양한 심리사회적 서비스가 제공될 수 있다(이 부분이 이 책에서 초점을 두는 부분이다). 많은 환자들 중에서 사회복지서비스를 필요로 하는 사람들은 그동안의 연구결과와 실천가들의 경험에 의하여 확인할 수 있다.

표 5-1 의료사회복지 대상자의 구분

구분	대상인구집단	의료사회복지 프로그램	
		목표	예
1차 대상자	일반인구집단 (건강한 상태에 있는 사람들)	건강 증진	금연교육, 건강강좌
2차 대상자	고위험집단 (질병이나 장애에 노출될 위험이 높은 사람들)	질병의 조기발견	농어촌 또는 도서벽지 순회진료
3차 대상자	환자집단 (이미 질병이나 장애에 노출된 사람들)	심리사회적 지원	질병별 상담 및 교육

01 보건학에서 건강행동이란 사람들이 질병을 예방하기 위하여 또는 건강을 증진하기 위하여 실행하는 행동을 말한다. 건강행동은 1, 2, 3차 예방으로 나눌 수 있는데, 1차 예방은 좋은 건강상태를 유지하기 위한 평소의 건강관리 행동으로 정기적 운동, 적정체중 유지, 금연 등이 포함된다. 2차 예방은 증상의 조기발견을 위한 행동으로, 예방접종, 정기검진 등이 포함된다. 3차 예방은 질병 발생 이후 질병의 악화를 방지하기 위한 방법들을 말한다.

대상자를 접촉하게 되는 경로는 각 차원에 따라 상이하다. 1차 예방활동을 위한 대상자를 접촉하기 위해서는 불특정 다수를 대상으로 한 홍보활동이 필요할 것이다. 2차 예방활동을 위한 대상자를 접촉하기 위해서는 고위험집단을 선별하는 작업이 필요하다. 이에 대한 정보는 연구문헌이나 통계자료로부터 얻을 수 있다. 3차 예방활동을 위한 대상자는 의료기관에서 만날 수 있다. 모든 환자와 가족을 대상으로 사회복지서비스를 제공할 수는 없으므로 연구문헌을 살펴보거나 의료진과 의견을 교환함으로써 대상자를 선별할 수 있다.

2) 진료과목에 따른 환자 구분

의료사회복지 대상자 중 환자를 진료과목별로 나누어 살펴보면 다음과 같다.

정신건강의학과	재활의학과
• 조현병 • 알코올 및 약물 • 우울증 • 정신지체 • 치매	• 관절염 • 뇌졸중 • 외상성 뇌손상 • 척수손상 • 절단
소아청소년과	**기타**
• 소아암 • 뇌성마비 • 다운증후군 • 미숙아 • 소아당뇨병 • 학대받은 아동	• 장기이식 환자 • 화상 환자 • 안면기형 환자 • 가정폭력 피해자 • 성폭력 피해자 • 입양을 원하는 산모 • 장애아동을 출산한 부모
내과	
• 고혈압 • 당뇨병 • 만성신부전 • 악성종양(암)	

2. 건강행태와 질병행태

세계보건기구는 1977년에 '모든 이에게 건강을(Health for All)'이라는 슬로건을 제정한 바 있으며, 개별 국가들도 국민의 건강에 대한 욕구를 충족시키기 위하여 노력해 왔다. 건강욕구(health needs)는 사회의 변화에 따라 다르게 나타난다. 과거에는 질병의 치료가 주된 관심사였지만 지금은 건강을 유지하기 위한 예방적 활동에도 많은 관심을 기울이고 있다. 나아가 신체적 건강뿐만이 아니라 정신적 건강과 사회적 건강에도 많은 관심을 가지게 되었다. 그렇다면 사람들은 건강문제와 관련하여 어떻게 행동을 할까? 의료사회학에서는 건강지향적인 행태를 두 가지의 일반적 범주, 즉 건강행태와 질병행태로 나눈다. 건강행태는 건강을 유지 · 증진하고 질병을 예방하거나 긍정적인 몸의 이미지를 얻기 위하여 노력하는 사람의 활동을 말한다. 반면 질병행태는 아픔을 느끼는 사람이 병의 정체를 알고 낫기를 바라며 실천하는 모든 행동을 말한다(박호진 외, 2005; 조병희 · 전신현, 2004).

1) 건강행태

건강행태와 관련하여 사회심리학자들이 널리 사용하는 접근법은 로젠스톡(Rosenstock)과 그의 동료 벡커(Becker)가 고안한 건강신념 모델(health belief model)이다(그림 5-1 참고). 이 모델에 입각한 건강행동의 예를 들어 보면 어떤 사람이 폐암에 걸릴 위험에 대해 얼마나 염려하는지(인지된 감수성), 그런 상황이 발생하였을 때 그것이 얼마나 심각할 것으로 생각하는지(인지된 심각성) 등의 개인적 인지요인에 따라 건강행동이 달라진다. 이러한 개인적 인지요인은 인구학적 변수, 사회심리학적 변수, 구조적 변수 등의 인구사회학적 변수의 영향을 받는다. 이러한 인구사회학적 변수는 또한 폐암진단을 받은 후 당장 치료를 받는 것과 몇 개월을 기다리는 것을 비교하거나(인지된 이득), 치료를 받는 데 필요한 비용과 희생에 대한 생각(인지된 방해요소)의 득실비교에 영향을 주기도 하고, 위협을 인지하는 것에 대해서도 영향을 주게 된다. 그리고 행동의 단초 등은 질병의 위협을 인지하는 데 영향을 준다. 한편 이득과 방해요소의 득실비교는 권고된 예방조치를 받아들일 개연성에 영향을 준다. 요약하자면 개인적 인지요인, 인구사회학적 변수의 영향, 행동의 단초 등의 영향으로 개인은 질병의 위협을 인지하고, 이러한 인지와 이득과 방해요소의 득실비교가 권고된 예방조치를 받아들일 개연성, 즉 건강행동에 영향을 주게 된다는 것이다.

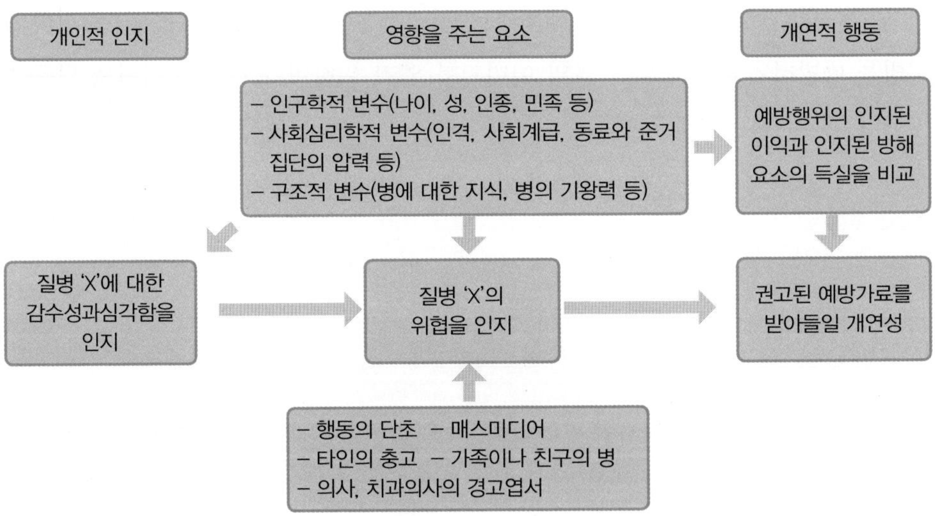

그림 5-1 **건강신념 모델**

출처: 박호진 외(2005). 의료사회학. p.192.

2) 질병행태

질병행태와 관련하여 서치만(Suchman)은 질병경험의 단계를 첫 번째, 증상의 경험단계, 두 번째, 정상적 역할을 포기하는 아픔역할의 가정단계, 세 번째, 전문가의 조언을 추구하는 의료접촉 단계, 네 번째, 전문가의 치료를 수용하는 의존적 환자역할 단계, 다섯 번째, 정상적 역할을 회복하는 회복과 재활의 단계로 구분하였다(그림 5-2 참고). 질병행태에 대한 이해는 환자의 상황을 이해하고, 가족이나 이웃들이 환자를 어떻게 대하는 것이 좋은지에 대한 방향을 제시해 줄 수 있다.

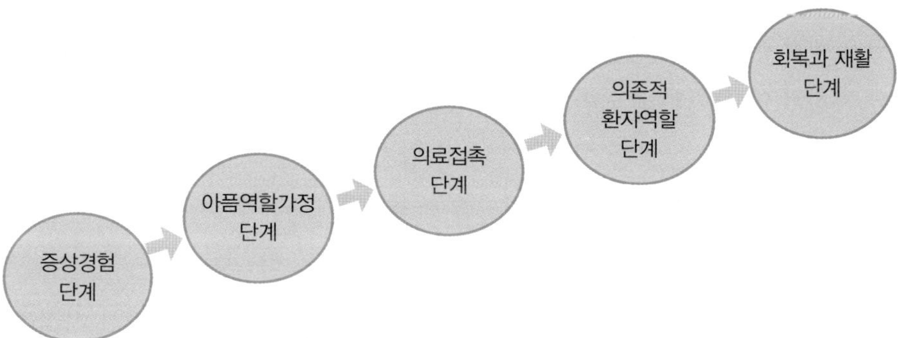

그림 5-2 질병경험의 단계

단 환자가 되면 그에 따른 역할이 주어진다. 사회학자 파슨스(Parsons)는 자신의 저서 《사회체계(Thc Social Systems)》에서 아픔역할의 개념을 소개하였다. 파슨스의 아픔역할 개념은 네 개의 기본범주로 나누어진다. 첫째, 환자는 '정상적'인 사회역할을 면제받는다. 개인의 질병은 역할수행과 사회적 책임을 면제받는 근거가 된다. 그러나 면제는 질병의 본질과 심한 정도에 따라 상대적이다. 심하면 심할수록 면제는 커지며, 면제는 아픔에 대해 권위를 갖는 의사에 의해 정당화된다. 정당화는 꾀병으로부터 사회를 보호하는 사회적 기능을 가진다. 둘째, 환자는 그 자신의 상황에 책임이 없다. 개인의 질병은 보통 자신의 통제를 벗어나는 것으로 생각된다. 병적인 몸의 상태는 변화될 필요가 있다. 그리고 일부 치료방법은 개인의 의지력 혹은 동기와 별개일 수 있고, 이 또한 낫는 데 필요하다. 셋째, 환자는 반드시 치유하려고 노력해야 한다. 면제는 잠정적이고 건강을 되찾으려는 욕망을 가정으로 한다. 따라서 아픈 사람은 치유할 의무가 있다. 넷째, 환자는 반드시 전문적으로 적당한 도움을 추구해야 하고 의사와 협조해야 한다. 치료의 의무는 효과적인 도움추구(help-seeking)를 포함한다. 아픈 사람은 또한 치료하는 과정에서 의사와 협조하지 않으면 안 된다.

질병행태는 환자 자신의 과거경험, 평소의 사고방식 · 감정 · 행동방식, 사회의 질병에 대한 문화적 개념 등에 의하여 정해진다. 예를 들어 암으로 아내를 잃은 가장은 자신이 암에 걸리게 되면 경제적 손실과 치료에 대한 비관적 전망 때문에 치료를 거부할 수 있다. 또한 치료를 위하여 단지 종교적 수단에만 의지할 수도 있다. 어떤 사람들은 에이즈에 걸린 사실을 알고 자살을 할 수도 있다. 어떤 환자들은 이 병원 저 병원을 찾아다니거나(hospital Shopping), 이 의사 또는 저 의사를 만나러 다니느라(doctor Shopping) 시간과 힘을 소모할 수도 있다. 따라서 사회복지사는 환자와 가족이 질병을 받아들이고 치료를 위한 현실적 노력을 기울이도록 도울 필요가 있다.

3. 환자의 심리사회적 문제와 적응

심각한 질병으로 진단받은 환자들은 특별한 심리적 경험을 하게 된다. 그들이 가진 질병이 만성적이거나 장애를 남기는 것이라면 더욱 그러하다. 여기서는 환자들의 심리적 경험, 질병의 국면에 따른 환자들의 문제와 욕구, 만성질환에 대한 적응과 대처전략 등에 대해서 알아보기로 한다.

1) 환자의 일반적인 심리적 경험

질병이 단기간의 간단한 치료를 통해 회복될 수 있는 것이라면 그것은 환자에게 일시적이고 비교적 약한 수준의 신체적 및 심리사회적 고통을 경험하게 하는 것으로 끝날 수 있을 것이다. 그러나 장기간의 강도 높은 치료를 요하는 심각한 질병이라면 환자는 신체적 고통은 물론 다음과 같은 다양한 심리사회적 고통을 경험하게 된다(Livneh & Antonak, 2005).

첫째, 충격(shock)이다. 단기간 동안에 나타나는 이 반응은 외상적이거나 갑작스런 상해 또는 생명을 위협하거나 만성적으로 건강을 해치는 질병으로 진단받은 초기의 경험이다. 정신적인 감각의 상실, 인지적 혼란, 극적으로 감소되거나 분열된 이동성(mobility)과 언어 등의 반응이 특징이다.

둘째, 불안(anxiety)이다. 이 반응은 외상적 사건의 본질과 크기에 대하여 초기에 느끼는 공포감을 말한다. 혼란된 사고, 인지적 범람(cognitive flooding), 빠른 심장박동, 호흡항진(hyperventilation), 과도한 발한(excess perspiration), 위염 등의 생리적 증상 등이 나타날 수 있다.

셋째, 부정(denial)이다. 이 반응은 불안이나 다른 위협적인 정서를 피하기 위하여 사용되는 방어기제로 생각되기도 한다. 부정은 신체적 및 심리적 환경에 대한 선택적 주의를 포함한다. 그리고 소망적 사고, 완전하거나 즉각적인 회복에 대한 비현실적인 기대, 때로는 의학적 충고나 치료적 권고에 대한 무시 등을 포함한다. 부정이 선택적으로 사용될 때와 적응의 초기 국면에서는 불안과 우울을 성공적으로 경감시킬 수도 있지만, 그것이 장기화된다면 종종 부적응적으로 만들거나 생명을 위태롭게 할 수도 있다.

넷째, 분노 또는 적대감(Anger or hostility)이다. 분노 또는 적대감의 반응은 내면화된 분노(자기를 향한 분개, 고통, 죄의식, 자기 비난의 느낌과 행동)와 외부적인 적대감(타인이나 환경을 향한 복수의 느낌과 행동)으로 나뉜다. 분노가 내부로 향할 때 그 상황에 대한 책임이나 성공적인 결과에 도달할 수 없음에 대한 자기귀인(self-attributions)은 그럴 듯하다. 반면 분노가 외부로 향할 때는 질병의 원인이나 치료의 성과에 대하여 가족구성원들이나 의료진을 탓하거나 이용할 수 없는 시설 등을 비난하기도 한다. 이 시기에 관찰되는 행동은 공격적 행위, 학대적인 비난, 적개심, 치료를 방해하는 수동-공격적(passive-aggressive) 태도 등이 있다.

한편 그것이 만성질환이거나 장애를 남기는 것이라면 이러한 것에 더하여 다음과 같은 심리적 경험을 하게 된다(Livneh & Antonak, 2005).

첫째, 만성적 스트레스(chronic stress)이다. 만성질환과 장애를 가진 사람들은 대체로 스트레스적인 상황의 빈도와 심각성의 증가를 경험하게 된다. 더 많은 스트레스를 경험하게 되는 것은 자신의 삶과 안녕, 신체적 통합성, 독립성과 자율성, 가족 · 사회 · 직업상의 역할수행, 미래의 목표와 계획, 경제적 안정 등의 문제에 대한 일상적인 위협에 대처해야 하기 때문이다.

둘째, 우울(depression)이다. 우울은 만성질환을 가진 사람들에게 공통적으로 관찰된다. 우울은 신체의 통합성의 상실, 상태의 만성 정도, 죽음의 임박함과 관련되어 있는 것으로 생각된다. 절망, 무력함, 희망없음, 고립 및 고통의 느낌이 이 시기에 빈번하게 보고된다. 우울이 만성질환을 가진 사람들에게 널리 나타나는 것이기는 하지만 그것이 궁극적인 수용 또는 성공적인 심리사회적 적응의 선결조건인지는 아직 확실하지 않다.

셋째, 상실과 슬픔(loss and grief)이다. 만성질환과 장애는 상실된 신체의 부분이나 기능에 대한 슬픔을 유발한다. 만성적 슬픔(chronic sorrow)이란 용어는 만성질환과 장애를 가진 사람이 경험하는 슬픔을 묘사하기 위하여 사용되어 왔다. 비신체적인 상실과 관련되어 있는 슬픔과는 달리 만성질환과 장애는 일상적인 생활에서도 과거와 현재/미래 상황 간의 영구한 차이를 떠올리게 만든다.

넷째, 신체상(body image)의 변화이다. 신체상은 자신의 신체에 대한 무의식적인 정신적 표상 또는 도식(schema)으로 정의되어 왔다. 그러나 점차로 감각(예: 시각, 청각, 운동감각), 대인관계(예: 태도), 환경(예: 물리적 상황) 및 시간적 요인들에 의하여 가해지는 상호작용적인 힘을 일컫게 되었다. 만성질환과 장애는 신체적 모습, 기능적 능력, 고통의 경험, 사회적 역할 등에 영향을 미침으로써 자신의 신체상과 자기개념을 변화시키거나 왜곡시킨다고 생각된다. 만성질환과 장애에 대한 성공적인 심리사회적 적응은 변형된 신체상과 자기인식을 신체적 및 감각적 변화를 통합시키는 것이라고 말할 수 있다. 반면에 성공적이지 못한 적응은 완화되지 않은 불안감과 우울감, 심인성 고통, 만성 피로, 사회적 철회 및 인지적 왜곡과 같은 신체적, 정신적 증상의 경험이라고 볼 수 있다.

다섯째, 자기개념(self-concept)의 변화이다. 인간의 자기개념과 자기정체성은 신체상과 관련되어 있으며, 종종 신체상에 대한 의식적이고 사회적인 파생물로 볼 수 있다. 자기에 대한 느낌(예: 자기정체성)은 개인적으로 소유되고 밖으로 표현되는 것인데, '장애를 가진 사람'으로 대하는 다른 사람들과의 상호작용(예: 정체성보다는 겉모습에 초점을 맞추는 행동) 속에서 눈에 보이는 장애를 가진 많은 사람들의 자기에 대한 느낌은 부정될 수도 있다. 그리하여 그들은 진정한 자기에 대한 느낌을 잃어버릴 수도 있다. 자기개념의 평가적 구성 요소를 나타내는 개인의 자기존중감(self-esteem)을 살펴보면 점차로 그러한 만남으로 인해 자기 인식이 부정적으로 변함을 알 수 있다.

여섯째, 낙인감(stigma)이다. 사회적 편견은 만성질환과 장애를 가진 사람들에 대한 낙인감을 증가시키는 역할을 한다. 만성질환과 장애는 여러 가지의 사회적 규칙과 기대(예: 건강보호서비스의 이용, 직업적 안정성)를 벗어나게 만든다. 그리하여 만성질환과 장애를 가진 사람들은 사회에 의하여 부정적으로 보여지며 차별적 대우를 받게 된다. 그리고 그것이 만성질환과 장애를 가진 사람들에게 내면화되면 그것은 생활스트레스를 증가시키고, 자존감을 감소시키며, 치료와 재활환경을 포함한 사회로부터의 고립을 가져오게 된다.

일곱째, 불확실성과 비예측성(uncertainty and unpredictability)이다. 어떤 만성질환과 장애(예: 절단, 뇌성마비)의 경과는 다소 안정적이거나 예측가능하지만 대부분의 경우(예: 간질, 암, 당뇨)는 안정적이지도 않고 예측가능하지도 않다. 이들 질병들은 간헐적인 악화 및 관해(remission) 기간, 예측할 수 없는 합병증, 고통의 경험과 의식의 상실, 악화 속도의 완급 등을 나타낸다. 암과 같은 질병은 증상, 진단, 처치, 예후 및 가족구성원과의 관계에 있어서 높은 수준의 불확실성을 보이는데, 이러한 것들은 심리사회적 적응의 감소와 관련된 것으로 밝혀졌다.

2) 질병의 전개에 따른 환자의 문제와 욕구 그리고 그에 대한 도움

환자는 진단과 치료과정 동안 특별한 문제와 욕구를 가지게 되는데 그것은 질병의 전개과정에 따라 달라진다. 질병의 전개는 위기 국면, 만성 국면, 종결 국면 등의 세 개 국면으로 구분할 수 있다(Garrett & Weisman, 2001). 어떤 사람들은 위기 국면을 거친 후 이전의 상태로 돌아갈 것이고, 어떤 사람들은 만성 국면이나 종결 국면을 맞이하게 될 것이다. 우리가 만나는 환자들은 이 단계들 중의 어느 한 국면에 놓여 있을 것이다. 여기서는 이 세 개 국면 모델에 입각하여 환자들의 욕구와 문제는 어떤 것이고 각 국면에서 어떻게 그들을 도울 수 있는지를 알아보기로 한다(표 5-2 참고).

(1) 위기 국면

위기 국면(Crisis Phase)에 있는 환자들은 응급실이나 외래진료센터에서 만날 수 있다. 또한 병동에 입원을 한 지 오래되지 않은 환자들도 위기 국면에 놓여 있을 가능성이 있다. 위기 국면은 종종 진단이 내려지기 전에 그리고 진단이 내려지는 동안에 시작된다. 그리고 급성적인 증상이 나타나는 동안에 다시 나타날 수도 있다. 환자는 자포자기하는 마음을 가질 수도 있고 의존심이 증가할 수도 있다. 그리고 불안정한 마음과 심지어 공포 등을 경험함에 따라 자신이 일상적으로 사용하던 방어기제들이 굳어지거나 완전히 파괴될 수도 있다. 위기 국면에서 질병은 환자의 정체성에 큰 영향을 미친다. 어떤 환자들은 질병이 중심이 되는 생활을 하며, 심지어 그들의 '삶이 질병이 될지도' 모른다. 반면 또 다른 환자들은 이미 스트레스를 받던 생활에 스트레스를 더해 가면서 자신이 아프지 않은 것처럼 생활할 수도 있다. 이 시기에 환자가 가지는 욕구는 수용, 긍정, 인정 등을 제공할 수 있는 반영(mirroring)에 관한 것이다. 따라서 환자의 속마음을 읽어주고 이해하려는 노력이 필요하다. 또한 환자가 의료진을 치료상의 희망을 촉진하는 수단으로 이상화(idealization)하는 것이 중요하다. 의료진의 치료적 지시를 거부하는 것은 더 힘든 오랜 기간 동안의 고통을 가져오게 하는 위험요인이 될 수 있다.

질병에 대하여 수치심을 느끼는 것은 환자와 중요한 타인 모두에게 문제가 될 수 있다. 환자는 질병을 가진 것에 대하여 열등감을 가질 수도 있고, 중요한 타인에게 슬픔과 고통을 보이는 것에 대하여 죄책감을 느낄 수도 있다. 그러나 환자가 자기와 타인을 보호하려는 바람은 사회적 고립과 소외를 가져올 수도 있다. 중요한 타인들은 환자의 정서상태 또는 연약해진 환자와 관계를 잘 형성하는 방법에 대하여 잘 인식하지 못할 수도 있다. 의사소통의 장애는 관계의 파괴와 이에 수반되는 고립감 등을 악화시킬 수도 있다. 이 단계에서의 처치는 감정이입적 조율에 초점이 맞추어진다. 의료진은 물론 가족과 중요한 타인들의 감정이입적 조율과 반영은 위기 국면에서 중요한 기술이다. 그것은 환자에게 관계적 경험을 제공해 주고 환자가 안전하고 지지적인 환경에서 위기를 다루는 데 도움이 된다.

(2) 만성 국면

만성 국면(Chronic Phase)에 있는 환자들은 흔히 병동 또는 지지집단(support group)에서 만날 수 있다. 만성 국면은 질병에 따라 다양하지만 발병 이전의 기능과 초기의 발달적 사건에 의해 다른 특징을 나타내기도 한다. 안정상태에 이르게 되면 환자는 질병에 대한 교육을 받으려고 하고, 의학적 처치에 능동적인 참여자가 된다. 이것은 비정상적인 조건 속에서 정상적인 삶을 사는 방법을 배우려는 재조직화의 시기이다. 만성질환은 진행성일 수도 있고, 그 상태가 계속 유지되는 것일 수도 있으며, 재발-회복이 반복되는 것일 수도 있다. 이 시기에는 밀접한 관계에 대한 욕구가 강하게 나타난다. 동질적인 집단은 제2의 나(alterego)와 같은 밀접한 관계성을 제공해 준다. 적대적인 관계의 경험은 공격적 충동을 일으킬 수도 있다. 질병의 증상이 완화되는 동안에는 종종 비현실적인 희망의 붕괴, 질병의 만성적 특성에 대한 부정 등이 나타날 수도 있다. 환자는 신체적 통합성(body integrity)을 상실했다는 느낌을 가지면서 절망감을 느낄 수도 있다. 신체적 통합성이란 자신의 신체가 예측할 수 있는 방법으로 기능할 수 있다고 믿는 신체적 안녕감이다. 만성질환자들은 많은 상실을 포함한 일련의 증상들을 다루면서 종종 붕괴된 느낌, 우울, 질병을 다루는 데 있어서의 위축감, 공포, 수치, 불안, 무력감 등으로 고통을 받는다. 환자는 또한 가까웠던 사람들로부터 거절된 느낌이나 애정이 철회된 것과 같은 느낌을 가질 수도 있다. 치료가 진행되면서 신체적 손상, 장애, 의존 등이 나타날 수도 있고, 그러한 것들은 자신의 신체에 대한 통제력의 손실과 인간으로서의 취약성으로 이어질 수 있다. 이 단계에 있는 사람들에게는 정서적 지지와 물질적 지지를 제공함으로써 계속 희망을 가지고 치료에 임할 수 있도록 도와야 한다. 지지집단에 참여하도록 안내하는 것도 좋은 방법이다.

(3) 종결 국면

종결 국면(Terminal Phase)의 환자들은 호스피스 병동이나 호스피스 프로그램을 제공하는 시설에서 만날 수 있다. 종결 국면은 죽음이 불가피하다는 것이 명확할 때 일어난다. 이 단계는 의존성, 슬픔, 절망 등이 주요 문제로 떠오른다. 죽어가는 사람이 자신에 대하여 확고함을 느끼도록 하고 그가 세상에 대한 참여의 마지막 순간에도 환경과 연결되어 있도록 도울 필요가 있다. 희망이 없다거나 무력하다는 느낌은 생동감과 활력으로 바뀔 수 있도록 재구조화될 필요가 있다. 또한 이 단계에서는 이별과 상실의 문제가 중요하게 된다. 가족과 친구들은 상실에 대한 방어기제로서 환자를 멀리하려고 할 수도 있다. 이러한 방어기제는 환자가 죽음이나 사별에 대해 이야기하고자 할 때 이를 들으려고 하지 않거나 그것에 초점을 맞추지 않으려고 하는 행동으로 나타날 수 있다. 대신에 가족들은 상투적인 말로 응답하거나 환자가 고립된 느낌을 가지게 된다는 사실을 인정하지 않으려고 한다. 환자가 호소하는 슬픔과 절망의 문제들에 대해서는 진실한 자세로 귀를 기울여야 하며 가족들의 슬픔에도 공감적 이해를 제공해야 한다. 그러나 한편으로는 환자와 가족들이 건강한 이별을 할 수 있도록 도와야 한다는 것을 기억해야 한다.

표 5-2 질병의 전개과정과 환자 및 가족의 욕구와 문제

구분	위기 국면	만성 국면	종결 국면
주요 장면	응급실, 외래진료센터	병동, 지지집단	호스피스 병동
환자 및 가족의 욕구와 문제	자포자기, 불안, 공포, 수치심	위축감, 공포, 수치, 불안, 무력감	의존성, 슬픔, 절망, 이별, 상실
필요한 도움	수용, 긍정, 인정, 감정이입	정서적 지지 정보적 지지 물질적 지지	공감적 이해 환자와 가족 간의 소통 지원

3) 만성질환과 장애에 대한 심리사회적 적응과 대처전략

만성질환이란 급성질환에 대비되는 용어로 계속적이고 잠재적이고 회복이 불가능한 병리적 상태가 1년 중 3개월 이상 계속되며, 이로 인하여 계속적인 치료나 장기적인 간호가 요구되는 질환이라고 볼 수 있다(Pless & Douglas, 1971). 그리고 적응(adjustment) 반응은 재조직, 재통합 등으로 언급되며 몇 개의 구성 요소로 이루어진다. 첫째는 부딪힌 상황, 그 상황으로 인한 영향, 그 상황의 만성적이거나 영구적인 특성에 대한 인지적 조화 등이다. 둘째는 새롭거나 회복된 자기개념에 대한 느낌, 새로워진 삶의 가치 및 새로운 의미에 대한 계속적인 탐색 등을 포함하여 만성질환을 가진 사람으로서의 자신에 대한 정서적 수용 또는 내면화 등이다. 셋째는 목표의 추구 동안에 만나는 장애물과의 성공적인 협상을 포함한 개인적, 사회적 그리고/또는 직업적 목표에 대한 능동적인(예: 행동적인) 추구 등이다. 의료사회복지현장에서는 만성질환과 장애를 가진 사람들을 많이 만나게 되므로 여기서는 이들이 심리사회적으로 어떠한 적응과정을 거치는지를 이해하기 위한 모델 그리고 이들이 사용하는 대처전략에 대해서 알아보기로 한다.

(1) 만성질환과 장애에 대한 심리사회적 적응 모델

연구문헌에서 자주 인용되는 만성질환과 장애(chronic illness and disability: CID)에 대한 심리사회적 적응(psychosocial adaptation)에 대한 모델은 네 가지가 있다(Livneh & Parker, 2005). 이 모델들은 특히 다음과 같은 공통의 관점을 공유한다.

첫째, CID에 대한 심리사회적 적응의 경험은 역동적이고, 일시적으로 전개되는 과정이다.

둘째, 심리사회적 적응의 과정은 대처기제, 과거의 경험, 인지적 평가 등과 같은 개인 내적 요소와 사회적 관계망의 영향, 환경적 장애물과의 직면, 의료 및 재활을 위한 자원의 이용가능성 등과 같은 개인 외적 요소 모두를 통합하고 있다.

셋째, 모델의 구조적 및 역동적 구성 요소에 관계없이 대부분의 개인들은 새로운 개인적 성장과 기능적 적응을 향하여 움직이는 것으로 보인다. 다음의 모델 중에서 처음의 두 개는 본질적으로 선형적이고 다른 두 개는 비선형적이다.

① 단계-국면 모델(Stage-Phase Models)

CID에 대한 심리사회적 적응의 초기 모델들은 적응과정의 선형성을 강조하였다. 이 모델들은 일반적으로 예견할 수 있는 단계(시간적으로 겹쳐지지 않는 심리사회적 경험)와 국면(부분적으로 겹쳐지는 심리사회적 경험)이 진행된다고 가정한다. 반응이나 경험의 순서에 있어서 모델마다 약간의 차이가 있기는 하지만 그것들은 모두 충격(shock), 부정(denial), 불안(anxiety), 분노(anger), 수용(acceptance) 및 재조직(reorganization) 또는 최종적인 적응(final adjustment) 등의 형태와 같은 단계와 국면이 있다고 주장한다.

이 모델들은 모두 공통적으로 적응과정의 초기에 일어나는 반응의 경험에 따라 이후 단계의 반응들이 일어난다고 가정한다. 예를 들면 수용이나 재조직의 단계에 도달하는 것은 불안이나 우울과 같은 이전 단계를 성공적으로 항해한 후에 가능한 것이 된다. 이러한 초기의 모델들은 CID에 대한 심리사회적 적응과정의 본질, 구성, 진행 또는 유의성(valence)[02]에 영향을 미쳤을 수도 있는 내적인 정신역동성과 대인 간 또는 개인 외적인 요인과의 상호작용을 거의 고려하지 않고 있다.

② 선형성 모델(Linear-like Models)

이 모델은 여전히 CID에 대한 심리사회적 적응을 본질적으로 선형적인 과정으

---

02 유의성(誘意性) 또는 유발성(誘發性)은 서로 반응하거나 영향을 주고받는 사람(사물)의 포용력을 말한다.

로 개념화하기는 하지만 구조적으로 더 복잡하며 다른 요인들에 훨씬 더 많은 주의를 기울여 왔다. 이 요인들 중에는 CID에 관련된 특징(질병과 장애의 유형, 심각성, 기간 등), 성격특성(대처유형, 자기개념 등), 환경적 영향(건축상의 장애물, 사회적 태도 등) 등이 포함된다. 이러한 요인들은 전형적으로 상호작용적인 역할을 하거나 매개적인 역할을 하는 것 같다. 먼저 상호작용적인 역할을 보자면 작용하는 요인의 수준이 다르면 이후의 심리사회적 적응과정은 다른 궤도를 따른다. 예를 들면 문제중심 대처의 사용은 정서 조절 대처에 비해서(즉, 작용하는 요인의 수준에 따라) CID에 대한 심리사회적 적응이 원활하도록 작용한다(즉, 적응과정이 다르게 된다). 다음으로 매개적인 역할을 보자면 고통의 수준과 같은 선행변수는 대처전략 등의 요인을 유발하고 그것은 이어서 CID에 대한 심리사회적 적응에 영향을 준다. 대처전략은 고통수준의 영향을 받는 결과변수인 동시에 심리사회적 적응에 영향을 주는 원인변수가 되므로 대처전략은 매개변수가 된다는 것이다.

③ **시계추 모델**(Pendular Models)

이 모델은 장애 발생 이전과 이후의 정체성의 그네운동 또는 질병과 건강 사이의 그네운동을 설명하기 위하여 개발되었다. 시계추 모델은 영구적인 장애에 대한 심리사회적 적응과정을 시계추의 궤도처럼 움직이는 자기정체성에서의 일련의 점진적 변화로 묘사하고자 한다. 예를 들어 Charmaz(1983, 1985)는 CID를 가진 사람들의 이러한 변화는 그들의 이전 자기상(self-image)의 손실에 대한 인식을 반영한다고 가정한다. 그에 따르면 CID를 가진 대부분의 사람들에게 적응의 과정은 신체적 및 기능적 손실에 적응하기 위하여 재구조화된 변화된 자기의 점진적 전개로 이루어진다. 적응의 과정은 또한 변화된 신체와 적응하는 자기를 통합한다. 그러므로 적응은 하나의 선형적 사건이 아니고, 새로운 손실들을 만나고 통합하는 반복적인 일련의 경험이다. 같은 맥락으로 Yoshida(1993)는 CID 이후 자기의 재출현을 시계추와 같이 움직이는 정체성 재구조화의 표현이라고 개념화하였다. CID 이후에 개인은 장애가 없던 이전의 자기와 장애가 있는 현재의 자기 사이에서 이리저리 움직이는 것으로 보인다. 그러므로 정체성의 재구조화는 그 결과가 결코 완전히 확실하지 않은 양방향적이고, 비선형적인 과정으로 보여진다. Charmaz와 Yoshida의 연구를 검토한 Kendall과 Buys(1998)은 시계추 모델은 장애를 가진 사람들의 장애 이전의 자기와 장애 이후의 정체성 사이에서 끊임없이 변화하는 자기개념을 적절히 묘사한다고 결론지었다. 유사한 양방향적 패러다임은 사랑하는 사람의 죽음에 대한 대처에 관한 문헌들에서 발견된다. 그 패러다임에서 남겨진 사람은 상실과 회복지향적인 대처 사이에서 왔다 갔다 하는 것으로 묘사된다.

④ 상호작용적 모델(Interactive Models)

CID에 대한 심리사회적 적응의 상호작용적 모델은 전형적으로 개인과 환경 모두를 포함하는 호혜적이고 상호작용적인 적응과정이 있다고 주장한다. 이 모델은 심리사회적 적응은 두 개의 상호작용 변인들, 즉 개인 내적인 변인과 외적인 변인을 통합하는 복잡한 방법으로 진행한다고 시사한다. 먼저 개인 내적인 변인들은 인간의 신체적 측면(예: CID의 유형과 심각성) 및 심리적 측면(예: 자기개념)과 관계가 된다. 이 변인들은 신체적, 사회적, 직업적 환경을 포함하는 현존하는 환경적 조건과 상호작용한다. Lewin의 공식 B=f(I, E)를 사용하자면 행동(Behavior, 적응적인 기능수준)은 개인(Individual)과 환경(Environment)의 상호작용 함수이다. 이 관점에 따르면 CID 시작 이후의 개인의 내재적인 적응 정도는 한편으로는 내적인 욕구, 동기, 특성 그리고 또 한편으로는 외적인 힘과 장애물 등의 '밀고 당김'을 반영하는 것으로 나타낼 수 있다.

(2) 만성질환과 장애에 관련된 대처전략

만성질환과 장애에 관련된 대처전략에 관한 문헌은 방대하다. 여기에서는 가장 일반적으로 보고되는 전략에 대한 개관만을 다루기로 한다. 대처는 스트레스를 일으키는 생활사건의 영향을 감소시키거나 완화하기 위하여 동원되는 심리적 전략이라고 볼 수 있다. 대처전략은 크게 두 가지로 나누어 볼 수 있다(Livneh & Antonak, 2005).

① 비관여적 대처전략

비관여적 대처전략(disengagement coping strategies)은 부정, 소망충족적 환상, 자기비난과 타인비난, 물질남용 등과 같은 수동적, 간접적, 회피지향적 활동을 통하여 스트레스 사건을 다루려고 하는 대처노력을 말한다. 이 대처전략들은 종종 더 높은 수준의 심리적 고통, 자신의 상황을 받아들이는 데 있어서의 어려움, 일반적으로 만성질환과 장애에 대한 부족한 적응 등과 관계된다.

② 관여적 대처전략

관여적 대처전략(engagement coping strategies)은 정보 탐색, 문제해결, 계획하기, 사회적 지지를 구하기 등과 같은 적극적, 직접적, 목표지향적 활동을 통하여 스트레스 상황을 완화하려는 대처노력을 말한다. 이 대처전략들은 더 높은 수준의 안녕, 상황의 수용, 만성질환과 장애에 대한 성공적인 적응 등과 관련된다. 의학적 상태와 신체적 장애는 만성적이지만 때로는 완화되기도 하고 때로는 악화되기도 한다. 그리고 그동안에 개인의 신체적, 심리사회적, 영적, 경제적 및 환경적 욕구는 변화하게 되며, 그에 따라 변화하는 요구를 충족하기 위하여 대처전략은 다르게 사용된다.

4. 환자 가족의 욕구와 부담

아픈 아동의 부모들이 가지는 욕구나 노인환자의 보호자가 느끼는 부담도 사회복지사가 관심을 가져야 할 문제이다. 그 내용은 다음과 같다.

1) 아픈 아동의 부모들이 가지는 욕구

정신적, 육체적 장애가 있는 어린 아동의 부모들은 특별한 심리사회적 욕구를 가진다. 아동이 장애로 진단을 받게 된 초기에 부모들이 가지는 공통된 지지욕구는 아동의 장애와 예후에 대한 정보 및 실제적으로 이용할 수 있는 자원에 대한 정보에 관한 것이다. 이러한 욕구를 충족시켜 주기 위해서는 의료적 도움과 더불어 사회복지적 지원이 중요한데, 정보, 조언 및 상담에 대한 욕구는 이후에도 계속되는 것이기는 하지만 진단 초기에 더욱 중요하다(Baldwin et al., 1994). 따라서 사회복지사는 장애아동의 어머니에게 지지를 제공함으로써 그들이 스트레스에 잘 대처하여 자신의 정신건강을 유지 또는 개선하고, 아동의 양육과 치료에 따르는 보호자로서의 역할을 원활히 수행할 수 있도록 도울 필요가 있다. 다음에 소개된 내용은 장애를 가진 어린이의 부모가 가지는 기능적 욕구를 평가하기 위하여 Bailey와 Simeonsson(1988)이 개발한 가족 욕구 조사표(Family Needs Survey)에 Shields와 그의 동료들(1995)이 일부 내용을 덧붙인 것이다. 이것은 어린 환자들과 함께 일하는 사회복지사가 그들의 부모가 가지는 욕구를 이해하고 상담을 제공하는 데 유용하게 사용될 수 있다.

(1) 일반적 정보

① 아이가 성장하고 발달하는 방법
② 아이와 놀고 이야기하는 방법
③ 아이를 가르치는 방법
④ 아이의 행동을 다루는 방법
⑤ 아이의 질병에 대한 정보
⑥ 아이를 위해서 현재 이용할 수 있는 정보
⑦ 아이를 위해서 미래에 이용할 수 있는 정보

(2) 가족 및 사회적 지지

① 배우자나 아이들 등 가족원과 아이의 질병에 대해 정보를 공유하고 이야기 나누기
② 친구와 아이의 질병에 대해 정보를 공유하고 이야기 나누기
③ 자기 자신을 위한 시간을 가지기
④ 아이가 처할 수 있는 상태를 배우자가 받아들이도록 돕기
⑤ 우리 가족이 문제와 해결책을 토론하도록 돕기
⑥ 어려운 시기 동안에 가족들이 서로를 지지하도록 돕기
⑦ 집안의 허드렛일이나 다른 가족원의 일을 누가 할 것인지를 결정하기
⑧ 가족의 여가활동을 하기
⑨ 조부모, 이모, 삼촌 등 확대가족과 아이에 대해 이야기 나누기
⑩ 확대가족으로부터 아이의 간호와 이동과 같은 도움을 받기
⑪ 친구나 이웃과 아이에 대해 이야기 나누기
⑫ 친구나 이웃으로부터 아이 간호나 집안의 허드렛일과 같은 도움을 받기

(3) 경제적 지지

① 음식, 주거, 의료, 의복, 교통 등에 대한 비용을 지불하기
② 아이가 필요로 하는 특별한 장비를 구하기
③ 치료, 주간보호, 아이가 필요로 하는 다른 서비스에 대해 지불하기
④ 구직에 대한 상담 또는 도움
⑤ 아동양육 또는 위탁보호에 대해 지불하기
⑥ 아이가 필요로 하는 특별한 장난감에 대해 지불하기

(4) 다른 사람들에게 설명하기

① 부모나 배우자의 부모에게 아이의 상태에 대해 설명하기
② 아이의 형제들에게 아이의 상태에 대해 설명하기
③ 친구나 이웃이 질문을 해올 때 응답하는 방법을 알기
④ 다른 아이들에게 아이의 상태에 대해 설명하기
⑤ 우리 아이와 같은 아이를 가진 다른 가족들에 대한 읽을거리를 찾기

(5) 아이 보호

① 아이를 보호할 보모나 위탁보호자를 찾기
② 아이를 위한 주간보호/유치원 찾기
③ 종교행사에 참여하는 동안 교회나 사찰에서 적절한 보호를 제공받기

(6) 전문적 지지

① 목사, 신부, 승려 등을 만나기
② 심리학자, 사회복지사, 정신건강의학과 의사 등과 같은 상담자를 만나기

③ 아이의 교사나 치료자와 이야기할 시간을 더 많이 갖기

(7) 지역사회 서비스

① 우리 아이와 같은 아이를 가진 다른 부모와 만나서 이야기 나누기

② 나와 아이의 욕구를 이해하는 의사를 찾기

③ 아이를 치료할 치과의사를 찾기

2) 노인환자를 돌보는 배우자의 부담

질병과 장애 그리고 죽음은 가족이 겪는 일반적인 경험이다. 따라서 우리 대부분은 '그러한 문제들을 만나게 된다면 어떻게 할까'라는 생각을 넘어 '언제 그런 문제들을 만나게 될 것인가?', '어떤 조건하에서 그런 문제들을 만나게 될 것인가?', '그러한 문제들이 얼마나 오래 지속될 것인가?', '그러한 문제들이 얼마나 심각한 것일까?' 등에 대해서 생각해야 한다. 노인들의 경우에 질병과 장애는 더욱 빈번한 문제이며 노인환자를 돌보는 것은 매우 힘든 일이다. 게다가 환자를 돌보는 일이 배우자의 몫이라면 더욱 그러하다. 다음의 내용은 Zarit와 그의 동료들(1980)이 노인성 치매를 가진 노인을 돌보는 보호자들이 경험하는 부담감을 측정하기 위하여 개발한 도구를 일반적인 노인환자를 돌보는 배우자에게 적용할 수 있도록 저자가 일부 내용을 수정한 것이다. 사회복지사는 노인환자의 보호자와 상담을 할 때 다음의 내용들을 활용할 수 있다.

(1) 환자의 건강

① 환자의 상태가 장차 어떻게 될지 두려운가?

② 당신이 환자의 안녕에 기여하고 있다고 느끼는가?

(2) 환자에 대한 감정

① 환자에게 죄책감을 느끼는가? (예: 좀더 잘해 주었더라면……)

② 환자를 보면 우울함을 느끼는가? (예: 인생이 너무 허무하다. 이제 살만한데 병이 들다니……)

③ 환자에게 화가 나는가? (예: 왜 나를 고생시키는지……)

④ 그외에 환자에게 어떤 감정들을 느끼는가?

(3) 환자와의 상호작용

① 환자가 당신이 하는 일에 감사하고 있다고 느끼는가?

② 환자와 더 좋은 관계를 가지고 싶은가?

③ 환자가 너무 의존적이라고 생각하는가?

④ 환자가 당신에게만 의지하려고 하는가? 그것이 부담스러운가?

⑤ 환자와의 상호작용에서 환자가 어떻게 반응할지 몰라 긴장감을 느끼는가?

⑥ 환자가 필요로 하는 것 이상이라고 생각되는 것들을 요구한다고 느끼는가?

⑦ 환자가 당신을 일부러 더 부려먹는다고 느끼는가?

(4) 환자를 위한 치료여건

① 치료를 위한 충분한 돈을 가지고 있는가?

② 치료 부대비용을 위한 충분한 돈을 가지고 있는가?

(5) 당신 자신의 신체적 건강

① 환자를 간호하는 데 필요한 힘을 가지고 있는가?
② 환자에 대한 간호로 당신의 건강이 나빠지고 있다고 느끼는가?

(6) 당신 자신의 심리적 곤경

① 현재 환자를 위해서 할 수 있거나 해야 하는 만큼을 하지 않는다고 느끼는가?
② 과거에 환자를 위해서 할 수 있었거나 해야 했던 만큼을 하지 않았다고 느끼는가?
③ 환자의 행동 때문에 난처해진 적이 있는가?

(7) 자신의 사회적 관계

① 환자를 위한 일을 할 수 있으면서도 하지 않는 다른 가족들에게 화가 나는가?
② 당신의 사회생활에 지장을 받는다고 느끼는가?
③ 환자가 당신의 다른 가족구성원이나 친구들에 대한 관계에 부정적인 영향을 주고 있다고 느끼는가?

(8) 자신의 생활환경

① 환자와의 관계 때문에 당신 자신을 위한 시간을 잘 가지지 못하는가?
② 사생활이 허락되지 않고 있다고 느끼는가?

Chapter

06 | 의료사회복지 실천과정

1. 접수
2. 자료수집 및 사정
3. 계획 수립
4. 실행 및 점검
5. 평가 및 종결

Chapter 06

의료사회복지 실천과정

이 장에서는 다음과 같은 질문들에 대해서 다룰 것이다.
첫째, 의료사회복지실천은 어떻게 진행되는가?
둘째, 의료사회복지실천의 각 단계에서는 어떤 내용들이 다루어지는가?

사회복지실천과정에 대한 학자들의 견해는 대체로 유사하다. 다만 실천과정의 단계를 구분하거나 강조하는 내용에 있어서는 다소 차이를 보이고 있다. 여기서는 Sheafor와 그의 동료들(1997)이 제시한 5단계 모델에 따라 의료사회복지 실천에서 강조되어야 할 내용을 중심으로 설명하고자 한다. 이 모델은 각 단계들을 다음과 같이 구분한다.

표 6-1 사회복지실천과정의 5단계 모델

단계명	활동
1. 접수	• 문제와 욕구를 확인한다. • 서비스 수급자격 여부를 심사하고 조치한다. • 변화를 위한 치료적 관계를 형성한다.
2. 자료수집 및 사정	• 정보를 수집하고, 문제와 상황을 조사한다. • 변화를 필요로 하는 문제에 대하여 평가한다.
3. 계획수립	• 목표를 설정하고 가능한 전략을 수립한다. • 누가 무엇을 언제 할 것인지를 결정하고 합의한다.

4. 실행 및 점검	• 계획된 내용을 실행하고 진행상황을 점검한다. • 필요할 경우에 계획을 수정한다.
5. 평가 및 종결	• 진행과정과 목표달성에 대하여 평가한다. • 관계를 종결한다. • 필요할 경우 사후지도를 한다.

1. 접수

접수(Intake)의 단계는 사회복지사가 클라이언트를 처음 접촉하는 단계로서 사회복지사는 여러 경로를 통하여 클라이언트를 만나게 된다. 접수단계에서 사회복지사는 클라이언트의 문제와 욕구를 확인하고 당 기관에서 서비스를 제공할 것인지를 판단한다. 적합하다고 판단되면 변화를 위한 사회복지사-클라이언트 간 치료적 관계를 형성하면서 상담을 계속 진행하고, 그렇지 않을 경우에는 적절하다고 판단되는 다른 기관으로 클라이언트를 의뢰한다.

1) 클라이언트 접촉 경로

사회복지사가 클라이언트를 만나게 되는 경로에는 협의진료 의뢰에 의한 경우 환자나 가족의 자발적인 방문, 외부 기관으로부터의 의뢰, 사회복지사의 발견 등이 있다. 첫째 협의진료 의뢰에 의한 경우는 의사나 간호사 등 의료진이 사회복지서비스가 필요하다고 판단되는 입원/외래환자를 사회복지부서에 의뢰하는 것을 말한다. 정신건강의학과, 재활의학과, 소아청소년과 등 사회복지서비스를 필요로 하는 클라이언트가 많은 진료부서에서는 일상적으로 사회복지상담을 의뢰한다. 의뢰 시에는 협의진료의뢰지를 사용한다.

둘째, 환자나 가족의 자발적인 방문은 이전에 사회복지서비스를 제공받은 경험이 있거나 다른 환자나 가족으로부터 사회복지서비스 이용에 대한 정보를 얻은 사람들이 사회복지부서를 방문하여 서비스를 요청하는 경우이다. 이러한 경우에는 곧바로 사회복지서비스를 제공할 수도 있지만 의료진을 통한 의뢰절차를 밟도록 하는 것이 효과적인 팀 활동을 위해 더 나을 수도 있다.

셋째, 외부 기관으로부터의 상담의뢰는 보건소, 시 · 군 · 구청, 읍 · 면 · 동사무소 등의 공공기관이나 지역사회복지관, 사회복지시설 등에서 상담을 의뢰하는 것을 말한다. 때로는 후원기관에서 환자에 대한 의료적 및 심리사회적 정보를 수집하기 위해 상담을 의뢰해 오기도 한다.

넷째, 사회복지사의 클라이언트 발견은 사회복지사가 신문, 방송, 인터넷 등을 통하여 특정 질병에 대한 집단 프로그램이나 지역사회 자선진료 프로그램의 대상자를 모집하는 것을 말한다. 때로는 사회복지사가 먼저 언론매체 등에 소개된 환자에게 접촉을 시도할 수도 있다.

2) 기본적 정보의 수집

상담을 하기 전에 사회복지사는 클라이언트에 대한 기본적 정보를 수집할 필요가 있다. 이는 클라이언트의 상황에 대한 이해를 향상시켜 상담을 효율적으로 진행하고 좋은 관계를 수립하는 데 도움이 된다. 수집해야 할 기본 정보는 환자의 일반적 사항과 의학적 상태에 관한 것으로서 협의진료의뢰지, 환자진료기록, 간호일지, 의료진과의 면담 등으로부터 수집된다. 자세한 내용은 다음의 〈표 6-2〉와 같다.

표 6-2 환자의 일반적 정보 및 의학적 상태에 관한 정보

가. 일반적 정보의 내용		
• 환자등록번호 • 생년월일 • 주소 • 상담의뢰자 • 주치의	• 성명 • 연령 • 연락 가능한 전화번호 • 상담 의뢰 경위 및 이유 • 기타	• 성별 • 주민등록번호 • 입원 또는 외래 여부 • 입원일
나. 의학적 상태에 관련된 정보의 내용		
• 세부 진단명		
• 합병증이나 다른 건강문제의 유무/약물복용 여부		
• 의료적 치료계획 및 기대되는 의료적 회복의 수준		
• 방문목적(진단을 위한 방문인가? 치료를 위한 방문인가?)		
• 내원 경위 및 경로	• 주된 호소(chief complains)	
• 발병시기	• 발병 시의 특정 사건	• 발병원인
• 가족의 병력	• 주 간호자	• 가사수행자
• ADL(Activity in Daily Living, 일상생활동작: 식사, 착탈의, 용변, 목욕, 쇼핑, 걷기)		
• 보조기 착용 여부		
• 시각, 청각 등을 포함한 감각능력 등에 대한 정보		
• 기타		

3) 상담 전 준비

사회복지사는 클라이언트와 초기 접촉을 하기 전에 사전 준비를 함으로써 원조과정을 성공적으로 시작할 수 있다. 사회복지사의 첫 번째 과제는 클라이언트의 신체적, 심리적, 사회적 상황에 민감하고 적절하게 들어갈 수 있도록 준비를 하는 것이다. 질병과 장애의 의학적 상태를 충분히 이해하고, 환자와 가족의 심리적 경험과 사회적 상황의 변화를 예상하고 파악하기 위해 노력해야 한다. 하나의 예를 들어 보자.

남성인 고결한 사회복지사는 입양을 원하는 미혼모를 만나기로 약속하였다. 사회복지사는 상담을 시작하기 10분 전에 미혼모와 아기에 대한 기본적 정보를 다시 한 번 점검하였다. 그리고 클라이언트의 심리적 상태와 그녀가 처해 있을 사회적 상황에 대해 여러 가지 가능성들을 떠올려 보았다. 사회복지사는 거울을 보면서 혹시나 미혼모가 가질 수 있는 남성에 대한 부정적 감정들(예: 수치심, 거부감 등)을 생각해 보았고, 자신이 가질 수 있는 미혼모에 대한 편견이나 신입견 등의 마음상태를 점검하였다. 약속 시간이 되어 클라이언트가 상담실 문을 열고 들어왔고, 사회복지사는 자리에서 일어나 "어서 오세요." 하며 정중하면서도 부드럽게 미소를 지으며 그녀를 맞이하였다.

4) 상담 시작

상담을 위해서는 가능한 환자에게 편안한 시간과 장소를 배려하는 것이 바람직하다. 환자와 가족은 질병으로 인하여 극도의 불안감을 갖고 있는 경우가 많기 때문이다. 많은 경우에 있어서 환자와 가족들은 의료사회복지에 대해 잘 모르기 때문에 상담을 시작하기 전에 환자나 가족에게 상담의 목적을 명확히 이야기하고, 사회복지의 기능과 역할을 분명히 제시해야 한다. 사회복지사는 환자와 가족에게 건강의 회복을 위하여 생물심리사회적 접근(biopsychosocial approach)이 왜 필요한지 그리고 사회복지사와 의사, 간호사 등이 어떤 방법으로 건강의 회복과 유지에 기여하는지를 설명해 주어야 한다. 그리고 비밀보장, 자기결정의 원칙 등 일반적인 상담원칙을 준수하며 상담을 진행해 나아가면 된다.

5) 문제와 욕구의 확인

클라이언트가 가진 문제와 욕구를 확인하기 위해서는 문제확인표를 사용할 수 있다. 문제확인표는 환자나 가족들이 빈번히 보고하는 문제들을 수집하여 만들 수 있다. 문제확인표의 사용은 여러 가지 면에서 유익하다. 환자나 가족이 자신의 문제를 쉽게 표현할 수 있도록 하고, 상담에서 다루어질 대화의 초점을 알게 하며, 다른 사람들도 유사한 문제를 가지고 있다는 것을 알게 함으로써 불안감을 해소시켜 줄 수 있다. 다음의 〈표 6-3〉은 소아당뇨환자의 부모를 대상으로 한 문제확인표의 예이다.

표 6-3 소아당뇨환자 부모의 문제확인표

다음은 소아당뇨를 가진 아동의 부모들이 흔히 겪는 문제들을 모아 놓은 것입니다. 귀하에게 해당되는 모든 항목에 ✓표를 하십시오. 이 질문에 대한 답변은 귀하가 가진 문제의 해결을 위해 도움을 드리는 데 참고가 될 것입니다.

__ 1. 아동의 당뇨관리 문제로 인하여 가족 간의 불화가 종종 발생한다.
__ 2. 아동이 주사, 영양, 운동에 관한 지시를 따르지 않아 속상하다.
__ 3. 아동의 친구관계가 염려된다.
__ 4. 아동의 정서적 발달에 대한 정보를 알고 싶다.
__ 5. 아동의 교사에 대한 대처방법을 모르겠다.
__ 6. 친척이나 이웃들에 대한 대처방법을 모르겠다.
__ 7. 응급상황 또는 예후에 대하여 불안하다.
__ 8. 기타 ____________________

클라이언트의 문제와 욕구를 확인하는 것은 세심한 주의가 필요하다. 그에 따라 후속조치는 달라진다. 의료사회복지에서 다루는 환자와 가족의 문제와 욕구에는 다음과 같은 것들이 있다.

- 진단으로 인한 심리적 충격
- 치료과정과 예후에 대한 불안
- 치료를 위한 생활관리 방법
- 학업이나 직업의 중단으로 인한 손실에 대한 부담

- 가족 간의 이해와 의사소통
- 간병 및 가사 분담
- 질병에 대한 사회복지서비스에 대한 정보
- 진료비지원
- 장애인 등록방법 및 혜택에 대한 정보
- 지지집단이나 자조집단에 대한 참여

6) 사회복지서비스 수급자격 심사 및 다른 기관으로의 의뢰

환자의 문제와 욕구를 확인한 후에는 클라이언트가 당 기관에서 서비스를 받기에 적합한지를 심사하게 된다. 심사를 위해서는 환자와 가족이 호소하는 문제, 의료진의 의뢰 이유, 환자나 가족의 욕구가 당 기관의 자원과 정책에 부합하는지의 여부, 당 기관의 서비스 제공목록, 재정적 능력, 인적 자원 등을 종합적으로 고려하여 결정한다.

서비스 대상자로서 적합하지 않다고 판단되는 경우는 그 이유를 설명하고 적합한 기관에 대한 정보를 제공하거나 다른 기관에 의뢰를 한 후 종결한다. 다른 기관으로 의뢰하는 것이 권고되는 경우들은 첫째, 환자나 가족의 문제해결에 더 전문적인 서비스를 제공하고 있는 기관으로 의뢰하는 것이 좋다고 판단될 때이다. 예를 들어 신생아의 입양을 고려하는 미혼모가 있다면 더 전문적인 입양상담을 받을 수 있도록 입양기관에 상담을 의뢰할 수 있다. 둘째, 의료서비스의 종료로 퇴원을 하게 되었으나 지역사회의 사회복지서비스가 계속 제공되는 것이 필요한 경우이다. 예를 들어 퇴원을 앞둔 소년소녀 가장 또는 독거노인 등에게 지속적인 보호를 제공할 필요가 있다고 판단된다면 지역사회복지관에 사례관리를 의뢰할 수 있다. 셋째, 환자나 가족의 문제가 당 기관의 목적 또는 기능에 부합되지 않을 때이다. 예를 들어 당 기관에서는 뇌성마비 아동의 부모를 위한 사회복지 프로그램이 제공되지 않지만 클라이언트가 프로그램에 대한 참여욕구를 가지고 있다면 프로그램이 제공되는 다른 기관으로 의뢰를 해야 할 것이다.

사회복지사는 적절한 의뢰를 위한 준비를 하고 있어야 한다. 자신의 기관뿐만 아니라 다른 기관과 지역사회의 정책과 자원에 대해서도 파악하고 있어야 한다. 기관 간의 의뢰와 회신은 문서를 사용하는 것이 바람직하다. 문서는 기관 간에 정확하게 의사를 전달하고, 협의하고자 하는 내용과 그 결과를 보존하며, 장래에 발생할 수 있는 책임을 명확히 하는 데에 도움이 된다. 또한 문서는 사회복지활동을 평가할 때 근거자료로 활용할 수도 있다. 즉, 빈번히 의뢰하는 기관은 어디인가, 의뢰하는 클라이언트들은 대체로 어떠한 사람들인가, 주로 어떤 내용으로 의뢰하는가 등을 평가할 때 근거자료로 활용할 수 있다.

7) 관계형성

당 기관에서 사회복지서비스를 제공하는 것이 적절한 것으로 평가되면 사회복지사는 클라이언트와 치료적 관계를 형성하고 참여동기를 부여한다. 관계형성(engagement)은 사회복지사가 환자, 가족 또는 집단과 치료적 관계를 맺는 것을 말하는데, 이를 통해 목표 성취를 향한 클라이언트와 사회복지사의 과업이 성공적으로 수행될 수 있다. 의료 세팅에서 사회복지사와 클라이언트 간의 관계는 클라이언트가 가진 문제와 욕구의 내용에 따라 다르게 나타난다. 클라이언트의 문제와 욕구가 심리사회적 서비스를 필요로 하는 경우라면 사회복지사가 클라이언트와 맺는 정서적 관계는 상담효과에 큰 영향을 미치게 된다. 그러나 단지 진료비 지원을 위한 상담이나 장애인 등록절차에 관한 정보 제공 등과 같이 정서적 관계가 중요하지 않은 경우에는 치료적 관계에 지나친 관심을 둘 필요는 없을 것이다.

환자나 가족이 상담에 자발적인 태도로 임하는 경우에는 참여동기를 높이기 위한 노력이 특별히 요구되지 않는다. 그러나 비자발적인 클라이언트의 경우에는 참여동기를 높이기 위한 부가적인 노력을 기울여야 한다. 의료사회복지 세팅에서는 전형적인 비자발적인 클라이언트들이 있다. 가정폭력의 가해자와 피해자, 아동학대의 가해자와 피해자 등이 그들이다. 사회복지사는 환자나 가족이 상담에 비자발적으로 임하거나 상담을 거부하는 태도를 가지는 이유를 상담 초기에 다루어야 한다. 폭력 등의 위법 사례를 알게 된 경우에는 법률이 정하는 신고의무를 준수해야 한다. 사회복지실천은 법적 테두리 내에서 이루어져야 하기 때문이다.

2. 자료수집 및 사정

자료수집 및 사정(Data collection & Assessment)의 단계에서 사회복지사는 환자의 욕구에 관한 자료를 수집하고, 수집된 자료를 분석하고 해석하여 환자의 문제와 욕구를 파악한다.

1) 자료수집

자료수집은 사회복지실천의 모든 단계에서 이루어지지만 특히 초기 단계에 중점적으로 이루어진다. 사회복지사가 자료를 수집하는 방법에는 환자와의 면접, 환자의 언어적 · 비언어적 행동에 대한 사회복지사의 관찰과 통찰, 가족 등 사회적 관계인과의 면접, 협의진료기록지 · 상담의뢰서 · 문제확인표 · 진료기록지 · 심리검사

결과서 등의 참고, 의료진 등 관계 전문가로부터의 정보수집 등이 있다. 이 중에서 환자나 가족과의 면접을 통한 자료수집은 필수적이라고 할 수 있다. 사회복지사는 환자의 현재 상황뿐 아니라 필요하다면 개인력(personal history)과 가족력(family history)을 조사해야 한다. 가계도, 생태도, 사회적 관계망 도표를 작성하는 것은 클라이언트의 상황을 이해하기 쉽도록 해준다. 자료수집은 클라이언트를 평가하기에 충분하도록 이루어져야 하며, 자료가 충분하지 않은 경우에는 후에 추가적으로 수집해야 한다.

2) 사정

사정단계를 통해 사회복지사는 클라이언트의 문제를 개선할 필요가 있는지, 환경상의 장애요인을 제거할 필요가 있는지 또는 클라이언트의 강점을 증진시켜야 하는지, 환경의 강점을 증진시켜야 하는지를 결정해야 하므로 환자나 가족의 상황적 맥락에 관한 유능한 판단력을 발휘해야 한다. 사정은 환자 및 가족이 호소하는 문제로부터 출발하여 사회복지사와 환자가 함께 실시하는 전문적인 평가로 나아간다. 환자와 가족이 호소하는 문제에 대해서는 그 문제의 심각성과 지속성, 문제해결을 위하여 사용했던 대처방법, 문제를 바라보는 관점 등을 평가하여야 한다. 환자와 가족이 문제를 제시할 때는 공감의 자세를 가지고 적극적인 경청을 해야 한다. 사정은 사회복지사의 전문적인 지식과 경험을 바탕으로 이루어지는 것이지만 그 과정에 환자를 참여시키는 것이 필수적이다. 또한 의료진의 의학적 견해, 임상심리사의 심리평가, 종교지도자의 영적 견해 등은 참고할 필요가 있다. 사회복지사는 환자가 가진 문제를 평가함과 동시에 그의 발전과 성장을 도모할 수 있는 강점에도 관심을 기울여야 한다. 그리고 환자의 문제를 해결하고 욕구를 충족시킬 수 있는 자원을 발견하도록 노력할 필요가 있다.

사정단계에서는 클라이언트가 환경과 어떠한 상호작용을 하고 있는지를 이해해야 하는데 특히 건강문제가 환경으로부터 어떠한 영향을 받고 있는지를 평가해야 한다. 그리고 생물학적(의학적), 심리적 및 사회적인 상황을 평가하고 이들이 어떻게 상호작용하여 추가적인 스트레스를 발생시키는지를 평가할 필요가 있다. 이를 위해서는 '클라이언트 건강평가체계(Client Health Assessment System: CHAS)' 사용을 권고한다. 각 문제들에 대해서는 그 문제의 유형, 심각성, 지속 정도 그리고 문제를 해결할 수 있는 클라이언트의 능력과 강점을 기술한다.

평가를 할 때는 클라이언트의 발달단계와 과업을 잘 이해해야 한다. 예를 들어 만성질환은 아동이나 청소년의 정체감과 동료관계 등에 중대한 영향을 끼친다. 이러한 과업들이 어떻게 다루어지는지는 클라이언트의 질병을 극복하는 방법에도 영향을 미치게 된다. 발달단계와 과업을 이해하기 위해서는 에릭슨의 심리사회적 발달이론 등 심리이론을 참고하는 것이 도움이 된다. 또한 가족의 발달단계와 과제를 고려하는 것도 중요하다. 예를 들어 결혼 초기에 있는 부부가 장애아동을 출산한다면 그 부부는 자신들의 부부역할 정립과 더불어 아동의 장애문제를 다루어야 하는 중복적인 스트레스를 경험하게 된다. 이 부부는 사회적 관계망으로부터 특별한 지원을 필요로 하게 될 수도 있다. 그리고 가족의 구조와 기능에 대해서 관심을 가져야 한다. 질병은 가족의 구조를 변화시켜 부부체계, 부모자녀체계, 형제체계 등을 변화시킬 수 있고, 기존의 의사소통 유형이나 관계를 혼란시키며 지위나 역할 그리고 과제의 재할당 욕구를 만들어 내기도 한다. 따라서 사회복지사는 가족의 발달단계에 따른 과제가 달성되도록 하고, 발병으로 인하여 생긴 가족의 역기능이 극복될 수 있도록 도와야 한다. 사정 이후의 단계에서 재평가를 할 경우도 있다. 점검단계에서 이루어지는 일이 수립된 계획의 이행 여부에 대한 검토라고 한다면 재평가는 클라이언트의 상황 자체에 대한 재검토라고 할 수 있다. 재평가를 하는 방법은 처음의 사정단계와 같으며, 재평가 결과에 따라 지원계획을 수정할 수도 있다.

3. 계획 수립

계획 수립(Planning)은 사정단계 이후에 이어진다. 사정이 끝나게 되면 잠정적 가설을 개발한다. 이는 "특정한 서비스가 제공되면 클라이언트에게 긍정적인 변화가 나타날 것이다."라는 식으로 진술된다. 그리고 서비스 제공을 위한 장단기적 목표를 설정한다. 목표는 사회복지사가 클라이언트를 만날 수 있는 기간 및 빈도와 관련된다. 예를 들어 병원에 입원한 어떤 클라이언트가 10일 정도의 기간 동안만 입원할 것으로 예상된다면 목표는 10일 동안에 달성할 수 있도록 수립되어야 한다. 목표를 달성하기 위해서 그 기간을 초과하는 시간이 필요하다면 지역사회복지관과 연계할 필요가 있다. 집에서 생활하면서 매월 1회씩 외래로 병원을 이용하는 환자에게는 월 1회의 상담으로 달성가능한 목표가 설정되어야 한다. 지역사회복지관에서 지역주민을 대상으로 상담이나 프로그램을 실시한다면 목표 설정은 클라이언트를 만날 수 있는 기간 및 빈도에 구애를 덜 받을 수 있을 것이다.

계획을 수립하기 위해서는 사회복지사, 클라이언트, 가족 모두의 동의가 이루어지는 것이 바람직하다. 계획에 따라서는 가족 중에서 특히 진료비를 지불하는 구성원과 주 간호자(main care giver)의 의견을 충분히 존중해야 한다. 예를 들어 어떤 환자를 장기간의 입원이 가능한 다른 병원으로 옮길 필요가 있어서 퇴원계획을 수립한다고 하자. 옮기고자 하는 병원의 선택은 그 병원에서 발생하는 진료비의 지불능력에 따라 좌우된다. 따라서 진료비 마련에 책임을 지고 있는 구성원의 의견이 중요해진다. 또는 환자가 집으로 퇴원을 하지만 여전히 간호가 필요한 상태라면 주 간호자에 대한 의존도는 입원기간 동안보다 더 높아질 것이다. 따라서 주 간호자의 건강상태나 간호에 대한 의지는 고려해야 할 주요 사항이 되는 것이다.

계획 수립은 우선순위 결정, 계획서 작성, 계약서 작성 등의 순서로 진행된다. 우선순위를 결정하는 방법은 다음과 같다. 첫째, 환자나 가족이 문제로서 인식하고 해결되기를 바라는 모든 문제를 기록한다. 둘째, 사회복지사 차원에서 해결해야 할 문제로 인식된 것을 모두 기록한다. 셋째, 상호 관련된 문제를 묶는다. 넷째, 상호 관련된 문제 중에서 환자나 가족이 2~3개의 중요한 문제를 선택하도록 한다. 다섯째, 문제의 우선순위에 대해 사회복지사의 의견을 제시한다. 여섯째, 환자나 가족과 사회복지사가 다음 기준을 고려하여 합의점을 찾는다.

① 환자나 가족 상황에 가장 크게 영향을 미치고 있는 문제는 무엇인가?
② 가장 효율적으로 해결될 문제는 무엇인가?
③ 실현가능성이 있는 문제는 무엇인가?

우선순위가 결정되면 계획서를 작성한다. 계획서는 "언제? 어디서? 무엇을? 누가? 어떻게? 왜?"에 대한 답변이 가능하도록 작성되어야 한다. 각 문제에 대하여 기대되는 변화, 즉 활동의 목적을 확인하고, 단기적 목표와 장기적 목표를 구분하며, 목표 달성을 위해 고안된 특정 활동을 수행할 사회복지사, 환자나 가족, 사회적 지지망의 역할과 책임 등에 대해 규정한다. 그리고 각각의 활동을 위한 시간을 안배한다. 계획 수립이 완료되면 계약서를 작성하고 계획한 바를 실행하면 된다.

4. 실행 및 점검

실행(Implementation) 또는 개입(Intervention)의 단계는 사회복지사와 클라이언트가 수립한 계획에 따라 사회복지사가 전문적인 서비스를 제공하는 과정이고 점검(Monitoring)의 단계는 계획된 내용이 잘 실행되고 있는지 또는 새로이 나타난 문제와 욕구는 없는지를 검토하는 것이다.

1) 실행

실행단계에서 제공되는 서비스는 직접서비스와 간접서비스로 나누어 볼 수 있다. 직접서비스는 사회복지사가 클라이언트를 직접 대면하여 서비스를 제공하는 것을 말하고 간접서비스는 사회복지사가 클라이언트를 직접 대면하지 않으면서 욕구충족과 문제해결을 돕기 위하여 서비스를 제공하는 것을 말한다.

(1) 직접서비스

의료사회복지 세팅에서 직접서비스는 상담이나 교육의 형태로 실행된다. 환자, 가족, 소집단을 대상으로 하며, 사회복지사 혼자서 또는 타 전문가와의 협력하에 수행된다. 상담과 교육을 잘 이끌기 위해서는 인간의 성격과 발달에 관한 심리학 이론과 상담기법에 익숙하여야 한다.

① 상담

상담의 형태에는 환자나 가족구성원 개인을 대상으로 하는 개별상담, 환자와 가족 모두를 대상으로 하는 가족상담, 유사한 문제나 욕구를 가진 환자나 가족들을 대상으로 하는 집단상담 등이 있다. 개별상담의 경우 환자만을 대상으로 실시하기도 하지만 가족이 동행하는 경우도 종종 있다. 특히 환자와의 직접적인 의사소통이 어렵거나 불가능한 경우에는 가족이 환자의 입장을 대변하기도 한다. 이러한 경우에는 가족 중에서 주 부양자 또는 대표적인 구성원과 상담을 하는 것이 효율적이다. 경우에 따라서는 다른 구성원들을 상담에 포함시킬 필요도 있다.

상담의 형태는 복합적일 수 있다. 어떤 환자에 대하여 개별상담을 실시하다가 이어서 가족상담 그리고/또는 집단상담을 제공할 수도 있다. 상담의 형태와 내용은 클라이언트의 문제와 욕구의 성격이 어떠한가, 그리고 어떤 방법이 효과적인가에 달려 있다. 예를 들어 홀로 거주하고 있는 김 할아버지의 문제와 욕구는 질병관리에 대한 이해를 하는 것과 퇴원 후 일정기간 동안 가족으로부터 가사생활에 대한 지원을 받는 것이라고 하자. 질병관리에 대한 이해를 향상시키기 위해서는 의료진으로부터의 의학적 설명을 중재하기 위한 개별상담이 필요하며, 가족으로부터의 가사생활 지원 방안을 마련하기 위해서는 가족구성원에 대한 개별상담 또는 환자와 가족구성원이 참여하는 가족상담이 후속적으로 이루어져야 한다. 상담의 형태에 따른 이점은 상이하다. 개별상담은 내담자의 개별적인 상황을 심도 있게 다룰 수 있는 이점이 있으며, 가족상담은 가족문제를 해결하기 위하여 적절한 방법이 된다. 그리고 집단상담은 집단역동을 활용할 수 있는 이점이 있다.

내담자의 문제와 욕구에 따라 상담의 내용은 달라진다. 먼저 내담자의 문제와 욕구가 심리사회적인 것일 때에는 인간행동이론이나 가족상담이론을 적용하면서 심리치료적인 형태의 상담을 실시하게 된다. 상담하고자 하는 문제의 해결에 가장 효과적인 상담이론을 선택하는 것이 바람직하지만, 클라이언트가 단기간 동안 병원에 머무르는 경우라면 단기간의 상담으로 효과를 가져올 수 있는 상담방법을 선택하는 것이 권고된다. 장기적인 심리치료를 필요로 하는 환자의 경우에는 그에 상응하는 상담서비스를 제공하는 다른 기관으로 의뢰를 하는 것이 효과적이다. 클라이언트의 욕구충족과 문제해결을 위하여 환경적 조정을 필요로 하는 경우에는 상담을 통하여 정보를 제공하거나 자원을 연결하는 중개활동이 이루어지게 된다. 이러한 활동은 간접서비스에 해당한다. 정보 제공이나 자원 연결을 위한 상담은 심리치료적 상담보다 짧은 횟수의 만남을 필요로 하는 것이 일반적이다. 자원 연결 업무는 클라이언트에게 음식 · 영양, 주거, 고용, 경제적 자원, 교통 · 이동, 교육 · 훈련, 법, 건강 · 정신건강, 안전, 사회적 서비스 등의 자원을 연결시켜 주는 것을 말한다. 사회복지사는 환자의 입원기간 동안 또는 퇴원 후 지역사회로의 복귀과정에서 발생할 수 있는 자원의 부재나 결핍문제를 해소하여 환자의 욕구가 충족되도록 지원하여야 하는데, 활동은 첫째, 필요로 하는 자원에 대한 조사 및 평가, 둘째, 자원의 확보 및 개발, 셋째, 정보 제공 및 자원 연결, 넷째, 후속조치 등으로 이루어진다.

② 교육

일반적으로 의료사회복지 실천과정에서 환자와 가족들을 대상으로 하는 교육의 목적은 질병의 특성과 치료과정에 대한 정보를 제공하여 질병에 대한 이해가 향상되도록 도움으로써 치료와 재활과정에 적극적으로 참여하도록 하는 것이다. 교육은 환자나 가족에게 필요한 정보와 지식을 단시간 내에 체계적으로 전달하기에 유용한 방법으로서 환자와 가족 구성원 개인단위를 대상으로 하는 개별교육, 가족단위를 대상으로 하는 가족교육, 유사한 문제와 욕구를 가진 사람들을 대상으로 하는 집단교육 등의 형태로 나누어 볼 수 있다. 교육의 형태에 따른 이점과 제한점들은 상이하다. 개별교육은 환자나 가족구성원의 개별적인 상황에 적합한 내용을 제공할 수 있고, 가족교육은 가족구성원 각자가 가족 내에서 자신이 수행해야 할 바람직한 기능에 대해서 알 수 있도록 함과 동시에 다른 구성원들의 고충을 이해할 수 있는 기회를 제공해 준다. 그리고 집단교육은 시간을 효율적으로 사용할 수 있는 이점이 있다. 집단교육은 지지집단을 대상으로 실시하기도 한다. 경우에 따라서는 여러 가족들을 대상으로 하는 집단가족교육을 실시하기도 한다.

교육은 사회복지사 단독으로 실시할 수도 있고 다른 분야의 전문가들과 함께 실시할 수도 있는데, 이것 역시 환자와 가족의 문제와 욕구에 달려 있는 것이다. 사회복지사가 다른 분야의 전문가들과 함께 집단교육을 실시할 때 일반적으로는 질병에 대한 의학적 설명(의사, 치료사), 질병관리에 있어서의 간호(간호사), 영양관리(영양사), 운동관리(운동처방사), 질병과 관련된 심리사회적 문제에 대한 환자와 가족의 생활관리와 필요한 자원을 얻는 방법(사회복지사) 등의 내용이 포함된다.

(2) 간접서비스

간접서비스는 환자의 욕구충족과 문제해결을 위하여 이루어지지만 환자와 직접적으로 대면하지 않으면서 제공된다. 여기에는 팀 협력활동, 자원의 개발과 관리, 집단 프로그램의 개발 · 운영 · 평가, 수퍼비전, 클라이언트를 위한 옹호활동 등이 포함된다(팀 협력활동, 자원의 개발과 관리, 집단 프로그램의 개발 · 운영 · 평가 등에 대해서는 뒷부분에서 자세하게 다룬다).

① 팀 협력활동

팀 협력활동의 필요성은 건강에 대한 생물-심리-사회적 모델에서 찾을 수 있다. 팀 협력활동의 여러 가지 형태 중에서 가장 중요한 것은 의료진을 포함하여 환자에게 서비스를 제공하는 사람들과의 협력활동이다. 의사, 간호사, 치료사, 심리사, 성직자, 자원봉사자 등과의 협력활동은 환자의 건강을 다면적이면서도 포괄적으로 이해하고 다루는 좋은 방법이다.

② 자원의 개발과 관리

환자에게 지역사회자원이나 사회적 서비스를 직접 연결시키거나 정보를 제공하기 위해서는 자원을 개발하고 관리해야 한다. 이를 위해서 사회복지사는 공식적 · 비공식적 자원에 대한 정보수집, 수집된 정보의 체계적 관리, 자원체계와의 협조적인 업무관계 수립 등을 위하여 노력하여야 한다.

③ 집단 프로그램의 개발 · 관리 · 평가

동일하거나 유사한 질병을 가진 환자나 가족들은 공통된 어려움을 경험하는 경우가 많다. 이들의 욕구에 개별적으로 대응하는 것은 시간과 노력 면에서 비효율적이고 사회복지사를 지치게 만들 수 있다. 상담이나 교육을 위한 집단 프로그램, 지지집단이나 자조집단 등은 그러한 문제들을 극복하도록 해준다. 그뿐 아니라 집단 프로그램은 환자와 가족들에게 동병상련(同病相憐)의 느낌을 주어 심리적 위안을 제공하기에 매우 적절한 방법이다.

④ 클라이언트를 위한 옹호활동

사회복지사는 때로 클라이언트를 위한 옹호활동을 하기도 한다. 옹호는 클라이언트의 권리가 침해받지 않도록 돕는 방법이다. 예를 들어 퇴원을 앞두고 있는 환자가 퇴원 후에 계속적인 보호를 받을 수 있는 시설에 대한 안내를 받았음에도 불구하고 환자나 보호자가 이를 원하지 않는다고 하자. 사회복지사는 의료진이나 행정담당자에게 환자의 입장을 설명하고 시간을 더 확보할 수 있다. 사회복지사는 그 외에도 다양한 방법으로 옹호활동을 수행한다. 병원의 임상심사위원회[01]나 윤리위원회[02]에 참여하여 환자의 입장을 옹호하기도 하고 환자나 가족과 관련된 조직 · 제도 · 프로그램의 개선을 위한 활동에 참여하기도 한다. 옹호활동을 하기 위해서 사회복지사는 클라이언트의 상황을 정확히 판단하고, 옹호를 위한 적절한 시기를 선택하며, 유용한 옹호기술을 학습하고 실행할 수 있는 능력 등이 필요하다.

01 임상심사위원회(Institutional Review Board: IRB)에서는 의약품 등의 안전성과 유효성을 증명하기 위하여 임상시험에 대한 심사를 실시한다. 임상시험은 네 단계로 나뉘어 있으며 식품의약품안전청 고시 '의약품 임상시험 관리기준'이나 2005년에 발효된 '생명윤리 및 안전에 관한 법률'이 기준이 된다. 이러한 윤리규정의 주요 내용은 '임상시험은 연구 피험자를 존중하고 보호하는 방법으로 수행되고, 연구의 피험자에게 공정하며, 연구가 수행되는 공동체 안에서 도덕적으로 수용되는 경우에만 윤리적으로 정당화될 수 있다.'는 것이다. 이런 윤리적 판단을 연구자에게 맡길 경우 연구자는 객관적인 판단을 하지 못할 수 있기 때문에 IRB가 필요한 것이다.

02 병원윤리위원회에 관해서는 제2장을 참고하기 바란다.

⑤ 수퍼비전

수퍼비전은 행정적 수퍼비전, 지지적 수퍼비전, 교육적 수퍼비전 등으로 분류할 수 있다. 사회복지사들 간에서 이루어지는 이러한 수퍼비전은 업무를 효율적으로 추진하고, 소진을 예방하며, 전문성을 향상시킴으로써 클라이언트에 대한 서비스에 간접적으로 영향을 주게 된다.

행정적 수퍼비전이란 기관의 조직구조 내에서 일선 사회복지사와 기관의 상급 행정 및 관리 인력을 연결하는 것이다. 직원을 모집 · 선발 · 교육하고 업무활동을 계획 · 위임 · 조정한다. 그리고 사회복지사의 업무수행을 점검 · 평가한다. 지지적 수퍼비전은 직원의 사기, 업무와 관련된 불안과 걱정, 업무만족, 기관의 사명과 정책에 대한 헌신, 사회복지사의 자기확신 및 자기존중, 정서적 안녕 등과 관련된 이슈와 문제를 다루는 활동을 말한다. 교육적 수퍼비전은 업무를 하기 위하여 알아야 할 것을 가르치고 배우도록 돕는 것이다. 용인된 사회복지기법을 가르치는 것, 개인 혹은 집단 회의를 통해 능력을 개발하는 것, 업무수행에 대해 직원을 교육 · 지도하는 것 등을 포함한다. 교육적 요소는 지식, 기술, 태도, 가치 등의 전수와 관련된다(Sheafor & Horejsi, 1998).

2) 점검

점검은 계획단계에서 정해진 내용이 제대로 이루어지고 있는지를 살펴보는 것이다. 점검은 실행의 타당성, 정확성, 효율성 등을 검토하여 활동을 지속하거나 수정하기 위한 것이다. 따라서 점검은 서비스와 지원에 대한 자료를 수집 · 검토 · 분석 · 해석하는 일들을 포함하며, 서비스가 전달되는 실제적 과정 동안 실행된다. 점검단계에서 서비스가 계획된 바에 따라 전달되고 있는지, 서비스가 적절한지, 서비스의 질이 높은지, 환자와 가족이 욕구를 충족하고 있는지 등을 검토하고 환자와 가족의 상태에 따라 보호계획을 수정해 나간다. 점검의 이점은 첫째, 효과가 나타나지 않는 원인을 찾아내어 제거하거나 대안을 강구할 수 있고, 둘째, 목표 달성을 향한 환자나 가족의 노력을 평가하여 원조과정에 대한 환자나 가족의 동기와 자신감을 고양시킴으로써 지원활동의 초점을 지속시키고 투입되는 시간의 효율성을 높일 수 있다. 셋째, 목표 달성이 미미할 때 나타날 수 있는 환자나 가족의 부정적 태도와 느낌에 즉각적으로 대처하여 실행과정에 저해되는 요인을 사전에 통제할 수 있다는 것이며, 넷째, 서비스 계획의 변화를 요구하는 환자나 가족 욕구의 등장을 알아낼 수 있다는 것이다(김만두, 1997; 김융일 외, 1998).

5. 평가 및 종결

의료사회복지실천의 마지막 단계는 평가(Evaluation)와 종결(Closing)이다. 평가는 사회복지사 자신의 전문성을 향상시키고, 클라이언트의 신뢰를 얻으며, 협력적으로 일하는 다른 전문직들의 승인을 얻기 위한 좋은 방법이다.

의료사회복지실천에서 이루어지는 종결의 유형에는 여러 가지가 있다. 첫째, 사회복지사와 클라이언트의 합의에 의하여 서비스를 종결하는 경우이다. 서비스 제공의 목표가 달성되어 종결을 하게 되는 경우가 여기에 속한다. 이러한 경우에 사회복지사는 서비스 제공으로 이끌어 낸 변화를 지속시키도록 해야 한다. 사회복지사와 클라이언트 간에 정서적인 관계가 이루어져 왔다면 감정을 처리하기 위한 특별한 노력이 필요하다. 미리 종결을 알리고, 클라이언트의 부정적 행동에 직접적으로 반응하며, 클라이언트와 종결에 대한 감정을 함께 공유하고, 클라이언트의 성취를 인정하고 평가를 시행하는 것 등의 종결에 대한 기술을 사용해야 한다. 그러나 사회복지사와 클라이언트의 관계가 정서적인 측면이 강조되지 않은 것이었다면 종결에 따르는 감정을 처리하는 일은 최소화되거나 불필요할 수도 있다. 예를 들어 당뇨관리를 위한 생활교육 프로그램에 참여한 클라이언트, 장애인 등록 정보를 받은 클라이언트, 진료비 부족으로 후원금을 제공받은 클라이언트 등에 대해서는 종결에 따른 감정처리 과정이 불필요한 것일 수 있다.

둘째, 클라이언트에게 발생한 사유로 인하여 더이상 클라이언트에게 서비스를 제공하는 것이 불가능한 경우이다. 클라이언트가 서비스를 거부하거나, 예정보다 빨리 퇴원을 하거나, 갑작스럽게 사망했을 때가 여기에 속한다. 이러한 때에는 클라이언트의 퇴원계획을 돕거나 유족에게 필요한 서비스를 제공해야 한다.

셋째, 사회복지사에게 발생한 사유로 더이상 클라이언트에게 서비스를 제공하는 것이 불가능한 경우이다. 사회복지사의 퇴직이나 업무 변동이 이러한 경우에 속하며 이때에는 다른 사회복지사에게 업무를 넘겨주어 서비스가 연속적으로 제공되도록 하여야 한다.

Chapter

07 의료사회복지 실천기술

1. 기록
2. 평가
3. 팀 협력활동

Chapter 07

의료사회복지 실천기술

이 장에서는 다음과 같은 질문들에 대해서 다룰 것이다.
첫째, 의료사회복지실천에서 사용하기에 좋은 기록방법은 어떤 것인가?
둘째, 의료사회복지실천에 대한 평가는 어떻게 이루어지는가?
셋째, 의료사회복지실천에서 팀 협력활동은 어떻게 이루어지는가?

1. 기록

사회복지실천에서 사용하는 일반적인 기록의 형태와 방법, 의료 세팅에서 사용되는 문제중심기록, 의료사회복지상담기록 등은 다음과 같다.

1) 기록의 형태와 방법

기록의 형태에는 이야기체(narrative style), 설명체(interpretation style), 요약체(summary style) 등이 있다. 이야기체는 객관적 사실이나 사건을 있는 그대로 기술하는 것으로 일지형식으로 기록하는 것을 말한다. 설명체는 클라이언트의 문제와 그것에 대한 태도와 감정에 관해 사회복지사가 해석한 바를 설명하는 기록양식이다. 요약체는 문제별로 또는 시간적 순서에 따라 요점을 추려 기술하는 것이다. 이야기체와 설명체는 상담교육과 훈련을 할 때 유용하다.

기록의 방법에는 항목기록(item record)과 과정기록(process record)이 있다. 항목기록은 주로 객관적인 정보를 기록할 때 사용된다. 접수 면접에서 이 방법을 사용할 수 있다. 과정기록은 사회복지사와 클라이언트 간에 일어나는 일들을 시간적 순서에 따라 기술하는 방법으로 사회복지사의 판단과 해석을 포함하여 기록한다. 과정기록은 기록의 목적에 따라 이야기체로 쓸 수도 있고, 설명체로 쓸 수도 있으며, 요약체로 쓸 수도 있다. 이야기체 과정기록이나 설명체 과정기록은 수퍼비전이나 조사연구를 위한 목적을 가질 때 유용하다. 요약체 과정기록은 업무를 효율적으로 수행할 때 유용하다고 할 수 있다.

2) 문제중심기록

문제중심기록(problem-oriented record: POR)은 로렌스 위드(Lawrence L. Weed)에 의하여 제창된 진료기록 작성법으로 많은 교육병원에서 이 방법을 채택하고 있다(안효섭, 2004). 사회복지사는 진료기록을 이해하기 위하여 POR에 대하여 알아둘 필요가 있다.

POR은 여러 가지의 기록형태와 기록방법을 혼합하여 체계화한 것이라고 할 수 있다. POR은 기초자료(data base), 문제목록(problem list), 초기계획(initial plan), 경과기록(progress note) 등의 네 가지 요소로 이루어진다. 각 요소별로 기록되는 내용은 다음과 같다.

(1) 기초자료

환자의 문제점을 파악하고 치료방침을 결정하는 데 필요한 기본자료를 되도록 자세하고 광범위하게 수집하는 것이다. 주소(chief complaints), 현병력, 과거력, 가족력, 계통적 병력, 환자의 생활상황, 진찰소견, 검사소견 등이 기록된다.

(2) 문제목록

기초자료에서 얻는 정보를 근거로 해서 환자의 문제점을 집약하여 목록을 만든다. 이것을 진료기록의 첫 면에 기재함으로써 이 목록만 보면 환자의 문제점을 일목요연하게 알 수 있도록 한다.

(3) 초기계획

문제목록이 작성되면 그 문제를 해결하기 위한 계획을 문제별로 세우게 된다. 문제의 번호를 쓰고 각 번호에 대한 계획을 쓴다. 진단계획, 치료계획, 교육계획, 추적계획 등이 기록된다.

(4) 경과기록

문제목록에 나온 문제별로 다음과 같이 S, O, A, P의 네 가지 항목에 대하여 정리한다.

- S(subjective information): 환자나 가족이 제공하는 주관적 정보
- O(objective information): 의사나 간호사가 새로 얻은 객관적 소견 또는 검사소견
- A(assessment): 의사의 판단, 진단이나 예후에 대한 전망
- P(plan): 환자의 진단, 치료지침, 환자에 대한 교육, 추적계획 등

경과기록에는 경과일람표(flow sheets)와 퇴원 시 요약(discharge summary)이 포

함될 수 있다. 경과일람표는 지속적인 문제에 대해서 그 문제와 관련된 필요한 항목(증상, 소견, 검사치 등)을 일목요연하게 정리하여 기입한 표를 말한다. 퇴원 시 요약은 각 문제에 대하여 SOAP 형식으로 환자 또는 가족의 주관적 진술, 의사의 객관적 소견, 향후 전망, 앞으로의 계획 등을 기술하는 것을 말한다. 문제중심기록의 경과기록은 의사가 거의 매일 환자와 가족의 의견을 청취하고(S), 환자의 상태와 변화 정도를 매일 관찰하면서(O), 그때그때마다 의학적 판단을 내리고(A), 환자에 대한 치료계획 또는 교육계획을 수립하기 위한(P) 좋은 방법이다.

3) 의료사회복지상담기록

의료사회복지상담에서 클라이언트의 문제와 욕구는 상담의 초기 회기에 집중적으로 탐색되며, 사회복지사와 클라이언트가 만날 때마다 검토되지는 않는다. 그리고 계획은 실행 및 점검단계에서 부분적으로 수정될 수는 있다 하더라도 신중하게 수립된 계획은 상담이 종결될 때까지 유효한 것이다. 그러나 문제중심기록(POR)의 경과기록 방법은 사회복지사가 클라이언트를 만날 때마다 사정과 계획을 하는 것을 전제로 하므로 사회복지상담에 그대로 적용하기에는 어려움이 있다. 이에 여기에서는 저자의 실천경험을 바탕으로 여러 연구자들이 제시한 기록방법을 재구성하여 의료사회복지 기록방법에 대하여 제시하고자 한다.

(1) 표지기록(초기면접기록)

기록은 상담이 시작되기 전부터 이루어진다. 일단 의사나 외부 기관 등으로부터 상담이 의뢰되거나 사회복지사가 클라이언트에 대한 정보를 접하게 되면 기관의 상담기록지 표지에 관련 정보들을 기록한다. 대부분의 기관은 상담기록지를 갖추고 있다. 기록지의 표지에는 클라이언트의 등록번호, 인적사항, 연락처 등의 항목에 대한 기록을 하도록 함으로써 필요할 때 쉽게 찾을 수 있도록 되어 있다.

(2) 과정기록

실제적인 상담의 시작으로부터 종결까지는 과정기록지를 사용하여 기록한다. 과정기록지는 대개 시간과 상담내용만을 기록하도록 단순화되어 있다. 사회복지사는 시간적 순서에 따라 상담내용을 기록하면 된다. 예를 들어 클라이언트의 문제와 욕구를 확인하기 위한 접수상담이라면 상담시간이나 장소를 기록한 후 '주요 문제 및 욕구'라는 제목을 달고 그 밑에 상담한 내용을 기록하면 된다. 사정단계 등 다른 단계에서 이루어진 상담의 경우도 마찬가지이다. 상담교육이나 훈련을 위한 것이라면 이야기체나 설명체를 사용하는 것이 좋다. 능숙한 실천가는 자신의 판단에 따라 상담의 분위기를 묘사하기 위하여 이야기체나 설명체를 사용할 수도 있고 시간을 절약하기 위하여 요약체를 사용할 수도 있다.

(3) 종결평가기록

상담이 종결되면 종결평가 기록지에 평가내용을 기록한다. 대개의 기관들은 기관의 특성을 고려하여 만든 종결평가 기록지를 사용한다. 기록지에는 효과성평가, 과정평가, 사회복지사평가 등이 모두 포함되도록 한다. 각각의 평가는 사회복지사가 수행한 바를 기록하면 된다. 예를 들어 성과평가를 위해서 표준화된 도구를 이용한 사전-사후 비교방법을 사용했다면 그 내용을 기록하면 되고, 목표달성척도를 사용했다면 그 내용을 기록하면 된다. 과정평가나 사회복지사평가의 결과에 대해서도 마찬가지이다.

2. 평가

넓게 보아서 평가는 개입이 효과적이었는지, 그리고 효율적이었는지를 검토하는 것이다. 효과는 목적이 달성되었는지에 대한 것이다. 효율은 사용된 자원과 결과 사이의 비율에 대한 것이다. 목표를 달성했다면 효과적이었다고 말할 수 있다. 만일 A 프로그램과 B 프로그램의 목표달성 수준은 동일하지만, A 프로그램이 B 프로그램보다 상대적으로 적은 자원을 사용하였다면 A 프로그램이 더 효율적인 것이라고 말할 수 있다. 평가의 종류와 방법은 다음과 같다.

1) 평가의 종류

평가는 기준에 따라 다르게 분류할 수 있다(표 7-1 참고). 첫째, 평가의 목적에 따라 형성평가와 총괄평가로 나눌 수 있다. 형성평가(formative evaluation)는 개입을 체계화하거나 향상시키기 위하여 사용되며, 실천과정을 점검하는 것이다. 프로그램이 자금을 받을 가치가 있는지를 입증하기 위해서가 아니라 프로그램의 방향을 인도하고 지도하기 위해 더 많은 역할을 한다. 즉, 프로그램을 '형성'하기 위하여 수행되는 것이다. 초점이 최종 산출물이 아니라 개입에 주어질 때 형성평가는 과정평가(process evaluation)로 불리기도 한다. 형성평가는 프로그램의 최초의 개발에 영향을 주려고 하는 반면 과정평가는 프로젝트 동안 어느 때라도 수행될 수 있다(Royse et al., 2001). 총괄평가(summative evaluation)는 성공이나 실패와 관련된 요인을 알아내기 위하여 사용되며, 결과 또는 최종 성과에 대하여 평가하는 것이다. 총괄평가를 하기 위한 방법으로 단일사례설계를 사용할 수 있다.

표 7-1 평가의 목적과 대상을 기준으로 한 평가의 종류

구분 기준	종류	내용
평가의 목적	형성평가	• 개입을 체계화하거나 향상시키기 위하여 사용되며, 실천과정을 점검하는 것이다. • 초점이 최종 산출물이 아니라 개입에 주어질 때 형성평가는 과정평가(process evaluation)로 불리기도 한다. • 형성평가는 프로그램의 최초의 개발에 영향을 주려고 하는 반면 과정평가는 프로젝트 동안 어느 때라도 수행될 수 있다.
	총괄평가	• 성공이나 실패와 관련된 요인을 알아내기 위하여 사용되며, 결과 또는 최종 성과에 대하여 평가한다.
평가의 대상	실천평가	• 사회복지사의 개입노력을 평가한다. 사회복지사평가라고도 한다. • 형성평가와 총괄평가 모두 가능하다.
	프로그램 평가	• 클라이언트나 전체 지역사회 단위에 제공되는 프로그램의 효과와 효율을 평가한다. • 형성평가와 총괄평가 모두 가능하다. • 프로그램의 효과를 평가하기 위하여 최종 성과를 평가했다면 그것은 프로그램 효과성평가가 된다. • 프로그램의 효과를 평가하기 위하여 개입과정을 평가했다면 그것은 프로그램 과정평가가 된다.

둘째, 평가는 그 대상에 따라 실천평가와 프로그램 평가로 나눌 수 있다. 실천평가는 사회복지사의 개입노력을 평가하는 것이다. 사회복지사의 노력이 개인, 가족, 집단, 조직, 지역사회를 기대만큼 변화시켰는가를 평가하는 것이다. 실천평가는 형성평가와 총괄평가 모두에 의해 수행될 수 있다. 실천평가에 있어서 형성평가는 사정단계에서 이루어진 일들을 검토하도록 하고 필요한 경우에는 계획을 수정하도록 한다. 그러나 실천과정의 종결단계까지를 검토한다면 그것은 총괄평가가 된다. 프로그램 평가는 클라이언트나 전체 지역사회 단위에 제공되는 프로그램의 효과와 효율을 평가하는 것이다. 프로그램 평가도 형성평가와 총괄평가 모두에 의해 수행될 수 있다. 클라이언트나 지역사회에 더 좋은 서비스를 제공하도록 그 기능수행을 변화시키는 데 토대가 된다면 이는 형성평가이다. 반면 기관의 대표나 자금제공자에게 결과를 보고하기 위한 것이라면 이는 총괄평가가 된다.

셋째, 평가를 위한 방법은 직접 실천 평가방법과 간접 실천 평가방법으로 나눌 수도 있다(서울대 사회복지실천연구회, 1997). 직접 실천을 평가하기 위해서는 첫째, 신뢰도와 타당도가 확보된 표준화된 도구를 할 수 있다. 사전-사후 비교방법을 사용함으로써 목표달성 정도를 확인할 수 있다. 둘째, 개별 클라이언트마다 측정내용을 다르게 구성한 도구를 사용할 수 있다. 사용할 수 있는 도구에는 단일사례설계, 과제달성척도(Task Achievement Scaling: TAS), 목표달성척도(Goal Attainment Scaling: GAS) 등이 있다. 단일사례설계는 서비스 제공을 통하여 변화시키고자 하는 행동을 측정하는 방법으로서 며칠 또는 몇 주 동안에 표적행동에 대한 관찰을 실시하고 기초선을 설정함으로써 변화를 측정한다. 그러나 사회복지서비스 중에는 정보 제공, 자원 연결, 의뢰 등 기초선 설정이 어려운 경우가 많다. 특히 의료사회복지 세팅에서는 사회복지사와 클라이언트가 단기간 동안 1~2회에 걸쳐 만나게 되는 경우가 종종 발생한다. 이러한 경우에는 과제달성척도나 목표달성척도를 사용할 수 있다. 그리고 간접 실천 평가방법에는 동료검토(peer review), 클라이언트 만족도 설문(Client Satisfaction Questionnaire: CSQ), 사회복지사 수행평가, 기관평가 등이 있다.

2) 평가방법

여기시는 표준화된 도구를 사용한 사전-사후 비교, 목표달성척도, 동료검토 등에 대해서 소개하기로 한다.

(1) 표준하된 도구를 사용한 사전-사후 비교

사회복지분야에는 인간의 심리사회적 특성을 측정하기 위하여 개발된 다양한 측정도구가 있다. 사회복지사는 개입목표가 되는 클라이언트의 욕구와 문제를 평가하기에 적절한 측정도구를 선택하여 사용할 수 있다. 사정단계에서 평가된 내용을 종결단계에서 평가된 내용과 비교함으로써 개입으로 인한 변화 정도를 알 수 있다. 사례를 통해 표준화된 도구를 사용한 사전-사후 비교방법을 살펴보도록 하자.

> 문 군의 상황을 평가한 결과, 자기존중감 향상이 건강 회복을 위해 매우 중요한 영역인 것으로 확인되었다. 이에 사회복지사는 문 군의 자기존중감 정도를 평가하기 위하여 로젠버그 자기존중감 척도(Rosenberg Self-Esteem Scale, 부록 7 참고)에 응답하도록 하였다. 문 군은 사전평가에서 25점을 받았다. 사회복지사는 문 군에게 자기존중감 향상을 위한 상담서비스를 수차례에 걸쳐 제공하였고, 문 군은 사후평가에서 35점을 받았다. 문 군의 자기존중감 점수는 10점이 향상되었다. 만일 사회복지사가 그동안 클라이언트의 자기존중감을 향상시키기 위한 상담에서 늘 같은 방법을 사용하여 매번 클라이언트의 자기존중감 향상을 가져왔다면 우리는 문 군에 대한 이번의 평가결과를 이 군의 자기존중감이 향상된 것으로 받아들일 수 있다.
>
> 클라이언트가 작성한 측정도구의 결과는 사정단계에서 즉각적인 상담의 자료로 활용될 수도 있다. 문 군이 '나는 내가 실패자라고 느끼는 경향이 있다.'라는 문항에서 '매우 그렇다'라고 응답을 했다면 사회복지사는 문 군이 왜 자신을 실패자라고 느끼는 경향이 있는지에 대해서 직접적으로 토의할 수 있다. 표준화된 도구는 집단 프로그램에서도 활용될 수 있으며 누적된 측정결과는 연구자료로서의 가치도 가지고 있다.

(2) 목표달성척도

목표달성척도는 서비스 제공 영역을 4~5개 이내로 선택하고, 각 영역에 대해서는 가중치를 부여할 수 있다. 각 영역에 대해서는 '기대했던 것 중 가장 나쁜 결과(−2), 기대했던 것보다 덜 성공적인 결과(−1), 기대했던 것만큼 성공적인 결과(0), 기대했던 것보다 성공적인 결과(1), 기대했던 것 중 가장 성공적인 결과(2)' 등 다섯 개 수준으로 구분한다. 이 형식은 모든 클라이언트에게 적용되며, 각 영역에 있어서의 내용은 클라이언트마다 다르게 구성될 수 있다. 결정된 내용에 대한 사전평가와 사후평가로 목표달성 정도를 측정한다. 사례를 통해 사용방법을 알아보자.

손 씨는 2주 전에 암으로 진단을 받았다. 사회복지사의 평가결과, 진료비 조달을 위한 후원금 모금과 질병에 대한 심리적 수용이 제공되어야 할 주요 서비스로 평가되었다. 두 영역에 대한 사전평가와 사후평가 점수는 다음과 같다.

클라이언트의 동의 여부	예(0) 아니오( )	사전	사후	예( ) 아니오(0)	사전	사후
서비스 제공 영역	후원금 모금(가중치 10)			질병수용(20)		
기대했던 것 중 가장 나쁜 결과(−2)	전혀 모금되지 않음	✓		진료를 완전히 거부함		
기대했던 것보다 덜 성공적인 결과(−1)	모금이 되기는 하였으나 미납된 진료비의 일부를 감당할 수 있는 수준임			진료과정의 대부분을 거부함		
기대했던 것만큼 성공적인 결과(0)	지금까지 미납된 진료비를 수납할 수 있을 정도로 모금됨			진료과정의 일부를 거부함		✓
기대했던 것보다 성공적인 결과(1)	향후 1개월 동안 발생할 진료비를 감당할 수 있을 만큼 모금됨		✓	수동적으로 진료를 받음	✓	
기대했던 것 중 가장 성공적인 결과(2)	향후 3개월 이상의 진료비를 감당할 수 있을 만큼 충분한 후원금 모금			적극적으로 진료에 임함		

손 씨는 사전평가에서 후원금 모금은 −20점(=−2×10), 질병수용은 20점(=1×20)으로 평가되어 두 영역의 합계는 총점 0점의 수준이었다. 그리고 사후평가에서 후원금 모금은 10점(=1×10), 질병수용은 0점(=0×20)이다. 영역별 점수의 변화는 클라이언트의 상황 변화를 진술하는 데 사용될 수 있다. 첫째, 후원금 모금 영역에서 사후점수(10)에서 사전점수(−20)를 빼면 30으로서 양(+)의 수를 나타내므로 서비스 제공으로 상황이 호전되었다고 할 수 있다. 둘째, 질병수용 영역에서 사후점수(0)에서 사전점수(20)를 빼면 −20으로서 음(−)의 점수를 나타내므로 서비스가 제공되었지만 상황이 악화되었다고 말할 수 있다. 그리고 두 영역의 점수를 합한 합계점수의 변화는 클라이언트의 상황 변화를 종합적으로 진술하고자 할 때 사용할 수 있다. 손 씨에 대한 서비스 제공 전후의 점수 차이는 10점(=사후점수의 합(10)−사전점수의 합(0))이므로 서비스 제공으로 손 씨의 상황은 대체로 호전되었다고 할 수 있다.

(3) 동료검토

동료검토방법을 사용하게 되면 각 구성원은 평가를 하는 입장에 서기도 하고, 평가를 받는 입장에 서기도 한다. 따라서 동료검토 시스템을 사용하기 위해서는 먼저 평가에 참여하는 사람들이 평가기준과 검토할 사례를 선정하는 방법에 동의하여야 한다. 평가회의는 정기적으로 실시하고, 평가시간은 미리 정해 두는 것이 바람직하다. 다음의 사례는 동료검토방법을 이해하도록 돕기 위해 제시되었다. 사례에는 검토를 위한 일정과 평가양식이 제시되어 있다.

① 검토 일정

검토자	1월	2월	3월
양	배	조	백
배	조	백	양
조	백	양	배
백	양	배	조

② 평가양식

일시		평가자		
사례번호		평가대상자		
단계	평가문항		상/중/하	의견
접수	기초적인 정보가 확보되었는가?			
	문제와 욕구가 확인되었는가?			
자료수집 및 사정	자료수집이 충분히 이루어졌는가?			
	상황평가에 클라이언트가 참여하였는가?			
	상황평가에 관련 전문가의 의견이 반영되었는가?			
계획 수립	목표가 적절히 설정되었는가?			

실행 및 점검	상담이나 교육 등 제공된 직접서비스는 클라이언트의 욕구충족이나 문제해결을 위하여 적절하였는가?		
	팀 활동이나 옹호활동 등 제공된 간접서비스는 클라이언트의 문제해결이나 욕구충족을 위하여 적절하였는가?		
	서비스 제공과정에 대한 적절한 점검이 이루어졌는가?		
평가 및 종결	평가방법과 내용은 잘 이루어졌는가?		
	종결처리 과정은 적절하였는가?		

3. 팀 협력활동

팀 협력활동이란 의료사회복지사가 여러 분야의 전문가 및 준전문가들과 팀을 이루어 협력하는 것을 말한다. 의료사회복지실천에서 필요한 중요한 기술 중 하나는 다른 기관의 구성원 그리고/또는 다른 분야의 전문가와 협력적으로 일하는 것이다. 환자들의 심리사회적 욕구 및 문제가 의학적 상황과 관련되어 있어서 다면적인 접근이 요구되기 때문에 의료사회복지 세팅에서는 협력활동이 많은 중요성을 가진다.

1) 협력활동의 필요성

생태체계학적 관점으로부터 우리는 인간이 환경과 영향을 주고받는다는 것을 알 수 있다. 그리고 생물심리사회적 모델에 의하면 인간의 건강은 신체적인 요인에 의해서만 결정되는 것이 아니고, 심리사회적 요인과 영향을 주고받는다는 것을 알 수 있다. 따라서 인간의 건강이 회복 또는 유지되도록 하기 위해서는 신체적, 심리적, 사회적, 환경적 요인 등의 네 가지 관련 분야에 대한 각각의 전문가들의 협력을 필요로 하게 된다. 사례를 통해 전인적 진료를 수행하기 위하여 전문가들이 협력하는 모습을 살펴하기로 한다.

> 허 할머니는 6개월 전에 재활의학과에 입원을 한 바 있다. 퇴행성관절염을 치료하기 위해서였다. 담당의사에 따르면 당시의 의학적 치료는 성공적이었다. 그런데 이틀 전 허 할머니는 같은 질병으로 다시 입원을 하였다. 담당의사는 허 할머니에게 의학적 서비스뿐 아니라 심리사회적 서비스가 필요하다고 판단하여 사회복지상담을 의뢰하였다. 의뢰를 받은 사회복지사는 허 할머니와 1차 상담을 실시하였고 그 결과 허 할머니가 앓고 있는 무릎의 퇴행성관절염이 재발하지 않도록 하기 위해서는 허 할머니의 거주지와 가사노동 문제가 개선될 필요가 있다고 판단하였다. 사회복지사는 허 할머니에게 딸이 셋 있는데 모두 버스로 30분 내지 1시간 정도면 이를 수 있는 거리에 살고 있는 것을 확인하였고 큰딸과 2차 상담을 실시하였다. 사회복지사는 큰딸에게 허 할머니의 상황을 설명하였고, 상황을 개선하기 위한 여러 가지 대안을 검토하였다. 3차 상담에서는 허 할머니와 큰딸 모두가 참여하였다. 상담을 한 결과 할머니의 주거지를 경사가 심하지 않은 지역으로 옮기기로 하였고, 딸 세 명이 번갈아 가며 이틀에 한 번씩 방문하여 할머니의 가사노동을 돕기로 결정하였다. 사회복지사는 상담 결과를 담당의사에게 회신하였다.

위의 사례는 사회복지사가 의사와 협력하는 모습을 보여주고 있다. 사회복지상담은 허 할머니 및 큰딸과의 개별상담 각 1회, 가족상담 1회 등 총 3회에 걸쳐 실시되었으며, 사회복지평가 및 환경적 문제에 대한 중재 서비스가 제공되었다. 만일 사회복지상담이 이루어지지 않았다면 허 할머니의 질병이 재발될 가능성은 여전히 남아 있게 될 것이다. 이와 같이 환자의 건강이 회복, 유지되기 위해서는 의학적 서비스뿐만이 아니라 심리사회적 서비스가 제공될 필요가 있다. 그리고 그 과정에서 전문직 간의 유기적인 협력은 필수적이라고 볼 수 있다.

2) 협력활동에 참여하는 전문직의 종류와 역할

의료사회복지사와 협력하는 전문가와 준전문가의 종류는 매우 많다. 전문가 중에서 의사는 질병의 진단과 진료계획 수립, 치료, 수술을 실시한다. 간호사는 질병 간호에 대한 책임을 지고 간호교육을 실시한다. 간호조무사는 간호업무의 보조에 관한 업무와 진료의 보조에 관한 업무를 수행한다[간호조무사 및 의료유사업자에 관한 규칙(보건복지부령 제365호), 제2조]. 그리고 운동능력의 회복과 유지를 돕는 운동치료사, 일상생활동작 훈련 등을 담당하는 작업치료사, 의사소통 등에 도움을 주는 언어치료사 등과 각종 심리검사와 심리평가를 실시하는 임상심리사 등이 있다.

의료사회복지 협력활동에 관계되는 준전문가로는 종교인, 지지집단 지도자, 자원봉사자 등이 있다. 목사, 신부, 승려 등의 종교인은 환자 및 가족에게 영적인 위안을 제공한다. 지지집단 지도자는 같은 또는 유사한 질병을 가진 환자 또는 가족으로 이루어진 집단을 이끌며, 자신들의 문제에 대한 경험이 풍부하고, 문제해결의 욕구가 강하다. 그리고 훈련받은 자원봉사자는 환자의 특성에 대한 이해를 바탕으로 환자와 가족의 사회적, 영적 건강의 회복과 유지에 도움을 준다.

3) 협력활동의 형태

의료사회복지 세팅에서 이루어지는 협력활동은 다음의 몇 가지 기준에 의하여 나누어 볼 수 있다.

(1) 협력활동이 이루어지는 기간에 따른 구분

협력활동은 협력이 이루어지는 기간이 한시적인지 또는 상시적인지에 따라 구분할 수 있다. 먼저 한시적 협력활동은 단일한 업무를 수행하기 위하여 그 업무의 목표가 달성될 때까지 이루어지는 협력활동을 말한다. 예를 들어 경제적 어려움으로 인하여 진료비 조달에 어려움을 겪는 환자가 있다고 하자. 의료사회복지사는 그 환자가 거주하는 읍 · 면 · 동 사무소의 사회복지사에게 국민기초생활보장 수급자로 선정해 줄 것을 의뢰할 수 있다. 이러한 경우에 이루어지는 협력활동은 해당 환자의 국민기초생활보장 수급자 선정 여부가 판정될 때까지 이루어지는 한시적 협력활동으로 볼 수 있다. 상시적 협력활동은 통상적인 업무과정에서 일상적으로 이루어지는 협력활동을 말한다. 이러한 경우에는 관계된 사람들이 체계적으로 팀을 구성하여 활동하는 것이 효율적이다. 사회복지부서 내에서 사회복지사들 간에 이루어지는 협력활동이나 의료기관 내에서 사회복지사와 의료진의 협력은 상시적으로 이루어지는 활동이다.

(2) 협력활동이 이루어지는 장소에 따른 구분

의료사회복지사가 속한 기관 내에서의 협력활동과 외부 기관과의 협력활동으로 나누어 볼 수 있다. 기관 내에서의 협력활동은 의료사회복지사가 자신이 소속된 기관 내에서 다른 사회복지사, 의료진, 행정요원, 환자나 가족으로 이루어진 지지집단 등과 협력적으로 일하는 것을 말한다. 이러한 경우에는 관계자들 간에 기관의 특성과 업무처리 방법에 대한 이해를 어느 정도 공유하고 있으므로 업무가 원활하게 추진될 수 있다. 그러나 부서 이기주의 등으로 인한 갈등이 발생할 가능성도 존재한다. 그리고 외부 기관과의 협력활동은 의료사회복지사가 외부의 다른 기관과 협력하는 경우이다. 읍 · 면 · 동 사무소 등의 관공서, 신문 · 방송 · 인터넷 등의 대중매체, 사회복지공동모금회, 지역사회복지관, 자원봉사단체, 후원기관, 대학의 사회복지학과 등이 빈번한 협력관계가 이루어지는 외부 기관에 속한다. 외부 기관과 협력하기 위해서는 먼저 해당 기관의 특성과 업무처리방식에 대한 이해를 해 둘 필요가 있다. 또한 의료사회복지사는 자신이 기관을 대표하는 위치에 있음을 인식하고 책임감을 가지고 업무에 임하여야 한다.

(3) 사회복지사 간의 협력활동과 다른 전문가/준전문가와의 협력활동

사회복지사 간의 협력활동과 다른 전문가 및 준전문가와의 협력활동으로 나누어 볼 수 있다. 사회복지사 간의 협력활동은 기관 내의 사회복지사 또는 외부 기관의 사회복지사와 협력하여 일하는 것이다. 이러한 경우에는 사회복지의 가치와 윤리를 공유할 수 있는 장점이 있다. 기관 내의 사회복지사는 상호 협력함으로써 업무를 효과적으로 처리하고 자신의 전문성을 증진시킬 수 있다. 예를 들어 암환자 보호 관리업무와 후원자 관리업무를 각각 다른 사회복지사가 맡고 있다고 하자. 암환자에게 후원금이 필요한 경우에 두 명의 사회복지사는 상호 협력을 통하여 업무를 효과적으로 처리할 수 있다. 반면 이들 사회복지사는 자신의 업무에 대한 전문성을 심화시킬 수 있는 기회를 가지게 된다.

또 다른 예를 들어 보자. A 사회복지사는 정신건강의학과환자 업무를 맡고 있고, B 사회복지사는 내과환자 업무를 맡고 있다. 한 환자가 정신건강의학과에서 우울증치료를 받는 동시에 내과에서 당뇨치료를 받고 있다. 이러한 경우에도 A, B 두 사회복지사는 협력적으로 일함으로써 환자의 재활을 도울 수 있다.

다른 분야의 전문가 및 준전문가와의 협력활동은 기관 내의 의료진이나 외부 기관의 공무원, 후원자, 자원봉사자 등과 이루어지는 활동을 말한다. 이러한 경우에는 먼저 서로 상대방의 업무를 이해할 필요가 있다. 사회복지사는 기관 내의 의료진에게는 사회복지사의 업무를 이해할 수 있도록 안내하고 외부 기관의 관련자에게는 의료사회복지 세팅의 특성과 사회복지사의 업무를 이해할 수 있도록 안내해야 한다.

4) 협력활동의 방법

협력활동을 수행하는 방법으로는 의뢰와 회신, 사례회의, 다학문적 집단교육, 업무회의 등이 있다.

(1) 의뢰와 회신

의뢰와 회신은 가장 빈번하게 이루어지는 협력활동 방법이다. 의뢰는 협력을 요청하는 당사자가 협력해 주기를 바라는 상대방에게 협력을 요청하는 행위를 말하며, 회신은 협력을 요청받은 당사자가 협력을 요청한 사람에게 응답하는 행위를 말한다. 의뢰와 회신은 의료기관 내에서 이루어지기도 하고, 외부 기관과 이루어지기도 한다. 먼저 의료기관 내에서 이루어지는 의뢰는 대개 의사, 간호사 또는 행정요원이 사회복지사를 대상으로 하여 이루어지며 전화, 인터넷, 인트라넷(원내 전산망), 구두, 문서 등의 방법이 사용된다. 의사는 외래 또는 입원환자에 대한 사회복지평가 및 중재를 사회복지사에게 요청하게 되며, 사회복지사는 평가와 중재내용을 의뢰 의사에게 회신하게 된다. 진료비 수납을 담당하는 행정요원은 진료비를 체납 중이거나 체납이 우려되는 환자에 대한 경제상황 평가 및 후원금 지원 등을 위하여 사회복지사에게 의뢰하게 되며, 사회복지사는 평가와 중재내용을 의뢰자에게 회신하게 된다. 다음으로 외부 기관과 이루어지는 의뢰와 회신은 외부 기관으로부터의 의뢰와 외부 기관으로의 의뢰로 나눌 수 있다. 관련된 기관에는 지역사회복지관, 사회복지단체, 읍 · 면 · 동사무소, 후원기관, 자원봉사단체 등이 포함되며 일반적으로 공문서를 이용한다. 외부 기관으로부터 의뢰를 받는 내용은 갑작스러운 질병이나 장애 또는 만성질환에 대한 의료서비스 요청이나 저소득층 환자의 진료비지원 요청 등이다. 의료사회복지사가 외부 기관에 의뢰를 하는 내용은 환자의 원활한 지역사회 복귀를 위한 사회복지관의 중재 요청, 저소득층 환자의 국민기초생활보장법 수급자 선정을 위한 읍 · 면 · 동 사무소의 협조 요청, 후원기관에 대한 후원금 요청, 자원봉사단체에 대한 자원봉사자의 요청 등이다.

(2) 사례회의

사례회의는 사례(환자)에 대한 서비스 중재를 위하여 이루어진다. 사례회의는 대개 기관 내에서 이루어지며 의료진과 함께하는 사례회의와 사회복지사들만 참여하는 사례회의가 있다. 먼저 의료진과 함께하는 사례회의에는 회의의 주제가 된 사례와 관련있는 의사, 간호사, 물리치료사, 작업치료사, 언어치료사, 임상심리사, 종교인, 사회복지사 등의 전문가들이 참여한다. 각 전문가들은 자신의 분야에 해당하는 견해를 발표하고, 다른 분야의 전문가들의 견해를 경청함으로써 전인적 진료를 위해 협력한다. 사회복지사는 재활의학팀, 정신의학팀, 학대아동보호팀, 윤리위원회 등에 참여한다. 다음으로 사회복지사들만 참여하여 이루어지는 사례회의는 주제가 된 사례를 담당한 사회복지사가 자신의 실천내용을 발표하고, 다른 사회복지사들로부터 수행에 대한 평가를 경청하고 토론하는 방식으로 이루어진다. 이는 사회복지사의 능력을 향상시키고 정서적 지지를 나누는 데 많은 도움이 된다.

(3) 다학문적 집단교육

집단교육은 환자 또는 가족을 대상으로 이루어지며, 의료진과 사회복지사가 협력하여 실시하는 경우가 많다. 당뇨환자 교육 프로그램에는 의사에 의한 의학적 교육, 간호사에 의한 인슐린요법, 영양사에 의한 영양관리, 운동처방사에 의한 운동관리 등과 더불어 사회복지사에 의한 스트레스관리와 생활교육이 포함된다. 그리고 암환자 가족교육에는 의사에 의한 치료방법과 과정에 대한 안내, 간호사에 의한 환자관리, 사회복지사에 의한 스트레스관리 및 사회복지정보 안내 등으로 이루어진다. 이러한 집단교육에서는 대개 의사가 리더가 되며, 사회복지사는 심리사회적 분야에 관한 전문적 업무를 수행한다.

(4) 업무회의

업무회의는 기관이나 조직의 운영을 원활하게 하기 위하여 관계자들이 모여 실시하는 회의를 말한다. 부서 간 업무에 대한 상호 이해를 촉진하고, 보다 효율적인 협력방안을 개발하며, 업무수행에 방해가 되는 요인을 발견하고 이를 해결하기 위한 것이 목적이다. 예를 들어 자선진료 프로그램의 운영에는 관련 의료진과 더불어 진료비 담당자, 홍보요원 등이 참여하게 된다. 사회복지사는 자신의 업무에 대한 인식을 정확하게 하고 이를 바탕으로 프로그램이 원활하게 운영될 수 있도록 자신이 맡은 역할을 충실히 수행해야 한다.

5) 의료사회복지 협력활동의 유용성

의료사회복지 협력활동이 가지는 유용성을 형태별로 구분하여 소개하기로 한다(표 7-2 참고). 의료사회복지 협력활동은 기본적으로 환자와 가족의 삶의 질 향상에 기여하기 위한 것임을 명심할 필요가 있다.

표 7-2 의료사회복지 협력활동의 구체적 형태와 목표

협력활동의 구분		참여자		궁극적 목표
기관 내부	사회복지분야	의료기관 내의 사회복지사	➡	환자와 가족의 삶의 질 향상
	의료분야	의료기관 내의 의료진		
	기타 관계 분야	의료기관 내의 자원봉사자, 지지집단 지도자		
외부 기관	사회복지분야	사회복지기관, 읍·면·동 사무소, 지역사회복지관 등의 사회복지사		
	의료분야	지역사회의 의료서비스 제공기관		
	기타 관계 분야	자원봉사단체, 후원기관, 지지집단		

(1) 기관 내부에서의 사회복지사 간의 협력활동

기관 내에서 사회복지사들은 사회복지 사례회의나 동료 수퍼비전 등을 실시하고, 피드백을 주고받는 협력활동을 실시할 수 있다. 이를 통해서 사회복지사들은 사회복지실천을 위한 전문성을 향상시키는 데 도움을 받을 수 있다. 사회복지 관련 뉴스와 사회복지자원에 대한 정보를 공유할 수도 있다. 또한 상담과정에서 정서적 고통을 경험할 수 있는데, 그러한 문제를 토론함으로써 다른 구성원으로부터 조언, 도움, 정서적 지지 등을 받을 수 있다.

(2) 기관 내부에서의 사회복지사와 의료진 간의 협력활동

사회복지사는 사례회의나 회진참여 등을 통하여 의료진과 협력적으로 일한다. 이는 협의진료활동으로 부르기도 한다. 이러한 협력활동을 통하여 사회복지사는 의료진에게 환자와 가족의 심리사회적 상황에 대한 평가내용을 제공함으로써 의료진의 전인진료 수행을 도울 수 있다. 그리고 사회복지사는 의료진으로부터 환자의 의료적 상황에 대한 정보를 제공받음으로써 가족에 대한 이해를 향상시킬 수 있다.

(3) 기관 내부에서의 사회복지사와 전문가/준전문가의 협력활동

의료사회복지사는 자원봉사자에게 환자와 가족에 대한 심리사회적 정보를 제공함으로써 자원봉사활동이 원활히 이루어질 수 있도록 도울 수 있고 사회복지사는 자원봉사자로부터 휴식, 오락, 말벗 등 환자와 가족이 필요로 하는 자원을 제공받을 수 있다. 의료사회복지사는 지지집단의 구성원들에게 병원의 행정적 지원을 중재하거나 집단지도에 대한 정보와 교육을 제공할 수 있고 이들이 필요로 하는 의학적 서비스와 사회적 서비스 등에 대한 욕구를 발견할 수 있다.

(4) 외부 사회복지기관과의 협력활동

환자와 가족이 외부 후원기관으로부터 후원을 받을 필요가 있는 경우, 읍 · 면 · 동사무소로부터 국민기초생활보장 수급자로 선정될 필요가 있는 경우, 지역사회복지관의 프로그램을 이용할 필요가 있는 경우에 의료사회복지사는 이들 기관이 필요로 하는 환자의 상황에 대한 정보를 제공하거나 병원의 행정절차를 안내할 수 있다. 그리고 의료사회복지사는 이들 기관의 사회복지사로부터 환자와 가족이 이용할 수 있는 사회적 서비스에 대한 정보를 제공받을 수 있다.

(5) 외부 의료기관과의 협력활동

의료사회복지사는 환자가 퇴원 후 부가적인 치료를 필요로 하는 경우에 외부 의료기관과 협력함으로써 환자의 퇴원이 원활하게 이루어질 수 있도록 도울 수 있다. 또한 외부 의료기관은 의료사회복지사로부터 환자의 상황에 대한 정보를 제공받을 수 있다.

(6) 외부 관계 기관과의 협력활동

의료사회복지사는 후원기관, 신문, 방송, 인터넷 등의 대중매체 관계자에게 환자의 상황에 대한 정보를 제공하거나 병원의 행정절차에 대한 안내를 제공할 수 있다. 그리고 의료사회복지사는 이들 기관으로부터 후원 등 환자 가족이 필요로 하는 정보와 자원을 제공받거나 사회인식 개선활동 등을 위한 도움을 받을 수 있다.

6) 의료사회복지 협력활동의 활성화를 위한 과제

의료사회복지 협력활동이 원활하게 이루어지기 위해서는 협력주체들이 상호 간의 역할을 이해하고 협력활동이 환자와 가족의 삶의 질 향상을 위한 것임을 인식해야 한다. 사회복지사는 의료기관 내외의 전문가 및 준전문가들과 효과적인 의사소통을 해야 하며 전문가뿐 아니라 준전문가들이 가지는 업무상의 중요성을 인정하고 인격적인 배려를 소홀히 하지 않도록 해야 한다.

그러나 협력활동이 원활하게 이루어지기 위해서는 다루어야 할 몇 가지 어려움이 있다. 예를 들어 협의진료활동에 있어서 어떤 의사들은 사회복지서비스가 의학적인 진단과 치료에 직접적으로 관련되지 않는다고 여기기 때문에 협력활동에 비협조적인 자세를 취할 수 있다. 그리고 어떤 간호사나 임상심리사는 사회복지사의 심리사회적 서비스가 자신들의 전문직과 중복된다고 생각하기 때문에 사회복지사와 협력적으로 일하는 것을 꺼리기도 한다. 이러한 문제들을 극복하기 위해서 사회복지사는 업무수행에 필요한 의학적 지식을 갖추어 다른 전문직과 의사소통하는데 어려움이 없어야 하고, 사회복지가 다른 전문직과 어떠한 점에서 차별성을 가지는지에 대한 확신을 가지고 업무에 임해야 하며, 그러한 차별성이 환자와 가족에게 어떠한 도움이 되는지를 분명하게 제시해 줄 필요가 있다.

Chapter

08 의료사회복지 실천전략

1. 위기개입
2. 사례관리
3. 퇴원계획
4. 지역사회자원의 개발과 관리

Chapter 08

의료사회복지 실천전략

이 장에서는 다음과 같은 질문들에 대해서 다룰 것이다.

첫째, 위기에 대한 대처는 어떻게 진행되며, 위기개입은 어떻게 수행하는가? 학대받은 아동에 대한 위기개입은 어떻게 이루어지는가?

둘째, 사회복지분야와 건강보호분야의 사례관리는 어떻게 다른가? 의료사회복지 사례관리의 실제는 어떠한가?

셋째, 퇴원계획은 어떻게 진행되며 효과적인 퇴원계획을 위해서 필요한 것은 무엇인가?

넷째, 자원의 개발과 관리 및 진료비 지원은 어떻게 이루어지는가?

1. 위기개입

많은 의학적 손상과 장애(예: 척수손상, 외상적 뇌손상, 절단), 생명을 위협하는 진단, 기능의 상실(예: 암, 시력손상) 등의 갑작스런 시작은 매우 충격적인 일이다. 개인은 그러한 일들로 인하여 심리사회적 위기를 경험하게 된다. 학대를 받은 아동과 노인, 가정폭력 피해자, 사랑하는 가족을 잃은 사람들, 재난을 당한 사람들도 위기를 경험할 수 있다. 위기는 시간 제한적이기는 하지만 그것이 존재하는 동안에 심리적, 행동적 및 사회적인 측면에 영향을 미친다. 위기는 외상 후 스트레스 장애(post-traumatic stress disorder)와 같은 정신병리적 상황을 가져오기도 한다. 의료기관은 이러한 위기를 경험한 사람들을 만나게 되는 최초 지점들 중의 하나이다. 여기서는 위기를 경험하는 사람들은 어떤 경험을 하게 되는지, 그리고 이들은 어떤 서비스를 필요로 하는지에 대해서 알아보기로 한다. 그리고 학대받은 아동에 대한 위기개입이 어떻게 이루어지는지 살펴보자.

1) 위기와 대처단계

스트레스란 개인이 이용할 수 있는 자원을 넘어서고 안녕을 위협한다고 평가되는 개인과 환경 간의 관계이다. 특정한 인간–환경 간의 관계가 스트레스라는 판단은 인지적 평가(cognitive appraisal)에 따라 결정된다(Lazarus & Folkman, 1984). 스트레스는 유기체의 정상적인 기능을 방해하고 내적인 긴장과 압력을 발생시킨다. 강하거나 갑작스러운 스트레스가 개인을 위협할 때 그는 위기를 경험하게 된다.

사람들은 심각한 질병이나 장애를 다룰 때 그 질병이나 장애를 발견한 최초 시점부터 일련의 대처단계를 거쳐 가게 된다(Shontz, 1975). 첫 번째 단계는 충격(shock)단계인데 그것은 위기가 경고 없이 발생할 때 특히 두드러진다. 이 단계는 냉담한 느낌과 때로는 사고와 행동의 현저한 명확성과 효율성으로 나타난다. 두 번째 단계는 직면(encounter)단계이다. 이 단계는 사람이 무력감, 공황, 혼란 등을 경험하기 쉬운 극도의 격렬한 기간이다. 세 번째 단계는 후퇴(retreat)단계로 이 단계는 부인(denial)과 마비(numbing)에 상응하는 것 같다. 그렇지만 후퇴는 현실검증(reality testing)이 증가함에 따라 점차로 포기된다. 대처과정은 직면/투쟁과 후퇴/부정/회피의 사이를 오가는 지속적인 이동을 포함한다. 후퇴단계는 안전으로의 일시적 철수를 허락함으로써 붕괴를 막아주는 중요하고 자연스러운 수단으로 볼 수 있다. 대처과정이 성공적으로 완료될 때 이 주기는 덜 일어나며, 결국에는 사라지게 된다(Lazarus & Folkman, 1984).

2) 위기개입 방법

위기개입은 환자와 가족으로 하여금 위기를 극복하도록 돕기 위한 것이다. 위기를 극복한다는 것은 현재의 감정을 잘 다스리고 적절한 대안을 선택한다는 것을 의미한다. 위기는 극복되기만 한다면 개인과 가족에게 긍정적 성장과 변화를 가져올 수도 있다. 위기개입은 가장 널리 사용되는 시간제한적인 치료양식이다. 위기개입에 관한 많은 임상가, 연구자, 관리자들은 개입이 경험적이고 실제적인 근거에 기반하지 않는다면 돕고자 하는 강한 열망은 좋은 의도에도 불구하고 비효과적이거나 잠재적으로 해로운 것이 될 수 있다고 한다. 위기개입은 만병통치약은 아니며 초기의 강력한 위기개입 프로그램의 완료 후 종종 몇 달 내지 1년 정도의 후속적인 개입이 필요하다. 의료기관에서의 위기개입은 단시간의 단일 회기로 제공될 수도 있다. 의료기관에서 다루어지는 문제에 대한 위기개입에서 가장 중요하게 다루어야 하는 문제는 환자와 가족이 심리적 안정을 회복하도록 하는 것과 실행가능한 대안을 선택하도록 돕는 것이다.

(1) 심리적 안정을 회복하도록 돕기

위기개입은 클라이언트가 심리적 안정을 회복하도록 하는 것에 초점을 두면서 시작한다. 위기상황에 있는 클라이언트는 충격과 불안을 경험한다. 충격은 상황이 예상되지 못한 것일 때 더 크게 경험될 수 있다(한 여성은 아기가 다운증후군으로 진단되자 멍한 느낌의 얼굴로 사회복지사를 찾아 왔다). 그리고 불안은 미래의 불확실성으로 인하여 발생한다. 앞으로 어떤 과정이 전개되는지를 알게 된다면 불안은 감소될 것이다(그 여성은 다운증후군 아동도 자립생활이 가능하다는 설명을 듣자 편안한 모습을 되찾기 시작했다). 사회복지사는 공감적인 태도로 상담에 임해야 한다. 클라이언트가 감정을 표현할 수 있는 시간을 주어야 하며, 그가 호소하는 바가 무엇인지를 주의 깊게 경청하도록 한다. 때로는 이야기를 들어주는 것만으로도 격한 감정은 해소될 수 있다.

(2) 실행가능한 대안을 선택하도록 돕기

위기상황에 있는 클라이언트는 어떤 행동을 해야 좋을지에 대한 판단능력이 감소되어 있다. 사회복지사는 클라이언트가 자신의 감정을 통제하고 문제해결에 대한 자신감을 회복하도록 도울 필요가 있다. 그가 이전에 사용했던 좋은 대처기제가 있다면 그것에 주목하도록 하는 것이 도움이 된다. 그리고 사회복지사는 클라이언트가 가지고 있는 자원을 파악한다. 사람들이 실제로 대처하는 방식은 그들이 사용할 수 있는 자원에 의존한다. 개인이 가지고 있는 자원에는 건강과 에너지(신체적 자원), 긍정적 신념(심리적 자원), 문제해결기술과 사회적 기술(유능성) 등이 있고, 보다 환경적인 것으로는 사회적 지지와 물질적 자원 등이 있다. 이어서 사회복지사는 클라이언트가 선택할 수 있는 대안들과 각 대안들이 가져올 수 있는 이익 및 치러야 할 대가에 대해 검토하도록 도울 수 있다.

참고 **스트레스 및 위기 관리전략**

다음의 내용은 스트레스 관리와 위기개입상담에서 클라이언트를 안내하는 자료로 사용될 수 있다.

1. 유용한 스트레스 관리전략

Burr와 Klein(1994)은 80개의 항목으로 구성된 질문지를 가지고 46가족 78명의 성인에게 가족들이 다양한 스트레스를 경험하면서 어떻게 대처전략을 사용했는지, 그리고 그러한 전략이 얼마나 유용했는지를 질문했다. 다음은 유용하다고 대답한 16개의 스트레스 관리전략과 도움이 되는 전략이라고 응답한 사람의 비율을 보여준다.

순위	항 목	비율
1	상황의 결과로서 기본 가치를 변화시켰다.	96
2	서로에 대해 이해하도록 노력하였다.	93
3	비슷한 상황에 있는 다른 사람과 대화하려고 노력했다.	93
4	서로의 정서적 욕구에 더 민감해지기 위해 노력했다.	92
5	하나님을 더 열심히 믿기 위해 노력했다.	92
6	공통의 목표와 가치에 초점을 맞추려고 노력했다.	91
7	서로에게 좀더 귀 기울이려고 노력했다.	91
8	기도나 영적인 원조를 통해 도움을 얻으려고 노력했다.	90
9	가족 간에 더 협력하려고 노력했다.	89
10	상황의 결과로서 삶의 기본 철학을 변화시켰다.	88
11	가족의 일체감(통합성)을 증가시키기 위해 노력했다.	87
12	한 가족으로서 더 많은 일을 하기 위해 노력했다.	87
13	지역사회조직으로부터 도움이나 격려를 얻기 위해 노력했다.	87
14	가족으로서 상황을 공유하거나 경험하기 위해 노력했다.	86
15	애정을 더 많이 표현하려고 노력했다.	86
16	더 솔직하고, 명확하고, 직접적으로 애정을 표현하기 위해 노력했다.	86

2. 위기를 극복하는 가족의 성공적인 전략

Wallerstein과 Blakeslee(1995)는 성공적으로 결혼생활을 하고 있는 50쌍의 부부들이 위기에 대한 대응으로서 도움이 된다고 발견해 낸 다섯 가지 전략을 확인했다(Knox & Schacht, 1999에서 재인용).

① 현실적인 관점을 발달시켰다.

위기에 대한 첫 충격 이후 배우자들은 무기력감을 느끼거나 혹은 아무 의미 없는 활동에 말려들기보다는 침착해졌다. 그들은 최악의 경우를 가정한 시나리오에 대한 공포와 실제 일어날 가능성이 있는 일을 주의 깊게 구분했다. 예를 들어 암에 걸린 아이의 부모들은 최악의 상황을 두려워할지라도 아이가 치료로 효험을 얻을 것이라고 받아들였다.

② 비난을 피했다.

배우자들은 위기에 대해서 서로를 비난하지 않았다. "만일 당신이 좀더 일찍 엑스레이를 찍었다면 암을 치료하기 위한 시간을 더 가질 수 있었을 것이다."와 같은 말은 하지 않았다. 배우자는 서로를 비난하는 일을 피하고 오히려 자기 비난이나 자책으로부터 서로를 보호했다.

③ 재미를 위한 기회를 찾았다.

부부가 대처해야 할 비극적인 사건에도 불구하고 최선을 다해 생활을 즐기려고 하였다. 그들은 깊은 우울 속으로 빠져들기보다는 재미를 위한 기회를 잡는 관점을 택하였다. 여행을 하든 외식을 하든 그들은 여전히 삶을 즐기려고 애썼다. "그들은 비극이 그들의 세계를 완전히 지배하지 않도록 최선을 다했다."

④ 파괴적인 충동을 억제했다.

공포가 불안과 무기력한 분노를 이끌 수 있다는 것을 깨닫고, 배우자들은 '그들이 가장 필요로 하고 사랑하는 사람들을 내쫓기'를 피하려고 애썼다. 배우자들은 분노, 약물 · 알코올 남용 또는 정서적 철회로 반응함으로써 위기를 악화시키기보다는 '억제할 수 없게 되거나 결혼을 해치는 것으로부터 파괴적 경향을 억누르기' 위하여 많은 노력을 했다.

⑤ 위기에 빨리 개입했다.

배우자들은 위기가 다가오는 것을 알았을 때 일찍 개입하였다. 위기가 우울이든, 알코올중독이든, 폭력이든 간에 조기개입은 문제가 훨씬 더 크게 번지는 것을 막는데 도움이 된다.

3) 학대받은 아동에 대한 위기개입

학대를 받은 아동은 심리적 위기를 경험하게 되므로 이들에 대해서는 사회복지적 개입을 할 필요가 있다. 아동복지법(법률 제14839호)에 의하면 아동학대란 보호자를 포함한 성인에 의하여 아동의 건강 · 복지를 해치거나 정상적 발달을 저해할 수 있는 신체적 · 정신적 · 성적 폭력이나 가혹행위를 하는 것과 아동의 보호자가 아동을 유기하거나 방임하는 것을 말한다. 그리고 아동학대범죄의 처벌등에 관한 특례법(약칭: 아동학대처벌법)에서 의료인은 직무상 아동학대를 알게 된 때에는 즉시 아동보호전문기관 또는 수사기관에 신고하여야 한다고 신고의무와 절차에 관하여 정하고 있다.

많은 의료기관에서는 학대받은 아동을 효과적으로 보호하고 치료하기 위하여 아동보호팀 또는 학대환자보호팀을 구성하여 운영하고 있다. 팀은 소아청소년과 의사, 정신건강의학과 의사, 응급실 의사, 산부인과 의사, 간호사, 임상심리사, 법률담당자, 사회복지사 등으로 구성된다. 의사는 진료과정에서 학대가 의심되는 사례를 발견하면 의료적 평가에 이어 관련된 진료과와 사회복지부서에 협의진료를 의뢰한다. 협의진료를 의뢰받은 사회복지사는 상담을 통하여 학대 여부를 확인하고 필요한 서비스를 제공한다. 필요한 경우에는 팀장이 보호팀 회의를 소집하여 종합적인 평가를 실시한다. 그리고 보호팀의 결정에 따라 아동보호전문기관 등에 학대사실을 신고한다.

학대받은 아동에 대한 사회복지상담에서 보호자 등의 학대 여부 확인, 아동보호를 위한 상담, 학대 재발을 위한 조치 등은 필수적으로 수행해야 하는 일이다. 첫째, 학대 여부 확인과 관련하여 의사는 가해자가 누구이든 관계없이 의료적 평가를 통해 학대 사실을 비교적 쉽게 알아낼 수 있다. 그러나 사회복지사는 학대 사실을 밝혀내기가 쉽지 않은 경우도 있다. 보호자나 가족이 가해자라면 학대 사실을 쉽게 인정하지 않기 때문이다. 이러한 경우 사회복지사는 내담자에게 '학대 여부를 확인하기 위하여 관계기관에 신고하고 법적인 절차를 진행할 것'을 밝히고 상담을 이어나가는 것이 도움이 된다. 신고는 아동 인권에 대한 법적 보호를 위하여 바람직한 조치이다. 둘째, 아동보호를 위한 심리치료 상담은 정신건강의학과 의사나 임상심리사에 의해 제공될 수 있다. 사회복지사는 지지적인 관계를 수립함으로써 아동이 정서적으로 안정되도록 하고, 아동에 관련된 체계들이 아동의 행동을 이해하고 도와줄 수 있도록 협조를 구하며, 아동이 치료과정에 잘 적응할 수 있도록 돕는다. 그리고 아동이 퇴원 후 원활하게 지역사회로 복귀할 수 있도록 어린이집, 학교, 복지관 등의 교사나 친구와 같은 관련 체계가 아동에 대한 이해를 향상하고, 태도를 개선하며, 지지적 태도를 가지도록 촉구하는 일을 수행한다.

끝으로 학대의 재발을 위해서는 법원 판결에 의한 수강명령처분에 의해 또는 법적 조치와는 별도로 아동학대 예방을 위한 보호자 상담과 교육이 이루어지도록 하고, 학대 재발 방지를 위한 감시체계가 확보되도록 하는 조치 등이 이루어져야 한다. 예를 들어 어머니에 의한 학대가 이루어졌다면 조부모와 함께 살거나 자주 방문을 하도록 한다면 이들은 지원체계가 될 뿐 아니라 감시체계로 작용할 수도 있을 것이다.

2. 사례관리

사례관리에 대한 이해는 사용하는 분야에 따라 강조점에 있어서 차이가 있다. 사회복지분야에서의 사례관리는 장기적이고 복합적 욕구를 가진 클라이언트의 욕구를 충족하도록 돕는 것에 보다 많은 관심을 가진다. 반면에 건강보호분야의 사례관리는 의료시비스와 자원의 효율적 이용에 보다 많은 관심을 가진다. 고비용환자를 확인하고, 그들에 대한 보호를 조성하기 위한 잠재적 기회를 사정하고, 품질을 증진하고 비용을 통제하는 치료계획을 개발하며, 최적의 결과물을 보증하기 위하여 전인적 의료를 관리하는 체계적 접근으로서 채택된다(표 8-1 참고).

표 8-1 사회복지분야와 건강보호분야의 사례관리

구분	사회복지분야	건강보호분야
대상자	장기적이고 복합적 욕구를 가진 클라이언트	고비용환자
강조점	클라이언트의 욕구충족	최종의료서비스와 자원의 효율적 이용

1) 사회복지 사례관리

사례관리는 메리 리치몬드(Mary Richmond)의 시대 이래 전통적인 사회복지의 한 분야였다. '사례관리'라는 용어가 상대적으로 새로운 것이기는 하지만 사회복지 사례관리(social work case management)의 뿌리는 인보관(settlement house)이나 자선조직협회(charity organization societies)로 거슬러 올라간다. 정보수집과 사정에 대한 체계적 접근, 자원할당에서의 형평성, 사례 조정에 대한 관심 등은 오늘날의 사회복지사들에게 전수된 주요한 목표이다. 다음의 주요 특징은 사회복지 사례관리실천에 고유한 것이다(Greene, 1992).

- 사회복지 사례관리실천은 믿을 수 있고 권능을 부여하는 클라이언트–사회복지사 관계에 기초한 과정이다.
- 위험에 처한 인구집단과 일을 함에 있어서 '환경 속의 인간 이해'라는 이원적 초점(dual focus)을 사용한다.
- 복합적이고 다중적인 문제와 장애를 가진 클라이언트에게 연속적인 보호를 보증하는 것을 목표로 한다.
- 질병이나 기능의 상실을 동반하는 정서적인 문제를 완화하기 위하여 임상적으로 개입하기를 시도한다.
- 서비스 전달에 대한 경계초월(boundary–spanning) 접근으로 중개와 옹호의

사회복지기술을 사용한다.

- 경제적, 건강 · 의료적, 사회적, 개인적 보호욕구를 포함하는 일련의 지역사회 중심 서비스 또는 장기 보호를 필요로 하는 클라이언트를 목표로 한다.
- 최소한의 제한적인 환경에서 서비스를 제공하는 것을 목표로 한다.
- 보호의 수준을 확인함에 있어서 클라이언트의 기능적 능력과 지지망에 대한 사정의 사용을 필요로 한다.
- 자기결정이라는 전통적인 사회복지 가치, 개인의 가치와 존엄, 의사결정에서의 상호책임의 개념 등을 지지한다.

이러한 관점에서 사회복지 사례관리란 장기간에 걸친 복합적인 문제와 욕구를 가진 사람들을 대상으로 하며, 그들의 욕구충족과 문제해결을 돕기 위하여 사회복지 가치와 클라이언트-사회복지사 간의 신뢰관계 위에서 공식적 및 비공식적 자원과 서비스를 연결하거나 옹호하는 활동을 말하는 것이라고 할 수 있다.

2) 건강보호분야의 사례관리

미국 건강보호분야에서 급성치료를 수행하는 병원과 건강체계는 메디케어의 선불상환제(prospective payment system, PPS)[01]의 영향을 받기 시작했기 때문에 1980년대에는 '사례관리'라는 용어를 일반적으로 사용하게 되었다. 사례관리의 초점인 건강과 인간 서비스의 조정은 전혀 새로운 것은 아니다. 실제로 사례관리는 수십

01 행위별 수가제도하에서는 서비스 행위 하나하나에 대하여 항목별로 가격을 책정하므로 증가된 의료비용은 주로 보험자와 환자가 부담하게 된다. 반면 선불상환제도하에서는 병원이 보험자로부터 DRG, 일당진료비제, 인두제 등에 기초하여 정해진 금액을 미리 받게 되므로 증가된 의료비용은 병원이 부담하게 된다. 이에 병원에서는 의료비용을 감소시키는 방법의 하나로 사례관리기법을 사용한다.

년 동안 비공식적으로 실행되어 왔다. 그렇지만 최근 들어 건강보호체계의 복합성은 한정된 임상자원을 절약하라는 압력과 결합되어 사례관리가 공식적인 분야가 되도록 만들었다. 사례관리에 대하여 가장 일반적으로 받아들여지는 정의 가운데 하나는 "사례관리는 품질과 비용효과적인 결과물을 촉진하기 위해 의사소통과 이용가능한 자원을 사용하면서 개인의 건강욕구를 충족시키기 위하여 필요한 선택들과 서비스를 사정, 계획, 수행, 조정, 점검, 평가하는 협력적 과정"이라는 것이다(Powell & Ignatavicius, 2001). 사례관리는 급성보호 세팅뿐 아니라 관리의료조직, 외래진료소, 민간사례관리기관, 가정건강보호조직 등에서도 사용된다. 강조점은 다를 수 있지만 사례관리의 원리와 개념은 모든 세팅에서 유사하다. 예를 들어 관리의료조직의 사례관리자는 환자들에게 연속적인 보호를 위하여 건강서비스를 조정하고, 보험에 가입한 환자가 보험급여를 최대한 이용하도록 돕고, 의료비용을 포함한 건강계획을 지원하고자 노력하며, 지역사회 에이즈 클리닉의 사례관리자는 이용가능한 건강보호와 지역사회자원으로부터 필요한 보호와 자금을 조달하고자 한다(Cudney, 2002).

건강체계에서는 다양한 사례관리 모델과 구조가 사용된다. 각 모델은 특별한 조직의 욕구와 문화에 어울리는 강점과 약점을 가지고 있다. 항상 모든 건강체계에서 작동하는 어떤 빵틀(cookie cutter) 접근도 존재하지 않는다. 그렇지만 가장 성공적인 프로그램에서 볼 수 있는 몇 가지 주요한 성공 요인은 다음과 같다.

- 성공적인 사례관리 프로그램은 관리직과 의사 모두에 의해 강하게 지지되고 독려된다.
- 사례관리에 관계된 작업과정과 전문가들은 공통의 작업량에 기여한다. 이것은 전형적으로 사회복지, 퇴원계획, 이용 상황 검토, 임상보호 촉진, 간호, 실행 개선 등을 포함한다. 그들은 팀으로 일하고 결과물에 함께 책임을 진다.
- 사례관리 과정에 관계된 직원들은 궁극적으로 의사가 환자 보호관리에 책임을

가진 건강보호 전문가라는 것을 이해하고 있다. 그리고 의사들은 종종 능숙한 사례관리자의 서비스를 환영한다. 사례관리자는 의사가 환자를 치료할 때 현재의 자료를 받아들이거나 치료 대안을 선택하도록 함으로써 '임상자원 조언자'의 역할을 할 수 있기 때문이다. 더 성공적인 프로그램에서 일하는 사례관리자는 단정적이고(assertive) 실무적인(business-like) 방식으로 의사와 치료계획과 대안을 토론하는 것을 더 편안하게 느낀다.

- 성공적인 사례관리 프로그램은 증거에 기반한 계획안(protocol)과 건강체계 수행 개선을 위한 과정으로 명시적인 조정방법을 제공한다.
- 성공적인 사례관리 프로그램은 책임성을 명확히 하도록 일련의 평가기준을 가진다. 그것은 관리직과 의사에 의해 협력적으로 개발된다.

3) 의료사회복지 사례관리의 실제

지역사회복지기관은 클라이언트의 욕구에 보다 많은 관심을 기울이면서 사례관리를 실시할 수 있다. 노인, 장애인, 만성질환자, 저소득환자 등이 대상이 될 수 있다. 이들은 의료적 문제와 함께 심리사회적 문제와 욕구를 가진 경우가 많다. 많은 연구자들은 사례관리자가 중개자(broker)와 치료자(therapist)의 역할 모두를 수행하는 것에 동의한다. 목적, 직원, 자금, 목표, 사례량, 서비스 기간, 사례관리자의 기능 등과 같은 대부분의 프로그램 설계에 관한 변인들은 사례관리 프로그램에 따라 다를 수 있는 반면 사례관리 과정은 꽤 변하지 않는 경향이 있다. 사례관리 대상자의 문제해결과 욕구충족을 위해서는 장기간이 필요하므로 클라이언트의 상황과 보호계획에 대한 정기적인 재사정은 필수적이다. 사례관리 과정은 다음과 같이 이루어진다.

- 사례 발견(case finding)
- 사정(assessment)
- 보호계획 수립(care planning)
- 계획 실행(plan implementation)
- 점검(monitoring)
- 재사정(reassessment)
- 사례 종결 또는 새로운 보호계획(case closing or new care plan)

우리나라에서 사례관리가 이루어지고 있는 대표적인 영역은 의료급여제도 영역이다. 의료급여수급권자에 대한 사례관리사업은 수급권자의 의료서비스 오남용으로 인한 건강악화와 의료급여비용의 급격한 증가를 해결하기 위한 대안으로 도입되었다. 보건복지부에서는 건강보험심사평가원에 '의료급여 사례관리사업 지원단'을 두고 있다. 지원단은 의료급여수급권자의 적정 의료 이용을 통한 건강능력 및 삶의 질을 증진시키기 위하여 시 · 군 · 구청의 의료급여수급권자에 대한 사례관리사업을 지원한다. 지원단의 주요 업무는 다음과 같다.

- 의료급여사례관리사업과 관련된 각종 계획의 수립 및 집행상황의 관리
- 의료급여사례관리사업 실태조사
- 의료급여사례관리사업 운영 지원, 교육 및 평가
- 의료급여사례관리사업 지침 및 제도 개선 지원
- 의료급여사례관리사업의 모형 개발
- 의료급여사례관리사업 교육훈련 및 교재 개발
- 의료급여사례관리사업 평가지표 개발
- 의료급여사례관리사업의 사업평가
- 의료급여사례관리사업의 운영세칙상의 '지원단' 역할 및 기능

- 기타 의료급여사례관리사업 개발 및 사업수행을 위하여 보건복지부장관이 필요하다고 인정하는 사항

3. 퇴원계획

퇴원계획은 치료의 후속 단계를 위하여 환자와 가족을 준비시키고 지원하기 위하여 설계된 과정의 일부이다. 후속 단계는 다른 의료기관으로의 이송이 될 수도 있고 가정으로의 복귀가 될 수도 있다. 실천가는 계획을 수립하고 서비스를 조정하는 역할을 수행한다. 비슷한 수준의 서비스를 보다 짧은 기간 동안 적은 비용으로 제공하고자 하는 병원 간의 경쟁은 퇴원계획을 촉진시키는 요인이다. 그리고 환자 보호에 대한 도덕적 및 윤리적 기준의 충족에 대한 사회적 요구도 퇴원계획을 추진하도록 하는 요인이다. 포괄수가제(DRG)가 확대된다면 퇴원계획은 더 강조될 것이다. 그리고 병원이 비용효과적인 운영을 추구할수록 퇴원계획의 중요성은 부각될 것이다. 퇴원계획의 확대는 사회복지사의 역할을 강화할 수 있는 좋은 기회이다. 퇴원계획을 다루는 사회복지사는 환자와 가족의 정서적인 문제에 대한 관심을 유지해야 하며 때로는 적극적으로 그들의 권익을 옹호할 필요도 있다. 특히 사회적 입원의 부작용을 최소화하고 커뮤니티케어(지역사회 통합적 돌봄)를 강조하는 최근의 복지정책하에서는 의료사회복지사의 퇴원계획의 역할이 더욱 강조될 것이다.

1) 퇴원계획 과정

한 세기 이상 동안 퇴원계획은 사회복지와 간호 두 분야 전문직에 의해 이루어져 왔다. 성공적인 퇴원계획은 모든 단계에서 적절한 시기에 의사소통을 하는 것을 포함한다. 퇴원계획은 병원과 환자 양측 모두에게 이익을 주는 방식으로 진행되어야 한다. 퇴원계획가(discharge planner)에 의해 빈번하게 수행되는 일들을 실천과정의 순서대로 열거하면 다음과 같다(Homillan, 2003).

(1) 접수단계

- 신뢰관계 수립하기

(2) 자료수집 및 사정단계

- 사정을 위해 환자 및 보호자를 면접하기
- 의료 및 정신건강 서비스가 필요한지를 알아보기 위하여 사정하기

(3) 계획 수립단계

- 환자 및 보호자와 퇴원과 치료의 대안들을 토론하기

(4) 실행 및 점검단계

- 접촉에 앞서 기록을 검토하기
- 의뢰처와 접촉하기
- 서류 작성하기
- 서비스와 환자 퇴원 일정을 조정하기

- 안심시키기나 불안 줄이기 등 지지적 상담하기
- 치료팀 일원으로서의 역할 수행하기
- 보호비용의 일부를 지원하기

(5) 평가 및 종결단계

- 퇴원계획의 진행 전반에 대한 평가

퇴원계획은 입원 초기부터 시작하는 것이 효과적이다. Selker와 그의 동료들(1989)이 연구한 바에 따르면 입원환자의 약 30% 정도가 비의료적인 이유로 퇴원이 지연되고 있다. 비의료적인 이유로는 퇴원에 즈음하여 가정에서의 보호가 불가능하거나 요양원(nursing home)을 구할 수 없는 경우 또는 가정에서 사용할 산소호흡기를 마련하지 못하는 경우 등이 있다. 환자가 의학적으로 필요하다고 판단되는 시간을 초과해서 병원에 머무르는 기간을 사회적 체류(social stay)라고 말하는데, 사회적 체류는 입원비용과 환자의 의원성 합병증(iatrogenic complication)**02** 위험을 증가시키고 환자와 가족의 불편을 야기한다. 그러나 입원 초기부터 체계적이고 포괄적인 퇴원계획이 이루어진다면 그러한 문제들을 해결하는 데 도움을 줄 수 있을 것이며, 나아가 환자와 가족의 의료적 및 사회적 욕구를 보다 잘 충족되도록 할 수 있을 것이다. 따라서 입원 초기에 사회복지 중재가 필요한 목표집단을 선별하여 퇴원계획을 수립할 필요가 있다. 이에 몇몇 사회복지사와 의사들(Boutin-Foster et al., 2005)은 복합적인 퇴원계획 욕구를 가지고 있고, 초기의 사회복지평가를 필요로 하는 환자들을 식별하기 위한 사회복지 입원평가도구(Social Work Admission Assessment Tool: SWAAT)를 개발하였다(표 8-2 참고). 이 도구의 개발에는 효과적

---

02 의원성 합병증(醫原性 合併症)이란 병원 입원으로 생기는 합병증을 말한다.

인 퇴원계획은 입원과 동시에 시작되어야 한다는 생각이 함축되어 있다. 이 도구는 여섯 개 영역에 초점을 맞추고 있으며, 이 중 어느 하나에 문제가 있다면 그에 대한 사회복지적 중재가 이루어질 필요가 있는 것이다. 여섯 개의 영역 중에는 이동상의 어려움, 생활상황, 현재의 사회서비스, 부가적인 서비스 욕구에 대한 환자의 지각, 병원을 떠나는데 도움을 필요로 하는지에 대한 환자의 지각, 환자가 입원과 혼자 사는 것에 대해 당황하고 있는지 여부의 파악 등이 포함된다.

표 8-2 사회복지 입원평가도구(SWAAT)

1. 걸을 수 있는가?
2. 입원 전의 거주지로 돌아갈 수 있는가?
3. 가정 간호보조원이나 방문간호사를 이용하고 있는가? 또는 요양원에서 살고 있는가?
4. 집에서 생활할 때 또 다른 도움을 필요로 하는가?
5. 병원을 떠날 때 도움을 필요로 하는가?
6. 입원과 혼자 사는 것에 대하여 당황해하는가?

2) 효과적인 퇴원계획

퇴원계획은 환자, 가족, 의사 · 행정관리자 · 보호팀 · 퇴원계획가, 후속 치료단계의 관계자 등이 협력하여 효과적이고 효율적인 의사소통을 증진하는 동시에 환자의 욕구를 충족시키도록 해야 한다. 퇴원계획은 임상적으로 그리고 재정적으로 적절해야 한다. 퇴원계획에 관여하는 전문가들은 환자의 전체적 안녕에 대한 관심을 가져야 한다. 퇴원계획은 환자의 신체적 이송에만 관심을 두거나 신체적 욕구에만 초점을 맞추지는 않는다. 퇴원계획은 환자에게 초점이 맞추어져야 하고 환자의 적극적인 참여가 있어야 한다. 퇴원계획은 적절히 관리된다면 계속적인 교육과 퇴원 후 사후지도를 통하여 급성적인 재입원의 감소에 기여하여야 한다. 퇴원계획의 효과성을 검토하기 위하여 퇴원계획을 맡고 있는 사람에게 다음의 질문이 주어질 수 있다(Feather, 1993). 이러한 질문들에서 긍정적인 답변을 얻는다면 퇴원계획의 효과성은 증진될 것이다.

① 역할과 절차의 명확성

- 당신의 책임과 의무가 문서로 명시되어 있는가?
- 퇴원계획은 당신의 공식적인 업무기술(job description)의 중요한 부분을 이루고 있는가?
- 당신의 병원에서 퇴원계획에 관여하는 사람들의 역할이 명확히 정의되어 있는가?
- 당신의 병원에 퇴원계획 안내서가 구비되어 있는가?

② 권한

- 당신의 병원에 퇴원계획을 수행하는 사람들의 영향력은 어떠한가?
- 당신의 퇴원계획 업무수행에서 의사로부터 얼마나 많은 지지와 협조를 얻고 있는가?
- 당신의 퇴원계획 업무수행에서 관리자로부터 얼마나 많은 지지와 협조를 얻고 있는가?

그리고 입원환자를 원활히고 빠르게 퇴원시키기 위해서는 조기 발견, 환자 및 가족과의 파트너십, 관련자 간의 협력, 자원의 확보 등이 필요하다(Plocher & Metzger, 2001; Tennier, 1997).

③ 조기발견

잠재적으로 퇴원계획을 필요로 하는 환자들을 조기발견하는 것은 보호의 질을 증진시킬 뿐 아니라 입원기간을 감소시킬 수도 있다. 조기발견이 이루어질 수 있는 최초의 지점은 입원부서이다. 조기발견은 퇴원계획을 필요로 하는 환자를 확인하는 질문지나 고위험환자 선별도구를 통해서 이루어질 수도 있고, 퇴원계획에 관련된 전문가들이 새로 입원하는 모든 환자들의 기록을 체계적으로 검토함으로써 이루어질 수도 있다. 조기발견은 입원 전 프로그램을 통해서 이루어질 수도 있다. 프로그램은 환자 욕구에 대한 사정을 포함하며 사정결과에 근거한 적절한 서비스 스펙트럼이 퇴원계획을 촉진하기 위하여 준비된다. 이러한 조기발견 전략을 통하여 환자의 신체적, 심리사회적, 재정적, 개인적 퇴원욕구를 예상할 수 있다.

④ 환자 및 가족과의 파트너십

파트너십은 환자와 가족이 필요로 하는 정보를 제공하는 것뿐 아니라 그들이 퇴원계획에 효과적으로 참여하고 협조할 수 있도록 퇴원계획 과정에 그들을 포함시키는 것이다. 퇴원계획이 효과적이기 위해서 퇴원계획의 참여자인 환자와 가족은 질병의 결과, 실제적인 자원, 재정적 결과, 그들의 권리와 책임 등 영역에 관한 정보를 잘 제공받아야 한다. 환자와 가족에 대한 교육은 질병에 대한 정보, 입퇴원 절차에 대한 안내, 퇴원 후 옮겨갈 수 있는 요양원이나 재활센터 등에 대한 정보를 담은 소책자의 배부나 시청각자료의 사용 등을 통해서 이루어질 수도 있다. 또한 환자와 가족은 퇴원계획 과정에서 사회복지사와 다른 건강보호 전문가의 역할과 활동에 대해서도 알고 있을 필요가 있다.

⑤ 관련자 간의 협력

환자, 가족, 보호자, 관련 분야의 직원들, 다학제적 팀 구성원 간에 개방적인 의사소통과 협조가 이루어질 필요가 있다. 효과적인 의사소통과 협조를 위한 첫 단계는 퇴원계획 과정에서 각자가 맡은 역할과 책임을 명확하게 제시하는 것이다. 효율성을 위해서 환자의 진료기록지의 앞부분에 퇴원계획서를 위치시키거나 다학제팀의 정규적인 병동회진을 수행하는 것 등과 같은 방법들이 논의될 수 있다. 병원 환경에서 사회복지사가 성공적으로 퇴원계획을 수행하기 위해서는 사회복지사와 다른 직원들에 대한 직무교육, 다학제팀에서의 자신의 역할과 책임을 분명하게 하는 사회복지사의 노력, 사회복지사의 활동을 분명하게 표명하는 진료기록부의 문서작성 형식 등을 포함하는 전반적 전략이 있어야 한다.

⑥ 자원의 확보

퇴원계획가는 특히 환자를 가장 적절한 서비스로 효과적으로 이송시키기 위해 필요한 모든 보호수순과 연속적 보호를 위한 자원에 대한 지식을 갖추고 있어야 한다. 퇴원 후의 학교나 직장으로의 복귀과정을 점검하는 것, 가정간호 · 간병 · 후속치료를 위한 의료기관 · 사회복지기관 등으로의 의뢰, 장애인 등록 안내 등은 퇴원계획 과정에서 빈번하게 이루어지는 작업들에 속한다. 퇴원 후에 이용할 수 있는 자원이 부족한 환자군이 있다. 첫째는 지역사회의 전통적인 정신치료시설에서는 서비스를 받기에 적절하지 않은 사람들이다. 이들은 지도감독을 받는 구조화된 그룹홈 세팅을 필요로 한다. 둘째는 장기보호가 가능한 시설을 이용할 수 없어서 급성병원에서 퇴원을 하지 못하고 있는 사람들이다. 이들을 위한 중간시설들이 더 개발될 필요가 있다.

4. 지역사회자원의 개발과 관리

사회복지분야에서 자원은 클라이언트의 욕구를 충족시키기 위하여 사용될 수 있는 서비스나 상품을 말한다. 자원의 개발과 관리는 사회복지사가 담당하는 일 중에서 매우 중요한 부분을 차지한다. 사회복지사는 클라이언트를 도울 수 있는 지역사회자원에 대해서 알고 그것을 이용할 줄 알아야 한다.

1) 자원의 개발과 관리

(1) 자원의 종류

자원은 그 성격에 따라 인적 자원과 물적 자원으로 나눌 수 있다. 인적 자원에는 자원봉사자, 후견인, 멘토(mentor) 등이 속하고, 물적 자원에는 후원금품이나 서비스 이용권 등이 속한다. 또한 자원은 이용의 개방성을 기준으로 공적 자원과 사적 자원으로 나눌 수 있다. 공적 자원은 일정한 요건을 충족시키는 누구에게나 이용이 개방되어 있는 자원으로서 공공기관이나 민간기관 등에 의하여 제공된다. 사적 자원은 이용을 위한 특별한 요건을 요구하지 않는 자원으로서 친인척, 친구, 지인 등의 개인적 관계에 있는 사람들에 의하여 제공된다.

① 공적 자원

- 국민건강보험법, 의료급여법, 노인장기요양보험법 등에 의한 급여혜택
- 장애인복지법에 의한 장애인 등록과 혜택
- 사회복지사업법에 의한 다양한 사회복지서비스 및 시설 이용
- 민간사회복지단체에 의한 후원자나 자원봉사 인력
- 병원 지지집단으로부터의 사회적지지

② 사적 자원

- 가족, 친인척, 친구, 지인 등으로부터의 사회적 지지
- 친목회, 동창회 등으로부터의 사회적 지지

사회복지사가 이용하는 자원은 전형적으로 정부 프로그램, 다른 사회기관의 서비스, 다른 전문가나 자원봉사자, 지지집단, 자연스럽게 도움을 주는 사람, 클라이언트를 도울 수 있는 장점과 동기를 가지고 있는 지역사회의 주민 등이다.

(2) 자원의 개발과 관리방법

자원의 개발은 조직이 원하는 바와 임무를 명확히 하고, 서비스 대상을 명확히 하며, 이러한 정보에 대해 대중과 의사소통하는 것에 의존한다. 대중을 위한 안내책자나 홍보물에 병원 또는 사회복지부서가 어떤 일을 하고 있으며, 동원된 자원이 누구를 위하여 어떻게 사용되며, 어떻게 참여할 수 있는지, 참여자에게 어떤 심리적·물질적 보상이 주어지는지 등을 제시하는 것은 대중과 의사소통하는 좋은 방법이다. 자원을 개발하는 방법을 소망병원의 자선바자회를 하나의 예로 들어 설명해 보자.

참고 **자선바자회 안내**

- **취지:** 소망병원은 소아암환자의 치료에 힘쓰고 있으며, 바자회에서 물품을 판매하여 얻은 수익금은 모두 소아암환자의 치료비로 사용됩니다.
- **일시 및 장소:** 5월 5일, 병원 현관 앞 정원
- **참여방법:** 원하는 사람은 판매할 물품을 기증하거나 행사기간에 물품을 구입하는 방법으로 참여할 수 있습니다.
- **참여자에게 주어지는 혜택:** 참여자는 소아암환자 소식지와 병원 소식지를 받아 볼 수 있습니다.

자원의 관리는 공식적 자원의 서비스 목록을 정리하고 각 서비스를 이용할 수 있는 방법을 파악하는 것을 포함한다. 이들 자원을 잘 관리하기 위해서는 담당자와 신뢰관계를 구축하고 유지할 필요가 있다. 민간사회복지단체의 후원자나 자원봉사

인력을 개발하고 관리하는 것은 사회복지사의 역량에 달려 있다. 병원이나 사회복지단체에 기반을 둔 지지집단은 환자와 가족을 위한 중요한 자원이 될 수 있으므로 잘 관리할 필요가 있다. 가족이나 친구 등 사적 자원은 사정과정에서 파악될 수 있다. 모인 자원은 자원을 모은 사람, 자원을 배분할 사람, 관리자 등이 참여하는 위원회에서 체계적인 의사결정 과정을 거쳐 미리 결정된 기준에 근거하여 분배하는 것이 바람직하다.

2) 진료비 지원방법

진료비 조달에 어려움을 겪는 환자에게 경제적 지원을 하는 것은 의료사회복지사의 중요한 과업 중의 하나이다. 사회복지사는 환자가 진료비를 마련하지 못해 치료받을 기회를 잃어 건강을 악화시키거나 귀중한 생명을 포기하는 일이 발생하지 않도록 관심과 노력을 기울여야 한다. 경제적 지원을 위해서는 경제상황 평가, 자원 동원, 자원 연결, 후속 조치 등의 과정이 필요하다. 경제 상황을 평가하는 것은 쉽지 않다. 수입과 재산을 중요한 기준으로 하지만 수입원이나 재산소유자의 범위를 어떻게 볼 것인지를 결정하는 데 어려움이 따른다. 진료비 지원기준을 정하는 것도 쉽지 않다. 후원을 받기에 가장 적절한 대상자란 진료비 조달능력이 가장 취약한 사람을 말하는가? 아니면 완치 가능성이 가장 높은 사람을 말하는가? 이러한 문제들에 적용할 수 있는 절대적 기준은 존재하지 않는다. 따라서 보다 공정한 평가를 위해서는 사회복지사의 경험, 사회복지사가 속한 기관의 정책, 모금기관의 정책 등을 종합적으로 고려할 필요가 있다. 진료비를 지원하기 위한 과정은 다음과 같이 진행된다.

(1) 경제 상황 평가

진료비를 지원하기 위해서는 먼저 환자 및 가족의 경제적 · 심리사회적 상황을 정확하게 평가하여야 한다. 사회복지사는 상담내용을 자세히 기록하고 상담내용을 증빙하는 서류를 제출하도록 하여야 한다. 상담할 때에는 감정에 치우치기보다는 객관적인 태도를 유지하고, 지원이 될 것이라는 섣부른 예측을 전해서는 안 된다. 그리고 클라이언트에게 낙인감을 주거나 의존감을 부추기지 않도록 한다.

(2) 자원 동원

지원을 위해서는 자원을 동원해야 한다. 기관 자체적으로 확보하고 있는 자선기금을 활용할 수도 있고 사회복지공동모금회나 기업복지재단 등 기관 외부의 프로그램을 이용할 수도 있다. 전자의 경우에는 상담내용, 증빙서류, 현재까지의 진료비 지출액 및 향후 필요한 진료비 내역 등을 포함한 지원요청서를 갖추고 후원금 관리위원회에서 정한 절차에 따라 처리하면 된다. 향후 필요한 진료비 내역은 진료의사 및 간호사의 소견을 참고해서 추정해야 한다. 기관 외부의 지원 프로그램을 이용할 경우에는 추천서나 의뢰서를 작성하는 일이 부가된다. 적절한 자원이 없을 때에는 자원봉사 인력을 활용하여 진료비 모금을 위한 행사를 기획하여 진행하거나 신문, 방송 등의 언론매체를 이용하여 모금을 할 수도 있다. 또는 읍 · 면 · 동 사무소에 의료급여수급권자로 선정될 수 있도록 추천서를 작성하여 보낼 수도 있다.

(3) 자원 연결 및 후속 조치

지원이 결정되면 지원자에게 결정내용을 통보한다. 그리고 후원금 모금과정을 설명하고 전달절차에 대한 협조를 구한다. 지원과정이 종료된 후에는 후원금을 전달한 통장사본을 보관하고, 후원금이 본래의 의도대로 사용되었음을 입증할 수 있는 서류를 갖추어 놓으며, 후원자에게 감사편지를 쓰는 일 등의 후속 조치를 한다.

Chapter

09 집단 프로그램과 지지집단

1. 집단 프로그램의 개발과 관리
2. 지지집단의 구성 · 운영 및 활용
3. 집단 프로그램 사례

Chapter 09

집단 프로그램과 지지집단

이 장에서는 다음과 같은 질문들에 대해서 다룰 것이다.
첫째, 집단 프로그램은 어떻게 개발하고 관리하는가?
둘째, 지지집단은 어떻게 구성하고 운영하는가? 그리고 어떻게 활용하는가?
셋째, 집단 프로그램의 실제는 어떠한가?

1. 집단 프로그램의 개발과 관리

의료사회복지에서 집단을 대상으로 하는 실천에는 집단교육, 집단상담, 지지집단 지도 등이 있다. 집단 프로그램의 유용성과 특성, 집단교육과 집단상담의 목적 · 대상 · 개발 그리고 집단 프로그램의 관리 등에 대해서 알아보기로 한다.

1) 집단 프로그램의 유용성과 특성

(1) 집단 프로그램의 유용성

집단 프로그램은 집단교육과 집단상담을 포함해서 이르는 말이다. 의료사회복지 집단 프로그램은 불특정 다수를 대상으로 하기도 하고, 지지집단 구성원을 대상으로 하기도 한다. 동일하거나 유사한 심리사회적 욕구를 가진 클라이언트를 대상으로 한 집단 프로그램은 개별지도에 비해 시간을 절약할 수 있는 이점이 있다(물론 어떤 욕구들은 개별지도를 통해서 다루어져야 한다). 집단 프로그램은 구성원 간의 역동을 활용할 수도 있다. 환자들끼리 또는 가족들끼리 나누는 정서적 공감은 안전감과 동질감을 가져다줄 수 있다.

(2) 사회복지 집단 프로그램의 특성

사회복지 집단 프로그램이 다른 인간서비스 분야의 프로그램과 다른 점은 환경적 측면을 중시하는 것이라고 할 수 있다. 사회복지분야에서 채택하고 있는 '환경 속의 인간' 관점은 인간과 환경에 대한 이원적 초점(dual focus)을 제공하므로 클라이언트의 심리사회적 측면뿐 아니라 환경적 측면을 고려하도록 한다. 심리사회적 문제를 다룸에 있어서 일반주의 사회복지실천(Generalist Social Work Practice)에서는 건강의 회복과 유지를 위한 생활관리에 초점을 맞추는 것이 권고된다. 인격적 변화를 목표로 하는 깊이 있는 교육이나 상담은 전문적 훈련을 받은 실천가에 의하여 제공되는 것이 바람직하다.

병원에서의 집단 프로그램은 프로그램이 실행되는 환경을 고려해야 한다. 프로그램은 환자들이 입원하는 기간 내에 이루어지도록 해야 한다. 입원기간 동안이라도 집중적인 의학적 검사가 이루어지는 때는 피하는 것이 좋다. 부모를 위한 프로그램을 계획하는 경우에는 부모의 보살핌을 받고 있는 환아의 형제들을 위한 자원봉사 프로그램도 준비되어야 한다. 집단 프로그램을 운영하기 위해서는 많은 준비와 노력이 필요하지만 많은 이점이 있으므로 사회복지실천가들은 적극적으로 집단 프로그램을 개발하고 활용해야 할 것이다.

(3) 집단교육과 집단상담의 차이점

집단교육과 집단상담은 몇 가지 측면에서 차이점이 있다. 주제와 내용에 있어서 집단교육은 교육시간에 다루어질 주제와 내용이 미리 정해진다. 교육시간에 참가자가 자신의 의견을 발표하는 것이 허용되지만 발표내용과 형식은 집단지도자의 지도방침에 의해 통제된다. 집단상담은 상담시간에 다루어질 주제는 정해져 있지만 내용은 정해지지 않는다. 참가자들은 주제에 관하여 자신의 경험과 생각을 자유롭게 교환할 수 있도록 독려된다. 지도자와 참여자 간의 관계에 있어서 집단교육은 지도자를 중심으로 이루어지며 참여자 간의 관계는 중요하게 고려되지 않는다. 집단상담은 지도자의 역할과 함께 참여자들 간의 친밀감이 중요하다. 참여자들의 적극적인 참여가 상담의 출발점이 되기 때문이다.

2) 집단교육 프로그램

(1) 집단교육의 목적과 대상

의료사회복지분야의 집단교육에는 관련 전문가 교육[01], 예비 사회복지사 교육[02], 환자와 가족을 위한 교육 등이 있다. 여기에서는 환자와 가족을 대상으로 하는 집단교육에 대해서 소개하기로 한다. 환자와 가족 집단교육은 그들이 건강을 회복하거나 유지하기 위하여 필요한 요소들을 이해하고 실제적인 활동수행 방법을 안내

01 관련 전문가 교육은 환자의 건강관리에 관한 사회복지의 기능을 소개하고, 전문가 간 협력의 중요성과 협력방법을 안내하는 것이 목적이다. 의사, 간호사, 행정관리자, 자원봉사자 등이 대상이 된다. 신입직원 교육, 직원 재교육, 자원봉사자 교육 등의 일부분으로 시행할 수 있다. 자원봉사자는 팀 활동의 일원으로 참여하므로 이들을 대상으로 하는 사회복지활동에 대한 교육은 중요하다.

02 예비 사회복지사 교육은 의료사회복지의 기능과 역할을 소개하고 의료사회복지사가 되기 위한 준비과정을 안내하는 것이 목적이다. 기관을 방문하는 사회복지 전공 학생, 실습생, 수련생 등이 대상이 된다.

하고 준비시키는 것이 목적이다. 대상은 일반인구집단, 고위험집단, 위험노출집단 등으로 세분화할 수 있다. 그리고 교육참가자의 특성에 따라 환자교육과 가족교육으로 나눌 수 있다.

의료사회복지사가 실시하고 있는 집단교육으로는 당뇨환자에 대한 생활관리교육, 장기이식환자를 위한 수술 전후의 교육, 유방암환자를 위한 생활관리교육, 진료비 마련에 어려움을 겪는 환자를 위한 후원신청 안내교육, 장애인 등록방법과 시책에 대한 안내를 포함하는 사회적 서비스에 대한 교육 등이 있다. 그외에도 사회복지사의 관심과 역량에 따라 다양한 프로그램이 개발될 수 있다. 집단교육은 시간 효율적이고 업무성과를 입증하기가 용이하다.

(2) 집단교육 프로그램의 개발

교육 프로그램은 궁극적으로 학습활동을 통한 변화를 목적으로 한다(김진규, 2007). 프로그램은 교육목표, 교육내용, 교수형식, 교육평가 등의 네 가지 요소로 나누어 볼 수 있다.

① 교육목표

교육목표는 교육을 통하여 달성하고자 하는 행동의 변화를 말한다. 환자와 가족을 대상으로 하는 교육은 대개 질병관리를 궁극적 목표로 하며 질병관리를 위한 심리사회적 적응 및 환경 조정을 구체적 목표로 한다. 이는 '환경 속의 인간' 관점과 건강에 관한 생물심리사회적 모델로부터 유래하는 것이다.

② 교육내용

교육내용은 교육목표를 이룰 수 있는 것으로 선정해야 한다. 교육내용은 환자와 가족이 욕구를 충족하거나 문제를 해결할 수 있는 것이어야 한다. 욕구는 여러 가지 상이한 접근에 의해 파악할 수 있는데, 각 접근들은 상호 보완적이므로 교육내용을 구성하기 위해서는 가능한 한 다양한 접근들을 모두 사용하는 것이 좋다. 욕구를 측정하기 위한 접근에는 네 가지가 있다(정무성, 2001).

- 규범적 욕구(normative needs)는 사회복지사가 전문가로서 판단하는 욕구로 기존의 연구로부터 파악할 수 있다. 예를 들어 사회복지사는 척수손상환자에 대한 논문들을 통하여 그들의 욕구를 알 수 있다.
- 인지적 욕구(perceived needs)는 사람들이 자신의 욕구로 생각하는 것 또는 욕구라고 느끼는 것이라고 할 수 있다. 이는 사회조사를 통해 알 수 있으며 "프로그램에서 어떤 내용이 다루어졌으면 좋겠습니까?"라고 질문함으로써 파악할 수 있다.
- 표출된 욕구(expressed needs)는 사람들에 의해 표출된 욕구로 이는 기존의 서비스 이용 통계자료에 근거하여 알 수 있다. 예를 들어 지난해 입원환자 당뇨교육 참가실적을 통해 이번 해 당 기관 입원환자들의 당뇨교육에 대한 참여욕구를 추정할 수 있다.
- 상대적 욕구(relative needs)는 지리적 위치나 서비스 수준이 비슷한 다른 기관의 프로그램을 참고하여 추정하는 욕구이다. 예를 들어 A 병원은 지리적 여건이 비슷한 B 병원의 프로그램을 참고하여 환자들의 욕구를 추정할 수 있다.

환자와 가족을 위한 교육에서는 일반적으로 다음과 같은 것들이 다루어져야 한다.

- 해당 질병으로 인해 나타날 수 있는 환자의 심리적 문제(예: 충격, 수치심, 자존감 저하, 분노, 우울 등)와 대처
- 해당 질병으로 인해 나타날 수 있는 사회적 관계의 변화(예: 가족부담의 증가, 가족관계의 변화 등)와 대처

- 질병관리에 도움이 되는 전략(예: 스트레스 관리, 자존감 증진 등)과 해로운 행동(예: 문제 회피, 음주 등)
- 이용할 수 있는 사회적 서비스(예: 장애인 등록, 후원금 정보 등)

③ 교육형식

교육형식은 교육내용을 잘 전달할 수 있도록 설계되어야 한다. 고려해야 할 형식에는 교육의 일시, 장소, 시간, 기간, 빈도, 교수방법 등이 있다.

- **교육일시**: 교육일은 기관의 월간 또는 연간 일정을 고려하여 정하며 환자의 퇴원이나 외출이 잦은 휴일 전날이 포함되지 않도록 하는 것이 좋다. 교육시간은 환자의 진료 일정을 고려해서 정한다. 진료 일정은 의사나 간호사에게서 확인할 수 있다.
- **교육장소**: 교육장소는 환자와 가족의 접근성을 고려해서 결정하고 교실의 크기는 참가 인원을 고려해서 정한다.
- **교육시간**: 1회당 교육시간은 너무 길지 않은 것이 바람직하다. '설교가 20분을 넘기면 구원을 포기한다.'는 말을 참고할 만하다.
- **교육기간**: 하나의 교육 프로그램이 여러 회기로 나누어져 진행된다면 모든 회기가 환자들의 평균적인 입원기간 내에 이루어질 수 있도록 한다.
- **교육빈도**: 교육을 필요로 하는 입원환자가 한 번 정도는 참가할 수 있을 정도의 빈도가 바람직하다.
- **교수방법**: 교육자가 준비한 교안을 바탕으로 내용을 전달하는 방식으로 할 것인지 또는 참가자가 제시하는 경험이나 의견을 토대로 이끌어 가는 방식으로 할 것인지를 결정해야 한다. 전자의 경우에도 질의 및 응답시간을 가지는 것이 바람직하며 후자의 경우에도 교육목표를 이루도록 인도되어야 한다.
- **교육보조자의 활용**: 교육자료를 나누어 주거나 프레젠테이션을 도와줄 사람이

필요하다면 보조자의 도움을 받도록 한다. 보호자가 교육에 집중할 수 있도록 동반한 어린이를 보호해 줄 수 있는 자원봉사 인력과 그들을 위한 프로그램도 준비할 필요가 있다.

④ 교육평가

평가는 해당 교육의 효과를 측정하고 추후에 시행하는 프로그램에 반영할 개선 사항을 검토하기 위한 것이다. 교육 프로그램이 어떠했는지를 평가하기 위해서는 일반적으로 참가자의 만족도를 조사하는 방법을 사용할 수 있다. 다음의 '클라이언트 만족도 척도(Client Satisfaction Questionnaire: CSQ-8)'는 캘리포니아 대학의 애트키슨(Attkisson) 교수가 개발한 것으로 원래는 치료에 대한 클라이언트의 만족도를 측정하기 위한 것이다. 각 문항에 대해서는 '매우 그렇다(매우 좋다, 4점)'로부터 '전혀 그렇지 않다(전혀 좋지 않다, 1점)'에 이르는 4점 척도로 응답한다(Fisher & Corcoran, 2007).

- 당신이 받은 서비스의 질을 어떻게 평가하겠습니까?
- 당신이 원하는 종류의 서비스를 얻었습니까?
- 우리 프로그램은 당신의 욕구를 얼마나 충족시켰습니까?
- 친구가 유사한 도움을 필요로 한다면 그에게 우리 프로그램을 권하시겠습니까?
- 당신이 받은 도움의 양에 얼마나 만족하십니까?
- 당신이 받은 서비스는 문제를 더 효과적으로 다룰 수 있도록 하는데 얼마나 도움이 되었습니까?
- 대체적으로 당신이 받은 서비스에 얼마나 만족하십니까?
- 당신이 다시 도움을 필요로 한다면 우리 프로그램에 다시 참석하시겠습니까?

그리고 프로그램 개선을 위한 자료를 얻기 위해 다음과 같은 주관식 질문을 포함시키는 것도 도움이 된다.

- 프로그램에서 가장 도움이 되거나 좋은 내용은 무엇이었습니까?
- 프로그램에서 불만스러웠거나 개선이 필요하다고 생각되는 것은 무엇입니까?

3) 집단상담 프로그램

(1) 상담의 정의

사회복지상담에 관하여 논의하기에 앞서 상담과 심리치료의 차이에 대해서 살펴보자. 상담과 심리치료를 구분하기는 쉽지 않지만 일반적으로 조력 전문가들(helping professionals)이 이해하고 있는 바로는 상담은 종종 한 회기(session) 동안 일어나며 5회기 이상이 되는 경우가 드문 비교적 짧은 과정인 반면 심리치료는 대개 많은 회기로 구성되며 심지어 수년 동안 계속될 수도 있다. 상담은 대개 문제지향적이고 심리치료는 인간지향적이라고 할 수 있다. 상담과 심리치료에서 일어나는 실제 과정들은 동일하지만 사용되는 방법에 따른 시간은 상대적으로 차이가 난다(김정희, 2007). 코시니(Corsini)는 '상담자'와 '심리치료자'가 사용한 방법과 시간을 비교하였다. 방법에는 경청, 질문, 평가, 해석, 지지, 설명, 정보 제공, 조언, 지시 등이 포함되었다. 분석결과 상담자와 심리치료자는 모두 이러한 방법들을 사용하는데 각 방법을 사용하는 시간에서만 차이를 나타냈다. 따라서 상담과 심리치료가 질적으로는 같으며 단지 양적으로 차이가 있을 뿐이라고 하였다(김정희 · 이장호, 2000). 본질적으로 상담은 인간행동의 특성 영역에 대한 전문가라고 할 수 있는 사람이 정보, 조언, 지시를 주는 것을 강조하는 반면 심리치료는 사람들이 왜 불만족스럽게 생각하고, 느끼고, 행동하는지를 발견하도록 그들을 돕는 과정이다. 상담자는 기본적으로 교사인 반면 심리치료자는 본질적으로 탐정이다. 이에 상담과 심리치료는 다음과 같이 정의할 수 있다(김정희, 2007; 이장호, 2005).

- 상담은 도움을 필요로 하는 사람(내담자)이 전문적 훈련을 받은 사람(상담자)과의 대면관계에서 생활과제의 해결과 사고, 행동 및 감정 측면의 인간적 성장을 위해 노력하는 학습과정이다.
- 심리치료는 두 당사자 사이에서 이루어지는 공식적인 상호작용 과정으로 보통 한편에 한 사람씩으로 구성되지만 두 사람 이상이 있는 경우도 있으며 인지적 기능(사고의 장애), 감정적 기능(정서적 고통), 행동적 기능(행동의 부적절성) 중 일부 영역이나 전체 영역에서 생기는 고통을 개선할 목적을 갖는다. 치료자는 성격의 기원, 발달, 유지, 변화에 대한 이론과 함께 그 이론에 논리적으로 관계되는 치료방법을 가지고 있으며 치료자로 활동할 수 있는 전문적이고 법적인 인가를 받는다.
- 정신의학은 약물, 외과수술, 전기 쇼크 및 다른 신체적 절차들을 통하여 심리적 기능을 증진시키도록 돕는 방법이다.

(2) 집단상담의 목적과 대상

의료사회복지 집단상담의 목적은 의료적 문제를 가진 사람, 즉 환자와 가족 삶의 질을 향상시키기 위하여 사회적 기능을 개선하고 환경을 조정하는 것이다. 집단상담은 사회복지사가 그들을 돕기 위한 주요한 수단이다. 집단상담에서 참여자들은 정서적 지지를 주고받을 수도 있고 원조자 치료원리[03]의 효과를 볼 수도 있다.

의료사회복지 집단상담의 대상은 대개 위험노출집단에 속하는 환자와 가족이다. 의료사회복지 세팅에서 일반인구집단이나 고위험집단에 속하는 사람들은 대부분 상담에 대한 참여동기가 결여되어 있으므로 이들을 대상으로 상담을 이끌어 가기

---

03 원조자 치료원리(helper therapy principle)란 도움을 주는 사람도 심리적 보상을 받는다는 원리로서 이 원리에 따르면 환자는 타인에게 도움을 줌으로써 자존감이 높아지고 높아진 자존감이 우울을 극복하도록 기능할 수 있다.

는 쉽지 않다. 집단상담은 구성원 간의 친밀감을 필요로 하기 때문에 대개 정기적인 모임이 이루어지고 있는 지지집단을 대상으로 실시하는 것이 효과적이다. 집단상담은 소아당뇨환자와 그들의 부모, 소아암환자와 그들의 부모, 자폐성장애아동의 부모, 희귀난치성질환자의 가족, 당뇨환자, 척수손상환자, 심장이식환자, 신장이식환자, 유방암을 비롯한 여러 종류의 암환자, 임종환자 등을 대상으로 이루어지고 있다.

(3) 집단상담 프로그램의 개발

① 상담목표

의료사회복지 집단상담이 달성하고자 하는 궁극적 목표는 집단교육의 경우와 마찬가지로 대개 질병관리이며 질병관리를 위한 심리사회적 적응 및 환경 조정을 구체적 목표로 한다. 상담이 1~2회에 걸쳐 진행된다면 질병관리를 어떻게 해야 하는지에 대한 조언이나 정보 제공을 주고받는 것이 상담목표로서 적절하며 인격적 변화를 목표로 하는 깊이 있는 상담은 여러 회기에 걸쳐 장기적으로 다루는 것이 좋다.

② 상담내용

심리사회적 상담을 성공적으로 이끌기 위해서는 다양한 심리상담이론(또는 심리치료이론)과 가족상담이론(또는 가족치료이론)을 이해하고 활용할 수 있어야 한다. 치료적 상담을 이끌기 위해서는 전문적 훈련을 필요로 한다. 그리고 환경적 문제에 대한 상담을 이끌기 위해서는 그 욕구를 충족하기 위한 자원들에 대해서 잘 알고 있어야 한다. 자원에는 공적 사회복지 프로그램과 서비스, 사회복지 관련 법률, 사회복지시설, 민간 사회복지 프로그램과 서비스, 후원자, 자원봉사자 등이 있다.

③ 상담형식

상담형식은 상담이 잘 이루어질 수 있도록 설계되어야 한다. 의료기관은 입원기간이 제한적이므로 상담은 1~2회 동안에 다룰 수 있는 내용으로 한다. 장기적인 상담이 필요하다면 전문적인 상담기관으로 의뢰하는 것이 좋다. 고려해야 할 형식에는 상담의 일시, 장소, 시간, 기간, 빈도, 방법 등이 있다.

- **상담일시**: 환자의 진료 일정을 고려하여 상담에 집중할 수 있는 때로 정한다.
- **상담장소**: 환자와 가족의 접근성을 고려해서 결정한다. 캠프나 야유회가 진행되는 곳이어도 좋다.
- **상담시간**: 1회의 상담시간은 환자의 신체적 기능과 가족의 피로감을 고려하여 정하되 길어도 두 시간이 넘지 않도록 한다.
- **상담기간**: 환자의 평균적인 입원기간을 고려하고 전체 기간을 짧게 하는 것이 좋다.
- **상담빈도**: 상담을 필요로 하는 입원환자가 한 번 정도는 참가할 수 있을 정도의 빈도가 바람직하다.
- **상담방법**: 완전 비구조화된 상담으로 할 것인지 또는 반구조화된 상담으로 할 것인지를 결정해야 한다. 반구조화된 상담은 상담자의 진행에 대한 부담감을 감소시켜 주는 이점이 있다. 예를 들면 참가자 중 한두 명에게 미리 소감문을 적어오도록 하고 상담 시에 소감문을 발표하도록 한다. 소감문에는 질병관리 과정에서 겪는 심리적 어려움, 가족이 겪는 고통, 다른 사회적 관계에서의 어려움 그리고 그러한 어려움과 고통을 극복하는 방법과 과정이 포함되도록 한다. 소감문의 내용은 집단상담의 소재가 된다. "○○씨에게 그런 어려운 점이 있었군요? △△씨의 경우는 어떠신가요?" 또는 "어느 분이 ○○씨에게 도움이 될 수 있는 방법을 알려주실 수 있나요?"라고 말함으로써 소감문으로부터 다양한 소재를 자연스럽게 끌어낼 수 있다.

- **공동 진행자:** 공동 진행자는 진행의 부담을 덜어 줄 수 있다. 공동 진행을 할 경우에는 상호 간에 역할이 조화롭게 이루어질 수 있도록 준비를 해야 한다.

④ 상담평가

한 회기의 상담이 종료되면 그 회기의 상담에 대한 평가를 할 필요가 있다. 평가방법에는 표준화된 도구를 사용한 조사, 만족도 조사, 동료검토 등이 있다. 이러한 것들은 앞에서 소개하였으므로 여기서는 Stiles와 Snow(1984)가 개발한 질문지를 최윤미(1987)가 수정 보완한 회기평가질문지(Session Evaluation Questionnaire)를 소개한다. 이 질문지의 신뢰도와 타당도는 잘 확보되어 있다. 여기서는 원저에서 각성도(arousal)를 제외하고, 회기의 깊이(5문항), 순조로움(5문항), 긍정적 정서(6문항) 등 세 가지 요인을 발췌하여 제시하였다. 각 문항은 양극 형용사 쌍으로 이루어져 있으며 7점 척도로 평정하도록 되어 있다. 점수가 낮을수록 회기와 상담 후의 정서에 긍정적인 의미를 부여하는 것임을 의미한다.

4) 집단 프로그램의 관리

(1) 모집 광고

대상자는 기관 내부와 외부에 대한 광고를 통해서 모집할 수 있다. 기관 내부에서의 광고를 위해서는 의료진과 행정관리직의 협력을 얻을 필요가 있다. 외래 센터나 입원 병동에서 다른 분야와 공동으로 프로그램을 진행하면 대상자 모집을 위한 노력을 아낄 수 있다. 예를 들어 소아암환자 병동에서 환자에 대한 간호교육과 사회서비스 안내를 한 묶음으로 묶어 진행한다면 병동의 책임간호사가 대상자를 모집하는 일을 맡아 줄 수 있을 것이다. 또는 당뇨환자 교육 프로그램에 영양관리, 운동관리 등과 더불어 사회복지사에 의한 생활관리가 포함되어 있다면 참가자 모집을 위한 사회복지사의 노력은 생략될 수 있다. 기관 외부에서의 모집은 대상자에 따라 약간 차이가 있다. 일반인구집단과 고위험집단인 지역주민을 대상으로 하는 프로그램의 경우는 지역사회복지관이나 보건소 등의 관계 기관과 협력체계를 구축하여 모집을 할 수 있다. 위험노출집단인 환자와 가족을 대상으로 하는 프로그램은 굳이 기관 외부에서 모집을 할 필요가 없을 것이다.

(2) 예산관리

교육이 건강보험체계 내에서 운영되는 것이라면 교육서비스에 대한 보험수가와 환자 본인부담금을 파악하고 있으면 충분하고, 예산관리를 위한 별도의 노력은 필요하지 않다. 그러나 비급여로 진행되는 교육 또는 일회적으로 회비를 갹출하여 진행하는 교육이라면 교육 참가비용을 어떤 수준으로 해야 할지, 그리고 어떤 항목에 지출해야 할지 등 수입과 지출방법을 미리 결정해야 한다. 의료사회복지실천에 적용할 수 있는 프로그램 예산관리 시스템은 다음과 같다. 이해를 돕기 위하여 소아당뇨 캠프의 예를 들어 설명하기로 한다.

① 모든 수입 및 지출을 포함하는 항목별 예산의 개발

이것은 기관 전체 또는 부서 차원에서 이루어지는 작업이다. 당신이 운영하고자 하는 교육 프로그램에 대한 예산은 다음 연도를 위한 계획에 포함시켜야 한다. 예를 들어 소아당뇨 캠프를 계획한다면 다음 연도의 사회복지팀 또는 소아청소년과 사업계획에 포함시켜야 한다.

② 프로그램 구조의 결정

이것도 기관 전체 또는 부서 차원에서 이루어지는 작업이다. 당신이 운영하고자 하는 교육 프로그램은 전체 구조의 한 부분을 차지하게 될 것이다. 소아당뇨 캠프는 사회복지팀 또는 소아청소년과에서 진행하는 여러 사업들 중의 하나가 되는 것이다.

③ 수입 및 지출계획 양식의 개발

수입 및 지출을 관리할 수 있는 양식을 개발한다. 계획서에 제시되는 항목들은 기관 차원에서 사용하는 동일한 항목을 사용한다. 기관 차원에서 사용하는 예산관리를 위한 항목명을 사용하여 소아당뇨 캠프 수입지출계획서 양식을 개발한다.

④ 수입과 지출 금액의 결정 및 할당

수입 및 지출 금액을 결정하여 계획서에 기입한다. 수입항목에는 참가비, 후원금, 기관지원금 등이 있고, 지출항목에는 직접비용과 간접비용이 있다. 직접비용은 단 하나의 프로그램에 대해서만 집행하는 비용이고 간접비용은 흔히 공통비용(overhead costs) 또는 조직유지비용(organizational & maintenance)으로 간주한다. 직접비용에는 인건비, 소모품비, 여비 등이 포함되고 간접비용에는 공간 사용료, 청소관리비, 통신비 등이 포함된다. 금액을 결정하여 개발한 소아당뇨 캠프 수입지출계획서에 금액을 기입한다.

⑤ 보고

수입과 지출과정이 종료된 후 집행내역을 보고한다. 계획과 다르게 집행된 것은 그 이유를 보고한다. 이것으로 예산관리 과정은 종료된다.

(3) 성과 홍보

프로그램이 종료된 후 프로그램의 성과를 홍보하는 것은 다음에 실행할 프로그램의 기반을 마련한다는 점에서 중요하다. 기관 내부에서의 홍보는 의료진과 행정관리자의 사회복지에 대한 이해를 촉진함으로써 사회복지의 기반을 이루는 승인

(sanction)을 획득하는 데 도움이 된다. 기관 외부를 대상으로 하는 홍보는 기관의 이미지를 제고하고 사회복지에 대한 인식을 확대하는 데 도움이 된다. 홍보내용에는 프로그램에서 다루어진 내용, 참가자에게 미친 영향과 효과, 참가자의 반응, 진행과정상의 에피소드 등이 포함될 수 있다. 홍보를 위해서는 기관의 홍보담당자와 협력하여 일할 필요가 있으며 프로그램의 진행에 참여하는 사람들의 적극적인 협조가 필요하다. 홍보는 기관 내의 방송 · 소식지 · 인터넷 홈페이지, 의학이나 사회복지분야의 신문 · 잡지 · 인터넷, 공중파 방송 등을 이용해서 할 수 있다.

2. 지지집단의 구성 · 운영 및 활용

사회복지사는 지지집단 지도자와 협력하여 집단을 운영하기도 한다. 지지집단에서 구성원들은 자신의 경험을 이야기하고 조언을 주고받음으로써 상호 간에 정서적, 정보적 지지를 나눈다. 사회복지사는 긍정적인 분위기가 유지되고 잘못된 정보가 유포되지 않도록 지도 · 감독해야 한다. 의료사회복지에서의 지지집단의 목적 · 목표 · 발달, 지지집단에서 사회복지사의 역할, 지지집단의 활용 등에 대해서 알아보기로 한다.

1) 의료사회복지에서의 지지집단의 목적과 목표

지지집단(support group)이란 공통된 문제를 공유하고 조언 · 격려 · 정보 · 정서적 지지를 제공하는 사람들 간의 구조화된 연속적인 모임을 말한다(Barker, 1995).

모든 집단은 목적을 가진다. 목적이란 궁극적으로 지향하는 바를 의미한다. 목표는 목적을 이루기 위한 수단을 말한다. 집단의 목적은 전문가와 클라이언트 모두에 의해서 동의되어야 한다. 집단구성원들이 집단에 가지고 온 필요와 욕구는 사회적 상호작용 과정을 통해서 서로 혼합되고 집단목적으로 발전된다.

의료사회복지분야의 지지집단에는 자신의 질병문제를 해결하기 위한 목적을 가진 집단과 타인이 가진 질병문제의 해결을 돕기 위한 목적을 가진 집단이 있다. 이들은 모두 특정한 질병을 중심으로 모이게 된다. 대개 전자는 환자나 환자의 가족들로 이루어지며 후자는 완치된 사람들이나 환자의 유족들로 이루어진다. 환자 · 가족집단은 완치자집단이나 유족집단과 서로 거울에 비친 상과 같다. 환자 · 가족집단은 '현재' 문제를 경험하고 있고, 완치자집단이나 유족집단은 '과거에' 유사한 문제를 경험한 바 있다. 따라서 이들이 추구하는 목적은 궁극적으로 환자의 건강회복과 가족의 보호부담 감소가 된다. 이러한 목적을 이루기 위해 집단은 구체적인 목표를 설정하게 되는데 그것은 다음과 같은 것들을 포함한다.

- 질병관리에 대한 의학적 정보를 습득하기
- 이용할 수 있는 사회적 서비스에 대한 정보를 습득하기
- 사회의 긍정적 관심을 유도하기
- 후원금 모으기
- 진단과 치료에 대한 보험급여의 적용을 받기 위한 활동을 추진하기
- 정서적 지지를 수고받기

2) 지지집단의 발달과정

집단은 시간이 흐름에 따라 구조, 참여자의 역할과 지위, 활동과제와 운영과정,

규범 · 가치 · 공통목적과 같은 문화 등을 발달시키게 되는데 그러한 변화를 집단발달이라고 한다. 집단발달단계는 준비단계, 태동단계, 활동단계, 해체단계 등으로 나누어 볼 수 있다. 이를 지지집단에 적용하여 살펴보기로 한다.

(1) 준비단계

준비단계는 집단을 형성하기 위하여 사람들을 모으고 목적을 논의하는 단계이다. 지지집단의 형성은 의사나 간호사 또는 사회복지사의 발의에 의해서 시작할 수도 있으며 환자나 가족들의 요청에 의해서 시작할 수도 있다. 구성원들은 각자가 집단에 가지고 온 의견을 내놓고 공동으로 대처해야 할 문제들을 논의한다. 구성원들은 자신이 집단에 온 이유를 겉으로 표현하지 않을 수도 있고 무의식적인 욕구를 의식하고 있지 못할 수도 있다.

(2) 태동단계

일단 구성원들이 동의하는 집단의 목적이 정해지면 다음에는 공식적인 집단으로 발전시키기 위한 구조화 작업에 착수한다. 구조화 작업은 목표를 구체화하고, 사업범위와 예산관리에 대한 규칙을 제정하고, 누가 어떤 역할을 맡을 것인지를 정하는 것을 포함한다. 구조화의 정도는 집단에 따라 다양하다. 이 단계에서 구성원들은 불안과 기대를 가지고 있으며 집단 내에서의 자신의 지위, 역할, 입장에 대한 생각에 집중하게 된다. 그리고 다른 구성원과의 관계보다는 리더와의 관계가 중심이 된다. 이 단계에서는 흔히 자기주장이 강하고 호전적인 사람이 다른 사람에게 명령을 하고 지배함으로써 리더 역할을 하게 된다.

(3) 활동단계

집단의 구조화에 이어서 문제해결을 위한 구체적인 사업을 계획하고 진행한다. 그리고 예산을 계획하고 집행하고 관리한다. 이 단계에서는 구성원들 간의 상호작용이 활발해지며 유대감이 강해지기 시작한다. 이 단계 이전보다 더 다양한 하위집단(sub-group)이 생길 수 있는데 이는 매우 자연스러운 현상이다. 의료사회복지분야에서의 지지집단은 전문가의 도움을 많이 필요로 하기 때문에 집단에 대한 전문가의 영향력은 크게 작용할 수 있다. 사회복지사를 포함한 의사, 간호사, 영양사, 치료사 등의 전문가는 집단 프로그램에 교육이나 자문을 제공하기도 한다. 집단이 기관에 기반을 두고 있는 동안에는 기관의 관계자가 집단의 사업과 예산에 대하여 감독을 하는 것이 바람직하다.

(4) 해체단계

집단이 해체되는 이유에는 첫째, 집단의 목적이 달성되거나 집단이 존속하기로 계획한 기한이 도래한 경우, 둘째, 구성원 간에 집단의 목적을 비롯한 세부적 목표, 사업운영, 예산집행 등에 대한 동의가 이루어지지 못하여 집단을 계속 유지하는 것이 불가능한 경우 셋째, 외부 환경의 변화로 집단이 존속할 이유가 없어진 경우 등이 있다. 집단을 해체하는 경우 전체 구성원에게 해체 이유를 알리고 그동안 진행되어 온 사업과 예산 관련 사항을 통보하여야 한다. 사회복지사는 그동안의 과정을 정리하고 그 내용을 다음의 집단 운영에 참고하도록 한다.

3) 지지집단에서 사회복지사의 역할

사회복지사는 지지집단의 준비단계로부터 해체단계에 이르는 전 단계에서 일정

정도의 역할을 수행할 수 있는데 대개는 조력자의 역할을 맡게 된다. 집단의 형성 과정을 돕고, 구성원들이 민주적인 절차를 지키도록 지도하며, 사업이 집단의 목적을 이룰 수 있도록 조언을 제공한다. 구체적으로는 다음과 같은 방법으로 도울 수 있다.

(1) 집단운영의 지도

- 참여자들이 공동의 목적을 도출하여 집단이 형성되도록 지도하기
- 집단 규칙 제정과 지도자 선발을 위한 민주적 절차를 안내하기
- 사업방향이 목적을 달성할 수 있도록 지도하기
- 사업이 목표를 달성할 수 있도록 지도하기
- 예산 수립과 집행이 공정하게 이루어지도록 감독하기
- 지도자 집단과 의사소통 유지하기

(2) 집단교육 및 집단상담 제공

- 심리사회적 욕구충족과 문제해결을 돕기 위한 교육과 상담을 제공하기
- 사회적 서비스에 대한 정보를 제공하고 자원을 연결하기

(3) 기관과 집단의 연결

- 기관의 시설, 장비, 장소를 사용할 수 있도록 절차를 중재하기
- 집단의 의견과 기관의 의견을 조정하기

4) 지지집단의 활용

지지집단은 클라이언트를 위한 자원이 된다. 사회복지사는 새로운 환자와 가족에게 지지집단에 대한 정보를 제공하고 안내할 필요가 있다. 새로이 진단받은 환자와 가족들은 지지집단으로부터 정서적 지지를 받을 수 있고 질병관리를 위한 유용한 정보와 노하우(know-how)를 얻을 수 있다. 사회복지사를 포함한 전문가들은 전문적 정보를 효과적으로 전달하기 위해서 지지집단을 활용할 수도 있다. 지지집단의 정기모임에서 신약이나 신의료기술, 새로운 사회적 서비스 등에 대한 정보를 전달하는 것은 효과적이고 효율적이다.

의료기관에서의 지지집단은 질병의 종류만큼이나 다양하게 만들어질 수 있다. 당뇨환자 모임, 암환자 모임, 신장이식인 모임, 간이식인 모임, 심장병환자 모임 등 헤아릴 수 없이 많다. 인터넷 공간이 보조적으로 운영될 수 있는데, 이는 구성원 간의 유대를 강화하거나 유지하고 효율적으로 정보를 전달하는 수단으로 사용될 수 있다. 지지집단이 주는 이익이 많으므로 사회복지사는 지지집단을 만들고 지도하고 지원하는 일에 적극적으로 참여할 필요가 있다.

3. 집단 프로그램 사례

집단 프로그램을 어떻게 개발하고 진행하고 평가하는지를 사례를 통해서 살펴보기로 한다. 여기에 제시된 사회적 지지 프로그램은 상담과 교육이 모두 포함된 것으로서 발달장애아동 어머니들의 우울감 개선을 위한 것이다. 대상자는 재활병원에 입원한 발달장애아동의 어머니들이다. 총 5회에 걸쳐 진행되었으며 프로그램은 참가자들의 우울감을 개선한 것으로 나타났다.

1) 개발과정

(1) 프로그램의 필요성 조사

사회복지사는 선행연구, 관련 수기, 기사 등을 검토하였다.

① 선행연구의 검토

선행연구를 검토함으로써 발달장애아동 어머니의 스트레스에 영향을 미치는 요인과 스트레스로 인하여 발생하는 심리사회적 결과에 대하여 파악하였다.

② 관련 수기와 기사의 검토

장애아동 어머니에 대한 민감성(sensitivity)을 증진시키기 위하여 수기와 기사들을 검토하였다.

③ 가설 수립: 독립변수, 종속변수, 조절변수 설정

선행연구 검토를 통하여 발달장애아동의 어머니들이 일반아동의 어머니들보다 높은 수준의 스트레스를 경험하고 있다는 점, 이러한 스트레스가 우울을 유발할 수 있다는 점, 그리고 사회적 지지가 스트레스에 의한 우울을 감소시킬 수 있다는 점에 주목하고 이로부터 가설을 수립하였다(그림 9-1 참고). 스트레스가 우울을 유발하므로 스트레스는 독립변수이고 우울은 종속변수이다. 사회적 지지가 스트레스에 의한 우울을 감소시키므로 사회적 지지는 조절변수이다.

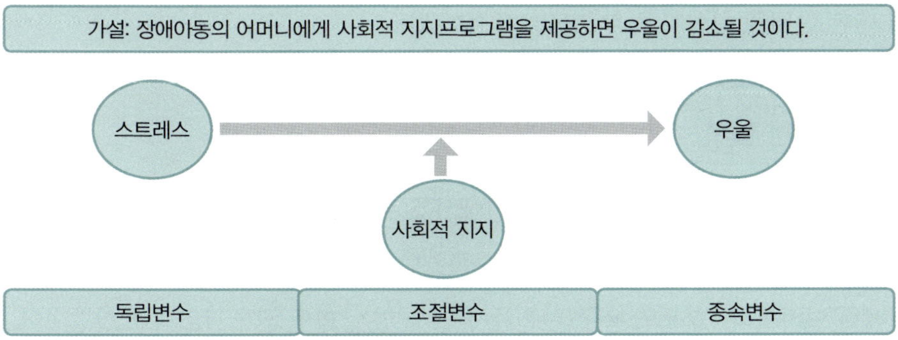

그림 9-1 프로그램 가설 및 연구모형

(2) 프로그램 준비

본격적으로 프로그램을 설계하기에 앞서 필요한 준비들을 하였다.

① 욕구조사 및 물품 준비

참가자들의 의학적, 심리사회적 욕구를 파악하기 위해 '프로그램 욕구조사서'를 만들어 편의표본추출방법으로 입원 중인 아동의 어머니 10명을 대상으로 욕구조사를 실시하였다. 그리고 프로그램 안내지, 참가자 확인표, 다과 및 음료 등 프로그램에 필요한 물품을 준비하였다.

② 자원봉사자 확보

프로그램의 진행을 도와줄 보조 인력과 프로그램이 진행되는 동안 아동을 보호해 준 인력으로 참여할 자원봉사자를 확보하였다.

③ 프로그램 안내 및 참가자 모집

프로그램을 실시하기 7일 전에 각 병실을 방문하여 프로그램의 형식과 내용 등에 대한 안내를 실시하고 참가자를 모집하였다.

(3) 프로그램 설계

선행연구와 욕구조사를 통해 발달장애아동 어머니들은 의학적 이해에 대한 욕구와 심리사회적 서비스에 대한 지지욕구를 가지고 있음을 알았고 이를 프로그램 설계에 반영하였다. 그들의 욕구를 충족시킬 수 있는 활동들이 검토되고 선정되어 총 5회기의 프로그램이 확정되었다. 선정된 활동들은 사회적 지지의 개념과 논리적으로 연결된다(표 9-1 참고).

사회적 지지에 대한 Tardy(1985) 모델에 따르면 사회적 지지의 내용(content)에는 첫째, 신뢰, 사랑, 감정이입과 같은 정서적지지, 둘째, 돈과 시간과 같은 자원을 포함하는 도구적지지, 셋째, 특별한 분야에 관하여 제공받은 정보나 조언과 같은 정보적지지, 넷째, 개인에 대한 평가적 언급 등의 평가적 지지 등의 네 개 형태가 포함된다. 그리고 관계망(networks)은 개인의 지지망의 자원이나 구성원을 말한다.

2) 진행과정

(1) 프로그램의 목표와 내용

회기별 프로그램의 목표와 내용은 〈표 9-1〉에 제시한 바와 같다. 입원기간이 단기간이므로 회기가 진행되는 기간을 가능한 한 짧게 줄였으며 각 회기에는 60~90분이 소요되었다. 활동은 교육과 상담이 혼합된 형식이다. 2회기의 의학적 이해 향상을 위한 활동은 재활의학과 의사에 의하여 진행되었으며 그외의 심리사회적 서비스 활동은 사회복지사에 의해 이루어졌다.

표 9-1 회기별 프로그램의 목표 및 내용

회기	목 표	프로그램 내용	형식	사회적 지지내용	관계망
1	• 프로그램 이해 • 참가자 간 친밀감 형성 • 사회복지 정보 등 습득	• 프로그램의 목적과 내용 안내 • 상호 소개 • 사회복지 정보 제공	안내 상담 교육	정보적 정서적 정보적	전문가 참가자 간 전문가
2	• 의학적 이해 향상	• 의학 강의 • 치료과정의 어려움 나누기 • 질의응답	교육 상담 교육	정보적 정서적 정보적	전문가 참가자 간 전문가
3	• 참가자 간 이해 향상 • 배우자 지지 향상	• 양육경험 나누기 • 남편이 아내에게 편지쓰기	상담 상담	정서적 정서적	참가자 간 배우자
4	• 정신적, 신체적 이완 • 배우자 지지 향상	• 휴식 및 여가활동	개별활동	정서적 도구적	배우자
5	• 종결 및 평가 • 지지집단 구성	• 프로그램 참여 소감 나누기 • 지지집단 구성 • 기념품 증정 및 종결파티	상담 상담 상담	정서적 정보적 도구적	참가자 간 참가자 간 전문가

(2) 회기별 진행내용

① 1회기

사회복지사가 프로그램의 목적과 내용을 설명한 후 참가자 간 소개를 하였다. 부드러운 분위기에서 자기소개를 하기 위하여 이야기 막대[04]를 사용하였다. 이어서 사회복지 정보에 관한 교육을 실시하고 질문에 대하여 응답하였다.

② 2회기

재활의학과 의사가 아동의 장애 전반에 걸친 강의를 하였다. 그리고 참가자들이 서로 치료과정에서 겪는 어려움을 이야기하고 참가자들의 질문에 대하여 의사가

04 이야기 막대는 이야기를 쉽게 풀어갈 수 있도록 하는 도구이다. 종이에 누구나 부담없이 답변할 수 있는 질문이 적혀 있으며 돌돌 말려서 막대기처럼 되어 있다. 진행자와 참가자들이 하나씩 뽑을 수 있도록 넉넉한 수량이 준비된다.

답변하였다.

③ 3회기

이번 회기에는 아동의 아버지들도 참여하도록 하였다. 먼저 참가자들이 치료하면서 느끼는 어려움과 기쁨들을 도화지에 크레파스를 이용하여 표현하고 순서대로 발표를 하였다. 이어서 아버지가 어머니에게 사랑의 편지를 쓰도록 하였다.

④ 4회기

자율적으로 주말을 이용하여 영화관람 등의 여가를 즐길 수 있도록 독려하였다. 이는 장애아동 부모의 휴식에 대한 욕구를 충족시켜 주기 위하여 마련되었으며 문화상품권을 제공하였다.

⑤ 5회기

프로그램 참여에 대한 소감을 나누고 참가자 간에 지지집단 구성에 대하여 논의하였다.

3) 평가[05]

프로그램에 대해서는 효과성평가와 과정평가를 실시하였다. 효과성평가를 위해서는 표준화된 도구에 의한 양적 평가를 실시하였으며 과정평가를 위해서는 구조화된 설문지에 의한 양적 평가와 관찰자 및 프로그램 참가자에 의한 질적 평가를

05 평가방법에 대한 구체적인 내용에 대해서는 홍영수 · 김재엽(2003)의 〈발달장애아동 어머니의 정신건강 개선 프로그램 개발과 효과성 평가〉(한국사회복지행정학 제9호, pp. 169–187)를 참고하기 바란다.

실시하였다.

(1) 효과성 평가

본 프로그램은 실험집단 대상자들의 우울을 감소시키는 효과가 있는 것으로 입증되었으며 우울의 하위 요인 중에서 특히 부정적 태도를 감소시키는 효과가 있는 것으로 나타났다. 프로그램의 효과성 평가를 위하여 사전 및 사후 검사에 사용된 도구는 BDI(Beck Depression Inventory) 한국판(이영호 · 송종용, 1991)이다. BDI의 신뢰도와 타당도는 충분히 입증되었으며 이는 Beck(1967) 등이 우울의 정서적, 인지적, 동기적 및 생리적 영역을 포함하는 총 21개 문항의 자기보고형 검사이다. 각 문항마다 0점에서 3점까지 평정되며, 총점의 범위는 0점에서 63점까지이다. 9점 이하는 우울하지 않은 것으로 10~15점은 경우울, 16~23점은 우울증, 24~63점은 중우울증으로 분류된다. BDI의 세 가지 하위요인은 부정적 태도, 수행상의 어려움, 신체적 요소 등이다. 부정적 태도는 자신이나 삶에 대한 슬픔, 낙심, 실패, 죄책감, 벌, 실망, 탓, 자살, 울음, 외모 등을 포함하며 수행상의 어려움은 생활에 있어서의 만족, 짜증, 결정, 의욕, 피로 및 타인에 대한 관심, 건강에 대한 염려 등을 포함한다. 또한 신체적 요소는 불면, 식욕, 체중, 성에 관한 것을 포함한다.

(2) 과정평가

프로그램의 과정평가를 위해서는 다각적 측정(triangulation)을 통한 보다 정확한 평가를 하기 위해서 구조화된 질문지에 의한 평가, 관찰자에 의한 평가, 프로그램 참가자에 의한 평가 등의 세 가지 방법을 사용하였다. 첫째, 구조화된 질문지인 회기평가질문지에 의한 평가결과, 본 프로그램의 참가자는 각 회기와 상담 후의 정서에 대한 평가에 있어서 전체적으로 매우 긍정적으로 평가한 것으로 나타났다. 둘째, 관찰자에 의한 평가에 있어서 관찰자들은 전체적으로 순조로운 진행이었으며,

상담자의 지지적인 태도가 상담 분위기를 편안하게 이끈 요인으로 보인다고 평가하였다. 이는 매 회기 종결 후에 연구자와 관찰자 간에 진행내용과 과정에 대한 비공식 대화면접을 통하여 실시하였다. 셋째, 프로그램 참가자에 의한 평가는 마지막 회기에 연구자의 진행하에 비구조화된 방식으로 실시하였다. 참가자들은 프로그램 내용에 대해서도 거의 대부분 긍정적인 평가를 하였다 향후에는 물리치료나 작업치료, 가정치료 등에 대한 설명도 있었으면 좋겠다는 의견과 회기가 좀 짧았으면 한다는 개선안도 제시되었다.

Chapter

10 의료사회복지 실천사례

1. 혈액암
2. 고형암(위암)
3. 장기이식
4. 아동학대

Chapter 10

의료사회복지 실천사례

이 장에서는 다음과 같은 질문들을 다루고 있다.
첫째, 혈액암환자와 가족에 대한 이해와 개입을 위한 지식과 개입방법은 무엇인가?
둘째, 위암환자와 가족에 대한 이해와 개입을 위한 지식과 개입방법은 무엇인가?
셋째, 장기이식환자와 가족에 대한 이해와 개입을 위한 지식과 개입방법은 무엇인가?
넷째, 아동학대 환자와 가족에 대한 이해와 개입을 위한 지식과 개입방법은 무엇인가?

이 장에서는 의료사회복지사들이 만나게 되는 주요 환자와 가족들에 대한 이해를 돕고 실제로 의료사회복지사들의 주요 활동은 어떤 것들이 있는지를 다루고 있다. 많은 질병 및 치료 영역들 중에서도 좀더 대중적으로 알려져 있고, 개입의 내용이 다양한 것으로 판단되는 혈액암, 고형암(위암), 장기이식, 아동학대 등의 4가지 활동영역을 살펴보고자 한다.

1. 혈액암

1) 질환에 대한 이해

(1) 정의

혈액암이란 혈액을 구성하는 성분에 생긴 암을 포괄적으로 이르는 말로 혈액이나, 조혈기관, 림프절, 림프기관 등에 발생한 악성종양을 말한다. 혈액 내에 종양세포가 발생하면 혈액 내 혈구세포가 제 기능을 하지 못하게 되고, 몸에는 여러 가지 증상이 나타나게 된다. 혈액암의 종류로는 백혈병, 악성림프종, 다발성골수종, 재생불량성 빈혈 등이 있다.

① 백혈병

백혈병은 우리 몸의 조혈기관인 골수의 정상 혈액세포가 어떠한 원인으로 인해 암세포로 전환되어 증식하면서 생기는 혈액암이다. 백혈병 세포는 무한 증식하여 정상적인 백혈구, 적혈구 및 혈소판의 생성을 방해하여 정상 혈액세포의 수치를 감소시킴으로써 우리의 몸에 치명적인 문제를 일으킬 수 있다.

② 악성 림프종

림프조직 세포들이 악성 전환되어 생기는 종양을 말하며, 림프종에는 호지킨 림프종과 비호지킨 림프종(악성 림프종)이 있다. 비호지킨 림프종(악성 림프종)은 림프조직에 존재하는 세포의 악성 종양으로서 호지킨 림프종을 제외한 질환을 칭한다.

③ 다발성 골수종

다발성 골수종은 형질세포가 비정상적으로 분화, 증식되어 나타나는 혈액암으로 골수침범으로 인한 골병변이 특징적이기 때문에 붙여진 이름이다. 이러한 비정상적인 형질세포를 "골수종 세포"라고 부르며, 이는 종양을 만들고, 뼈를 녹여 잘 부러지게 할 수 있고, 골수를 침범하여 골수기능을 감소시키기도 한다. 따라서 백혈구, 적혈구, 혈소판 수치가 감소되어 빈혈, 감염, 출혈 위험이 발생하기도 한다. 또한 골수종 세포는 비정상적인 면역단백을 만들어 내는데, 이를 "M단백"이라고 하며, M단백은 혈액의 농도를 진하게 만들거나 신장에 손상을 주기도 한다.

④ 재생불량성 빈혈

재생불량성 빈혈(aplastic anemia)은 골수에서 세포 충실도가 감소하면서 혈구 생산이 안 되어 혈액에서 특징적으로 백혈구, 적혈구, 혈소판 등의 감소가 나타나는 질환이다. 재생불량성 빈혈은 크게 선천성과 후천성으로 나뉘는데, 병인에 상관없이 혈소판감소에 의한 출혈 증상, 호중구 감소에 의한 감염에 대한 저항력 저하 소견과 적혈구 부족으로 빈혈 등의 임상 소견이 나타난다.

(2) 발생 현황

가장 빈도가 높은 악성 림프종 중 하나인 비호지킨 림프종이 2014년 주요 암발병 현황에서 10위를 차지하였다.

(3) 원인

암이 발생하는 원인은 대부분 모르며 흡연, 유전적 소인, 바이러스 감염, 방사선 조사, 화학약품 등에 대한 직업성 노출과 항암제등 치료약제가 원인이 될 수 있는 것으로 알려지고 있다. 이러한 원인들로 인하여 암유전자가 활성화되면 혈액암이 발생하는 것으로 여겨진다.

(4) 증상

혈액암의 증상은 대부분 말초혈액의 적혈구, 백혈구 수, 혈소판 수의 변화로 인해 발생한다. 특히 백혈병은 초기에 빈혈로 인한 피로, 쇠약감, 안면 창백이 있고 혈소판 감소로 인해 쉽게 멍이 들거나 코피, 잇몸 출혈 등이 나타날 수 있다. 또한 백혈구의 저하로 인해 쉽게 감염이 될 수 있어 열이 흔히 나고 식욕부진과 체중감소가 나타나기도 한다. 병이 진행되면 백혈병 세포가 몸속 장기에 침투해 잇몸이 붓거나, 간이나 비장이 커지거나, 림프절이 붓는 증상이 나타날 수 있으며 중추신경계를 침범한 경우 오심, 구토, 경련 및 뇌신경마비 등이 나타나기도 하고 월경이상 및 뇌출혈이 발생하기도 한다.

다발성 골수종의 경우 환자의 20%는 증상 없이 우연히 발견되는 경우가 많으며 중년 및 노년층에서 원인이 확실하지 않은 빈혈이나 콩팥기능 이상, 뼈 통증, 골절 등이 증상으로 나타날 수 있다.

또한 혈액암은 몸의 다른 부위 이상으로 검사를 받는 중에 우연히 발견되는 경우가 많다. 목아래, 겨드랑이, 사타구니 등의 림프절 멍울이 아프지도 않으면서 딱딱하게 만져지고 커지는 경우에는 반드시 악성림프종을 감별하기 위해 림프절 조직검사를 해야 한다. 악성림프종 전신적인 증상으로는 열이 나거나 야간 발한, 체중감소 등이 올 수 있다.

(5) 진단

고형암과는 달리 혈액암은 혈액검사로 많은 검사가 이루어지고 진단에 중요한 정보를 주기 때문에 반드시 필요한 검사이며 검사항목도 많다. 혈액암이 의심되면 혈액검사를 통해 말초 정맥에서 혈액을 채취하여 백혈구, 혈색소, 혈소판 등의 혈액 세포 수를 측정하여, 혈액의 이상 유무를 확인하고, 유리 슬라이드에 얇게 펼쳐 현미경으로 각 혈액 세포의 모양과 수, 분포를 관찰하는 말초 혈액 도말 검사를 한다. 만약 혈액 검사상 이상이 있는 경우 골수 검사를 통해 확진한다. 대부분의 혈액암은 진단 및 치료 경과를 보기 위한 골수검사을 시행하게 되고 말초혈액검사와 같이 형태학적, 세포유전학적, 분자생물학적 검사를 시행한다.

흔히 장골이라고도 불리는 엉덩뼈(iliac bone)에서 골수를 채취하게 되며 검사할 때 통증이 있기 때문에 조직검사를 하는 곳에 국소마취를 하고 시행하게 된다.

그 외 면역 표현형 검사, 세포 유전학검사, 분자 생물학 검사를 통해 좀 더 정확한 백혈병 분류를 한다.

악성 림프종이나 다발성 골수종에서 검사하게 되는 PET/CT는 전신의 병소를 찾는데 매우 유용한 검사이기 때문에 진단 초기에 촬영하게 되며 또한 치료 반응 및 추적 경과 관찰할 때 많이 이용하게 된다. 핵의학과에서 검사를 위한 정맥주사 후 촬영하게 되고 핵의학과 전문의가 판독하게 된다.

(6) 치료

혈액암은 대부분 항암화학치료를 시행한다. 때에 따라 조혈모세포이식술(골수이식)이나 국소적인 방사선 치료, 국소적인 수술을 시행한다. 급성 백혈병은 골수검사와 유전자변이검사를 통한 정확한 진단 후 항암화학치료를 빨리 시작하는 것이 중요하다. 만성골수성 백혈병은 다양한 표적 항암치료제의 개발로 인해 치료성적이 월등히 개선되었으며 많은 환자들이 하루 한번 먹는 약으로 정상적인 일상생활을 유지하기도 한다.

다발성 골수종 또한 최근 볼테조밉과 같은 표적항암제들이 다양하게 임상시험을 거쳐 사용되고 있으며 악성림프종에서도 리툭시맙과 같은 표적항암제 등의 사용으로 생존율이 향상되었다.

조혈모세포이식은 강력한 항암화학요법으로 암세포와 골수를 제거한 다음 건강한 조혈모세포를 이식해 골수를 재건하는 치료법을 말한다.

2) 암환자 및 가족의 심리사회적 특성

치료 과정별로 암환자와 가족의 심리사회적 특성을 기술하고자 한다.

(1) 진단 시점

환자와 가족에게는 혈액암은 다소 생소하며, 드라마의 한 장면인 백혈병으로 가련하게 죽어가는 아이를 떠올리며 죽음의 공포를 느끼기도 한다. 혈액암에 대한 무지와 함께 막연한 불안과 두려움이 암 진단 과정에서 느끼는 심리적 어려움이다. 요즘에는 다양한 채널을 통해서 혈액암에 대한 이해도가 높아지고 있지만, 불확실한 정보 속에서 암 치료보다 재발에 대한 걱정을 하며, 치료의 부정적인 상황에 대한 두려움을 보이는 경우가 많다. 진단 과정에서 환자와 가족이 느끼는 막연한 불안과 두려움을 다양하게 나타나기 때문에 의료사회복지사는 정서적 문제를 사정하고, 이를 표출하여 환자와 가족의 심리적 안정감을 가질 수 있도록 돕는 것이 중요하다.

(2) 치료 과정

혈액암 치료는 주로 항암화학요법이 행해지며, 환자와 가족은 이로 인한 고통을 걱정하게 된다. 환자는 항암화학요법을 그동안 경험해 보지 못했기 때문에, 평소보다 더 긴장되고 초조해질 수 있다. 또한 다양한 부작용을 경험하면서 더 쉽게 짜증이 나거나, 기분이 나빠지고 마음이 불안한 정서적 어려움을 겪게 된다. 이러한 변화는 자연스러운 현상이지만, 이를 그냥 내버려 두거나 주변 관계에 자신의 힘듦을 투영한다면 삶의 질 자체가 나빠질 수 있다. 그러므로 적극적인 대처가 필요하다. 또한, 항암치료 동안 몸이 힘들어서 활동량이 줄 수 있지만, 그렇다고 모든 활동을 멈추는 것은 도움이 되지 않는다. 자신의 몸 상태를 점검하고 무리하지 않는 선에서 가능한 예전의 활동을 유지하는 것은 마음을 편하게 하며, 자기관리에 도움이 된다.

(3) 호스피스 시점

말기 시점에서 호스피스로의 준비는 모든 암환자와 가족에게 필요하다. 혈액암 환자와 가족에게도 마찬가지이다. 그런데 다른 암종에 비해 '더 이상의 의미 없는 치료'가 어느 시점인가를 결정하기가 어렵다. 이러한 이유에서인지 마지막까지 적극적인 항암치료를 하는 경우도 있다. 이런 과정은 의료진에게도 소진을 경험하게 하며, 환자와 가족도 의미 있는 삶을 잃어버리고 고통 속에 놓일 수 있다. 그러므로 암치료를 시작하는 시점에서 이 부분에 대한 점검도 필요하며, 사전연명의료의향서를 환자와 가족에게 제안하는 것도 좋은 방법이다.

3) 의료사회복지사의 개입활동

(1) 항암화학요법 개별 교육

항암화학요법은 심신 및 생활을 변화를 일으킨다. 환자와 가족이 이를 잘 적응하도록 패키지 형식의 교육이 건강보험의 적용을 받아서 제공되고 있다. 교육은 의사, 전문간호사, 영양사, 사회복지사 등에 의해서 이루어진다. 사회복지사는 환자와 가족의 심리사회적 적응을 돕고자, 스트레스 관리, 가족 간의 의사소통, 사회복지정보 등에 대한 개별 교육을 제공하고 있다.

(2) 이식 전 사회복지 평가

조혈모세포이식은 혈액암 환자에게 매우 중요한 치료 중에 하나로서, 환자는 이식 전 준비 과정을 거친다. 이 과정 중에 이식 전 사회복지 평가를 통해 환자 및 가족이 이식 과정에서 겪을 수 있는 심리사회적, 경제적 어려움을 사정하고, 협진을 의뢰한 의료진에게 그 결과를 보고 한다. 또한 평가 과정에서 나타난 문제를 해결하기 위해서 상담, 경제적 지원/자원연계, 멘토링 서비스 등을 제공한다.

(3) 멘토링 프로그램

조혈모세포이식 과정에서 환자와 가족들은 불안과 함께 완치에 대한 희망을 가진다. 이런 시점에서 멘토링(mentoring) 프로그램은 환자 및 가족이 변화된 상황에서 적응을 돕는 데 큰 역할을 할 수 있다. 이식을 통해 완치를 한 선배 환우가 멘토로서 이식을 준비 중이거나 이식 후 적응의 어려움을 겪는 환우에게 자신의 경험을 토대로 멘토링을 제공하는 것이다. 이는 막연한 불안을 겪는 환자에게 심리적 안정을 가지는 데 도움이 되며, 멘토를 통해 다양한 대처법을 배워 보다 잘 적응할 수 있다. 의료사회복지사는 멘토링 프로그램을 위해서는 멘토 모집 및 교육, 멘토링 제공/평가 등을 수행하기 위한 운영팀(의사, 이식코디네이터, 담당간호사, 영양사)을 구성하여, 체계적인 멘토링 서비스를 제공하도록 노력해야만 한다.

(4) 치료비 지원 상담

혈액암 치료 과정은 고형암 치료와 달리 수술과 같은 단기간의 입원치료로 종결되지 않는 경우가 대부분이다. 결과적으로 수개월간의 (항암)치료가 요구되기 때문에, 치료비용 문제와 함께 소득 상실로 인한 생계의 어려움도 겪을 수 있다. 그런데 암환자를 위한 정부 및 민간 후원기관의 지원은 있지만, 성인 보다는 소아에게 치중되고 치료비용 지원에만 초점을 두고 있어서 암환자 가족의 위기를 벗어나게끔 도와주는 데 한계 상황에 놓여있다.

의료사회복지사는 기존 자원을 통한 지원과 함께 다양한 자원의 발굴을 위해서 노력하고 있으며, 정책에 반영될 수 있도록 대외적인 활동도 하고 있다.

4) 사례

16세의 나이로 탈북한 환자 A(25세)는 재생불량성 빈혈로 수년간 보조적 치료(수혈 등)을 받고 있었다. 담당 의료사회복지사는 2010년 3월경 환자 A와 상담을 시작했으며, A는 몸 상태가 안 좋아져 의료진은 동종조혈모세포이식을 받을 것을 권유했지만 사망의 가능성도 있는 상황이었다. A는 국민기초생활 수급자로서 경제적으로 어려운 상황이며, 또한 형제가 없어서 조혈모기증자를 타인으로부터 찾아야만 했다. 대략 천만 원 정도의 비용이 발생하는 타인의 기증자를 찾는 제 비용은 의료비가 아니므로 후원처를 찾는 데 어려움이 있었다. 후원기관들은 치료비용(이식비용 포함)은 지원하지만, 기증자 관련 제비용은 지원하지 않고 있기 때문이었다. (현재, 소아암 후원기관에서만 골수은행의 제비용은 지원하고 있다.)

이에 담당사회복지사는 라디오 방송모금 프로그램을 연계하여 모아진 후원금으로 기증자 제비용을 마련했고, 이식비용은 외부후원기관을 통해서 지원하였다. 아울러 병원 원내 자선진료기금으로 일부 검사 비용 등을 지원했으며, 집에서의 환자 간병 문제는 A가 다녔던 대안학교의 선생님과 친구들이 도움을 주었다. 위기적인 상황에 놓인 A는 의료사회복지사의 자원연계활동을 통해 완치라는 선물을 가지게 되었으며, 현재 일상생활로 복귀하여 잘 지내고 있다.

사례제공: 삼성서울병원 한 대흠 의료사회복지사

*위의 사례는 실제 사례를 바탕으로 편집 · 각색되었습니다.

2. 고형암(위암)

1) 질환에 대한 이해

위암은 우리나라에서 가장 흔한 암으로서 2015년 주요암 사망분포를 살펴보면 사망률이 가장 높은 암종은 폐암(전체 암사망자의 22.6%)이었으며 다음으로는 간암(14.7%), 위암(11.1%), 대장암(10.9%), 췌장암(7.1%)이다(통계청, 2015년).

사망원인 1위인 암을 세부적으로 보면 2016년 기준 인구 10만 명당 사망한 사람의 숫자를 의미하는 사망률은 153.0명으로, 1년 전보다 1.4% 증가했다. 성별로 보면 남성은 폐암, 간암, 위암 순이었고, 여성은 폐암, 대장암, 간암 순이었습니다. 연령별로 보면 10~20대는 백혈병, 30대는 위암, 40~50대는 간암, 60대 이상은 폐암 사망률이 높았다.

(1) 위의 생김새 및 기능

위는 상복부 가운데에 위치하고 있으며 주머니 모양을 하고 있다. 위로는 식도와 연결되고 아래로는 십이지장과 연결되어 있다. 위는 섭취한 음식을 잠시 보관하면서 잘게 부수고 적당한 속도로 소장으로 배출시킨다. 또한 위산과 펩신 같은 음식물 소화 성분들을 분비한다.

(2) 위암의 정의 및 종류

위암은 위에서 발생하는 악성종양으로서 위암중 가장 흔한 위 선암은 우리나라 위암의 90%를 차지한다. 위암은 위 점막층에서 발생하여 시간이 지나면서 위벽을 파고 들어가 점막하층, 근육층, 장막층을 지나 위 밖으로 퍼지고 위주변의 림프절

로도 퍼지게 된다.

위암의 종류는 위암의 림프절 전이와 관계없이 암세포가 점막층이나 점막하층에만 국한되어 있는 경우를 조기위암이라고 하고 위암이 근육층이나 장막층까지 퍼진 경우를 진행성 위암이라고 한다. 조기위암은 수술을 받으면 약 90~95%에서 완치될 수 있다고 한다.

(3) 위암의 진단

위암의 진단은 다음과 같은 방법으로 시행한다.

- **위내시경검사**: 입을 통해 직접 내시경을 직접 삽입하여 식도, 위, 십이지장을 관찰하고 필요한 경우에는 조직검사를 하여 이상 유무를 확인한다. 조기위암인 경우에는 개복수술을 하지 않고 내시경으로 위암조직을 절제하는 방법이 보편화되어 있다.
- **복부 전산화 단층촬영(복부CT)**: 복부CT는 가슴 아래 부분부터 골반까지를 5mm 두께의 단층으로 촬영하여 관찰하는 방법이다. 수술전에는 위암의 모양, 림프절 전이여부, 주변장기로의 전이 등을 관찰하여 수술의 가능성과 범위를 결정하게 된다.
- **양전자 단층촬영(PET)**: 양전자 단층촬영(Positron Emission Tomography)은 핵의학에서 질병을 진단하기 위해 사용하는 영상검사법 중 하나로서 모양의 변화가 나타나기 전에 이상을 발견할 수 있을 뿐만아니라 방사성 의약품의 한번 주사로 전신을 검사할 수 있다.
- **기타 검사**: 피검사, 가슴사진은 수술전후에 꼭 해야하는 검사이며, 환자의 상태에 따라 초음파검사나 MRI 검사를 하는 경우도 있다.

(4) 위암의 치료방법[01]

- **시술(내시경 점막하박리술)**: 아주 초기의 위암은 외과적 위절제 수술을 하지 않고 내시경으로 제거하는 시술을 시행하는데 위내시경을 하면서 올가미나 내시경칼을 이용하여 위암 조직을 절제한 후 암조직을 제거하는 방법으로 내시경 점막하박리술이라고 한다.
- **수술**: 위암의 가장 근본적인 치료방법은 수술이며 수술방법은 개복수술과 복경경수술, 로봇수술이 있다. 개복수술은 가장 일반적인 수술방법으로서 복부를 절개하여 암조직을 제거하는 방법이고 복강경 수술은 복부를 크게 열지 않고 몇 개의 구멍을 통해 카메라와 수술기구들을 복부에 넣어 수술을 시행하는 방법으로 미용적인 측면이나 수술 후 통증의 감소, 조기회복 등의 장점이 있다. 절제범위는 암의 위치와 크기에 따라 위를 전체 절제하는 위 전절제술과 부분적으로 절제하는 부분절제 수술이 있다.
- **항암화학요법**: 항암제치료 또는 항암치료라고도 부른 항암화학요법은 항암제를 투여해 암세포를 파괴하고 성장을 늦추는 치료법이다. 항암화학요업은 암이 발생한 부위를 국소적으로 치료하는 수술이나 방사선요법과 다리 전신의 암세포를 공격할 수 있는 전신적 치료법에 해당한다. 항암화학요법은 수술 전 암의 크기를 줄이기 위한 목적 또는 수술 후 재발방지 및 진행위암이 타 장기로 전이되어 수술이 불가능한 경우 증상완화 및 생명연장의 목적으로 시행한다.
- **방사선치류**: 방사선 치료는 악성종양부위에 방사선을 조사하는 방법으로 수술 수 재발률을 낮추기 위해 항암화학요법과 함께 보조적으로 시행하는 근치적 목적의 방사선치료와 완치는 불가능하지만 환자의 고통을 완화시키면서 삶의 질을 높이는 목적으로 시행하는 증상 완화를 위한 방사선치료가 있다.

---

01 삼성서울병원 위암과 치료를 위한 안내

2) 환자 및 가족의 심리사회적 특성

암환자에게 갑작스러운 암 진단이란 신체적인 문제를 비롯하여 여러 가지 심리적 · 사회적 · 경제적 문제가 동시에 일어날 수 있음을 의미한다. 암환자가 겪게 되는 심리적 · 사회적 · 경제적 문제들은 환자의 암 치료에 많은 영향을 미치며 질병의 예후에도 적지 않은 영향을 준다. 따라서 오늘날 암환자들을 치료하는 다양한 치료기관에서는 의료사회복지사를 비롯한 치료진을 통해 암환자들의 심리적 · 사회적 · 경제적 문제를 다루는 활동에 많은 관심을 기울이고 있다. 특히 의료현장에 있는 의료사회복지사는 암환자의 심리적 · 사회적 문제를 인지하고 이와 관련하여 진단 및 치료시기에 맞는 계획을 세우고 적절한 개입을 하는 것은 매우 중요하다.

(1) 암환자의 심리 · 정서적 반응

처음 암 진단을 받았을 때 암환자가 겪는 심리적 · 정서적인 고통은 암환자의 신체적인 고통보다 더 심각하고 광범위하다. 일반적으로 암환자는 우울, 불안, 자살시도 등의 심리적 문제를 경험한다고 알려져 있다. 암환자는 진단 이후 투병을 하게 되면서 죽음에 대한 두려움, 신체상과 자존감의 변화, 사회적 역할과 생활양식의 변화, 경제적 법적 문제 등을 경험하게 되고, 이는 환자에게 불안과 우울 증상을 나타나게 할 수 있다. 암환자의 불안은 검사, 진단, 치료,재발 등 모든 과정에서 경험할 수 있는 반응이다. 특히 불안은 검사 및 치료를 연기하거나 거부하는 등 환자의 건강관련 행동에 나쁜 영향을 미칠 수 있고 궁극적으로 환자 및 가족의 삶의 질에 상당한 영향을 줄 수 있기 때문에 적절한 개입이 필요하다(대한의료사회복지사협회, 2015).

(2) 암환자 가족의 심리 · 정서적 문제

암으로 인한 영향은 환자에게만 국한되지 않고 환자 가족에게도 심각한 심리 · 정서적 영향을 미친다(이인정, 2010). 우선 가족들은 갑작스러운 암 진단과 함께 사회 · 경제적 역할을 다하지 못하는 환자를 대신해 치료비에 대한 경제적 부담을 지게 되며, 암환자가 치료를 잘 받을 수 있도록 심리 · 정서적으로 그들을 지지하는 역할을 하게 된다. 또한 환자의 투병으로인한 환자 역할의 가족 내 부재로 인해 생활 전반에 광범위한 변화를 경험하게 되고, 특히 가족들은 환자의 간병으로 인해 사회적 관계에 제한을 받기도 한다. 하지만 환자를 둘러싼 가장 중요한 체계이자 자원이라는 점에서 가족의 역할은 매우 중요하다. 미국 국립암센터에서는 암 생존자에 환자와 더불어 가족을 포함시킬 만큼 암 생존에 있어 가족 역할의 중요성을 시사했다. 이에 사회복지사는 암 환자에 대한 개입에 가족을 포함시켜 환자의 가족이 겪을 어려움을 이해할 필요가 있다. 필요한 경우 가족상담, 자조모임 연계, 역할교육, 경제적 지원 및 보험에 대한 정보 전달 등의 서비스를 통해 가족이 겪는 심리 · 사회적 문제를 다루어야 할 것이다.

3) 의료사회복지사의 개입활동

(1) 심리사회적 사정

암환자는 암진단을 받는 순간 억울함, 두려움, 우울 등과 같과 부정적인 감정을 경험하게 되는데, 때로는 환자 자신의 긍정적인 환경보다는 부정적인 상황에 몰입하는 경향이 있다. 이것은 암환자와 가족의 심리사회적 재활에 방해가 되므로 암진단 후 변화된 환자의 심리사회적 상황을 사정하고 재활에 도움이 되는 강점요소와 긍정적인 상황을 환자가 인식하도록 돕는 과정은 매우 중요하다. 의료사회복지사는 생태체계적 관점으로 환자와 가족의 상황을 점검 및 사정하고 개입계획을 수립한다.

(2) 디스트레스 측정 및 상담

스트레스는 '팽팽하게 죄다'는 뜻을 가진 라틴어 'strictus, stringere'에서 유래했다. 어떤 물체에 외부적인 힘을 가하면 '스트레인(strain)'이라는 변화가 생기는데, 그에 대하여 평형을 유지하기 위해 내부 상호 간에 발생하는 힘이 스트레스의 원래 의미다.

이 단어를 의학용어로 사용한 사람은 캐나다 몬트리올 대학의 내분비학자 한스 휴고 브루노 셀리에 박사이다. 한스 박사는 살아 있는 쥐를 대상으로 하여 스트레스에 대한 신체적 · 생리적 반응을 연구한 결과, 1946년에 스트레스가 '질병을 일으키는 중요한 인자'라고 발표했다. 또한 삶에 긍정적으로 작용하는 스트레스 요인을 '유스트레스', 부정적 영향을 미치는 반응을 '디스트레스'라고 정의했다(헬스조선, 2014).

암 진단을 받은 환자는 쉽게 이해하기 어려울 정도의 스트레스를 경험하며 짧지 않은 치료 기간 동안 그 스트레스가 배가 되면서 정신과적 증상으로 이어지는 경우도 적지 않다.

정신종양학(Psycho-oncology)에서는 이처럼 암환자의 치료에 부정적인 영향을 미치는 스트레스를 "디스트레스(Distress)"라고 정의했다. 디스트레스가 적절하게 치료되지 않는다면 환자의 삶의 질을 저하시키고 치료 순응도가 떨어져 암 치료 결과에도 영향을 미친다고 했다.

2009년에 국립암센터는 보건복지부가 지원한 암정복추진연구개발사업으로 "암환자 삶의 질 향상을 위한 디스트레스 관리 권고안"을 개발했다. 이 권고안은 국내 최초의 암환자 디스트레스 관리 가이드라인으로서 디스트레스 선별 도구와 주요 증상인 불안, 우울, 불면, 섬망에 대한 치료약물, 비약물적인 관리안을 담고 있다.

암환자를 적극적으로 치료하는 몇개 병원에서는 사회복지사가 디스트레스 선별도구를 활용하여 디스트레스 점검을 하고 디스트레스 측정 점수가 일정점수(10점 만점에 6점 이상) 이상의 환자는 심층상담을 실시하여 의료진과 상담내용을 공유하여 환자의 심리 · 정서적 안정을 적극적으로 도모하고 있다.

나의 디스트레스 알아보기

: 년 월 일 진료과 :

본 설문은 여러분의 치료와 관련하여, 동반된 심리적 불편감을 알아보기 위한 검사지입니다. 항후 치료에 필요한 자료로 활용되므로, 성실히 작성해 주시 바랍니다.

1. **지난 한 주** 동안 스트레스 정도를 숫자(0–10)로 표시(✓)해 주세요.
몹시 힘들다면 10점,
전혀 힘들지 않다면 0점
입니다.

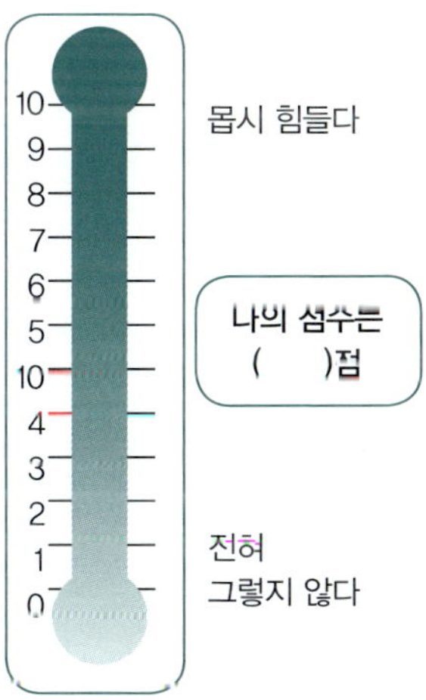

2. **지난 한 주** 동안 느끼셨던 **어려운 점에** 대해 모두 표시(✓)해 주시기 바랍니다.

실생활 문제
- ☐ 자녀보육
- ☐ 주거
- ☐ 보험/재정
- ☐ 교통수단
- ☐ 직장/학교

가정 문제
- ☐ 자녀들과의 관계
- ☐ 배우자와의 관계

심리적 어려움
- ☐ 우울함
- ☐ 두려움
- ☐ 신경질
- ☐ 슬픔
- ☐ 걱정
- ☐ 일상적 활동에 흥미상실

신체적 어려움
- ☐ 변비
- ☐ 설사
- ☐ 소화불량
- ☐ 식사
- ☐ 구역질
- ☐ 입 쓰라림
- ☐ 부은 느낌
- ☐ 피로
- ☐ 통증
- ☐ 성적(sexual)문제
- ☐ 피부건조/가려움
- ☐ 외관(외모변화)
- ☐ 손발저림
- ☐ 수면 장애
- ☐ 열
- ☐ 기억력/집중력
- ☐ 소변의 변화
- ☐ 목욕/옷 갈아입기
- ☐ 거동이 힘듦
- ☐ 코 건조/코 마힘
- ☐ 호흡 곤란

영적/종교적 어려움
- ☐ 없음 ☐ 있음

그 외의 어려움
- ☐ 없음 ☐ 있음

그림 10-1 디스트레스 검사표

(3) 수술 전후 교육프로그램

위암수술 후 환자와 보호자들에게 위암의 올바른 이해와 수술 후 관리에 대한 교육을 실시하는 것은 수술 후 환자의 재활 및 삶의 질 향상을 위해 매우 중요하다. 일반적으로 암진단을 받은 환자들은 수술 후 예후가 매우 양호함에도 불구하고 처음겪는 상황이고 앞으로 어떻게 관리해 나가야 하는지에 대한 궁금증이 매우 높다. 따라서 수술 전후에 환자와 가족이 유의해야 할 내용을 교육하는 것은 매우 중요한 것이다. 수술 전후 교육프로그램에 개입하는 전문가는 의사, 간호사, 영양사, 의료사회복지사 등이며 직종별로 실시하는 교육내용은 다음과 같다.

표 10-1 위암환자 수술 후 교육프로그램

구분	의사	간호사	영양사	사회복지사
교육내용	위암에 대한 이해 및 수술 후 치료 계획	수술 후 일상생활관리 및 합병증 예방 및 관리	치료식이 관리 및 식사요업 실천사항	스트레스 대처하기 사회복지정보 안내 멘토링 프로그램 안내

(4) 멘토링 프로그램

멘토링(mentoring)은 학교, 가업, 종교 집단 등 사회조직에서 기존 구성원들이 새로운 구성원들이 적응를 돕기 위해 활동하는 것으로써 일반적으로 경험과 지식이 풍부한 사람이 새로운 구성원들의 역량과 잠재력을 개발하도록 전담하여 지도하고 조언하는 것을 의미한다. 의료현장에서의 멘토링 프로그램은 어떤 질환을 갖고 있는 멘티에게 멘토가 자신의 선 경험을 공유하면서 멘티의 심리사회적 욕구를 충족시켜 주고, 사회적 지지를 제공하는 것을 주요 목적으로 하고 있다. 대부분 어떤 질환으로 갑자기 진단을 받게 되면 환자들은 신체적 증상뿐만 아니라 심리사회적으로 발생하는 다양한 문제로 인해 어려움을 처하게 된다. 이와 같은 상황에서 환자가 자신의 현 상태를 받아들이고 대처하도록 하기 위해서는 환자가 현재 갖고 있는 문제를 해결하고 욕구를 충족시켜 주는 등 지속적으로 심리사회적 지지를 제공해 줄 누군가가 필요하다.

멘토는 자신의 선 경험에 기반해서 이러한 종류의 지지를 제공하고 욕구를 충족시켜 줄 수 있다는 점에서 매우 중요한 역할을 할 수 있다. 일반적으로 환자는 일반적으로 의료진보다 더 쉽게 멘토와 관계를 유지하게 되며 자신의 의학적 사회적 욕구를 충족시키기 위해 멘토에게 더 편한 감정을 느끼면서 질문을 할 수도 있다. 또한 멘토링 프로그램은 멘티뿐만 아니라 멘토에게도 자신의 선 경험이 다른 사람에게 도움을 줄 수 있다는 자신감을 통해 자기 효능감을 증진시킴으로써 일상생활에서의 자기관리 능력을 향상시킬 수 있다.

멘토링 프로그램이 병원에 처음으로 도입이 된 것은 2000년대 초반이며 공식적인 프로그램으로 진행되기보다는 각 기관마다 의료사회복지자의 역량에 근거하여 자체적으로 개발되어 운영되어 왔다. 그러나 2014년부터는 대한의료사회복지사협회의 지원으로 점차 멘토링 프로그램을 실시하는 병원의 수가 늘어나기 시작하였고 2015년도에는 멘토링 프로그램에 관한 표준화된 매뉴얼이 개발되었고, 멘토링 프로그램 매뉴얼에 맞춰 현재 약 20개 병원에서 프로그램이 운영되고 있다(대한의료사회복지사협회, 2015).

멘토링 프로그램은 다양한 질환의 환자를 대상으로 진행되고 있지만 주로 암환자, 장기이식환자 등을 대상으로 하는 프로그램이 주류를 이룬다.

위암환자 멘토링 프로그램은 위암수술을 먼저 경험하고 슬기롭게 위암을 극복한 선배환자가 암 진단으로 인해 심리 정서적으로 불안해 하는 환자와 보호자들에게 자신의 경험담을 들려주어 환자와 가족의 심리정서적 회복과 자신감 회복을 도모하는 프로그램이다.

〈표 10-2〉는 S병원에서 실시하고 있는 위암멘토링 프로그램의 내용이다.

표 10-2 위암멘토링 프로그램

구분	집단멘토링	전화집단멘토링	전화개별멘토링
참여자격	수술 후 퇴원 전 환자 및 가족	퇴원 이후 3개월 미만의 환자 및 가족	퇴원 후 3개월 미만 환자로서 개별멘토링 희망자
참여멘토(선배)의 수	2명 ~ 4명	2명 ~ 4명	1명
참여멘티(환자)의 수	10명 내외	10명 내외	1명
신청 방법	사전신청 없이 참여	사전 신청	사전 신청
실시주기	정기적 월 2회	정기적 월 1회	부정기적
1회 실시시간	60분 내외	60분 내외	30분 내외
실시장소	위암병동 회의실	사회복지 상담실	
대면방법	면대면	다자간전화시스템	전화(핸드폰)
비용발생	없음	있음	있음
진행자	사회복지사	사회복지사	사회복지사
참여스텝	간호사, 영양사, 사회복지사	간호사, 사회복지사	없음

동료멘토링을 제공한 위암 생존자의 경험 연구(최권호 · 김민아 · 송효석, 2016)에 따르면 멘토링은 암 치료 이후 사회적으로 위축되기 쉬운 암환자들에게 의미 있는 사회적 참여를 활성화시킴으로써 개인을 보다 가치 있는 존재로 여기도록 만들 수 있다고 하였다. 또한 동료 지지의 긍정적 기능을 강화하고 참여자들의 어려움을 해소하기 위해서는 동료 멘토링에 대한 사전교육을 강화해야 한다고 하였다.

(5) 치료비 지원 상담

저소득 취약계층의 환자와 가족은 암진단으로 인한 두려움뿐만 아니라 치료비 마련에도 심각한 어려움을 호소한다. 특히 가족의 지지체계가 열악한 국민기초생활 수급자 및 차상위 계층의 치료비 문제는 환자의 삶의 의지를 저하시키고 가족갈등의 원인이 되기도 한다. 그러나 정부의 건강보험보장성 강화 정책의 확대로 4대 중증질환(암, 심장, 뇌혈관질환, 희귀질환)의 치료비용이 점차 경감되고 또한 저소득층 건강안전망 구축을 위한 다양한 지원사업이 확대됨에 따라 암환자의 비용부담이 축소되었지만 공공지원 외의 비용을 마련하기 어려운 환자는 경제적인 문제로 원활한 치료환경을 조성하지 못하고 있다. 따라서 의료사회복지사는 사회복지공동모금회, 생명보험사회공헌재단, 심장재단 및 개인후원자의 도움을 받아 취약계층의 진료비 문제를 해결하기 위한 다양한 활동을 하고 있다.

4) 사례

환자 A씨는 47세 남자로서 10년 전 교통사고로 인해 척추손상을 입고 치료받은 바 있으며 현재 지체장애 1급이며 휠체어 없이는 이동이 불가능한 상태이다. 아내와는 5년전 이혼하였고 슬하에 자녀는 10살된 딸 1명을 두었으나 아내와 함께 거주하고 있고 환자와는 거의 왕래가 없다. A씨는 4남매의 형제가 있으나 왕래 거의 없는 상태이다. 주거상황은 월세(보증금 2000만 원, 월세 30만 원)이며 국민기초생활 수급자로 의료보장상태는 의료급여 1종이다. 환자는 1년 전부터 속쓰림의 자각증상이 있었으나 약국에서 임시방편의 약을 복용하다가 최근에 증세가 심해져서 동네 병원에서 위암으로 진단받고 수술 위해 본원으로 전원되었다. 환자가 입원 후 경제적 어려움과 간병인의 부재를 표현하자 주치의는 환자의 경제적 문제 및 지지체계 취약을 주요 문제로 의료사회복지사에게 상담을 요청하였다. 사회복지사는 환자 및 환자의 형제들과 5회의 상담을 실시하였고 보건소 암환자 치료비지원제도 연계, 개인후원자 연결 및 일부의 자부담 등으로 치료비문제를 원활하게 해결하였다. 퇴원 후 의료적문제 및 영양관리 등으로 최소 1개월 정도는 집중적인 보호가 필요하여 형제들에게 도움을 요청하게 되었다. 이 과정에서 의료사회복지사의 개입으로 치료비문제 해결은 물론이고 환자와 소원한 관계에 있던 형제들의 관계도 약간은 회복되는 효과를 거두게 되었다.

사례제공: 삼성서울병원 송효석 의료사회복지사

*위의 사례는 실제 사례를 바탕으로 편집 · 각색되었습니다.

3. 장기이식

1) 질환에 대한 이해

장기이식(organ transplantation)이란 질병이나 사고로 인해서 기능을 상실하게 되거나 다른 치료방법으로 그 기능을 할 수 없는 장기를 대신하기 위해서, 신체 내의 장기를 다른 부위로 옮기거나 타인으로부터 받은 장기를 병든 장기 대신 옮기는 일련의 과정을 말한다. 장기 이식이 이루어지는 장기로서는 신장, 간장, 심장을 비롯하여 췌장, 췌도, 소장, 폐, 조혈모세포 등이 있으며 뼈, 심장판막, 인대, 피부, 혈관 등의 조직들도 이식이 가능하다. 이 중 신장과 간 등 기증자가 살아 있을 때에도 제공할 수 있는 경우도 있고 각막과 인체 조직 등 뇌사 상태 또는 사후에 기증할 수 있는 것으로 분류할 수도 있다.

다른 수술이나 치료법과 달리 기증자가 필요한 이식수술의 특성상 장기이식의 역사는 그리 길지 않다. 1954년도에 미국에서 최초의 신장이식수술이 이루어졌고, 한국에서는 1969년도에 처음 시행되었다. 이식수술은 현대의학의 꽃이라 불릴 정도로 말기신부전과 간암 등을 치료하는 획기적인 치료방법으로 주목받고 있지만, 이식 후 급만성 거부반응을 조절하기 위해 면역억제제를 지속적으로 복용해야 하고, 이로 인해 약물치료의 부작용으로 일반인에 비해 여러 가지 감염문제와 만성질환, 암 등이 발생한다는 새로운 문제점이 생겨나고 있다.

아픈 사람을 치료하기 위해서 건강한 사람의 장기가 필요하다는 점은 환자의 기증자의 인권 문제와 장기 매매의 가능성 등과 관련하여 윤리도덕적인 이슈가 늘 존재해왔다. 또한 뇌사자의 장기 기증 역시 분배의 정의와 생체기증자의 경우에는 생명윤리의 관점에서 많은 토론들이 이어져오고 있다. 이에 국가에서는 장기의 적출 및 이식을 적정하게 하고 국민보건 향상을 목적으로 2000년도에 「장기 등 이식에 관한 법률」을 제정하여 공표하였다. 이 법은 장기 등의 적출과 이식은 인도적 정신에 따라 이루어져야 하고, 기증자의 기증의사와 관련된 의사는 존중되어야 하고 특히 기증자의 자발성을 기본이념으로 삼고 있다. 위에서 언급한 환자의 기증자의 인권보호를 위한 법률의 실천과 이식환자들의 이식 후 관리 등과 관련하여 의료사회복지사들에게 많은 역할이 요구되고 있다.

2) 환자와 가족의 심리사회적 특성

장기이식을 받은 환자들이 겪는 심리사회적인 어려움은 수술 전후 적응하는 과정에서의 치료법과 관련된 스트레스와 일상생활에서 오는 스트레스 등 다양한 형태로 나타난다. 또한 이식수술은 필연적으로 기증자가 있어야 하기 때문에 특히 생체 기증자의 경우에도 심리사회적 적응에 있어서 어려움을 겪는 경우가 많다.

우선 장기이식을 받은 환자들의 경우 다음과 같은 심리사회적인 어려움을 가진다. 첫째, 장기이식 환자는 수술 전후 치료과정에서 심리적인 어려움을 가진다. 예를 들어 이식의 경우 환자가 원하고 의사가 가능하다고 하면 할 수 있는 다른 일반적인 수술과 다르게 이식수술은 기증자가 있어야 치료가 가능하다. 그래서 말기신부전으로 투석치료를 받고 있는 환자나 간경화 또는 간암으로 인해서 치료를 받고 있는 환자들의 경우, 가족이든 뇌사자든 기증자를 구하는 과정 자체가 큰 스트레스 요인이 된다. 가족 중에서 기증받을 경우에는 나로 인해 건강한 가족 구성원이 기증수술이라는 신체적인 위험과 수술 후 나타날 수 있는 부작용을 감수해야 하는 과정을 환자도 알고 있기 때문에 심리적인 부담감이 커진다. 반면에 이런 부담 때문에 뇌사자를 기다린다고 해도 이식수술을 바라는 환자, 즉 수요에 비해서 뇌사 기증자는 매우 적은 상황이기 때문에, 최소한 몇 년 이상 오랜기간 동안 기다려야 하고 환자가 전혀 예상하지 못한 시점에서 수술이 이뤄지는 등의 어려움이 존재한다.

또한 수술 자체에 대한 두려움도 있을 수 있다. 수술 환자 대부분이 수술 후 깨어나지 못할 수 있다는 불안함이 있는데, 더욱이 이식수술은 중증도 고난이도 수술로 수술시간이나 수술 자체에 대한 위험성도 다른 수술에 비해서 크기 때문이다. 수술 후에도 이식받은 장기가 안착되기 전까지 거부반응에 대한 공포와 마주하게 된다. 또한 이식이 실패할 경우 생명유지에 대한 공포감 등을 느낄 수 있다. 또한 가족 내에서 변화되는 자신의 역할에 대한 갈등이나 역할상실감을 느낄 수도 있다. 또한 가족 중에서 기증자가 있는 경우라면 기증자가 기증 수술 후 의료적인 문제가 생길 경우, 그 부분이 객관적으로 기증과의 관련성 여부를 떠나 기증자에 대한 미안함과 죄책감을 가질 수 있다.

둘째, 장기이식 환자는 수술 전후 치료과정에서 신체적인 어려움을 호소하게 된다. 수술 전에는 말기신부전으로 인한 투석환자들의 경우, 전해질 불균형으로 가려움증이 심해지고 근육 등에 쥐가 자주 나기도 한다. 또한 빈혈이 생기고 혈압 조절이 어려워지고 증상이 심해지면 부종으로 인해서 심장과 폐에 물이 차서 호흡곤란을 호소하는 등의 다양한 신장 기능 부전에 따른 어려움을 겪는다. 간암 또는 간경화 환자의 경우, 간암 자체가 생명을 위협하는 질환이고, 간경화의 경우 황달과 복수 등으로 일상생활 유지 자체가 어려운 경우가 많다. 장기이식수술이 위와 같은 만성질환을 치료하는 효과적인 방법이기도 하지만, 수술 후에도 신체적인 어려움이 생길 수 있다. 이식환자들의 경우, 이식 후에도 자신에게 이식된 타인의 장기에 대한 거부반응을 억제하기 위해서 평생동안 면역억제제를 복용해야 한다. 면역력이 많이 억제되면 다른 일반적인 질환에 노출되기 쉽고, 반대의 경우에는 이식받은 장기가 제대로 역할을 하지 못해서 면역력을 일정 수준으로 유지하는 것이 매우 중요하다. 그러나 이러한 면역억제제는 장기간 복용하게 되면, 고혈압과 당뇨병, 감염문제, 다모증, 얼굴이 달과 같은 형태로 변하는 문페이스 등 증상이 발생하고, 면역력이 일정수준으로 억제되기 때문에 일반인보다 암발병률이 높아지기도 한다.

그렇게 때문에 정기적인 검사와 치료, 음식조절과 운동 등 생활습관의 조정이 필요하다. 이로 인한 스트레스도 큰 편이다. 이처럼 수술 후에도 외모의 변화와 정기적인 관리에 대한 부담감을 동반하게 된다.

셋째, 장기이식 환자는 사회 · 경제적인 어려움을 겪게 된다. 이식 후에도 초기에 감염 문제가 생기거나 거부반응이 올 수 있어서 정기적인 치료과 관리가 필요하다. 그래서 환자는 수술 후에도 직장 복귀가 어렵게 되고 때로는 실업을 경험하기도 한다. 이렇듯 노농능력이 제한되고 감염문제로 인해서 대인관계에 있어서 소원해지거나 달라진 외모에 인해서 자신감을 잃을 수 있다. 장기이식수술은 수술 자체도 고액의 비용이 발생하고 수술 후에도 지속적인 관리가 필요하고, 위에서 언급한 것처럼 환자들의 근로능력이 제한될 수 있기 때문에, 경제적인 어려움을 호소하는 경우도 많다.

장기이식수술은 필연적으로 기증자가 있어야 가능한 치료법이다. 기증자는 대부분 가족을 위해서 기증하지만, 기증을 결정하는 과정과 기증 후에도 여러 가지 어려움을 겪게 마련이다. 한국은 미국과 유럽 등 선진국보다 가족 기증자가 많은 편이다. 뇌사 기증자가 적기 때문에 가족이 기증하는 경우도 있지만, 가족 중심 문화라는 한국인들의 정서에 기인하는 면도 있다. 기증자들은 대부분 자식이니까-가족이니까-부모님을 살려야 한다는 생각으로 기증을 결심하게 된다. 그러나 이런 문화들로 인해서 환자의 가족들 중에서 누군가가 암묵적으로 기승을 강요받게 되는 경우도 있을 수 있음을 고려해야 한다. 그래서 기증자의 기증에 대한 자발적인 의도를 파악하고, 수술 직전까지도 기증 철회에 대한 의사도 존중받아야 한다. 그리고 환자에 대한 관심으로 인해서 수술 후에 기증자들이 소외감을 느끼는 경우가 있는데, 기증 후에도 가족들의 지속적인 관심과 더불어 기증자 클리닉 등 의료적으로도 관리될 수 있도록 배려받아야 한다.

3) 의료사회복지사의 개입활동

(1) 법적 근거 및 장기이식과정

장기이식과 관련된 사회복지사의 법적 근거는 2025년도에 공표된 「장기 등 이식에 관한 법률」 시행령 제24조, 제25조에 아래와 같이 규정되어 있다.

> **제24조(장기구득기관의 지정기준)** 법 제20조제7항에 따라 장기구득기관으로 지정받으려는 자가 갖추어야 할 시설 · 장비 및 인력 등은 별표 3과 같다.
> **제25조(이식의료기관의 지정기준)** 법 제25조제2항에 따라 이식의료기관으로 지정받으려는 의료기관이 갖추어야 할 시설 · 장비 · 인력 등은 별표 4와 같다.

[별표 3]

장기구득기관의 시설 · 장비 및 인력 등(제24조 관련)

1. 시설 및 장비
   가. 장기구득업무 수행에 필요한 별도로 구획된 사무실
   나. 법 제17조에 따른 뇌사추정자의 통보 · 신고에 필요한 전산장비
   다. 구급차 등 환자 긴급 이송수단
   라. 다음의 검사에 필요한 검사실
      1) 사람백혈구항원검사
      2) 사람백혈구항원교차검사
      3) 혈액형검사(ABO/Rh type and antibody screening)
      4) 그 밖의 감염 표지자(標識子) 검사
   마. 사람백혈구항원검사 및 사람백혈구항원교차검사에 필요한 시약
   바. 환자의 검체(檢體) 보관에 필요한 냉동 온도가 −70℃ 이하인 냉동고
      ※ 비고: 다목부터 바목까지의 시설 및 장비는 다른 기관과 공동으로 이용할 수 있다.

2. 인력
   가. 장기구득 의사 1명 이상
   나. 장기구득 간호사 6명 이상
   다. 사회복지사 1명 이상
   라. 행정 업무 담당 인력 1명 이상

[별표 4] 〈개정 2019.7.16〉

이식의료기관의 시설 · 장비 · 인력 등(제25조 관련)

1. 시설 및 장비
   가. 공통 기준
      다음의 시설 및 장비를 갖추어야 한다. 다만, 안구만을 이식하려는 경우에는 그렇지 않다.
      1) 수술실: 심전도 모니터, 혈압 모니터 및 산소포화도 측정기
      2) 회복실: 인공호흡기 및 감시장비
      3) 중환자실: 인공호흡기 및 감시장비
      4) 진단검사의학검사시설
      5) 영상의학검사시설
      6) 삭제 〈2013.12.17〉
      7) 해부병리검사시설
   나. 장기별 기준
      다음의 구분에 따른 시설 및 장비를 갖추어야 하며, 둘 이상의 장기를 이식하려는 경우에는 공통되는 시설 및 장비는 중복하여 갖추지 않을 수 있다.
      1) 신장 및 췌장: 투석실 및 혈액투석기
      2) 간장: 인공심폐기, 고속주입기 및 자가수혈장치
      3) 심장 및 폐: 인공심폐기
      4) 골수 및 말초혈: 무균입원실
      5) 안구: 안구 처리 · 보관시설, 경면현미경, 진단검사의학시설 및 수술실
      6) 췌도: 무균분리시설
      7) 소장: 내시경, 내시경적 생검시설(生檢施設), 고속주입기 및 자가수혈장치

8) 손 · 팔 또는 발 · 다리: 재활치료실 또는 물리치료실, 미세현미경

※ 비고: 안구만을 이식하려는 경우에는 5)에 따른 진단검사의학시설은 다른 기관과 공동으로 이용할 수 있다.

2. 인력

가. 공통 기준

1) 진단검사의학과, 병리과, 마취통증의학과, 영상의학과, 재활의학과, 정신건강의학과, 소아청소년과 및 내과(감염 전문 및 호흡기 전문) 전문의를 각각 1명 이상 두어야 한다.

2) 1)에도 불구하고 안구만을 이식하려는 경우에는 진단검사의학과 및 마취통증의학과 전문의만을 각각 1명만 둘 수 있고, 골수 또는 말초혈만을 이식하려는 경우에는 진단검사의학과, 마취통증의학과, 내과(감염 전문) 및 소아청소년과 전문의만을 각각 1명만 둘 수 있다. 다만, 안구만을 이식하려는 경우로서 다른 의료기관과 계약을 체결하여 진단검사의학과 및 마취통증의학과 전문의를 공동으로 이용할 수 있는 경우에는 진단검사의학과 및 마취통증의학과 전문의를 두지 아니할 수 있다.

3) 장기등의 적출 · 이식을 위한 상담 · 연락 업무 등을 담당하는 간호사와 사회복지사를 각각 1명 이상 두어야 한다. 다만, 안구만을 이식하려는 경우에는 그렇지 않다.

나. 장기별 기준

다음의 구분에 따른 전문과목의 전문의를 각각 1명 이상 두어야 하며, 둘 이상의 장기를 이식하려는 경우에는 공통되는 인력은 중복하여 갖추지 않을 수 있다. 이 경우 외과, 흉부외과, 비뇨의학과 및 내과(골수, 말초혈, 손 · 발 또는 발 · 다리의 경우만 해당한다) 전문의는 국내 또는 국외의 이식의료기관에서 장기이식훈련과정을 6개월 이상 수료한 사람이어야 한다.

1) 신장: 외과 또는 비뇨의학과, 내과(신장 전문)
2) 간장: 외과, 내과(소화기 전문)
3) 췌장 및 췌도: 외과, 내과(내분비 전문)
4) 심장: 흉부외과, 내과(순환기 전문)
5) 폐: 흉부외과, 내과(호흡기 전문)
6) 골수 및 말초혈: 내과(혈액종양 전문)
7) 안구: 안과
8) 소장: 외과, 내과(소화기 전문)
9) 손 · 팔 또는 발 · 다리: 정형외과 또는 성형외과, 외과 또는 내과

[그림 10-2]는 생체 기증자가 있는 경우에 장기이식절차를 나타내는 것이다. 이 과정에서 사회복지사는 환자와 기증자에 대한 상담을 시행하고, 국립장기이식관리센터에 이식대상자 선정승인 요청을 한다.

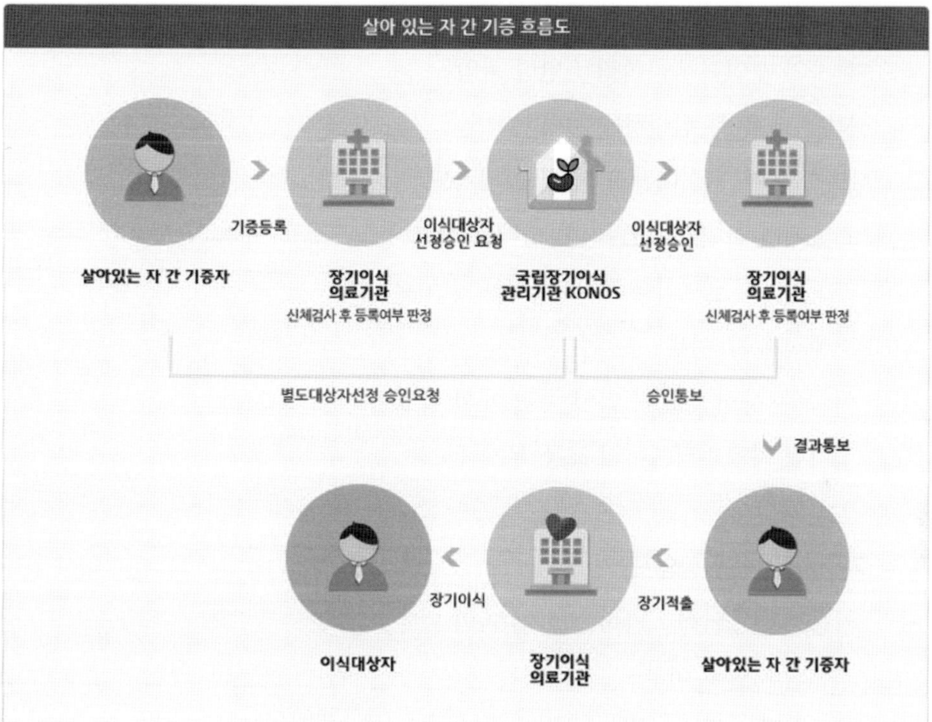

그림 10-2 살아있는 자 간 기증 흐름도

출처: 국립장기이식관리센터 홈페이지.

(2) 장기이식 담당 사회복지사의 활동

장기이식 영역에서의 사회복지사의 핵심 역할은 환자와 기증자에 대한 심리정서적/경제적 상황에 대한 사정과 함께 이식 전후 과정에서 상담과 여러 가지 프로그램을 통해 정서적인 안정감을 도모하는 데 있다. 그 외에도 관련법에서 정한 기증

예정자에 대한 장기기증 상담평가 과정도 필수적이다. 법에서 정한 장기기증 상담평가 외에는 병원마다 이식에 관한 사회복지사의 업무 과정이나 내용이 일부 차이가 있을 수 있으나 본 책에서는 삼성서울병원의 사례를 들어보기로 한다.

● 환자에 대한 상담/평가

① 환자의 개인력 / 가족력 / 병력 파악

② 불안, 우울 등 심리상태 파악

③ 질병 및 이식에 대한 인식 및 기대정도

④ 스트레스 관리, 자기관리 방법에 관한 사항

⑤ 가족지지체계(이식 후 조력자 포함) 및 치료의지

⑥ 경제적 문제 여부

⑦ 이식 후 사회적응 및 직업 복귀 계획 점검

⑧ 정기적 치료과정에서의 교통 문제 등

● 기증자에 대한 상담/평가

① 기증자의 발달력 / 가족(보호자) 파악

② 기증의 자발성 여부

③ 나의 기증 외 환자의 다른 치료 옵션에 대한 인지 여부(고지된 동의/사전동의 관련)

④ 기증에 대한 보호자의 동의여부

⑤ 신체적/정신적 건강 상태: 기증자가 정신질환이나 지적장애가 있는 경우, 지역사회와 해당병원 정신건강의학과 전문의의 평가/확인 필요

⑥ 기증 철회에 대한 의료진의 존중 의무 및 기증자 클리닉 등 기증자의 의료적 지원체계에 대한 고지

⑦ 국가에서 운영하는 차별신고센터에 대한 정보제공 등

- 장기기증 상담평가

① 신청서(장기 등 이식대상자 선정승인 신청서, 장기등 이식대상자 선정사유서) 작성
② 기증의 자발성 및 보호자(배우자→직계비속→직계존속→형제자매순) 동의 여부 확인
③ 환자의 기증자의 신분증을 통해서 본인여부 확인 / 구비서류 점검
④ 사회복지사 상담평가서 작성
⑤ KONOS(국립장기이식관리센터) 승인 요청
⑥ 수술 전후 f/u 상담

- 경제적 문제 상담

① 비용 마련에 대한 어려움 파악 후 관련 후원기관 연계: 129 긴급복지지원 제도, 한국심장재단, 밀알복지재단, 재난적 의료비 지원사업, 원내 자선진료 등

- 신장이식인/기증자 멘토링 프로그램

① 이식수술을 먼저 받은 선배 환자들을 봉사자로 선발하여, 장기이식수술에 관심이 있거나 수술 전후의 환자 및 보호자에게 치료에 대한 경험 및 관리방법에 대한 노하우를 공유하는 프로그램이다.
② 기존에 다른 가족을 위해서 기증한 경험이 있는 선배 기증자가 기증을 고려 중이거나 기증 수술 전후의 기증자 및 가족들에게 본인의 기증 경험을 공유하는 프로그램이다.

- 퇴원교육

① 이식 수술 후 퇴원을 앞두고 있는 환자 및 보호자들을 대상으로 하는 교육으로, 간호사/영양사/약사와 함께 교육을 시행한다.
② 자가관리 의지 강화 및 스트레스 관리법 교육

③ 이식 관련 사회복지제도 안내: 장애 등록 및 혜택, 국민연금 내 장애연금, 산정특례, 재난적 의료비 지원사업 등

- 자조모임

① 장기이식 환자들과 보호자들이 수술 후에도 정서적인 유대감을 가지고 안정적으로 관리하고 정보를 교환할 수 있도록 그들만의 자리를 만들 필요가 있다.
② 온라인에서도 인터넷 카페를 운영하는 등의 방법을 활용할 수 있으며, 의사, 영양사, 약사, 운동처방사, 사회복지사가 돌아가면서 참여하는 것도 가능하다.

4) 사례

만 41세 여자 L씨는 2001년 눈이 침침한 증상으로 동네에 있는 안과 병원에 갔다가 큰 병원을 권유받았다. 그때 당시 고혈압으로 인한 만성신장질환으로 진단받았다. 이후 정기적으로 외래 치료를 받았지만, 말기신부전으로 악화되어 2011년부터 혈액투석치료를 시작하였다. 환자는 부가 돌아가시고 어머니와 여동생 3명과 함께 살았던 상황이고, 특히 수급자로 고액의 비용이 발생하는 이식수술은 생각하지 못했다. 그러나 투석치료가 지속되면서 혈압이 조절되지 못하고 심장 기능도 저하되기 시작하였다. 환자는 미혼의 젊은 여성으로 향후 여명과 삶의 질을 고려하면 이식수술을 받는 것이 절절한 치료방법이었다. 그래서 어머니가 기증하여 이식수술을 하기로 하였고, 장기기증 상담평가와 경제적 지원 등을 목적으로 신장내과 교수로부터 담당 사회복지사에게 의뢰되었다.

기증을 고려했던 어머니는 남편이 사망한 이후로 생계 유지를 위해서 각종 아르바이트로 가족을 위해서 고생을 많이 한 딸에게 기증하기로 결심하였고 보호자인 차녀도 기증에 대해서 동의하였다. 환자는 어머니가 기증 의사를 밝혔을 때 미안한 마음도 들었고 수술에 대한 부담감도 큰 상황이었지만, 수술 후 건강한 모습으로 어머니와 함께 살겠다는 희망으로 수술을 결심하게 되었다. 이식대상자와 장기기증자는 모녀 관계 장기기증평가상 특별한 문제가 없었다.

그러나 환자 가족은 수급자 및 의료급여 1종으로 국가에서 50여만원 남짓의 생활비로 생계를 유지해오던 터였다. 이에 환자와 기증자 입원 후 한국심장재단과 재난적 의료비 지원사업에 연계하여 입원수술비를 마련할 수 있었다. 또한 환자와 기증자를 대상으로 멘토링 프로그램을 진행하여, 이식

수술 및 기증에 대해서 긍정적으로 이해하고, 퇴원 후 관리의지 강화에 도움이 되었다.

환자는 지방에 거주하고 있어서, 향후 고속철도를 통해서 외래치료를 다니고, 모가 보호자로서 환자를 지원할 예정이다. 환자는 멘토링 프로그램에 참여한 후 신장이식인들의 모임인 새생명회 인터넷 카페에 가입하였고, 앞으로 오프라인 자조모임에도 참여할 생각이라고 한다.

사례제공: 삼성서울병원 배성우 의료사회복지사

* 위의 사례는 실제 사례를 바탕으로 편집 · 각색되었습니다.

4. 아동학대

1) 아동학대에 대한 이해

아동학대란 만 18세 미만의 아동에게 보호자를 포함한 성인이 아동의 건강 또는 복지를 해치거나 정상적 발달을 저해할 수 있는 신체적 · 정신적 · 성적 폭력이나 가혹 행위를 하는 것과 아동의 보호자가 아동을 유기하거나 방임하는 것을 말한다.

(1) 유형 및 사례

① 신체학대

- 아동에게 행하는 신체적 폭력 또는 가혹행위
- 직접적으로 신체에 가해하는 행위, 도구를 사용하여 신체에 가해하는 행위, 신체에 유해한 물질로 신체에 가해하는 행위, 완력을 사용하여 신체를 위협하는 행위 등

"훈육을 목적으로 8살 아들을 대나무 효자손으로 여러 군데를 때려 몸 곳곳에 피멍이 들게 한 친부" (출처: 경남신문 2016.7.17. "효자손으로도 때리지 말라" 8살 때린 아빠 벌금형)
→법원은 아동학대 및 상해혐의로 친부에게 벌금 100만 원 선고 후 아동학대치료프로그램 40시간 이수 명령

② 정서학대

- 아동에게 행하는 언어적 폭력, 정서적 위협, 감금이나 억제, 기타 가학적인 행위
- 언어적 폭력행위, 정서적 위협, 형제나 친구 등과 비교 · 차별 · 편애 · 왕따 시키는 행위, 아동에게 비현실적인 기대 또는 강요를 하는 행위 등

"돌보던 3살 아동이 낮잠을 자지 않자, 스마트폰 앱으로 도깨비 전화를 보여주겠다고 겁을 줬고, 아동이 다리를 떨며 거부 반응을 보이게 한 어린이집 보육교사"(출처: 채널A 2016.1.29. 잠 안 잔다고 도깨비 보여줬다가 유죄)
→법원은 어린이집 보육교사에 대해 정서학대 행위가 인정된다며, 벌금 150만 원 선고

③ 성학대

- 아동을 대상으로 하는 모든 성적 행위
- 자신의 성적 만족을 위해 아동을 관찰하거나 아동에게 성적 노출을 하는 행위, 아동을 성적으로 추행하는 행위, 아동에게 유사성행위를 하는 행위, 성교를 하는 행위, 성매매를 시키거나 성매매를 매개하는 행위 등

"딸이 9살 때부터 고등학생이 될 때까지 모텔로 데려가 목욕을 시키며 자신의 성기를 만지게 하는 등의 성학대를 한 친부"(출처: SBS뉴스 2015.12.30. 친권상실 아빠들의 만행... 성학대에 소주병 폭행까지)
→법원은 미성년자인 딸을 추행한 혐의로 1심에서 징역 4년을 선고하고, 검찰이 청구한 친권상실도 수용

④ 방임 · 유기

- 물리적 방임: 기본적인 의식주를 제공하지 않는 행위, 상해와 위험으로부터 아동을 보호하지 않는 행위 등
- 교육적 방임: 보호자가 아동을 학교(의무교육)에 보내지 않거나 아동의 무단결석을 허용하는 행위 등
- 의료적 방임: 아동에게 필요한 의료적 처치를 하지 않는 행위 등
- 유기: 아동을 보호하지 않고 버리는 행위, 아동을 병원에 입원시키고 사라지는 경우 등

"딸이 4살이 될 때까지 출생신고를 하지 않고, 딸을 둔 채 가출해 밥을 제대로 챙겨주지 않는 등 훈육을 소홀히 한 친모"(출처: KBS뉴스 2016.7.31. 딸 출생신고 안하고 양육도 뒷전 30대 엄마 집행유예)

→법원은 1심에서 아동유기, 방임 혐의로 기소된 친모에게 징역 8월에 집행유예 2년을 선고

(2) 아동학대 현황

표 10-3 아동학대사례 유형별 피해아동 연령

(단위: 건, %)

학대유형 연령	신체학대		정서학대		성학대		방임		계	
1세 미만	92	(18.9)	215	(44.1)	0	(0.0)	180	(37.0)	487	(100.0)
1~3세	506	(19.7)	1,602	(62.5)	2	(0.1)	453	(17.7)	2,563	(100.0)
4~6세	746	(21.7)	2,277	(66.3)	21	(0.6)	390	(11.4)	3,434	(100.0)
7~9세	1,640	(28.9)	3,486	(61.4)	90	(1.6)	464	(8.2)	5,680	(100.0)
10~12세	2,488	(34.1)	4,148	(56.8)	210	(2.9)	456	(6.2)	7,302	(100.0)
13~15세	3,319	(41.8)	3,936	(49.6)	351	(4.4)	327	(4.1)	7,933	(100.0)
16~17세	1,336	(40.7)	1,669	(50.9)	160	(4.9)	115	(3.5)	3,280	(100.0)
계	10,127	(33.0)	17,333	(56.5)	834	(2.7)	2,385	(7.8)	30,679	(100.0)

*중복포함

출처: 보건복지부(2025). 2024 아동학대 주요통계.

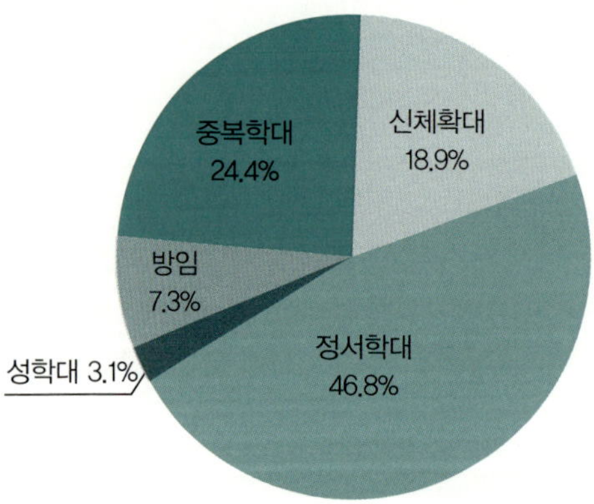

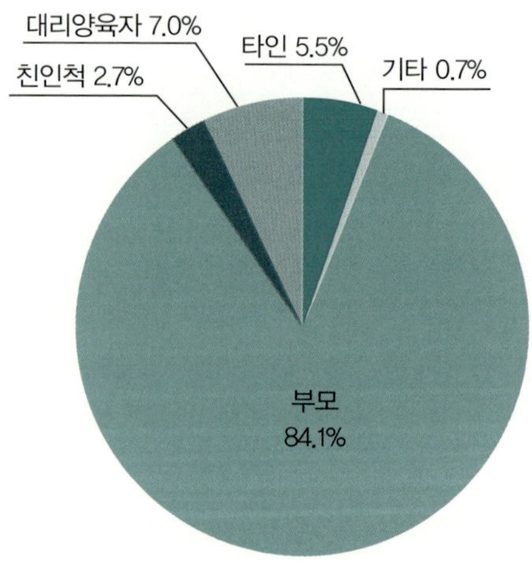

그림 10-3 전국 아동학대 현황

출처: 보건복지부(2025). 2024 아동학대 주요통계.

(3) 아동보호 체계에 대한 이해

① 아동보호전문기관 운영의 법적 근거

- 아동보호전문기관 설치(아동복지법 제45조): 학대 받은 아동의 발견, 보호, 치료에 대한 신속한 처리 및 아동학대 예방을 담당하는 아동보호전문기관을 설치
- 아동학대의 예방과 방지 의무(아동복지법 제22조): 아동학대에 관한 신고체제의 구축 운영을 함. 아동학대 신고전화 112(전국 공통, 24시간 접수)

② 아동보호전문기관의 역할

가. 중앙아동보호전문기관(제46조제1항)

- 지역아동보호전문기관에 대한 지원
- 아동학대예방사업 관련 연구 및 자료 발간
- 효율적인 아동학대예방사업을 위한 연계체제 구축
- 아동학대예방사업을 위한 프로그램 개발 및 평가
- 상담원 직무교육, 아동학대예방 교육 및 홍보
- 아동보호전문기관 전산시스템 운영

나. 지역아동보호전문기관(제46조제2항)

- 아동학대 신고접수, 현장조사 및 응급보호
- 피해아동 상담, 조사를 위한 진술녹화실 운영
- 피해아동 가족 및 아동학대행위자를 위한 상담, 치료 및 교육
- 아동학대예방 교육 및 홍보
- 피해아동 가정의 사후관리
- 아동학대사례전문위원회 설치, 운영 및 자체사례회의 운영

③ 국가 차원에서의 아동학대사례 개입과정

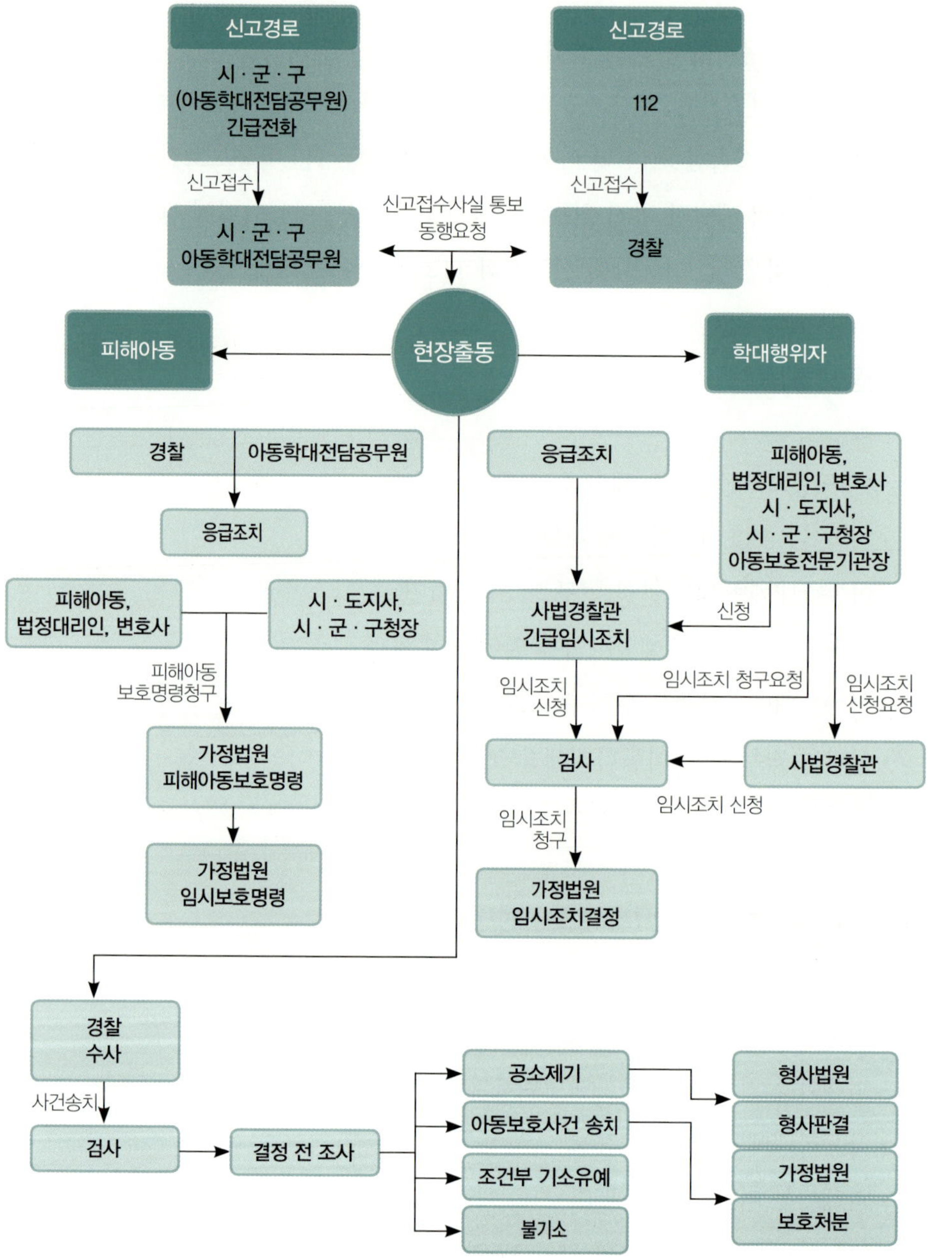

그림 10-4 국가의 아동학대 사례 개입 과정

2) 환자와 가족의 심리사회적 특성

(1) 발생요인 및 결과

아동학대는 아동이 가진 여러 특성과 아동을 둘러싸고 있는 부모, 가족, 사회 등의 주변 환경과의 역동적 관계를 고려할 필요가 있다. 아동학대는 개인, 가족, 사회에까지 부정적인 파급효과를 미친다.

구분	요인	결과
개인	정신장애, 학대경험, 약물중독, 자녀에 대한 비현실적 기대, 충동, 부모 역할에 대한 지식 부족 등	–학내로 인한 사밍 –아동에게 깊은 상처를 줌. –아동 자신을 무가치하게 느낌. –아동의 신뢰가 파괴됨.
가족	빈곤, 실업, 사회적 지지 체계 부족, 원만하지 못한 부부관계, 가정폭력, 부모–자녀 간 애착부족 등	–비가해가족의 죄책감, PTSD –부모의 자녀 양육 기능 저하 –부모 및 형제와의 다툼 증가 –가출
사회	자녀를 부모의 소유물로 여김, 체벌의 수용, 피해아동에 대한 법적인 보호 부재 및 미비 등	–아동학대의 세대 간 전이 –학교폭력, 비행, 자살 증가 –약물 남용 및 중독 –성매매 등 각종 범죄 증가

(2) 아동학대 후유증

신체손상	심리 · 정서손상
피부 결손, 화상, 골절, 안구 출혈, 장기파열, 두뇌 손상, 성장 실패, 생리기능 변화, 사망	중추신경계 손상, 지능 · 자아기능 손상, 감정조절기능 저하 및 이상, 자기개념 손상(무력감), 애착형성 붕괴, 충동조절능력 저하, 또래관계 붕괴, 자학적 · 자기파괴 행동, 정신병리

(3) 학대 유형별 아동의 심리사회적 어려움

학대 유형	아동의 겪는 심리사회적 어려움과 영향
신체학대	–정서적 문제, 행동상의 문제, 학습문제 등 야기 –타인을 신뢰하지 못하고 버려질 것에 대해 불안해하고, 타인과의 관계에서 긴장이나 공격성을 보임. –성인기 자아 개념에 부정적인 영향을 미침. –자신의 자녀를 학대할 가능성을 높임. –성인기의 분노와 공격성, 수면장애, 약물중독, 자살충동에 영향을 미침.
정서학대	–유아기의 정서학대는 치명적인 후유증을 겪게 함. –낮은 자아 존중감, 의존성, 우울증, 도벽, 거짓말, 낮은 학업 성취, 타인에 대한 공격성 등과 같은 문제 행동과의 관계가 입증되고 있음. –가정폭력, 성인기 정신건강 문제, 약물중독이 가정에서 빈번하게 발생
성학대	–신체적 상해 이외의 자해, 우울증, 자아 존중감 상실, 성충동 조절의 문제 등의 심각한 정신적 후유증 유발 –아동의 나이, 지속기간, 학대수준, 고의성, 위협이나 강압의 정도 등에 따라 성학대 후유증의 심각성이 좌우됨.
방임	–수동적이며 사회적으로 위축된 모습을 보이는 경향 –방임이 지속되면 사회적 기능, 대인관계, 학업성취 등에서 심각한 손상 초래 –영유아기 주양육자와 안정적인 애착관계를 형성하지 못하면 이후 발달상의 문제 초래 –저학년기는 학습 준비도 저하 발생 –고학년기는 심각한 학습장애 발생

3) 의료사회복지사의 역할 및 개입활동

(1) 역할

- 아동학대에 대해 신고의무자인 의료인들에 대한 교육뿐 아니라 의료기관 종사자와 환자 및 가족 등의 이해관계자들이 아동의 권리보호에 대한 중요성을 인식하고 필요시 적극적으로 신고 및 대처할 수 있도록 교육, 옹호, 지원
- 사례 발생 시 의료기관 내부에서의 원활한 의사소통과 팀 협력 뿐 아니라 경찰, 아동보호전문기관 등의 외부 유관기관과 유기적인 협조로 아동에게 의료

적, 사회복지적 지원과 개입이 이뤄질 수 있도록 개입

- 의료기관에서 학대 관련 의사결정과 내부 정책수립 등을 위해 학대환자보호위원회가 조직 · 운영되는 경우 기관 내부 역동과 협력관계 등을 바탕으로 의료사회복지사로서의 역할 수행

(2) 아동학대 신고시 유의사항

- 현장 조사에 적극적으로 협조한다.
- 가능한 한 증거 사진 등을 확보한다.
- 아동이 불안에 빠지지 않도록 큰일이 난 것처럼 하지 않고 일상적으로 대한다.
- 성학대의 경우 증거 확보를 위해 씻기거나 옷을 갈아 입히지 않는다.
- 진술의 오염이 있으므로, 학대에 대해 계속 캐묻거나 유도 질문을 하지 않는다.

(3) 아동학대 신고의무자의 신고 절차

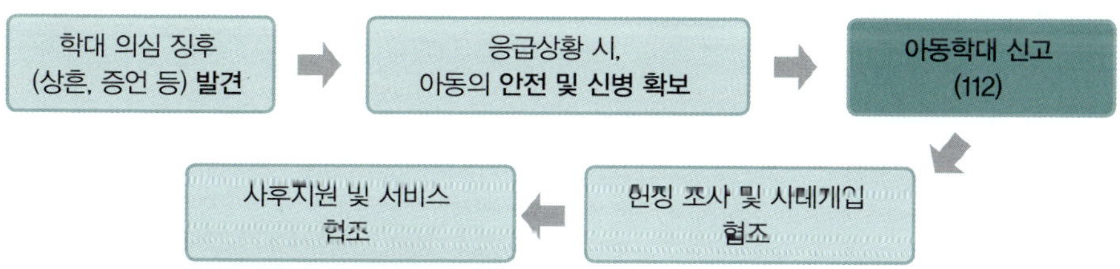

★ 아동학대 신고의무자 주의사항 ★

아동학대 신고의무자는 아동학대 신고 시, 보호자에게 신고내용을 알리는 등 아동학대 증거가 은폐되지 않도록 주의하여야 함.

※ 의료기관의 상황에 따라 신고 절차는 차이가 있다.

- 신고의무자인 의료진이 학대의심사례를 발견한 경우 학대환자보호위원회(또는 학대업무 담당 의료사회복지사)로 의뢰한 후 위원회 차원으로 경찰 신고 및 외부 기관의 요청에 대한 협조, 사례관리 등을 진행하는 경우
- 신고의무자인 의료진이 학대의심사례를 발견한 후 직접 경찰(112)에 신고한 후 사회복지사 또는 학대환자보호위원회 등에 내부 보고를 하고 사후 대처를 진행하는 경우

4) 사례

중환자실에서 뇌사판정 절차 진행 중 아동학대 의심사례로 병원 학대환자보호위원회로 의뢰된 생후 3개월 여환 사례이다. 담당 사회복지사는 의료진으로부터 확인된 내용을 바탕으로 경찰에 신고했고 이후 경찰 등 관련 기관의 조사가 진행되었다.

환아는 서울시 거주 중이며 군인인 아버지와 주부인 어머니, 3세 오빠와 생활 중이었다. 사고 발생일에 환아 父가 수유 중 환아가 구토 및 캑캑거리며 숨 안 쉬는 모습 보여 父가 집에서 심장마사지하며 119 신고했고, 응급실 내원 후 자발 호흡이 없어 중환자실에 입원했다. 이후 보호자가 뇌사판정 후 장기기증에 동의하여 뇌사판정위원회 진행 중에 관련 정황들이나 의료적 소견으로 볼 때 아동학대 관련 스크리닝이 우선적으로 진행된 후 장기기증에 대한 논의가 필요하겠다는 결정에 따라 의료진에 의해 최초 의뢰된 것이다.

중환자의학과 전문의가 환자의 CT검사 결과와 망막출혈 소견 등을 볼 때 shaken baby syndrome 의심되는 상황이었다.

환아 父가 군인이라 헌병대와 경찰이 아동학대 관련 수사를 함께 진행하였고 아동보호전문기관도 보호자 면담을 진행하였다. 조사 과정에서 아동이 의사표현 능력이 없는 영유아이고 사고 후 약 1주일 정도의 시간이 경과되어 뇌사 판정까지 앞둔 시점에서 아동학대 혐의에 대한 수사 진행되어 관련 기관에서도 학대 관련 수사 정보수집의 제한 등으로 수사의 어려움 호소했다. 의료진은 환아 가족의 아동학대 신고에 대한 불만과 공격적 표현, 수사 협조 과정에서의 어려움 등 호소하였으나 아동의 권리보호 측면에서 적극적으로 신고의무자로서의 역할을 충실히 수행한 것에 대해서 지지해

주었다. 본 사례는 결국 수사 진행 중 아동이 뇌사 판정을 받아 보호자 뜻에 따라 뇌사자 장기기증 후 사망했으며 이후 관련 기관에 확인한 바로는 보호자의 학대 사실에 대한 정확한 파악이 어려워 무혐의로 결론난 사례였으나 의료진이 간과하지 않고 신고한 점에 대해서는 신고의무자로서의 의무를 성실히 다한 것이라 할 수 있다. 전체 과정에서 사회복지사가 원내외 관계자와 협력하고 유기적으로 소통하며 아동의 권리보호를 위한 옹호자 역할을 충실히 수행하였다.

사례제공: 삼성서울병원 김주식 의료사회복지사

※ 위 사례는 실제 사례를 바탕으로 편집, 각색한 것입니다.

[별첨 1] 아동학대 신고의무자를 위한 아동학대 체크리스트

연번	체크항목	체크란	
1	사고로 보이기에는 미심쩍은 상흔이나 폭행으로 보이는 멍이나 상처가 발생한다.	예	아니오
2	상처 및 상흔에 대한 아동 및 보호자의 설명이 불명확하다.	예	아니오
3	보호자가 아동이 매를 맞고 자라야 한다는 생각을 갖고 있거나 체벌을 사용한다.	예	아니오
4	아동이 보호자에게 언어적, 정서적 위협을 당한다.	예	아니오
5	아동이 보호자에게 감금, 억제, 기타 가학적인 행위를 당한다.	예	아니오
6	기아, 영양실조, 적절하지 못한 영양섭취를 보인다.	예	아니오
7	계절에 맞지 않는 옷, 청결하지 못한 외모를 보인다.	예	아니오
8	불결한 환경이나 위험한 상태로부터 아동을 보호하지 않고 방치한다.	예	아니오
9	성학대로 의심될 성 질환이 있거나 임신 등의 신체적 흔적이 있다.	예	아니오
10	나이에 맞지 않는 성적 행동 및 해박하고 조숙한 성지식을 보인다.	예	아니오
11	자주 결석하거나 결석에 대한 사유가 불명확하다.	예	아니오
12	필요한 의료적 처치를 하지 않거나 예방접종이 필요한 아동에게 예방접종을 실시하지 않는다.	예	아니오
13	보호자에 대한 거부감과 두려움을 표현하거나 집(보호기관)으로 돌아가는 것에 대해 두려워 한다.	예	아니오
14	아동이 히스테리, 강박, 공포 등 정신신경성 반응을 보이거나 공격적이거나 위축된 모습 등의 극단적인 행동을 한다.	예	아니오
15	"아동학대 체크리스트"1~14에 해당되지는 않지만 그 외의 학대로 의심되는 경우 (학대 의심 사항:)	예	아니오

"아동학대 체크리스트"는 아동학대 신고의무자가 직무 중에 학대로 의심되는 아동을 조기발견하기 위해 활용되도록 제작되었습니다.

1개 문항 이상 "예"라고 체크된 경우, 아동학대를 의심해 볼 수 있는 상황입니다.
아동학대가 "의심"되면 아동학대 신고전화 112로 반드시 신고해 주시기 바랍니다.

출처: 중앙아동보호전문기관.

Chapter

11 공공보건의료와 의료사회복지

1. 공공보건의료의 등장
2. 공공보건의료의 한국적 맥락
3. 공공보건의료 및 공공보건의료계획의 주요개념
4. 공공보건의료활동의 사례
5. 공공보건의료와 의료사회복지

Chapter 11

공공보건의료와 의료사회복지

이 장에서는 다음과 같은 질문들에 대해서 다룰 것이다.
첫째, 공공보건의료란 무엇인가?
둘째, 공공보건의료활동의 실제사례에는 무엇이 있는가?
셋째, 공공보건의료 영역에서의 의료사회복지사의 역할은 무엇인가?

1. 공공보건의료의 등장

대한민국 국민이라면 나이, 성별, 거주 지역, 질병의 종류, 경제적 여건에 관계없이 차별받지 않고 의료의 혜택을 받을 수 있어야 한다. 이 말에 반대하는 이는 거의 없을 것이다. 국민이라면 모두 공감할 만한 이 사실을 현실에서 구현하기 위한 체계를 한 마디로 표현한다면 '공공보건의료'라고 말할 수 있겠다. 공공보건의료라는 말은 아직 우리에게 생소하게 느껴지지만 일상에서 건강권을 누리는 데 중요한 역할을 하고 있다. 공공보건의료에 대해 국민이 주목하게 된 계기로 2013년에 있었던 진주의료원 폐쇄와 2015년 메르스 사태 등이 있었다. 특히, 2018년 이대목동병원 신생아중환자실 미숙아 사망 사고는 공공보건의료가 제대로 작동하고 있는지 돌아보는 큰 계기가 되었다.

왜 의료에서 공공성이 중요할까? 해당 분야의 시장이 완전경쟁시장의 조건을 충족하기 위해서는 수많은 생산자와 소비자가 존재하고 동질적인 상품이 제공되며, 그 상품에 대한 완전한 정보가 제공되어야 한다. 또한 자유로운 시장의 진입과 퇴출이 가능해야한다. 이러한 조건을 충족하지 못할 때 시장의 실패가 일어나고 비효율이 야기될 수 있다. 바로 보건의료분야가 위의 조건을 충족시키지 못해 시장의 실패가 일어나기 쉬운 분야이다. 하나하나 조건을 살펴보자. 보건의료분야는 배제불가능성[01](비 배제성)과 비경합성 등 공공재(Public goods) 성격이 강하며, 의료제공자와 이용자 간의 정보격차로 인한 정보의 실패(Information failure)가 나타나기 쉽다. 또한, 공공재는 민간부문에만 의지할 경우 과소 공급되거나 아예 공급되지 않을 수 있다. 보건의료분야는 이러한 특징이 있어 서비스의 생산 및 분배를 시장의 원리에만 온전히 맡길 수 없고, 현안에 따라 정부의 정책 개입을 필요로 한다. 사회 · 경제의 발전 속에서 건강과 의료이용의 형평성 증진에 대한 사회적 관심이 늘어나게 되었고, 건강권이 하나의 권리로서 자리 잡게 되며 공공보건의료의 중요성이 강조되었다(오영호, 2003). 이러한 배경 속에서 「공공보건의료에 관한 법률」이 2000년 1월 12일 법률 제6159호로 제정되었다.

01 일단 재화의 생산과 공급이 이루어지고 나면 생산비를 부담하지 않은 경제주체라고 할지라도 소비에서 배제시킬 수 없는 특성을 의미한다. 이를 배제불가능성(non-excludability)이라고도 한다. 경제학에서 이러한 특성을 가진 재화를 비배제성 재화라고 하며 치안서비스, 국방서비스 등이 이에 해당한다.

2. 공공보건의료의 한국적 맥락

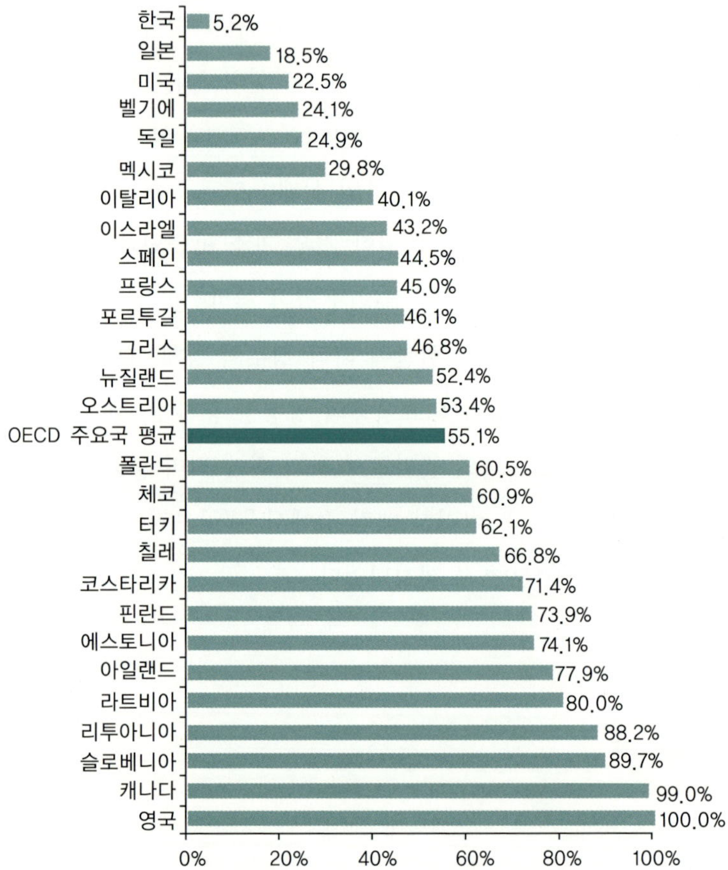

그림 11-1 OECD 주요국 공공의료기관 현황

출처: 보건복지부(2025). 2023년 공공보건의료 주요통계.

한국에서 공공보건의료는 2000년 1월 제정된 「공공보건의료에 관한 법률」에 근거하여 이루어지고 있다. 그간 많은 관련 전문가들이 우리나라 보건의료체계의 문제점으로 지적한 취약한 의료공공성을 보완하기 위한 법적 근거로 「공공보건의료

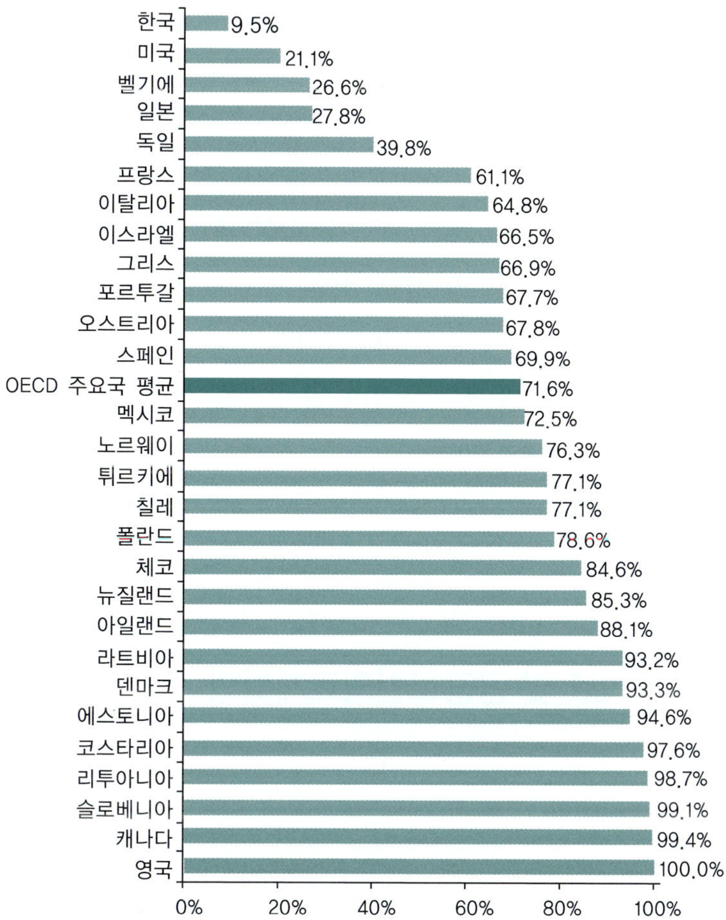

그림 11-2 **OECD 주요국 공공의료기관 병상수 비중**

출처: 보건복지부(2025). 2023년 공공보건의료 주요통계.

에 관한 법률」이 제정되었다. 공공보건의료는 영어로 번역하면 Public Health이다. 영미권에서는 통상적으로 Public Health가 민간과 공공을 구분 짓는 의미로 사용되기보다는 의료 자체를 의미한다. 하지만 우리나라에서는 의료제공을 담당하는 주체의 대부분이 민간이기 때문에 'Public Health=공공보건의료'로 해석되기에는 한계가 있다. 이어 정부는 국회에서 의결된 법률에 근거하여 민간 중심의 의료

공급체계에서 공공보건의료 기능을 확충하고자 공공의료의 개념을 '소유 주체'에서 '기능'으로 개정한 「공공보건의료에 관한 법률(법률 제1247호)」을 2012년 2월에 공포하였다. 즉, 설립주체가 공공인지 민간인지에 따른 구분 없이 공공보건의료 활동이 가능하게 되었고, 의료관련 국책사업에 공공의료기관뿐 아니라 민간의료기관도 참여할 수 있는 근거가 마련되었다. 이는 공공보건의료의 개념과 범위가 재정립된 중요한 변화라고 볼 수 있다. 보건의료분야는 앞에서 언급한 바와 같이 의료의 공공재적 특성이 있어 민간과 공공 간 적절한 조화와 균형을 이룰 때 국민의 건강과 생명을 보장할 수 있기 때문에 관련 법률 및 정책을 통한 공공보건의료의 운영이 중요하다 할 수 있다(오영호, 2013).

3. 공공보건의료 및 공공보건의료계획의 주요개념

1) 주요개념

한국에서 학술적으로 공공보건의료에 대해 공식적으로 인정된 정의는 없다. 이에 공공보건의료활동의 근거가 되는 「공공보건의료에 관한 법률」에 근거하여 주요개념을 살펴보도록 하겠다.

(1) 공공보건의료의 정의

「공공보건의료에 관한 법률」 제2조(정의)에 의하면, "공공보건의료"란 국가, 지방자치단체 및 보건의료기관이 지역 · 계층 · 분야에 관계없이 국민의 보편적인 의료

이용을 보장하고 건강을 보호 · 증진하는 모든 활동을 말한다.

(2) 공공보건의료사업의 정의

「공공보건의료에 관한 법률」 제2조(정의)에 의하면, “공공보건의료사업”이란 다음 각 목의 사업을 말한다.

가. 보건의료 공급이 원활하지 못한 지역 및 분야에 대한 의료 공급에 관한 사업

나. 보건의료 보장이 취약한 계층에 대한 의료 공급에 관한 사업

다. 발생 규모, 심각성 등의 사유로 국가와 지방자치단체의 대응이 필요한 감염병과 비감염병의 예방 및 관리, 재난으로 인한 환자의 진료 등 관리, 건강 증진, 보건교육에 관한 사업

라. 그 밖에 국가가 관리할 필요가 있는 보건의료로서 보건복지부령으로 정하는 사업

(3) 공공보건의료기관의 정의

「공공보건의료에 관한 법률」 제2조(정의)에 의하면, “공공보건의료기관”이란 국가나 지방자치단체 또는 대통령령으로 정하는 공공단체(이하 “공공단체”라 한다)가 공공보건의료의 제공을 주요한 목적으로 하여 설립 · 운영하는 보건의료기관을 말한다.

(4) 공공보건의료 수행기관의 정의

「공공보건의료에 관한 법률」 제2조(정의)에 의하면 “공공보건의료 수행기관”이란 다음 각 목의 보건의료기관을 말한다.

가. 공공보건의료기관

나. 제13조에 따른 의료취약지 거점의료기관

다. 제14조에 따른 공공전문진료센터

라. 제16조제2항에 따라 보건복지부장관, 특별시장 · 광역시장 · 도지사 · 특별자치도지사(이하 "시 · 도지사"라 한다) 또는 시장 · 군수 · 구청장(자치구의 구청장을 말한다. 이하 같다)과 협약을 체결한 의료기관

마. 제14조의2에 따른 책임의료기관

바. 「심뇌혈관질환의 예방 및 관리에 관한 법률」 제12조에 따른 중앙심뇌혈관질환센터와 제13조에 따른 권역심뇌혈관질환센터 및 지역심뇌혈관질환센터

사. 「응급의료에 관한 법률」 제2조제5호에 따른 응급의료기관, 제30조의2에 따른 권역외상센터 및 제30조의3에 따른 지역외상센터

아. 「암관리법」 제19조에 따른 지역암센터

자. 그 밖에 공공보건의료의 제공을 위하여 필요하다고 인정하여 보건복지부령으로 정하는 기관

(5) 공공보건의료 전달체계의 정의

「공공보건의료에 관한 법률」 제2조(정의)에 의하면 "공공보건의료 전달체계"란 국가 또는 지방자치단체가 제7조 제1항 각 호의 사항을 제공하기 위하여 다음 각 호의 보건의료기관간의 역할수행체계를 구축하는 것을 말한다.

가. 「국립중앙의료원의 설립 및 운영에 관한 법률」에 따른 국립중앙의료원

나. 「서울대학교병원 설치법」에 따른 서울대학교병원 및 「국립대학병원 설치법」에 따른 국립대학병원

다. 권역별로 설치 · 운영되며, 보건복지부장관이 지정하는 보건의료기관

라. 「지방의료원의 설립 및 운영에 관한 법률」에 따른 지방의료원

마. 가목부터 라목까지를 제외한 보건의료기관 중 공공보건의료 수행기관

(6) 공공보건의료 기본계획

「공공보건의료에 관한 법률」 제4조(공공보건의료 기본계획)에 의하면 보건복지부 장관은 국민에게 양질의 공공보건의료를 제공하기 위하여 「보건의료기본법」 제15조에 따른 보건의료발전계획과 연계하여 공공보건의료 기본계획을 5년마다 수립하여야 하고, 이를 기초로 매년 주요 시책 추진계획을 수립 · 시행하여야 한다.

공공보건의료 기본계획에는 다음 각 호의 사항이 포함되어야 한다.

1. 공공보건의료의 목표와 방향
2. 공공보건의료의 추진 계획 및 방법
3. 공공보건의료 확충을 위한 인력, 병상, 시실 등 보건의료자원의 조달 및 관리 방안
4. 공공보건의료 전달체계의 구축 · 관리 방안
5. 공공보건의료가 취약한 지역 · 계층 · 분야에 대한 지원 방안
6. 공중보건 위기 상황 시 대응 방안
7. 그 밖에 공공보건의료 강화를 위하여 보건복지부령으로 정하는 사항

(7) 공공보건의료기관의 의무

「공공보건의료에 관한 법률」 제7조(공공보건의료기관의 의무)에 의하면, 공공보건의료기관은 다음 각 호에 해당하는 보건의료를 우선적으로 제공하여야 한다.

① 의료급여환자 등 취약계층에 대한 보건의료

② 아동과 모성, 장애인, 정신질환, 응급진료 등 수익성이 낮아 공급이 부족한 보건의료

③ 재난 및 감염병 등 신속한 대응이 필요한 공공보건의료

④ 질병 예방과 건강 증진에 관련된 보건의료

⑤ 교육 · 훈련 및 인력지원을 통한 지역적 균형을 확보하기 위한 보건의료

⑥ 그 밖에 「보건의료기본법」 제15조에 따른 보건의료발전계획에 따라 보건복지부장관이 정하는 보건의료

(8) 공공보건의료계획의 수립 및 결과보고

「공공보건의료에 관한 법률」 제8조(공공보건의료계획의 수립)에 의하면, 공공보건의료기관의 장은 공공보건의료 기본계획의 시행을 위한 공공보건의료계획을 매년 수립하고 이를 전년도 시행결과와 함께 보건복지부장관에게 보고하여야 한다.

2) 공공보건의료기관 현황

2024년 12월말 기준, 공공보건의료계획 수립 대상 공공의료기관은 231개소로 기능 및 관할지역 범위로 구분하면 아래와 같이 분류할 수 있다(표 11-1 참조).

표 11-1 기능 및 관할지역 범위에 따른 기관 분류(2024년 12월 기준)

기능구분	광역 이상		단일 혹은 복수 기초자치단체	
일반진료 중심 (66)	국립중앙의료원(1) 국립대학병원(10) 국립대학병원분원(6) 건보공단일산병원(1)	18	지방의료원(35) 지방의료원분원 등(2) 적십자병원(6) 시 · 도/군립일반병 · 의원(5)	48
특수대상 중심 (34)	경찰병원(1) 근로복지공단병 · 의원(12) 보훈병원(6) 군병 · 의원(15)			34
특수질환 중심 (48)	국립결핵병원(2) 재활병 · 의원(3) 국립정신병원(5) 국립암센터(1) 국립법무병원(1) 국립소록도병원(1) 국립재활원(1) 국립대학교치과병원(7) 국립교통재활병원(1) 원자력병원(2) 권역재활병원(5) 국립대학교한방병원()1		국립대학전문센터(1) 시립장애인치과병원(1) 시립서북병원(1) 시립어린이병원(1) 시도립정신병원(11) 기타병 · 의원(3)	48

노인병원 (83)	시도립노인병원(32) 보훈요양병원(3) 근로복지공단요양병원(2)	37	시립구립노인병원(45) 기타노인병 · 의원(1)	46

출처: 보건복지부(2024). 공공의료기관 현황.

4. 공공보건의료활동의 사례

1) 무료진료사업

국공립병원의 공공보건의료 사업에서 흔히 찾아볼 수 있는 사업형태이다. 의료서비스가 미치지 못하는 지역에 무료진료를 나가는 형태 또는 지역사회로부터 사례를 발굴하여 해당 국공립병원으로 초청하여 진료를 제공하는 형태 등으로 활동하고 있다. 필요에 따라서 국내뿐 아니라 해외 저개발국을 대상으로 무료진료활동을 하기도 한다.

2) 보건의료전문가 파견

공공보건의료는 저소득 취약계층의 발굴 · 진료 · 지역사회 복귀를 돕는 것뿐만 아니라 전문의료인력이 부족한 지역에 숙련된 인력을 파견하고, 지역 보건의료전문가를 교육하는 활동도 포함된다. 특히, 국립대학교병원에서는 공공보건의료활동 중 교육 및 인력파견 역할을 담당하고 있다.

3) 보건 · 의료 · 복지 301네트워크

보건 · 의료 · 복지 301네트워크 사업은 의료취약계층을 중심으로 보건, 의료, 복지 세 영역을 통합하여, 맞춤형 서비스와 사례관리를 원스톱으로 제공하는 통합 지원체계이다. 기존의 분절된 서비스 제공 방식에서 벗어나 보건 · 의료 · 복지 서비스가 통합적으로 연계되어, 대상자의 발굴부터 치료, 사회 복귀까지 전 과정을 지원한다.

서울시의 경우 2013년 '서울특별시 북부병원'을 시작하였으며, 2016년부터 2020년까지 대한의료사회복지사협회와 사회복지공동모금회가 함께 협력 의료기관을 모집 · 선발하여 사업을 시행한 바 있다. 현재 보건 · 의료 · 복지 301 내트워크 사업은 시립병원 전체로 확산되었으며, 각 지역의 공공 및 민간 기관이 유기적으로 협력하는 대표적인 사업으로 자리매김 하고 있다.

보건 · 의료 · 복지 301 내트워크 사업의 서비스의 주요 영역으로는 의료서비스, 사례관리 및 퇴원계획, 사후관리이다. 의료서비스는 방문진료, 외래진료, 입원진료 및 타병원 연계 등을 포함하며 사례관리 및 퇴원계획은 대상자의 사회경제적 평가 후 자원연계 및 지역사회 복귀를 위한 기관 연계와 지속적 사례관리 등을 포함한다. 사후관리는 사례종결 6개월 후 가정방문과 전화상담 등을 포함한다.

사업의 주된 목표는 입원과 퇴원 환자의 반복적 재입원을 방지하고 건강한 지역사회 복귀를 촉진하는 데 있으며 의사, 간호사, 사회복지사 등으로 구성된 전담팀이 서비스 조정과 연계를 담당한다. 즉 통합 사례관리를 통해 대상자의 문제를 다각적으로 분석하고, 필요시 추가적인 사회적 자원까지 연계하여 보다 체계적이고 지속적인 지원을 실현한다.

종합적으로 정리하면 보건 · 의료 · 복지 301네트워크의 가장 대표적인 특징은 사례 발굴부터 퇴원 후 사후관리까지, '원스톱(one-stop)' 통합 지원이며 다양한 기관(병원, 구청, 복지관 등)이 주축이 되는 지역 중심 협력 네트워크로서 의료 · 복지

사각지대 해소 및 사회적 안전망 구축에 기여하는 것이라고 할 수 있다.

4) 지역사회 통합돌봄(Community Care)

지역사회통합돌봄(Community Care)은 돌봄이 필요한 노인, 장애인, 만성질환자, 정신질환자 등이 자신이 살던 곳(집, 그룹홈, 지역사회 등)에서 개별 욕구에 맞는 서비스를 종합적으로 제공받으며 건강하고 존엄하게 살아갈 수 있도록 지원하는 지역주도형 사회서비스 정책으로 국가와 지방자치단체, 민간이 협력하는 구조적 복지 패러다임이다.

기존의 복지체계는 서비스 영역별로 분절되어 있으므로 노인, 장애인, 중증질환자 등 복합적 욕구가 있는 사람들이 지속적으로 지역사회에서 자립적으로 생활하기 어려운 환경으로 여겨졌다. 이러한 상황에서 돌봄 인프라의 부족, 가족돌봄의 약화, 돌봄 사각지대등의 문제는 사회문제로 부각됨에 따라 정부는 2018년 지역사회 통합돌봄(커뮤니티케어) 도입에 착수하여 선도사업과 시범사업을 운영하는 등 단계적으로 제도적 기반 마련을 추진해 왔다. 2021년부터는 다양한 이해관계자와 전문가 집단이 참여하는 연구용역, 토론회, 공청회 등을 통해서 요구사항과 정책 방향이 구체화 되었으며 2024년 3월 26일 '의료요양 등 지역 돌봄의 통합지원에 관한 법률'이 제정되어 2026년 3월 27일 시행을 앞두고 있다.

지역사회 통합돌봄 정책의 주요 특징으로는 첫째, 지역사회 중심의 서비스 제공 체계이다. 돌봄 대상자가 돌봄이 취약한 개인적 환경에서도 요양병원, 복지시설로 이주하지 않고, 기존에 거주하던 집과 지역사회에서 생활을 유지하도록 하는 지역사회 기반 돌봄 방식이다 둘째, 주거, 보건의료, 요양, 돌봄, 자립생활 등 다양한 공공 및 민간 서비스를 개별의 요구에 따라 연계 및 통합적으로 제공한다. 이를 위해 지역 내 여러 직종과 기관(의료, 복지, 주거, 방문 간호, 돌봄 서비스 등)들은 적극적인 협력 구조를 갖춘다. 셋째, 개인 맞춤형 지원이다. 대상자의 건강, 심리, 사회적 요구에 따라 개인별 서비스 계획을 세우고, 이를 정보시스템 등으로 통합 관리하여 복지 서비스의 선별적 제공에서 욕구 중심의 보편적 지원으로 관점이 변화한다. 넷째, 지속 가능한 지역주도 정책을 기초로 한다. 각 지방자치단체가 지역 실정에 맞게 돌봄 모델을 기획·운영하며, 민관 다직종 협력체계를 구축해 자율성과 현장성을 강화한다. 이와같이 지역사회 통합돌봄 정책은 돌봄 사각지대를 해소하고, 개인의 사회적 참여와 권리 보장에 중점을 두는 복지국가 모델로 전환을 지향한다고 할 수 있다.

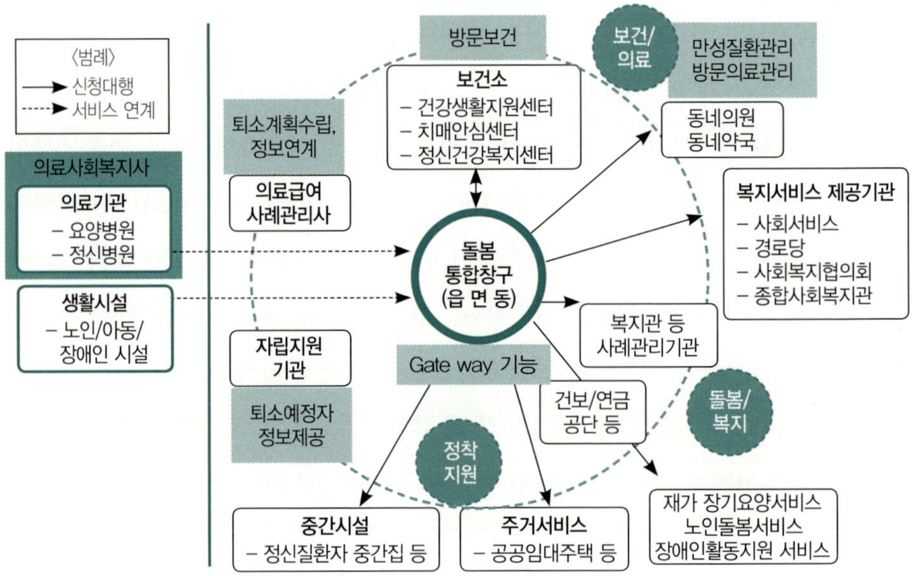

그림 11-3 돌봄통합창구의 서비스 종합 안내기능 개념도(안)

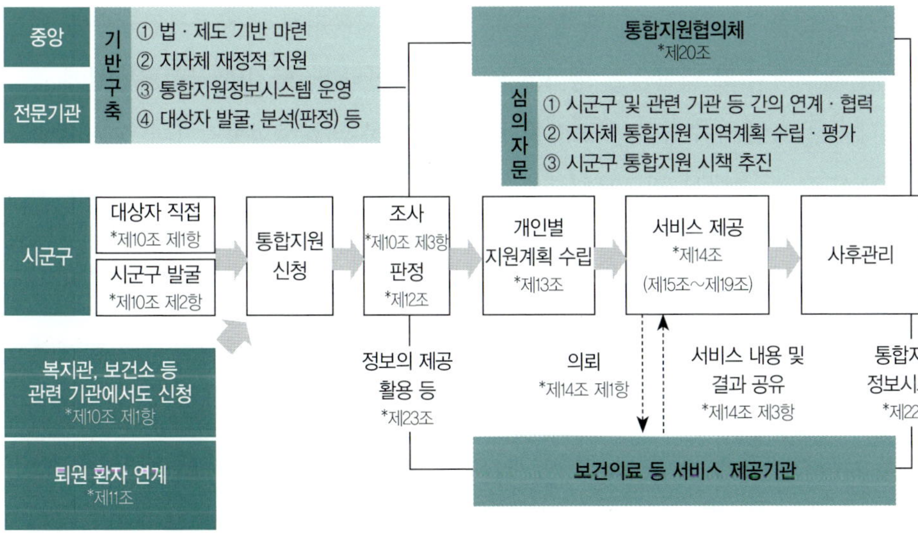

그림 11-4 의료 · 요양 · 돌봄 통합지원 체계 개념도

출처: 보건복지부(2024). 의료 · 요양 · 돌봄 등 지역돌봄의 통합지원에 관한 법률 설명자료.

5. 공공보건의료와 의료사회복지

1) 공공보건의료와 의료사회복지의 관계

앞서 살펴본 바와 같이 공공보건의료는 국민들이 필요로 하는 보건의료서비스를 제공하고, 국가 차원에서 보건의료자원의 개발 및 관리 기능을 효과적으로 수행하는 것을 목적으로 한다. 의료사회복지는 의료현상을 중심으로 사회복지 개입이 필요한 환자 및 가족의 심리사회적 상황, 의료적 상황, 경제적 상황에 대해 상담 및 지원하는 역할을 하고 있다. 모든 의료기관이 의무적으로 공공보건의료계획을 수립하고 수행하지는 않는다. 때문에 모든 의료사회복지사가 공공보건의료에 대한 활동을 염두해 두고 역할을 수행하고 있는 것은 아니다. 하지만 국공립병원에 근무하거나 국책사업을 수탁한 의료기관에서 근무하는 의료사회복지사의 경우 공공보건의료의 구조 속에서 의료사회복지 실천을 하게 된다. 물론, 공공보건의료 현장 속 의료사회복지 실천과 민간의료 현장 속 의료사회복지 실천이 본질적으로 다르지 않다. 다만, 국공립의료기관의 경우 기관설립의 목적과 관계법에 따라 운영되므로 전체 의료사회복지 활동을 담아내는 데 있어 조금 다른 용어와 구조를 따르는 정도의 차이가 있다고 볼 수 있다.

「공공보건의료에 관한 법률」이 시행된 이래로 제1기(2001~2005), 제2기(2006~2010), 제3기(2011~2015) 기본계획이 수립되었으며, 2018년 제4기 계획이 수립되었다. 이 기간 중 공공의료기관에 종사하는 의료사회복지사가 공공보건의료 관련 업무에 적극적으로 참여하게 된 시기는 제2기 말에 해당되는 2009~2010년 경이었으며, 본격적인 참여는 제3기부터이다.

특히, 제3기 사업에 사회복지사가 적극적으로 개입하게 된 이유는 공공보건의료 계획에 반드시 포함해야하는 내용으로 「건강안전망」 영역이 도입되었기 때문이다. 2018년 보건복지부에서 제시한 공공보건의료수립계획 자료에도 2018년 보건의료 계획에 포함되어야 할 기본계획 실행과제 중 「건강안전망 기능 수행」에 ① 의료취약지 지원 강화, ② 저소득층에 대한 의료 지원, ③ 취약집단별 맞춤형 의료서비스 제공 등의 내용이 포함되어 있다.

표 11-2 2018년 공공보건 의료계획에 포함되어야 할 기본계획 실행과제

「공공성 강화 (공공보건의료 지원기반 확충)」 ① 공공보건의료 전문인력 양성 · 지원 ② 공공보건의료전달 체계 구축을 위한 기능 정립 ③ 공공의료기관 경영체계 개선
「적정진료 및 양질의 의료서비스 제공」 ① 공공보건의료 서비스의 질 제고 ② 감염 · 재난 · 응급 의료서비스 강화
「건강안전망 기능 수행」 ① 의료취약지 지원 강화 ② 저소득층에 대한 의료 지원 ③ 취약집단별 맞춤형 의료서비스 제공
「미충족 보건의료서비스 제공」 ① 감염 · 재난 · 응급 의료서비스 강화 ② 공급이 필요한 필수의료서비스 확충 ③ 의료수요증가 예상 분야에 대한 선제적 대응

출처: 보건복지부(2018). 공공보건의료계획 수립안내.

2) 공공보건의료의 대두와 의료사회복지사의 정체성 혼란

「공공보건의료에 관한 법률」은 2000년 제정되었지만, 처음부터 의료사회복지사의 활동에 있어서 주요 근거법으로 인식된 것은 아니다. 2009년 경 일부 국공립병원이 이 법률을 근거로 의료사회복지 전담부서를 공공보건의료전담 조직에 포함시키는 조직개편을 하면서 의료사회복지 현장의 변화가 시작되었다. 정부가 공공보건의료 제3기 기본계획 수립하며 공공보건의료계획에 반드시 포함해야 하는 영역으로 건강안전망 구축 활동이 포함된 것이 공공보건의료가 의료사회복지 현장 속 화두로 등장하게 된 결정적 계기가 되었다. 의료사회복지 현장에서는 공공보건의료라는 새로운 프레임이 기존 사회복지업무 또는 사회공헌 차원에서 취약계층 지원 등 진료지원활동을 해왔던 것과 본질적으로 다르지 않다는 의견도 있었다. 한편으로, 의료사회복지사의 역할을 바라보는 새로운 관점이 제시되면서 의료사회복지 역할을 어떻게 조망하고 표현해야 할지에 대한 논의가 2011년경부터 현장을 중심으로 활발히 이루어지는 계기가 되었다.

'서울대학교병원 의료사회복지팀'에서는 이러한 현장의 목소리를 담아 2011년 서울대학교병원 공공보건의료사업단 주최로 개최된 공공의료사업 발전을 위한 심포지엄에서 '국공립병원 의료사회복지의 실태와 개선방안'이라는 주제발표를 하였다. 주제발표를 위해 시행한 설문조사에 의하면 설문에 응한 의료사회복지 실무자 중 55.1%가 공공보건의료와 의료사회복지가 일부 영영을 공유한다고 생각하였고, 31.9%가 의료사회복지가 공공보건의료에 포함된 것으로 응답하였다. 설문결과에 따르면 의료사회복지사는 본인의 소속기관이 국공립기관인지 민간기관인지에 따라 다른 인식을 보이는 것으로 파악되었으며, 시간이 경과된 지금도 공공보건의료와 의료사회복지간의 관계에 대한 인식의 차이는 존재하고 있다.

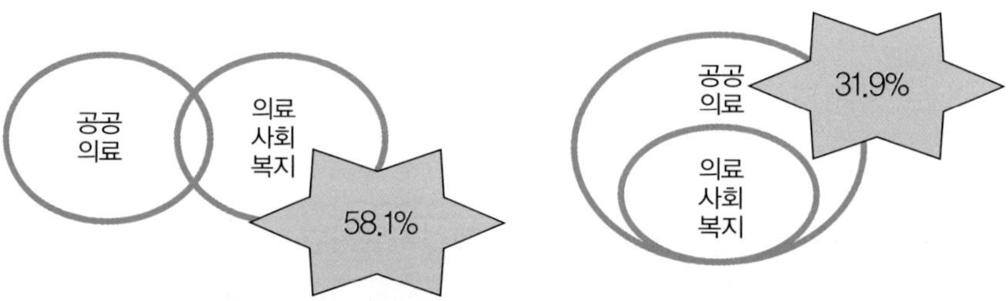

그림 11-5 공공의료와 의료사회복지의 관계 설문조사 결과

출처: 이영숙(2011). 국공립병원 의료사회복지의 실태와 개선방안.

3) 공공보건의료에서의 의료사회복지사의 역할과 발전방향

(1) 공공보건의료에서의 의료사회복지사의 역할

공공보건의료기관 내 공공보건의료 전담조직이 꾸려지고 활동한지 10여 년이 되었다. 아직도 의료사회복지 실천현장에서 공공보건의료를 어떻게 바라봐야할지 역할혼선이 있기는 하지만 동시에 공공보건의료 활동은 의료사회복지 실천에 있어서 호스피스 · 완화의료, 장기이식, 재활의학, 정신건강 등의 분야만큼이나 중요한 분야로 자리매김하고 있다. 기존 의료사회복지 활동이 주로 임상활동으로써 상담과 경제적 지원이라는 미시적 활동이었다면, 공공보건의료는 좀 더 거시적인 차원에서 지역사회와 어떻게 협력하고 기능할 것인지 고민하게 하는 분야이다. 앞으로의 의료사회복지사는 임상활동 역량뿐 아니라 공공보건의료라는 체계 속에서 어떻게 기능할 것인지 고민과 발전이 필요하다.

표 11-3 공공보건의료 영역에서의 의료사회복지사의 역할 예시

- 환자 상담 및 사례관리
- 취약계층 발굴 및 서비스 연계
- 서비스 기획 및 개발
- 주민조직화
- 다학제(다자간) 중개 및 중재
- 정책제안
- 행정

(2) 향후 발전방향과 새로운 정책이슈

'대한의료사회복지사협회'에서는 의료사회복지사들이 자발적으로 재활, 암, 장기이식, 당뇨 등 실천분야별 연구회를 조직하여 활동하고 있는데, 최근 몇 년 전부터는 공공보건의료 분야 연구회도 조직하여 활동하고 있다. 뿐만 아니라 지방의료원의 경우 공공보건의료계획 작성시 인력기준에 대해 보건의료복지 통합지원센터 내 의료사회복지사를 100병상당 1인을 둘 것을 권고하고 평가에 반영하고 있다.

특히, 2017년 8월 정부에서 발표한 문재인케어 정책 발표에서 문재인 대통령은 "대학병원과 국 · 공립 병원의 사회복지팀을 확충해서 도움이 필요한 중증 환자를 먼저 찾고, 퇴원 후에도 지역 복지시설과 연계해 끝까지 세심하게 돌봐 드리도록 하겠다."라고 한 바 있다. 이후 발표된 보건복지부의 커뮤니티케어 정책과 포용적 복지 아젠다는 지역과 병원 간 사회복지 서비스 연계의 징검다리 역할을 수행할 의료사회복지사의 중요성을 부각시키는 계기가 되고 있다.

2018년 11월 23일에는 의료사회복지사 등 특정영역 사회복지사 자격에 대한 내용을 포함한 「사회복지사업법」 개정안이 국회 본회의를 통과하여 의료사회복지사 자격에 대한 법적 근거도 갖게 되었다. 또한, 2018년 11월 시작된 커뮤니티케어 정책은 2024년 3월 26일 「의료 · 요양 등 지역돌봄의 통합지원에 관한 법률」 제정에 따라 지속적 정책시행의 근거가 확보되었으며, 2026년 3월 27일 법 시행으로 보건의료와 지역사회간 연계활동이 활성화 될 것으로 예상된다.

이러한 상황을 볼 때, 공공보건의료는 앞으로 의료현장 내 의료사회복지사의 역할 확대와 전담인력의 양적 성장을 견인할 것으로 기대되는 분야이다.

Chapter

12 호스피스 · 완화의료와 연명의료결정

Chapter 12

호스피스 · 완화의료와 연명의료결정

이 장에서는 다음과 같은 질문들을 다루고 있다.
첫째, 호스피스 · 완화의료란 무엇인가?
둘째, 연명의료결정이란 무엇인가?

1. 호스피스 · 완화의료

사람이라면 누구나 죽음을 맞게 된다. 호스피스 · 완화의료란 질병으로 인해 마지막 임종의 순간을 맞게 될 때 의료기관에서 제공하는 말기돌봄 서비스를 의미한다. 호스피스 · 완화의료는 전통적으로 말기암환자를 대상으로 서비스를 제공해왔다. 호스피스 · 완화의료는 말기암환자가 더 이상 항암, 방사선, 수술 등 치료가 불가능할 때 말기암으로 인해 발생하는 통증과 증상을 적극적으로 조절하여 육체적 고통을 경감시키고, 심리 · 정서 · 영적 안정을 가질 수 있도록 지지하는 역할을 한다. 2016년 2월 3일 19대 국회에서 「호스피스 · 완화의료 및 임종과정에 있는 환자의 연명의료결정에 관한 법률(이하 연명의료결정법)」이 제정되며, 호스피스 · 완화의료의 서비스 대상범위가 확대되었다. 서비스 대상질환이 기존 말기암에서 후천성 면역결핍증, 만성 폐쇄성 호흡기질환, 만성 간경화가 추가되었으며, 그 밖에 보건복지부령으로 정하는 질환을 정할 수 있도록 서비스 대상을 확대하였다. 또한 서비스 제공의 형태도 다양해졌다. 기존 호스피스 · 완화의료는 전문병상을 가진 곳에서 제공하는 입원형만 있었으나, 가정에서 서비스를 받는 가정형, 전문병상을 가지고 있지 않지만 원내 타 진료과로부터 의뢰를 받고 서비스를 제공하는 자문형으로 서비스 제공형태가 다양해졌다. 이러한 호스피스 · 완화의료 현장의 법적 · 제도적 변화 속에서 사회복지사는 어떠한 활동을 하는지 살펴보겠다.

1) 호스피스 · 완화의료의 개념

호스피스 · 완화의료란 통증 등 환자를 힘들게 하는 신체적 증상을 적극적으로 조절하고 환자와 가족의 심리사회적 · 영적 어려움을 돕는 것을 말한다. 이를 위해 의사, 간호사, 사회복지사 등으로 이루어진 완화의료 전문가가 팀을 이루어 환자와 가족의 고통을 경감시켜 삶의 질을 향상시키는 것을 목표로 하는 의료 서비스이다(국립암센터 호스피스 · 완화의료 홈페이지).

호스피스는 4세기 유럽의 기독교 문화에서 순례자나 여행객, 가난하고 아픈 사람을 돌보는 역할에서 그 기원을 찾을 수 있다. 이후 호스피스 활동이 점차 질병으로 죽어가는 사람을 돌보는 기관으로 특화되었다. Cicely Saunders의 현대적인 호스피스 운동을 거쳐 현재의 호스피스 · 완화의료의 기틀을 갖추게 되었는데, 호스피스 · 완화의료는 생명을 위협하는 질환을 가진 환자가 삶의 마무리를 평안하게 준비할 수 있도록 통증 및 증상 관리, 심리사회적 지지, 정서적 돌봄 등을 종합적으로 제공하는 활동을 의미한다. 이러한 활동을 위해 호스피스 · 완화의료팀은 다학제 전문가로 구성한다. 구체적으로 의사, 간호사, 사회복지사의 필수인력 외에도 성직사 및 자원봉사자, 요법치료사 등 다양한 구성원이 참여하고 있다.

일반적으로 호스피스 · 완화의료를 안내받게 되면, 환자와 가족은 가장 먼저 죽음과 죽음의 임박, 치료의 종결을 떠올리게 되나 호스피스 · 완화의료 서비스를 받는다는 것이 곧 모든 치료의 중단을 의미하지는 않는다. 단지, 질병의 완치를 목적으로 했던 치료에서 환자를 힘들게 하는 통증을 조절하고, 원질환으로 인한 증상을 조절하는 등 환자를 편안하게 하는 방향으로 목표가 전환되었다는 것을 의미한다. 그러나 많은 환자와 가족은 말기암 등 질환의 마지막 단계임을 진단받게 됨과 동시에 호스피스 · 완화의료의 이용에 대해서 소개받게 되면서 불안감과 거부감을 표현하는 경우가 있다.

의료사회복지사는 환자와 가족이 치료계획 및 목적이 호스피스 · 완화의료로 전환되는 시기의 어려움을 겪을 때 의료진과 가족 간, 환자와 가족 간 의사소통을 돕고 서비스를 통해 환자 돌봄 여건을 어떻게 개선해야 할지 주목하여야 한다.

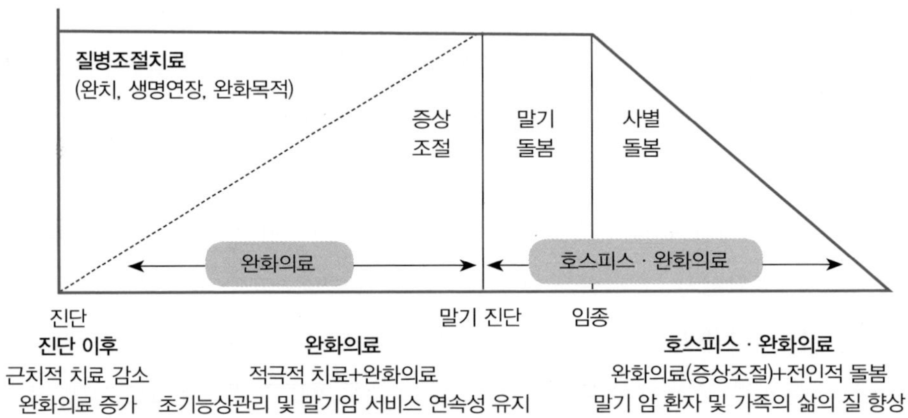

그림 12-1 호스피스와 완화의료

2) 국내 호스피스 · 완화의료의 제도화 과정

- 1996년 제1기 암정복 10개년 계획 수립(1996~2005)
- 1998년 한국호스피스 · 완화의료학회 창립
- 2000년 국립암센터 설립
- 2001년 한국형 호스피스 · 완화의료 표준화 구축을 위한 연구 수행(국립암센터)
- 2005년~현재 보건복지부 말기암환자 완화의료전문기관 활성화서업(국고지원)시행 (기관당 연평균 약 4천만 원 지원)
- 2006년 제2기 암정복 10개년 계획 수립: 완화의료 지원 강화
- 2006년 대한의료사회복지사협회 내 호스피스위원회 조직
- 2008년 보건복지부 말기암환자 완화의료 전문기관 지정기준 고시 개정, 기관 지정시작 (시도지사 위임)
- 2009년~2015년 심평원 말기암환자 입원형 호스피스 수가 1차, 2차 시범사업 시행
- 2011년 6월 암관리법 전면 개정: 완화의료 법적근거 마련
- 2015년 7월 호스피스 · 완화의료 병동형 수가 도입: 전면적용, 일당정액
- 2015년 12월 암관리법 시행규칙 개정: 가정형, 자문형 호스피스 법적 기준 마련
- 2016년 2월 3일 호스피스 · 완화의료 및 임종과정에 있는 환자의 연명의료결정에 관한 법률(이하 연명의료결정법) 제정
- 2016년 3월 가정형 시범사업 시작
- 2016년 9월 요양병원 호스피스 수가 시범사업 시작
- 2017년 8월 4일 연명의료결정법 호스피스 · 완화의료 부분 시행
- 2017년 8월 말기환자 자문형, 가정형 2차 호스피스 수가 시범사업 시작
- 2017년 9월 중앙호스피스센터 시성
- 2018년 2월 4일 연명의료결정법 연명의료결정 부분 시행
- 2018년 3월 27일 연명의료결정법 개정
- 2018년 7월 소아청소년 완화의료 시범사업 시행
- 2018년 12월 11일 연명의료결정법 개정
- 2019년 3월 28일 연명의료결정법 • 시행령 • 시행규칙 일부개정안 시행

출처: 이영숙(2013). 한국 호스피스 · 완화의료 사회복지의 과거, 현재 그리고 미래 전략. 한국호스피스 · 완화의료학회지, 16(2), 65-73; 중앙보훈병원 권역호스피스센터 현판식 발표자료(2018).

한국의 호스피스 · 완화의료는 '마리아의 작은 자매회'가 1965년 3월 강릉 '갈바리의원'을 개원하여 말기암환자 돌봄을 시작하게 되면서 국내 최초의 호스피스 · 완화의료기관의 역사를 열었다. 1965년 첫 호스피스 · 완화의료기관이 설립된 이래로 2025년 5월 기준 총 202개의 호스피스완화의료 전문기관이 보건복지부로부터 지정받아 운영되고 있다(표 12-1 참조). 2015년 7월 호스피스 · 완화의료 입원형 수가가 도입되기 전까지는 정부지원 시범사업 형태로 수행되어 왔고, 2016년 2월 「호스피스 · 완화의료 및 임종과정에 있는 환자의 연명의료결정에 관한 법률」(이하,

표 12-1 호스피스 전문기관 지정 현황(2025.5.19. 기준)

구분	2008	2009	2010	2011	2012	2013	2014	2015	2016	2017	2018	2019	2020	2021	2022	2023	2024	2025
입원형 호스피스 기관수(개소)	19	40	42	46	56	54	57	66	77	81	84	88	86	88	89	94	101	103
입원형 호스피스 병상수	282	633	675	755	893	867	950	1,100	1,293	1,337	1,358	1,416	1,405	1,470	1,517	1,603	1,751	1.798
요양병원 호스피스 기관수(개소)*	–	–	–	–	–	–	–	–	12	11	14	12	11	11	7	7	6	6
요양병원 호스피스 병상수*	–	–	–	–	–	–	–	–	132	124	184	161	141	140	84	84	64	64
가정형 호스피스 기관수(개소)	–	–	–	–	–	–	–	–	21	25	33	39	38	39	38	39	39	39
자문형 호스피스 기관수(개소)	–	–	–	–	–	–	–	–	–	20	25	27	33	33	37	38	42	42
소아청소년 완화의료 기관수(개소)	–	–	–	–	–	–	–	–	–	–	2	4	7	9	10	10	12	12
* 총 기관수 (개소)	19	40	42	46	56	54	57	66	110	137	158	170	175	180	181	188	200	202

*시범사업시행 중

출처: 중앙호스피스센터 홈페이지, https://hospice.go.kr

연명의료결정법)이 통과되면서, 호스피스 · 완화의료에 대한 법적 기틀이 마련되었다.

호스피스 · 완화의료는 의사, 간호사, 사회복지사, 성직자, 자원봉사자, 환자 당사자 등 다양한 구성원이 참여하고, 생명의 가치와 직결된 활동인 만큼 이를 실행하는 근거법인 연명의료결정법을 제정하는 과정에서 수많은 논의가 있었으며 많은 시간이 소요되었다. 호스피스 · 완화의료는 인류애 정신을 바탕으로 고통받는 이들을 돕기 위해 자생적으로 만들어져 서비스를 제공해 왔으나 근거법의 제정으로 새로운 전기를 맞게 되었다. 법 통과 이후 서비스 대상질환의 확대, 연명의료결정 제도 도입에 따라 현장의 변화가 있었다.

3) 호스피스 · 완화의료의 대상

호스피스 · 완화의료는 말기환자를 대상으로 하며 특히, 말기암 환자를 주요대상으로 제공되어 왔다. 연명의료결정법 제2조에 따르면 말기환자란 적극적인 치료에도 불구하고 근원적인 회복의 가능성이 없고 점차 증상이 악화되어 보건복지부령으로 정하는 절차와 기준에 따라 담당의사와 해당 분야의 전문의 1명으로부터 수개월 이내에 사망할 것으로 예상되는 진단을 받은 환자로 정의하고 있다. 연명의료결정법이 통과된 이후 서비스 대상이 기존 말기암 환자에서 비암성질환인 후천성면역결핍증, 만성 폐쇄성 호흡기질환, 만성 간경화로 확대되었으며, 그 밖에 보건복지부령으로 정하는 질환에 대해서도 호스피스 · 완화의료 서비스를 받을 수 있도록 대상 확대의 여지를 열어두었다. 또한, 2018년 두 차례의 법개정을 통해 임종 과정에 있는 환자도 서비스 대상에 포함하였다. 하지만 "호스피스 · 완화의료=말기암 서비스"라는 대중의 인식과 말기암 환자를 중심으로 호스피스 · 완화의료를 제공해 온 의료현장의 여건을 고려할 때 실제 현장에서 비암성질환 환자가 적극적인 호스피스 · 완화의료 서비스 대상으로 자리 잡기까지는 시간이 소요될 것으로 보인다.

4) 호스피스 · 완화의료 서비스 제공자

(1) 호스피스 · 완화의료 다학제팀의 구성

호스피스 · 완화의료는 신체적 돌봄뿐 아니라, 심리 · 정서 · 사회 · 영적 돌봄 등 전인적 돌봄을 지향하는 만큼 서비스 제공자 역시 다양한 전문배경을 가진 전문가가 함께하는 다학제적 팀 접근을 한다. 호스피스 · 완화의료의 다학제팀은 의사, 간호사, 사회복지사, 자원봉사자, 성직자, 요법(미술, 음악, 원예 등)치료사 등이 함께 하는 팀으로 환자의 통증 및 증상조절 같은 신체적 돌봄뿐만 아니라 심리 · 사회 · 정서적 돌봄을 제공한다. 연명의료결정법의 통과로 의사, 간호사, 사회복지사는 호스피스 · 완화의료 제공에 있어서 필수 인력으로 인정받게 되었으며 세 직종의 상담 및 개입이 있어야만 전인적 돌봄 상담수가를 받을 수 있다.

호스피스 · 완화의료 서비스 전달체계 및 병원의 운영방침에 따라 다소 상이할 수 있으나 사회복지사는 대상환자 및 가족의 심리사회적 사정 및 평가를 통해 서비스 이용시 환자 및 가족의 욕구를 파악하고, 경제적 어려움이 있는 경우 지원하는 업무를 한다. 뿐만 아니라 사회복지사는 다학제 팀 접근에 참여 주체인 만큼 환자 및 가족을 다각적으로 이해하기 위해 다학제 팀회의 및 협업에 수시로 참여한다. 사회복지사는 퇴원계획 및 임종에 대비한 정보제공과 자원봉사자 및 지원기관 등 자원을 확보하고, 자원봉사자 관리, 프로그램 운영관리 등도 수행한다.

(2) 호스피스 · 완화의료 제공자의 교육이수 및 자격기준

호스피스 · 완화의료 전문기관에 종사하는 필수인력(의사, 간호사, 사회복지사) 전원은 사업 유형에 구분없이 보건복지부장관이 인정하는 호스피스 표준교육을 60시간을 이수해야 한다. 사회복지사의 경우 사회복지사 1급 이상 소지자로 자격을 제한하고 있으며, 사회복지사 1급 소지자가 호스피스 표준교육 60시간을 이수해야 필수인력에 해당될 수 있다. 필수인력의 결원이 생겼을 경우 새로운 인력 채용 시에도 채용 후 3개월 이내 교육이수 기준을 충족하여야 한다. 또한 가정형, 자문형, 소아청소년 완화의료와 같은 서비스 유형을 운영하는 기관의 필수인력은 16시간의 해당 분야 추가교육을 이수하여야 한다. 뿐만 아니라 필수인력은 매년 4시간의 보수교육을 이수해야 하는 의무가 있다. 위의 사업 수행기관의 필수인력이 교육이수 조건을 충족하지 못할 경우 수가가산 등에서 제외되는 등 불이익이 따른다.

호스피스 · 완화의료는 신체뿐만 아니라 심리 · 정서적으로 취약해진 환자와 가족을 돌보는 전문 분야인 만큼 서비스 대상자의 신체와 정신적 안녕을 지키기 위해 위와 같이 연명의료결정법 시행규칙에 근거를 두고 필수인력의 교육이수를 철저하게 관리하고 있다.

5) 의료사회복지사의 역할

의료사회복지사는 호스피스 · 완화의료 영역에서 다음과 같은 역할을 수행한다(단, 의료사회복지사의 역할은 각 기관의 여건에 따라 상이할 수 있다).

- 심리사회적 사정 및 평가
- 경제적 어려움 평가 및 지원
- 다학제 간 협업
- 퇴원계획 및 임종에 대비한 정보제공
- 자원동원(자원봉사자 및 지원기관 등)
- 자원봉사자 관리
- 프로그램 운영 및 관리
- 사별가족 모임 및 돌봄

- 가정방문
- 각종 이벤트 기획 및 수행

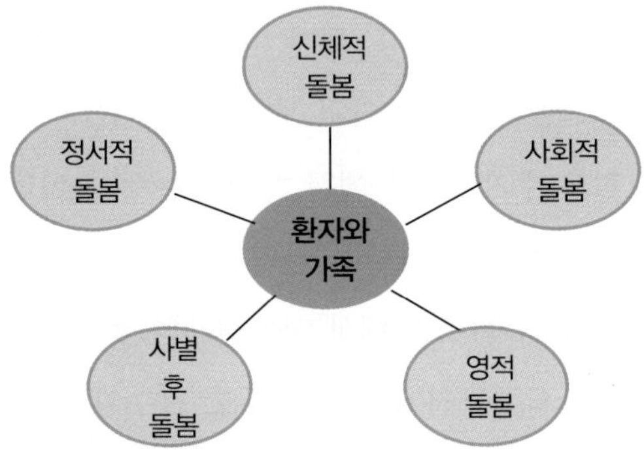

그림 12-2 호스피스 · 완화의료의 전인적 돌봄

출처: 2016년 제23기 호스피스전문과정(표준교육) 국립암센터

6) 호스피스 · 완화의료의 전달체계

호스피스 · 완화의료 사업 운영체계는 연명의료결정법의 의거하여 보건복지부로부터 지정된 중앙호스피스센터 및 각 권역을 관할하는 권역호스피스센터, 유형별 호스피스전문병원으로 구성되어 있으며, 호스피스 · 완화의료 전달체계는 서비스 제공 장소 및 형태, 대상 등에 따라 입원형, 가정형, 자문형, 소아청소년 완화의료 4가지 유형으로 구분된다.

- **입원형:** 2015년에 도입된 입원형 전달체계는 병원 내 완화의료병동(또는 독립시설)에서 전담인력과 조직을 두고 서비스를 제공하는 형태이다.
- **가정형:** 2016년 시범사업으로 도입된 가정형 전달체계는 완화의료전문기관의 전문인력이 가정을 방문하여 통증관리 및 전문상담을 제공하는 형태이다.

- **자문형**: 2017년 시범사업으로 도입된 자문형 전달체계는 완화의료병동 이외의 병동에 있는 말기환자 및 가족에게 자문을 제공하는 형태이다.
- **소아청소년 완화의료**: 2018년 시범사업으로 도입한 소아완화의료로 생명을 위협하는 질환을 가진 소아청소년 및 가족을 대상으로 완화의료를 제공한다.

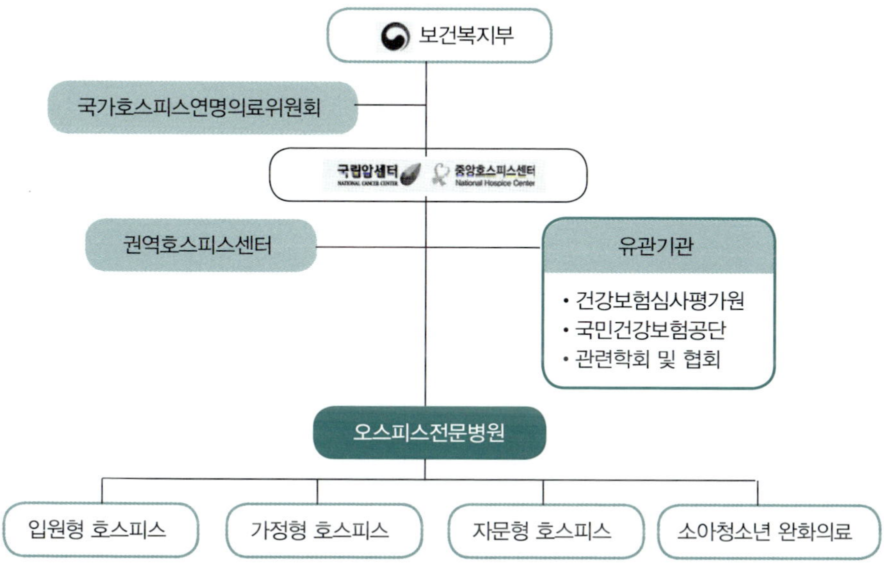

그림 12-3 호스피스 · 완화의료 사업 운영체계

출처: 중앙호스피스센터 홈페이지, https://hospice.go.kr

표 12-2 호스피스 · 완화의료 서비스 유형

구분	입원형 호스피스	가정형 호스피스	자문형 호스피스	소아청소년 완화의료
정의	보건복지부 지정 의료기관에서 진료를 받는 환자 중에서 말기 진단을 받은 말기 환자를 대상함. 그중 호스피스 서비스를 희망하는 환자와 그 가족들이 이용할 수 있는 호스피스 서비스	가정형 호스피스 시범 사업 참여기관에서 진료를 받는 환자 중 가정에서 호스피스 서비스 이용을 희망하는 환자를 대상으로 가정호스피스 팀원이 가정을 방문함으로써 환자와 가족들이 제공받는 서비스	일반병동과 외래에서 진료를 받는 호스피스 대상자와 그 가족이 담당 의사의 변경 없이 진료를 받으며 호스피스 전문 인력에게 호스피스 자문을 비롯하여 증상관리와 전인적 돌봄 및 상담 그리고 자원 연계까지 제공받는 서비스	생명을 위협하는 질환으로 치료받는 소아청소년 환자와 가족이 치료 과정에서 겪는 여러 가지 증상, 불편, 스트레스 등 신체적, 심리적, 사회적 어려움을 완화시키고 삶의 질을 향상하기 위한 통합적 의료 서비스
대상 질환	말기암	–말기암 –말기 후천성 면역 결핍증 –말기 만성 폐쇄성 호흡기 질환 –말기 만성 간경화	–말기암 –말기 후천성 면역 결핍증 –말기 만성 폐쇄성 호흡기 질환 –말기 만성 간경화	생명을 위협하는 질환을 가진 환자와 그 가족 중 완화의료가 필요하다고 판단되는 경우로 성인 호스피스와 달리 진단명이나 질병 단계에 제한은 없음(현재 시범 사업은 의뢰 시 환자의 나이 만 24세 이하로 나이 제한)
도입 시기	2015년 7월부터 수가적용	–2016년 3월부터 시범사업으로 도입 –2020년 9월부터 본사업 전환	–2017년 8월부터 시범사업으로 도입 –2022년 1월부터 본사업 전환	–2018년 7월부터 시범 사업 도입 –시범사업 유지 중
사회복지사 관련 수가	전인적 돌봄상담 수가(의사, 간호사, 사회복지사 세 직종 기준시간 이상 상담 시 초회 및 재회 수가발생)	사회복지사 가정방문시 수가발생	전인적 돌봄상담 수가(의사, 간호사, 사회복지사 세 직종 기준시간 이상 상담 시 초회 및 재회 수가발생)	별도수가 없이 시범사업 예산지원

출처: 보건복지부(2025). 2025년 호스피스완화의료 사업안내.

2. 호스피스 · 완화의료와 연명의료결정

「연명의료결정법」은 기존 호스피스 · 완화의료 실천기관들의 제도화 노력의 산물이라 할 수 있다. 호스피스 · 완화의료 서비스는 암 관리법의 테두리 안에서 관할되어 왔으나, 호스피스 · 완화의료를 위한 근거법이 별도로 제정되었다는 것은 우리 사회에 있어 호스피스 · 완화의료의 필요성을 인정받은 상당히 중요한 일이라 볼 수 있다. 특히, 국회에서도 전원일치에 가깝게 통과 되었다는 점에서 국민의 생애 말, 임종의 질 향상에 대해 국가 차원에서 돌보겠다는 의지로 해석할 수 있겠다.

하지만 연명의료결정법에는 호스피스 · 완화의료에 대한 내용뿐 아니라 호스피스 · 완화의료 이행을 위한 선결과제로 사전에 환자의 연명의료에 대한 의사를 확인하는 절차에 대한 내용도 포함되어 있다. 한 법률 내 호스피스 · 완화의료뿐 아니라, 임종기에 있는 환자를 대상으로 한 임종기 판단에 대한 내용이 포함되며, 법조항 해석에 대한 혼란이 초래된 바 있다.

연명의료결정법이 제정되게 된 배경으로 호스피스 · 완화의료 제도화에 대한 각계의 열망과 노력이 반영되기도 하였지만, 연명의료 관련 논의를 촉발한 두 가지 사건이 있다. 두 가지 사건은 1997년 보라매병원 사건과 2008년 세브란스병원 김할머니 사건으로 연명의료에 대한 사회적 관심을 불러온 사건이었다. 1997년 보라매병원 사건은 보호자가 의사에게 경제적 문제를 이유로 퇴원을 요청하였고, 의사는 보호자의 지속되는 요구에 동의서를 받고 퇴원시켰다. 그후 환자가 집에서 사망하면서 당황한 보호자가 환자사망을 경찰에 신고하게 되며 문제가 발생되었다. 이후 법정까지 가게 된 끝에 법정에서 보호자는 살인죄, 퇴원시킨 의사는 살인방조죄로 형사처벌 받게 되었다. 본 사건에서 형사처벌까지 가게된 핵심은 환자의 퇴원시 회생가능성 여부였다. 회생가능성이 있었다는 의사의 진술에 따라 회생가능성이 있는 환자를 퇴원시켜 사망에 이르게 했다는 사유로 처벌이 진행된 것이다. 이후 의료계에서는 보라매사건 재발방지를 위해 관행적으로 적극적인 연명치료를 시행하게 되었고, 한번 진행된 연명치료는 철회나 유보하기 어렵게 되었다.

이러한 관행의 끝에 발생한 것이 2008년 세브란스병원 김할머니 사건이다. 김할머니의 보호자가 무의미한 연명치료를 더 이상 진행하지 않게 해달라고 의료진에게 요청하였으나, 의료진이 요구를 들어주지 않자 연명의료 중단에 대해 법정에서 다투게 된 사건이다. 대법원에서는 환자에게 처방된 인공호흡기 등 연명치료 중단을 판결하였고, 대법원의 판결을 근거로 비로소 연명의료를 중단할 수 있었다. 연명의료결정법은 '보라매병원 사건'과 '김할머니 사건'과 같은 사안의 예방과 해결을 위해 제정되었다.

'보라매병원' 사건

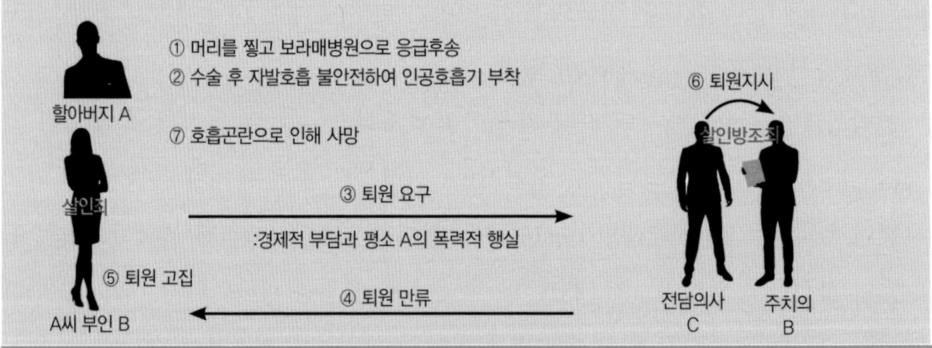

- 1997년 보라매병원에서 발생한 사건
- 경제적 문제로 환자 퇴원을 종용한 가족의 의사를 수용하여 퇴원시킨 후 환자 사망하자 보호자 및 퇴원지시 의사 형사처벌한 사건

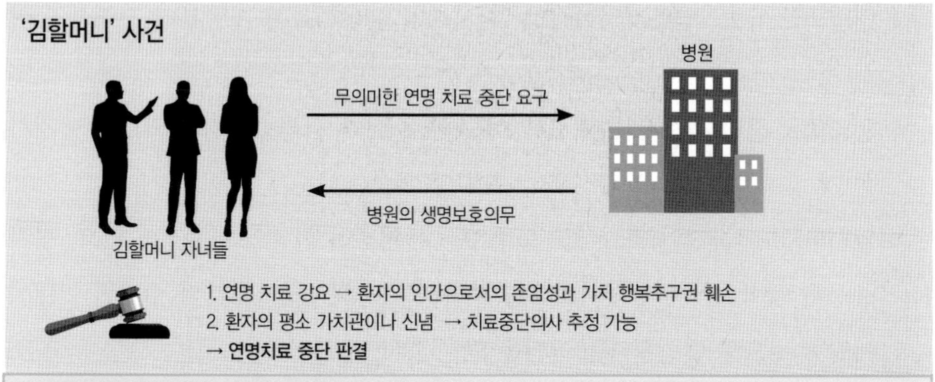

- 2008년 세브란스병원에서 발생한 사건
- 환자의 평소의사에 따라 무의미한 연명치료 중단을 요구하였으나 병원이 이행하지 않자 법적 소송 진행
- 2009년 5월 대법원에서 연명치료 중단 판결
- 김할머니 인공호흡기 제거 이후 201일에 사망

1) 연명의료결정법의 주요용어

2016년 2월부터 제정된 「호스피스완화의료 및 임종과정에 있는 환자의 연명의료결정에 관한 법률」(이하 연명의료결정법)의 중 연명의료결정제도 관련 사항이 2018년 2월부터 시행되었다. 연명의료결정법은 의학적으로 회생가능성이 없고, 질환이 악화되어 사망이 임박한 임종과정에 있는 환자의 최선의 이익을 대변하고 자기결정을 존중하기 위한 법적 근거이며, 연명의료결정법의 이해 돕기 위해 국립연명의료기관 홈페이지에 소개된 주요용어를 아래와 같이 살펴보고자 한다.

- **연명의료:** 임종과정에 있는 환자에게 하는 심폐소생술, 혈액투석, 항암제 투여, 인공호흡기 착용 및 그 밖에 대통령령으로 정하는 의학적 시술로서 치료효과 없이 임종과정의 기간만을 연장하는 것

  *대통령령으로 정하는 의학적 시술이란 체외생명유지술, 수혈, 혈압상승제 투여 그 밖의 의학적 시술로서 치료효과 없이 임종과정의 기간만을 연장하는 것

- **연명의료 유보**: 임종과정에 있는 환자에게 연명의료를 처음부터 시행하지 않는 것
- **연명의료 중단**: 임종과정에 있는 환자에게 이미 시행중인 연명의료를 중지하는 것
- **말기환자**: 적극적인 치료에도 불구하고 근원적인 회복의 가능성이 없고, 점차 증상이 악화되어 담당의사와 해당분야의 전문의 1명으로부터 수개월 이내에 사망할 것으로 예상된다는 진단을 받은 환자
- **호스피스 · 완화의료의 대상환자**: 암, 후천성면역결핍증, 만성 폐쇄성 호흡기 질환, 만성 간경화, 그 밖에 보건복지부령으로 정하는 질환으로 인하여 적극적인 치료에도 불구하고, 근원적인 회복의 가능성이 없고 점차 증상이 악화되어 수개월 이내에 사망할 것으로 진단받은 말기환자 또는 임종과정에 있는 환자
- **임종 과정에 있는 환자**: 임종 과정이란 회생의 가능성이 없고 치료에도 불구하고 회복되지 않으며, 급속도로 증상이 악화되어 사망이 임박한 상태를 의미하며, 임종 과정에 있는 환자는 담당의사 및 해당분야 전문의 1인으로부터 임종 과정에 있다는 의학적 판단을 받은 환자를 의미한다. 질환종류에 구분 없이 상기 상황에 처한 경우 임종 과정에 있는 환자에 해당한다.
- **사전연명의료의향서(Advence Directives: AD)**: 만 19세 이상의 사람이 자신의 연명의료중단 등 결정이나 호스피스 이용에 관한 의사를 직접 문서로 작성하는 것을 말한다. 보건복지부 지정을 받은 사전연명의료의향서 등록기관에서 작성한 사전연명의료의향서만 법적 효력이 있다. 본인 스스로만 작성할 수 있으며 대리작성은 불가하다. 다만, 사전연명의료의향서를 통한 결정은 임종과정에 있을 때 연명의료를 거부하겠다는 포괄적 동의이므로 추후 임종과정에 있는 환자로 판단되었을 때 담당의사가 작성자 본인 및 가족과 다시 확인하여 구체적인 연명의료를 이행하는 근거자료로 활용된다. 만일 환자가 사전연명의료 작성 후 스스로 의사표현이 불가한 상태가 되면 의사 2인의 확인을 거쳐

야만 작성한 연명의료에 대한 이행여부를 결정할 수 있다.

- **연명의료계획서**(Physician Orders for Life-Sustaining Treatment: POLST): 연명의료계획서란 말기환자나 임종과정에 있는 환자가 담당의사와 함께 연명의료에 대한 사항을 계획하여 남겨두는 문서이다. 사전연명의료의향서와 달리 반드시 담당의사와 함께 작성하여야 한다. 환자가 작성한 사전연명의료의향서가 없고, 스스로 의사를 표현할 수 없는 상태인 경우 평소 환자의 연명의료에 대한 의향을 환자가족 2인 이상이 동일하게 진술할 경우 환자가족의 작성이 가능하다. 단, 미리 작성한 연명의료계획서나 사전연명의료의향서가 없고, 환자가 의사능력이 없을 뿐 아니라, 평소 연명의료에 관한 의향을 밝힌 바 없는 경우 환자가족의 전원 합의에 의해 작성할 수 있다.

표 12-3 사전연명의료의향서와 연명의료계획서의 비교

구분	사전연명의료의향서	연명의료계획서
작성주체	만 19세 이상인 자(본인)	환자의 의사에 따라 담당의사가 작성 (환자가 직접 의사표현을 할 수 없는 경우 사전의사 추정가능여부에 따라 작성서식 및 과정이 달라짐)
대상질병	제한없음	제한없음
작성시기	본인의 희망할 때 언제든 작성가능	말기 또는 임종과정에 있는 환자에 해당될 때
작성기관	보건복지부의 지정을 받은 사전연명의료의향서 등록기관 (국립연명의료관리기관 홈페이지 참조)	의료기관윤리위원회를 등록한 의료기관
작성내용	향후 임종과정에 있는 환자가 되었을 때를 대비하여 연명의료 및 호스피스 관련 의향 문서로 작성	임종과정에서 환자의 연명의료 적용여부와 호스피스 관련 의향을 문서로 작성
비용	없음	수가발생

※ 사전연명의료의향서는 건강상태와 관계없이 본인이 등록기관방문하여 작성가능하나, 연명의료계획서는 말기 또는 임종과정에 있는 환자(환자의사표현 불가시 환자의보호자)와 담당의사가 상의하여 작성하는 점에서 차이가 있다.

출처: 국립연명의료관리기관(https://www.lst.go.kr).

참고 심폐소생술 하지 않기(Do Not Resuscitate: DNR)

연명의료결정법 제정 전 의료현장에서 관행적으로 연명의료결정이 필요할 경우 작성한 서식이다. 담당의사가 환자 또는 보호자에게 임종이 가까운 상황을 고지 후 근거로 남기는 서식이며, 사전연명의료의향서 및 연명의료결정서와 달리 반드시 환자에게 받지 않아도 된다. 연명의료결정법 시행 이후 공식적으로 인정받는 서식이 아니므로 DNR작성보다는 위의 법정서식 작성이 권고된다.

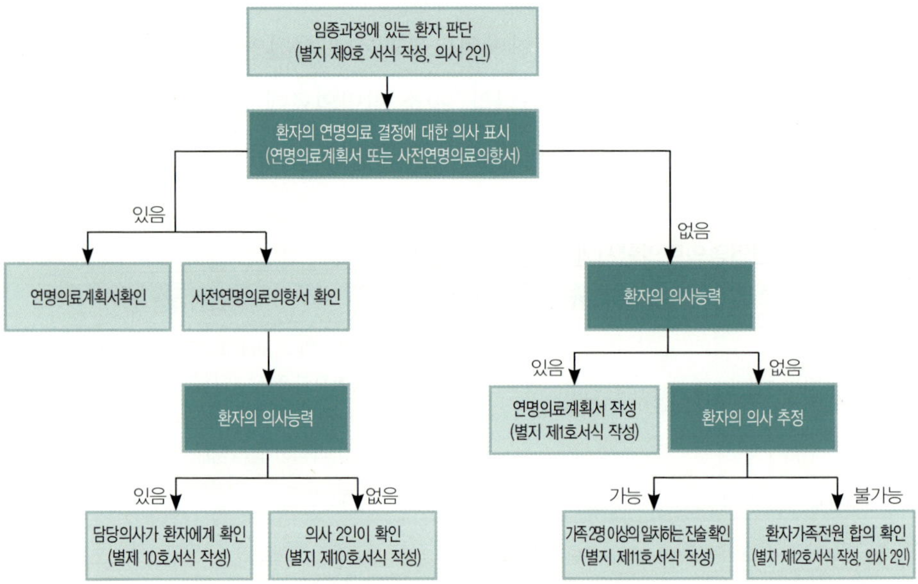

※ 단, 말기환자가 호스피전문기관에서 호스피스를 이용하고 있는 경우, 임종과정에 있는지 여부에 대한 판단은 담당의사 1인의 판단으로 갈음할 수 있음

그림 12-4 연명의료 절차도

출처: 국립연명의료관리기관(https://www.lst.go.kr).

2) 연명의료결정법의 주요쟁점

(1) 말기환자 대상의 확대

법에서 의미하는 말기환자는 암, 후천성면역결핍증, 만성 폐쇄성 호흡기질환, 만성 간경화 네 가지 및 그 밖에 보건복지부령으로 정하는 질환으로 되어 있다. 최근 법개정을 통해 임종과정에 있는 환자도 말기 환자에 포함되었다. 법 제정 초기 말기환자를 한정한 이유는 호스피스 · 완화의료의 대상을 범위를 정하기 위한 것이나, 서비스 대상을 한정하는 것에 대한 형평성 논란 끝에 사실상 전 질환으로 대상이 확대되었다. 기존 말기암에서 대상 질환이 확대된 것에 의의가 있으니, 국내뿐 아니라 해외에서도 호스피스 · 완화의료 서비스를 주로 말기암 위주로 제공해 온 터라 비암성질환에 대한 서비스 제공 경험 부족이 현장의 혼란을 가중하고 있다. 실제로 대상질환은 확대되었으나 실제 말기암 외 다른 질환군의 호스피스 · 완화의료 이용은 크게 증가하지 않고 있는 추세이다.

단, 소아완화의료는 시범사업 초기부터 질병에 관계없이 생명을 위협하는 모든 질환을 대상으로 서비스를 제공하고 있어 위의 논의와 차별지점이 있다.

(2) 말기환자와 임종과정에 있는 환자의 구분

연명의료결정법이 호스피스 · 완화의료에 대한 내용과 연명의료결정에 대한 내용을 모두 담고 있어 혼란이 초래되는 부분이다. 호스피스 · 완화의료 대상범위 제시를 위해 정의된 말기환자와 별도로 연명의료결정을 위해 임종과정에 있는 환자를 별도로 둠에 따라 의료현장의 혼선이 있었다. 임상적으로도 말기환자와 임종과정에 있는 환자의 명확한 구분이 어렵다는 것이 임상의사들의 하나같은 의견이었다. 2016년 2월 연명의료결정법 제정 후 준비과정을 거쳐 2018년 2월 연명의료결정 부분이 시행되었지만, 시행 직후부터 법 개정이 이루어지는 등 현장의 혼선이 있었다. 시간이 경과함에 따라 제도적으로 안정화에 접어들고 있으나, 여전히 용어의 모호성으로 인한 현장의 혼선은 남아있다.

(3) 연명의료결정서 작성자

연명의료결정법의 제정목적과 기본원칙 중 가장 중요한 것은 환자의 최선의 이익을 보장하고 자기결정을 존중하여 인간으로서의 존엄과 가치를 보호하는 것이다. 연명의료결정법 통과 후 언론에서 존엄사법이라고 부른 이유도 여기에 있다. 단, 자기의사결정 존중을 위해 연명의료계획서를 반드시 본인이 작성하게 하고, 요건 충족시에만 가족이 작성하게 하여 현장에 혼선이 초래된 바 있다. 이는 환자 본인과 임종에 대해 미리 또는 직접 논의하고, 가족 간 개방적인 의사소통을 하는 문화가 충분히 무르익지 않은 상황에서 법 · 제도적 변화가 급히 추진되어 발생한 혼선이라 할 수 있다.

3. 호스피스 · 완화의료 및 연명의료결정에서의 역할과 발전방향

연명의료결정법이 제정되기 전부터 사회복지사는 호스피스 · 완화의료 현장에서 일해왔으며, 그간의 역할이 인정되어 법적 필수인력에 포함되게 되었다. 또한 제도화의 결과 사회복지사가 의료현장에서 받을 수 있는 수가의 영역도 확장되게 되었다. 하지만 제도화에 따라 좋아진 면만 있는 것은 아니다. 전인적 돌봄을 하기 위해서는 유연한 대응과 융통성이 필요하나 제도에서 제시한 수가발생의 기준을 맞추기 위해 때로는 전인적 돌봄의 질이 떨어지는 제약이 발생하기도 한다. 이러한 제약에 대해 사회복지사들이 어떻게 대처해 나갈 것이지 고민이 필요하다.

호스피스 · 완화의료 및 연명의료결정 분야에서 일하는 사회복지사는 다학제팀 접근 과정에서 타 전문직과 소통이 빈번하고 다루는 주제가 말기, 임종과 같이 무거운 만큼 소진이 쉽게 일어날 수 있다. 담당 사회복지사의 소진예방에 주의를 각별히 기울여야하는 분야라고 할 수 있다.

2008년 등록된 전국 호스피스완화의료기관은 19개소 불과했으나, 2025년 5월 기준 202개 기관으로 등록기관수 기준 약 11배 이상 성장하였다. 또한, 2024 국가 호스피스완화의료 연례보고서에 따르면, 2008년 기준 호스피스 이용률이 7.3%(2008년 기준 기관수 19개소)에 그쳤지만, 2023년 호스피스 이용률은 26.2%(2023년 기준: 기관수 188개소, 연 신규이용환자 수/국내 암사망자 수×100)로 4배 가까이 올랐다. 국민의 생애 말기 삶의 질과 존엄한 임종의 보장을 향한 정책적 과제 수행 속에서 호스피스완화의 및 연명의료 관련 서비스 접근성 향상이 기대된다(중앙호스피스센터 홈페이지).

사례 1 호스피스 · 완화의료 현장의 개입사례(자문형 호스피스)

■ **환자의 의료적 상황**

환자 OOO(남, 67세)은 폐암, 뼈전이 된 환자로 3개월 전 진단을 받고 방사선 치료와 화학 요법을 받았음. OOO은 암을 진단받기 전 부정맥으로 10년간 순환기내과 진료를 받아왔으며, 부정맥으로 인하여 심폐소생술 이후 회복되었던 적이 있음. 항암화학 요법으로 인하여 심한 구역질과 피로를 호소하고 있음. 의사는 더 이상의 화학 요법은 거의 이득이 되지 않을 것이라는 것을 확인 후, 자문형 호스피스팀에 의뢰하여 환자에게 추후 원하는 치료 방향에 대한 목표를 재확인하고, 임종기 연명의료계획을 포함한 사전돌봄계획에 대해 논의할 수 있도록 함.

■ 환자 및 가족의 주요호소

- 환자는 편안하게 지내길 원하며 필요 시 호스피스 · 완화의료 서비스를 받기를 원하고 있으나, 아직은 그 시기가 아니라고 생각하고 있음.
- 환자는 암을 진단받기 전 부정맥으로 순환기내과 진료를 받아왔으며, 한차례 심폐소생술로 소생되었던 경험이 있어서, 추후 암이 아닌 부정맥으로 심정지 상황이 온다면, 연명의료 중 심폐소생술을 희망하고 있음.

■ 의료사회복지사의 개입

- 환자 및 가족의 병식 및 연명의료계획에 대한 이해정도 파악
  - 담당 의료사회복지사는 상담 중 환자와 가족이 연명의료 및 호스피스 · 완화의료에 대해 보이는 허용적인 태도 이면에 아직은 논의할 단계가 아니라는 거부감을 보이고 있음을 파악
  - 환자와 가족은 현재 암의 진행으로 전신상태가 악화되고 있으나, 지병인 부정맥과 암의 진행을 별개의 건으로 인지하고 있음.
  - 특히, 이전의 소생 경험으로 지병에 대한 문제로 인해 심정지 발생할 경우 심폐소생술 받기를 원하고 있음.
- 환자와 의료진간 연명의료계획에 대한 소통중재
  - 담당 의료사회복지사는 의료진에게 환자와 가족이 연명의료계획과 관련하여 지병의 상태와 암의 진행상태를 별건으로 구분하여 연명의료계획 논의진행이 안되는 상황임을 알리고, 환자의 의학적 상태에 대한 추가적인 설명요청

■ 개입결과

환자와 가족은 환자의 의학적 상태에 대한 설명을 들은 후 암의 진행으로 인한 전신상태 악화와 부정맥을 나누어 고려하기 어려운 상황임을 이해하였으며, 임종과정에서 심폐소생술을 시행할 경우 갈비뼈 골절 등 부작용을 동반할 뿐 아니라 회복하기 어려울 가능성이 높음을 인지함. 이후 연명의료계획서 작성 완료함.

사례 2 호스피스 · 완화의료 현장의 개입사례(입원형 호스피스)

■ 환자의 의료적 상황

환자 OOO(여, 45세)은 유방암 환자로 3년 전 진단을 받고 유방 오른쪽 절제 수술 후 호르몬 치료와 면역 치료 등을 받았음. OOO은 최근 폐전이 소견과 함께 암의 진행으로 더 이상의 치료가 불가함을 듣고, 호스피스 • 완화의료 기관으로 전원을 권유받음. 이에, OO병원 호스피스병동에 입원함.

■ 환자의 사회 • 경제적 상황

OOO은 이혼 후 홀로 18세 딸, 15세 아들을 키워온 한부모가족이며, 의료급여 1종 수급자임. OOO은 3녀 중 막내임. 두 언니와 경제적 문제로 갈등 후 연락 두절 된 상황이며, 환자 임종 시 자녀들을 돌봐 줄 지지체계 부재하여 걱정 호소함.

■ 환자 및 가족의 주요호소

- 환자는 자녀들이 본인이 떠난 후에도 안정적으로 돌봐줄 수 있는 환경을 만들고 싶어 함.
- 자녀들은 환자가 본인들 걱정에 편안하게 눈 감지 못할까봐 걱정되어 환자가 걱정하지 않도록 어떤 방법이든 동원하고 싶어 함.

■ 의료사회복지사의 개입

- 환자 주민등록 소재 지역사회 자원 탐색
  - 주민센터, 지역사회복지관, 지역주민회 등과 상의하여 환자 자녀의 돌봄 지원 협조요청
  - 주민센터 및 지역사회복지관에서 사례관리대상으로 등록하여 지원하기로 함.
  - 환자가 말기 진단 후 다니기 시작한 교회에서 자주 방문하기로 함.
- 환자의 전남편과 소통
  환자와 오랜기간 연락두절된 전남편에게 환자 동의하에 현 상황을 알리고 도움 요청
  - 환자 전남편은 환자자녀들과는 연락 지속해 옴.
  - 환자 전남편은 개인 사정으로 자녀들을 전적으로 맡을 상황은 안 되나 간헐적으로라도 들여다보겠다고 약속함.
- 자녀들이 환자 위한 이벤트 개최 지원
  - 자녀들은 환자가 떠나더라도 남매가 잘 지내겠다는 의지를 환자에게 보여주고 싶어 함.
  - 자녀 중 둘째의 생일을 맞아 환자자녀들이 환자를 위한 이벤트로 환자에게 보내는 편지낭송, 환자를 위한 만찬, 자녀를 돌봐줄 수 있는 지지체계 소개 등 진행

- 환자 및 자녀를 위한 병동 내 미술치료, 원예치료 연계(병동 내 요법치료)
- 자원봉사자를 통한 목욕 및 마사지 제공: 자녀들만의 힘으로 어려운 환자 목욕을 자원봉사자를 통해 지원하였으며, 다리의 부종 완화를 위해 마사지 제공 및 자녀들에게 간단히 할 수 있는 마사지법 교육
- 환자의 유언 영상 촬영 지원: 사회적기업의 지원으로 환자가 자녀들에게 남기고 싶은 유언 영상 촬영 지원

■ 개입결과

- 지역사회와 주변에서 자녀들을 돌봐주겠다는 약속을 확인하고 환자는 심리적 안정감을 가짐. 이후 자녀들이 함께한 자리에서 임종 맞음.
- 환자 임종 후 주민센터 통해 장제비 지원연계하였으며, 사별가족 모임을 통해 정기적으로 만나며 자녀들의 심리정서적 지원함.

■ 호스피스 · 완화의료 및 임종과정에 있는 환자의 연명의료결정에 관한 법률 시행규칙 [별지 제6호서식

〈개정 2023. 7. 31.〉

사전연명의료의향서

※ 색상이 어두운 부분은 작성하지 않으며, [ ]에는 해당되는 곳에 ✓표를 합니다. (앞쪽)

<table>
<tr><td>등록번호</td><td></td><td colspan="3">※ 등록번호는 등록기관에서 부여합니다.</td></tr>
<tr><td rowspan="3">작성자</td><td colspan="2">성 명</td><td colspan="2">주민등록번호</td></tr>
<tr><td colspan="4">주 소</td></tr>
<tr><td colspan="4">전화번호</td></tr>
<tr><td>호스피스 이용</td><td colspan="2">[ ] 이용 의향이 있음</td><td colspan="2">[ ] 이용 의향이 없음</td></tr>
<tr><td rowspan="7">사전연명의료의향서 등록기관의 설명사항 확인</td><td rowspan="6">설명사항</td><td colspan="3">1. 언명의료의 시행빙법 및 연명의료중단등결정에 대한 사항</td></tr>
<tr><td colspan="3">2. 호스피스의 선택 및 이용에 관한 사항</td></tr>
<tr><td colspan="3">3. 사전연명의료의향서의 효력 및 효력 상실에 관한 사항</td></tr>
<tr><td colspan="3">4. 사전연명의료의향서의 작성 · 등록 · 보관 및 통보에 관한 사항</td></tr>
<tr><td colspan="3">5. 사전연명의료의향서의 변경 · 철회 및 그에 따른 조치에 관한 사항</td></tr>
<tr><td colspan="3">6. 등록기관의 폐업 · 휴업 및 지정 취소에 따른 기록의 이관에 관한 사항</td></tr>
<tr><td>확인</td><td colspan="3">[ ] 위의 사항을 설명 받고 이해했음을 확인합니다.</td></tr>
<tr><td>환자 사망 전 열람허용 여부</td><td>[ ] 열람 가능</td><td>[ ] 열람 거부</td><td colspan="2">[ ] 그 밖의 의견</td></tr>
<tr><td rowspan="2">사전연명의료의향서 등록기관 및 상담자</td><td colspan="2">기관 명칭</td><td colspan="2">소재지</td></tr>
<tr><td colspan="2">상담자 성명</td><td colspan="2">전화번호</td></tr>
</table>

본인은 「호스피스 · 완화의료 및 임종과정에 있는 환자의 연명의료결정에 관한 법률」 제12조 및 같은 법 시행규칙 제8조에 따라 위와 같은 내용을 직접 작성했으며, 임종과정에 있다는 의학적 판단을 받은 경우 연명의료를 시행하지 않거나 중단하는 것에 동의합니다.

작성일 년 월 일

(서명 또는 인)

등록일 년 월 일

등록자 (서명 또는 인)

서식 12-1 사전연명의료의향서 서식

■ 호스피스 · 완화의료 및 임종과정에 있는 환자의 연명의료결정에 관한 법률 시행규칙 [별지 제1호서식]

〈개정 2023. 7. 31.〉

연명의료계획서

※ 색상이 어두운 부분은 작성하지 않으며, [ ]에는 해당되는 곳에 ✓표를 합니다.

<table>
<tr><td>등록번호</td><td></td><td colspan="2">※ 등록번호는 의료기관에서 부여합니다.</td></tr>
<tr><td rowspan="4">환자</td><td colspan="2">성명</td><td>주민등록번호</td></tr>
<tr><td colspan="3">주소</td></tr>
<tr><td colspan="3">전화번호</td></tr>
<tr><td colspan="2">환자 상태 [ ] 말기환자</td><td>[ ] 임종과정에 있는 환자</td></tr>
<tr><td rowspan="2">담당의사</td><td colspan="2">성명</td><td>면허번호</td></tr>
<tr><td colspan="3">소속 의료기관</td></tr>
<tr><td>호스피스 이용</td><td colspan="2">[ ] 이용 의향이 있음</td><td>[ ] 이용 의향이 없음</td></tr>
<tr><td rowspan="11">담당의사 설명사항 확인</td><td rowspan="6">설명 사항</td><td colspan="2">1. 환자의 질병 상태와 치료방법에 관한 사항</td></tr>
<tr><td colspan="2">2. 연명의료의 시행방법 및 연명의료중단등결정에 관한 사항</td></tr>
<tr><td colspan="2">3. 호스피스의 선택 및 이용에 관한 사항</td></tr>
<tr><td colspan="2">4. 연명의료계획서의 작성 · 등록 · 보관 및 통보에 관한 사항</td></tr>
<tr><td colspan="2">5. 연명의료계획서의 변경 · 철회 및 그에 따른 조치에 관한 사항</td></tr>
<tr><td colspan="2">6. 의료기관윤리위원회의 이용에 관한 사항</td></tr>
<tr><td rowspan="5">확인 방법</td><td colspan="2">위의 사항을 설명 받고 이해했음을 확인하며, 임종과정에 있다는 의학적 판단을 받은 경우 연명의료를 시행하지 않거나 중단하는 것에 동의합니다.</td></tr>
<tr><td colspan="2">[ ] 서명 또는 기명날인 년 월 일 성명 (서명 또는 인)</td></tr>
<tr><td colspan="2">[ ] 녹화</td></tr>
<tr><td colspan="2">[ ] 녹취</td></tr>
<tr><td colspan="2">※ 법정대리인 년 월 일 성명 (서명 또는 인)
(환자가 미성년자인 경우에만 해당합니다)</td></tr>
<tr><td>환자 사망 전 열람허용 여부</td><td>[ ] 열람 가능</td><td>[ ] 열람 거부</td><td>[ ] 그 밖의 의견</td></tr>
</table>

「호스피스 · 완화의료 및 임종과정에 있는 환자의 연명의료결정에 관한 법률」 제10조 및 같은 법 시행규칙 제3조에 따라 위와 같이 연명의료계획서를 작성합니다.

년 월 일

담당의사 (서명 또는 인)

서식 12-2 연명의료계획서 서식

Chapter

13 의료사회복지활동의 미래와 과제

1. 미래 사회는 어떻게 예측할 수 있는가?
2. 의료사회복지와 관련된 환경들은 어떻게 변화하고 있는가?
3. 의료사회복지활동의 과제는 무엇인가?
4. 의료사회복지사는 어떠한 역량을 갖추어야 하는가?

Chapter 13

의료사회복지활동의 미래와 과제

이 장에서는 다음과 같은 질문들에 대해서 다룰 것이다.
첫째, 미래 사회는 어떻게 예측할 수 있는가?
둘째, 의료사회복지와 관련된 환경들은 어떻게 변화하고 있는가?
셋째, 의료사회복지활동의 과제는 무엇인가?
넷째, 의료사회복지사는 어떠한 역량을 갖추어야 하는가?

현재를 살아가는 우리는 과거로부터 받은 것에 계승, 변화, 발전의 요소를 더하여 역사를 이루어가고, 미래의 사람들은 그렇게 형성된 사회의 시간적, 공간적, 제도적 틀 속에서 삶을 영위한다. 미래의 사람들은 본인이 원하건 원하지 않건 '과거인' 우리의 사고와 행동, 가치판단과 제도 형성의 영향 속에서 생활할 수밖에 없다. 즉, 미래는 미래로써 단독적으로 존재하는 것이 아니라 과거로부터 현재를 거쳐 미래로 이어가는 역사의 흐름 속에서 자연스럽게 형성되는 존재이다. 따라서 우리의 미래는 수동적으로 형성되어지는 영역과 능동적으로 형성해 가는 영역의 혼합체라고 볼 수 있다. 이러한 전제 하에 우리는 이번 장의 학습을 통해서 '클라이언트에게 보다 유익한 치료 환경을 제공하기 위한 의료사회복지활동의 과업'에 대하여 심도 깊게 논의할 수 있기를 기대한다.

1. 미래 사회는 어떻게 예측할 수 있는가?

미래(未來)의 사전적 정의는 '앞으로 올 때'이다. 즉, 우리가 이미 경험한 '과거'와 반대되는 개념으로써, 아직 경험하지 못한 시기를 의미한다. 이 미래는 과거에 의해 영향 받은 현재의 활동으로 인해 이루어지는 것이 일반적이다.

많은 이들은 미래를 궁금해 하고, 이를 예측하기 위하여 많은 노력을 기울이는데, 그 이유는 무엇일까? 대개의 경우, 미래를 예측할 수 있다면, 보다 긍정적이고 주도적인 삶을 살기 위하여, 현재의 삶의 방식을 결정하는 데 도움이 될 수 있기 때문일 것이다.

의료사회복지를 공부하는 학생들과 의료사회복지의 미래에 대해 논의를 하다 보면, 대부분의 경우 급여 수준, 직업으로서의 향후 전망, 앞으로 유망한 사회복지 기술 등에 대해 궁금해 하고 있다.

반면, 현장에서 일하고 있는 의료사회복지사들과 이야기하다 보면, 과거 상담 중심의 업무에서 지원 중심의 업무로 변화하고 있는 사회 환경에 대한 안타까움과 타 전문직과의 관계에서 보다 전문적인 영향력을 발휘할 수 있는 방안 모색에 논의의 초점이 맞추어지고 있다.

우리가 알 수 없는 '미래'는 한 개인에게 운명으로 받아들여질 수도 있으나, 도전하여 획득하는 미지의 것으로 받아들여질 수도 있다. 이는 명확히 개인의 선택 영역이지만, 그 선택으로 인하여 개인이 변하고 사회가 변하며 역사가 변하는 시작점이므로 한 개인이 미래에 대해 어떤 인식을 하는가는 인생의 중요한 요소라고 할 수 있다.

앞으로 '의료사회복지활동의 미래와 과제'에 대한 논의를 진행하기 위하여 이번에는 미래사회 예측과 관련한 몇 가지 주제를 다루고자 한다.

1) 미래사회 예측의 근거들[01]

인류는 그 시작과 함께 개인이나 사회, 국가의 미래를 예측하기 위하여 노력해 왔다. 초기 인류는 자연의 변화를 감지하면서 행동 방침을 결정하는 경향이 강했으며, 이 후 샤먼 · 점쟁이 · 예언자 · 선지자 등 '전문가'들의 중재를 통해 미래를 예측하기도 하였다. 이들은 꿈, 손금, 사주 등 개인의 경험이나 신체적 특징으로 예측하기도 하였으며, 주사위, 카드, 기타 다양한 게임을 활용하여 예측하기도 하였다.

아직까지도 이런 기법들은 많이 활용되고 있는데, 자크 아탈리는 그 이유로 다음을 언급하였다.

① 이런 기법들은 이를 사용하는 사람들, 즉, 직관력과 예지력을 갖춘 사람들의 재능과 합쳐져서 효력을 발휘하기 때문이다.

② 각 개인이 정신의 능력에 관해 속속들이 안다고 하기에는 어려운 상이한 연구결과가 존재한다.

③ 수십억의 사람들이 물질적인 증거 없이도 믿음, 신앙 등에 근거해서 행동하기 때문이다.

이 시기는 '예측'이라기보다는 '예언'에 가까운 행동양식이었는데, 이후 르네상스 시대가 도래하고 종교개혁 · 산업혁명 등의 시대가 이어지면서, 인간은 자신의 삶과 미래에 대하여 스스로 판단하고 책임져야 하는 상황을 맞이하게 된다. 이를 위해 사람들은 시간에 가치를 부여하고, 날씨를 예측하기 시작하였으며, 경제활동에 따르는 예측의 차이로 인하여 빈부의 격차가 발생하기 시작하였다.

이 시기에는 '예언'의 형식을 벗어나 '추론'을 통한 미래예측방법이 사용되었는데, 카드 · 체스 등의 전략게임, 음악, 문학, 유머, 과학 등이 이러한 방법들의 예이

01 Attali, J.(2018). 어떻게 미래를 예측할 것인가, 김수진 옮김, 파주: 21세기 북스.

다. 과거의 공상과학만화 내용이 현실화되고, 문학 속 이야기가 현실화되는 것들 또한 그러한 활동들의 예라고 볼 수 있다.

이후 사회와 관련한 자료가 급증하고, 이러한 자료를 통계 처리하는 기술이 발달하면서 미래예측의 방법에도 많은 변화가 이루어졌다. 이전에는 현상의 원인을 규명하고 그것을 바탕으로 미래를 예측하려 했다면, 이제는 상관관계에 초점을 맞추고 있다. 즉, 자료에서 제공되는 변동값 사이의 관계에만 관심을 갖는다는 것이다. 과학의 발달, 특히 최근 알파고와 같은 인공지능 등의 발달은 이러한 경향을 더욱 강화하고 있다. 금융시장 예측(미래구조연구, 변동확률연구, 상관관계연구), 사람들의 수명예측, 기계의 수명예측, 기상변화 예측, 범죄예측 등 삶의 많은 영역이 이 영향권 안에 있게 되었다.

자크 아탈리는 미래 예측의 방법으로 다음의 다섯단계를 제시하고 있다.

회고적 예측	대상의 본질적인 정체성과 주요 불변요소, 과거 변화방식, 위협 대처방식 등에 대해 인지하기
수명 예측	대상의 건강상태, 생활방식, 자신을 챙기는 방식에 관해 이해하기
환경적 예측	세상을 움직이는 주체(사람, 기업, 국가, 환경 등) 중 대상의 운명에 영향을 줄 수 있는 주체의 미래를 분석하기
감정적 예측	환경적 예측 단계에서 중요한 것으로 파악되었던 주체가 대상에 대해 취하는 미래의 행동 파악하기
계획적 예측	대상의 인생에 일어날 것으로 알려졌거나 일어날 가능성이 있는 미래의 사건들을 분석하기

2) 4차 산업혁명[02]

산업혁명(Industrial Revolution)이란 기술혁신에 수반하여 일어난 사회 · 경제 구조의 변혁으로써, 인간의 생활 방식에 큰 변화를 초래한 사건들을 말한다.

표 13-1 산업혁명 분류

분류	주요 기술변화	비고
1차 산업혁명	증기기관을 통한 대량생산 방식	제조방식 변화
2차 산업혁명	전기를 이용한 대량생산 방식	컨베이어 방식
3차 산업혁명	컴퓨터, 인터넷을 이용한 정보화혁명	사무직 강화
4차 산업혁명	첨단정보통신기술 융합을 통한 변화	AI통합시스템

현대사회를 4차 산업혁명의 시대로 정의하곤 하는 바, 이의 사전적 정의는 '인공지능, 사물 인터넷, 빅데이터 등 첨단 정보통신기술이 경제, 사회적 전반에 융합되어 혁신적인 변화가 나타나는 차세대 산업혁명'이라고 할 수 있다.

독일의 Industy4.0에서 시작되었다고 할 수 있는 이 4차 산업혁명은, 제조업에 IT시스템을 결합하여 스마트 공장을 육성하는 독일의 제조업 정책을 일컫는다. 기

02 4차 산업혁명(The Fourth Industrial Revolution, 第4次産業革命): 인공 지능, 사물 인터넷, 빅데이터, 모바일 등 첨단 정보통신기술이 경제 · 사회 전반에 융합되어 혁신적인 변화가 나타나는 차세대 산업혁명.
인공 지능(AI), 사물 인터넷(IoT), 클라우드 컴퓨팅, 빅데이터, 모바일 등 지능정보기술이 기존 산업과 서비스에 융합되거나 3D 프린팅, 로봇공학, 생명공학, 나노기술 등 여러 분야의 신기술과 결합되어 실세계 모든 제품 · 서비스를 네트워크로 연결하고 사물을 지능화한다.
제4차 산업혁명은 초연결(hyperconnectivity)과 초지능(superintelligence)을 특징으로 하기 때문에 기존 산업혁명에 비해 더 넓은 범위(scope)에 더 빠른 속도(velocity)로 크게 영향(impact)을 끼친다.
'제4차 산업혁명' 용어는 2016년 세계 경제 포럼(World Economic Forum: WEF)에서 언급되었으며, 정보 통신 기술(ICT) 기반의 새로운 산업 시대를 대표하는 용어가 되었다. 컴퓨터, 인터넷으로 대표되는 제3차 산업혁명(정보 혁명)에서 한 단계 더 진화한 혁명으로도 일컬어진다(IT용어사전).

존 공장이 컨베이어 시스템을 기반으로 하는 생산공정을 가지고 있었다면, 4차 산업혁명하의 공장은 ICT를 기반으로 하는 완벽한 자동화 시스템을 갖추었다는 것이 차이점이다. 이러한 변화는 한 예로, 신발 50만 켤레를 만드는 공장의 소요인원을 500명에서 10명으로 줄이는 등 생산 현장에 큰 변화를 초래하였으며, 이는 또 다시 값싼 노동력을 구하기 위해 저개발국가에 설립하였던 회사와 공장들을 다시금 본국으로 유치하는 리쇼어링(Reshoring) 정책에 영향을 미치고 있다.

또한, 4차 산업혁명은 산업구조에도 변화를 초래하고 있는데, 대중문화도 점차 개인화되어 나만의 집, 나만의 신발, 나만의 가구 등 개성을 중요시하게 되었다. 즉, 기존의 시장이 물건을 먼저 만든 후 소비자에게 판매하던 방식이었다면, 앞으로는 빅데이터 기술을 활용하여 소비자의 트렌드를 미리 파악한 후 소비자가 원하는 것을 주문받아 제작하는 방식으로 변화할 수 있다는 것이다.

이를 생산의 주체 측면에서 고찰해 보면, 지금까지는 생산의 주체가 인간이었던 반면, 이제는 많은 부분을 기계가 대체하고 있음을 알 수 있다. 즉, 노동을 통해서 소득을 창출하고 이 소득으로 소비해 왔던 고전적인 삶의 패턴이 변화하고 있는 것이다. 농사, 배달, 설거지, 건축, 교육 등 대부분의 영역에서 인간의 노동력을 기계가 대체하고 있으며, 수많은 직업이 사라질 위기에 처해있다.

이처럼 4차 산업혁명이란, 빅데이터를 기반으로 자원을 효율적으로 사용함으로써 생산성을 극대화하는 것이기 때문에, 이러한 사회에서는 당연히 '데이터화'가 자원을 효율적으로 활용할 수 있는 근간이 될 수 밖에 없다. 따라서, 데이터를 쉽게 그리고 자주 수집할 수 있는 핸드폰, 자동차, 냉동고 같은 업종이 각광받게 되며, 제조업을 기반으로 한 정보화 수준이 높은 나라가 유리해진다.

반면, 4차 산업혁명 시대의 인간들에게는, 스스로 자신의 가치를 증명해야 하는 새로운 과제가 제시되고 있다.

3) 미래사회 생활의 특징

우리는 앞에서 미래를 예측하는 다섯 단계, 즉 회고적 예측, 수명 예측, 환경적 예측, 감정적 예측, 계획적 예측에 대하여 검토하였다. 이와 함께, 다른 사람들이 예측하는 미래사회의 모습을 고찰하는 것 또한 우리의 미래를 더욱 구체적으로 예상하는 데에 도움을 줄 것이다.

(1) 지식적 측면: 평생학습 시대

4차 산업혁명으로 인해 지식과 정보의 가치가 높아지고 있다. 이전에는 지식과 정보를 직접 배우고 외워야 사용할 수 있었지만, 컴퓨터와 정보통신기술이 발달하는 사회에서는 널려 있는 지식과 정보 중에서 옳은 것, 필요한 것을 선택하고 재구성하며 응용하는 능력이 중요해지고 있다. 더욱이 이런 정보들은 시간과 공간의 제약을 벗어나면서 그 성장과 변화의 속도가 가속화되고 있다. 예전에는 학창시절에 배운 것으로 사회생활을 할 수 있었지만, 이제는 졸업하고 사회에 진출한 후에도 지속적으로 자기계발을 할 수밖에 없는 평생학습 시대가 된 것이다. 즉, 배우고 익힌 지식 중 많은 내용의 유효기간이 그만큼 짧아지고 있다는 것이다.

(2) 관계적 측면: 비대면적 관계 확장

이전 사회에서는 개인적 교류에 의한 관계 형성이 주를 이루었다. 일정한 공간에서 직접적인 만남을 통해 관계를 형성하고 교류하면서 삶을 유지해 왔다면, 앞으로의 사회에서는 SNS 등의 가상공간에서도 비대면적으로 관계를 형성하고 교류하는 경향이 강화될 것으로 예상된다.

따라서 이전에는 고향이나 출신학교, 친구 등 지역적 특성이 관계 형성에 많은 영향을 끼쳤지만, 앞으로는 유사한 가치와 사상, 취미 등이 관계 형성의 주요 요인이 될 것이다. 이러한 사회에서는 다양성에 대한 인정과 존중 여부가 긍정적이고 생산적인 관계 형성의 전제가 될 것이다.

(3) 사회적 측면: 확장되는 삶의 영역

① 인구학적 측면

우리 사회는 진단, 치료 등 의료기술이 발달하고 사회적 환경이 개선됨에 따라 고령화 사회를 넘어 고령 사회로 진입하였다. 반면, 맞벌이 부부의 증가, 사회경제적 가치의 변화, 국가 정책의 변화 등 다양한 원인으로 인하여 저출산 기조가 유지되고 있다. 이로 인해 공적연금 정책, 주택 정책, 취업 정책 등 빈곤·산업재해·질병·노령·실업 등과 관련된 사회정책도 많은 변화를 겪고 있다.

② 에너지 측면

석유, 석탄 등 전통적인 에너지원이 고갈되어가고, 이로 인해 생활환경이 오염되어감에 따라 '그린에너지'에 대한 연구와 지원, 관심이 높아지고 있다. 태양, 지열, 풍력, 파력(波力), 조력(潮力) 등을 활용하여 에너지를 얻음으로써 친환경적 사회를 형성해야 한다는 인식이 공유되고 있다.

③ 삶의 범위

이전에는 외교관, 사업가 등 특정 직종이 아닌 경우에는 보통 출생국 내에서 생활하는 것이 보편적이었다면, 이제는 사회경제적 수준 향상, 항공 기술의 발달, SNS 및 네트워크의 발달 등으로 인하여 세상은 거대한 단일시장으로 통합되고 있다. 이미 국내는 1일 생활권이 정착된 지 오래되었고, 일본, 중국, 동남아 등은 당일 혹은 1박 2일의 일정으로도 많은 일들을 진행할 수 있는 사회가 되었다. 이런 사회에서는 타 문화에 대한 이해와 존중, 외국어 능력, 사회를 바라보는 시각과 가치관이 일상생활에 많은 영향을 미칠 수 있다.

④ 근로환경

이전 사회에서는 출근시간, 퇴근시간, 업무량과 업무수행 조직, 생산기술(기계화 과정 등) 등을 확보하는 것이 중요한 요소였다면, 앞으로는 타 분야와 협조하고 융합하는 능력, 창의성, 자발성을 독려하는 권한 이임의 정도 등 개방적이고 수용적인 환경을 조성하는 것이 중요하다.

의료사회복지 영역도 위와 같은 사회의 변화를 이해하면서, 우리의 영역에 대한 선택과 집중을 실천해야 할 것이며, 이러한 과업이 성공적으로 수행될 때에 질적으로 한 단계 더 도약하는 의료사회복지활동이 될 것이다.

2. 의료사회복지와 관련된 환경들은 어떻게 변화하고 있는가?

의료사회복지의 미래를 예상하기 위해서는 현재 의료사회복지와 관련되어 있는 환경들의 변화에 대하여 이해할 필요가 있다. 이 장에서는 병원계의 변화와 의료사회복지계의 변화에 대해서 알아보고자 한다.

1) 병원계의 변화

변화되는 병원계의 상황을 이해하기 위해서는 병원 환경의 변화, 보건의료정책의 변화, 기타 환경의 변화, 의료계의 대응전략 등에 대해 이해하는 것이 중요하다.

(1) 병원 환경의 변화

최근 병원 환경과 관련한 내용으로는 의료수요의 변화, 고객의 변화, 의료이용 행태의 변화 및 의료기술의 향상과 의료공급의 확대 측면, 의료의 공공재 인식 강화 등을 검토할 수 있다.

① 의료수요의 변화

인구의 노령화 및 의료기술의 발달은 만성질환자의 증가를 초래하고 있으며, 이로 인하여 급성기 치료 외에도 요양서비스, 방문서비스, 지역사회 돌봄 등의 데이케어 요구도 등이 증가하고 있다. 또한, 산업화에 따른 사고나 교통사고, 레저사고 등으로 인하여 응급의학이나 재활치료 등에 대한 요구도 증가하고 있다.

이외에도 통증은 줄이고 치료 효과는 높이는 로봇수술, 복용량과 부작용은 줄이고 치료 효과는 높일 수 있는 신약 개발, 진단 기술의 개발로 검사 기간과 비용, 신체적 부담을 줄이는 방안 등에 대한 요구도 강화되고 있다.

② 고객의 변화

TV 정보프로그램 증가, 인터넷 및 SNS 기술의 발달 등을 통해 일반인들이 의료정보에 접근할 수 있는 기회가 많아짐에 따라 의료진과 환자간의 의사소통이 일방적 소통에서 쌍방향 소통으로 변화되고 있다. 또한, 시민들의 권리 의식이 향상되면서 본인들이 부담하는 서비스 비용에 대하여 진료 · 교육 · 편의제공 등의 영역에서 적절한 보상을 요청하게 되었으며, 미흡하다고 판단하는 경우 의료분쟁 및 소송으로 이어지는 사례도 증가하고 있다.

사회적으로는 '의료 공공성'을 강조하고 있어서 일부 시민들은 '무상의료', 즉 의료에 관련된 모든 비용을 국가가 부담해야 한다는 주장을 펴기도 한다.

③ 의료이용 행태의 변화

전국민의료보험 시대가 도래한 이후 일반시민들의 의료접근성은 많이 개선되었으며, 일부 저소득층 및 중증 질환을 제외한다면, 대부분의 치료는 큰 경제적 부담 없이 진행할 수 있게 되었다. 반면에, 의료를 제공하는 병원 입장에서는 낮은 수준의 수가 인정으로 인하여 경영에 어려움을 겪게 되었으며, 이를 극복하기 위하여 1박 2일 검진프로그램 등의 고급의료서비스 개발, 전문병원 등의 설립을 통한 질환별 전문진료 강화, 국제수가를 적용하는 해외환자 적극 유치 등 다양한 방법을 모색하고 있다.

④ 의료기술의 향상 및 의료공급의 확대

한국의 보건의료 현황 중 기대수명(82.4년)은 OECD 평균(80.8년)보다 높은 반면, GDP 대비 보건의료지출(7.6%)은 OECD 평균(8.9%)보다 낮아 비용 대비 건강성과가 좋다고 볼 수 있다.

한국은 의사당 환자 수가 많아 진료시간이 짧은 특징이 있는 바, 인력의 부족을 효율성이 높은 고가의 첨단 장비 및 의료진의 기술 등으로 보완한다고 볼 수 있다. 또한, 전반적인 의료 접근성은 좋은 편이지만, 500병상 이상의 종합병원이 없는 입원 취약지가 25개에 달하는 등 의료 취약지역도 존재하고 있다.

그럼에도, 대형 병원을 중심으로 한 시설 및 투자 증가, 보건의료정책 변화에 따른 의료공급의 확대, 질병의 진단 및 치료기술의 지속적인 발전 등이 진행되고 있으며, 이와 관련한 의료시장의 규모 또한 지속적으로 확대되고 있다. 이와 관련된 내용은 다음의 보건의료정책 변화와 연계하여 추가 검토하고자 한다.

⑤ 의료의 공공재(公共財) 인식 강화

한국 사회는 국가의 책임(인력, 재정, 운영)하에 의료 공공성을 강화하고 인력 기준을 제도화하는 '의료개혁'을 통해 일반 시민들의 건강권을 안정적으로 보장하고자 한다.[03] 이의 일환으로, 다양한 형태의 보조금 및 수가 지원 사업(시범 사업 포함), 외부 위탁 연구, TFT 운영 등이 시행되고 있다. 반면 한국 사회는 2024년 10월 기준 공공의료가 병상 수 기준으로 9.5%, 기관 수 기준 약 5.2%로 민간의료가 압도적으로 많은 바,[04] 민간의 참여와 협력 없는 제도화만으로는 실제적인 구현에 많은 어려움이 있을 것으로 예상된다. 공공재로서의 인식 강화와 현장에서의 실현율 간 간극을 좁힐 수 있는 구체적이고 효율적인 방안들이 필요한 이유이다.

(2) 보건의료정책의 변화

보건의료정책은 일반적으로 당시의 사회경제적 환경과 건강보험 재정 안정화와 연계되어 있다. 기본적으로는 양적 증가(접근성 강화) 측면에서 질적 향상(효율성 강화) 측면으로 변화하고 있으며, 저부담 저급여 기조에서 적정부담 적정 급여 기조로 변화하고 있다. 또한, 치료 중심 활동에서 예방 중심 활동이 강화되기 시작하였으며, 대형 병원 중심에서 지역 병원 중심의 활동을 강조하기 시작하였다.

이러한 최근의 보건의료정책 추진 방향은 건강보험 보장성 강화, 지역사회중심의 보건의료체계 강화, 공공보건의료 확충 및 기능 강화, 환자안전 보호체계 강화, 예방적 건강관리 기반 확충, 혁신성장과 일자리 창출, 공공과 민간의 협력 모델 확장 등으로 요약할 수 있다.

03 국민주심의료개혁연대회의(2025.06.12.). 2025년 보건의료정책토론회 자료.
04 2024년 10월 국정감사 자료, 박희승 의원실 제공.

① 건강보험 보장성 강화

'병원비 걱정 없는 든든한 나라'를 목표로 의료비 부담에 대한 국가 책임을 강화하는 한편 적정 수가를 통해 왜곡된 의료부문을 정상화하여 국민과 의료계가 함께 만족하는 건강보험 구조를 구축하고자 추진하고 있다. 비급여의 급여화, 노인 · 아동 · 여성 · 장애인 등 건강취약계층 지원사업, 포괄수가제 확대, 본인부담상한제, 재난적의료비지원제도 등의 치료비 지원사업, 공공병원과 대형병원의 사회복지팀 지원 등이 건강보험 보장성 강화를 위한 사업들의 예라고 할 수 있다.

② 지역사회 중심의 보건의료체계 강화

'누구나 살고 있는 지역에서 적정의료서비스를 받을 수 있는 보건의료체계 구축'을 목표로 병원과 지역사회와의 연계 강화를 추구하고 있다. 즉, 과거에는 의료, 주거, 돌봄, 근로 등 삶의 영역들이 분절적으로 작동하였다면, 지금은 개인의 특성과 욕구를 반영하여 지역사회 내에서 다양한 서비스를 제공하는 것을 추구하고 있다. 호스피스 지원체계, 재활의료기관 시범사업, 보건소 기능강화 시범사업, 만성질환 통합서비스 제공, 커뮤니티케어(community care) 시행 등이 그 예라고 할 수 있다.

③ 공공보건의료 확충 및 기능 강화

대한민국 정부 수립 후 보건 및 의료 영역은 민간의료 영역이 주도해 왔다고 해도 과언이 아니다. 이후 사회경제적 성장이 이루어지고 시민들의 권리 의식이 향상됨에 따라 삶의 기본적인 영역에 대한 공적 보장 체계의 강화를 요청하게 되었고, 의료 영역도 그중 하나에 포함되어 있다. 권역별 지역별로 책임의료기관을 지정하는 등의 전국민 필수의료보장 체계 구축, 필수의료인력 양성, 고위험 임산부 지원, 중증외상 진료체계 국가지원 강화, 심뇌혈관 질환 체계적 관리 강화, 응급의료 인프라 확대 등의 사업이 그 예이다.

④ 환자안전 보호체계 강화

신종 감염병, 결핵 등의 질병으로부터 시민을 보호하는 것, 자살 예방활동, 병원 내 의료감염 예방활동, 국가 차원의 환자안전 관리체계 확립, 간호사 근무환경 및 처우개선, 전공의 폭행 등 비인권적 행태 개선과 같은 보건의료 확충 및 처우 개선 활동 등을 통해 건강위협요인으로부터 국민을 보호하는 사업을 추진하고 있다.

⑤ 예방적 건강관리 기반 확충

시민들의 건강 생활을 지원하기 위하여 '국가암검진사업 강화', '금연문화 지속 확산', '비만 및 음주 폐해 예방', '방문간호사업확대 · 건강증진 인프라 확충 등의 지역사회 중심 건강관리 체계 구축' 등을 시행하고 있다.

⑥ 혁신성장과 일자리 창출

보건의료정책은 환자의 치료와 관리 영역을 넘어서 사업의 영역으로 확장되고 있다. 바이오헬스와 관련한 창업 및 전문인력 양성 외에도 미래신산업으로써의 전략적 투자가 확대되고 해외시장 개척을 위한 다양한 시도가 이루어지고 있다. 이를 위한 빅데이터 구축, 관련 분야의 R&D 강화, 첨단의료복합단지 지원 사업 등이 활발히 이루어지고 있다.

⑦ 공공과 민간의 협력 모델 확장

21세기 초 대한민국은 복지에 대한 시민 인식이 확장됨에 따라 그 개념의 축이 '잔여적 개념'에서 '제도적 개념'으로 전환되어 가는 시기로 보여진다. 이로 인해 정부에 대한 지원 요구 항목과 예산은 나날이 증가하고 있으니, 현실적으로 모든 현장에서 이를 충족하는 것은 불가능에 가까운 상황이다(민간 비율이 94.8%). 따라서, 이 문제를 해결하기 위한 대안으로 특정 사업별로 '공공의료와 민간의료의 협력 방안'을 강구하고 있는데, 이러한 추세는 향후 더욱 더 강화될 것으로 예측되고 있다.

2025년 경기도 지역을 기준으로 공공의료와 민간의료의 활동 내용을 검토해 보면 그 협력의 과정을 대략적으로 이해할 수 있다.

- 1단계: 대부분 민간의료를 통해 문제 인식 및 기초적 대응 시행
- 2단계: 사회적 인식이 높아지고 조직적 대응이 요구되어질 때에 시범사업
- 3단계: 사회복지적 개입 효과가 확인될 때에 민간의료기관의 참여 요청

초기의 '민간+공공' 사업 중 대부분은 민간 기관에서 선 시행 후 공공 기관의 참여가 이루어진 것을 알 수 있으며 , 후반기로 갈수록 공공 주도의 사업들이 많이 이루어지고 있음을 알 수 있다(표 13-2 참조). 다만, 공공 주도의 사업들 또한 민간 의료기관에서도 일부 이루어지고 있는 것이 대부분이다. 이러한 흐름 속에서 향후 공공과 민간의 협력의 정도와 그 필요성이 더욱 강화될 것임은 쉽게 예측할 수 있다.

한편 병원 입장에서 검토한 공공 및 민간 의료의 장·단점은 다음과 같다(표 13-3 참조).

표 13-2 2025년 경기도 내 의료기관의 공공의료활동 시행 현황

사업명	사업주체	시행 시기
1. 외국인의료비지원사업	민간+공공	2005년
2. 취약계층의료비지원사업	민간+공공	2006년
3. 호스피스완화의료사업	민간+공공	2013년
4. 응급실 기반 자살시도자 사후관리사업	민간+공공	2013년
5. 마음건강센터	민간	2014년
6. 경기북서부해바라기센터	민간	2014년
7. 경기남부 금연지원센터	민간	2015년
3. 정신건강복지센터	공공	2015년
9. 광역치매센터	민간	2016년
10. 암생존자통합지지사업	공공	2017년
11. 사전연명의료의향서 등록기관	민간+공공	2018년

12. 소아청소년암생존자통합지지사업	공공	2019년
13. 경찰마음동행센터	민간	2019년
14. 자살예방센터	공공	2020년
15. (지역, 권역) 책임의료기관사업	공공	2020년
16. 공공어린이재활병원사업	공공	2021년
17. (지역, 권역) 새싹지킴이병원 활성화사업(아동학대)	민간+공공	2021년
18. 소아청소년정신건강복지센터	공공	2021년
19. 발달장애인 거점병원 행동발달증진센터	공공	2022년
20. 소아청소년완화의료사업	공공	2022년
21. 장애인보건의료센터	공공	2022년
23. 급성기 환자 퇴원지원사업	민간+공공	2022년
24. 장기요양재택의료시범사업	공공	2023년
25. 경기북부 장애인구강진료센터	민간	2023년
26. 찾아가는돌봄의료센터	공공	2024년
27. 북한이탈주민 의료지원사업	공공	2025년
28. 중독관리통합지원센터	공공	2025년

표 13-3 공공의료와 민간의료의 장단점 비교

	공공의료	민간의료
장점	전국 동일 모델(표준화) 인력, 예산의 안정적 지원 긴급 상황 시 신속 대처 가능 명분 기반 활동 가능	병원별 차별화 사업 가능 경쟁을 통한 질적 향상 도모 지원 사각지대 개입 가능 연구, 개발 비중 높음
단점	1. 인력, 예산 집행의 경직성 2. 정책적 의사결정 지연 가능 3. 지역특화사업 한계성 4. 연구, 개발 비중 낮음	1. 인력, 예산 확보 어려움 2. 개입 명분 확보 어려움 3. 병원별 표준화 어려움 4. 신규 사업 확장 어려움

(3) 기타 환경의 변화

병원계의 변화는 위에서 언급한 병원 환경의 변화, 보건의료정책의 변화 외에도 여러 논의가 진행되고 있다. 원격진료 · 해외시장 개척 · 해외 의료기관 설립 · 외국인 의료면허 인정 등 의료서비스 개방과 관련한 논의가 그중 하나이며, 영리병원제 허용 · 의료광고 허용 · 민간의료보험 허용 등 민간의료시장 허용 여부와 관련된 논의가 또 다른 한 측면이다. 이러한 논의는 의료수준의 향상 vs 공공의료의 책임성 강화, 의료시스템의 선진화 vs 의료기관간 진료수준 격차 심화, 의료기관 수익성 강화 vs 중소 병원 도산 위험 증가 등에 초점이 맞추어져 있다.

이러한 변화 속에서 의료기관들은 대형화 · 고급화되는 추세에 있으며, 환자 유치를 위해 의료적 영역뿐만 아니라 그 외의 영역에서도 지속적으로 경쟁하고 있다.

(4) 대응 전략

의료기관들은 병원 환경 및 보건의료정책의 변화 속에서 생존 · 발전을 위한 대응 전략을 수립하여 실행하는바, 그 한 축은 수익성 및 효율성을 강화하는 것이며, 다른 한 축은 고객 중심 · 질 중심의 경영을 강화하는 것이다.

국내 건강보험 수가로는 적정 이윤이 보장되지 않는 상황에서 외국인 환자 유치에 중점을 두거나 모바일 서비스를 강화하여 수익구조를 개선하는 것, 녹색경영을 통해 사회적 · 윤리적 책임을 다 하는 것 등은 수익성 및 효율성을 강화하는 예가 될 수 있다.

연구 개발 분야에의 투자를 통해 진단 및 치료 기술을 강화하는 것, 환자 등의 내원객에게 안락함과 편리함을 제공하며 이들의 존엄성을 존중하는 환경을 조성하는 것 등은 고객 중심, 질 중심 경영의 예가 될 수 있다.

의료기관들의 이러한 전략들은 외국 유명 병원들과 전략적 제휴를 추진하거나 원격진료활동을 수행하기 위해 법적 · 제도적 변화를 도모하는 것, 진료 영역을 전문화하고 특성화하는 것 그리고 만족스러운 고객경험을 도출하기 위해 다양한 문화 · 복지적 활동을 강화하는 것 등의 활동으로 표출되고 있다.

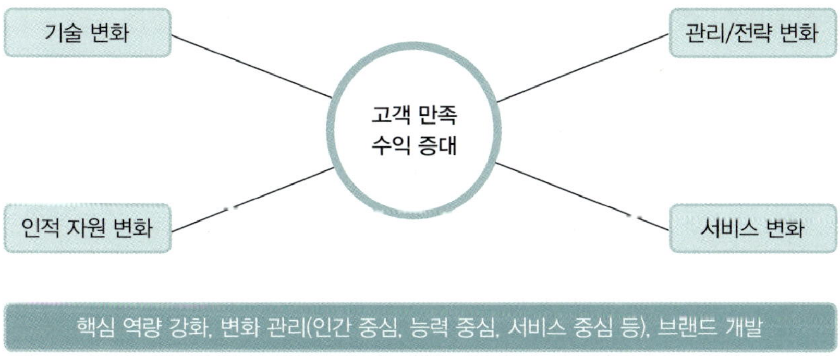

그림 13-1 병원계의 대응전략 변화

의료기관들은 의료 관련 기술들의 변화, 사회경제적 상황 변화에 따른 관리체계 및 성장 전략의 변화, 법적 제도적 상황 변화에 따른 인적 자원 변화 그리고 사회적 요구가 반영되는 서비스 변화의 흐름 속에서 고객 만족을 통한 최대한의 수익 창출을 도모할 것이다.

이를 위해 의료기관들은 각 기관의 특성에 맞는 핵심 역량을 강화하고, 인간 중심 · 능력 중심 · 서비스 중심의 관리로 전환할 것이며, 이러한 과정을 통해 타 의료기관과 구별되는 독자적인 브랜드를 창출할 것이다. 의료사회복지활동은 이러한 병원계의 변화 흐름에 맞추어 사회복지의 기본 가치 속에서 사회환경의 요구를 반영할 수 있어야 한다.

2) 의료사회복지계의 변화

변화되는 의료사회복지계의 상황을 이해하기 위해서는 의료사회복지 환경의 변화, 의료사회복지업무의 주요 변화, 변하지 않는 의료사회복지의 가치 등에 대해 이해하는 것이 중요하다.

(1) 의료사회복지 환경의 변화

① 의료사회복지 대상의 확대

전통적인 의료사회복지 접근에서의 대상자는 환자와 가족에 국한되었으나, 이제는 다학제적 접근에 참여하는 의료진을 비롯한 타 전문직 직원들, 의료사회복지사를 고용하는 의료기관, 의료기관이 속한 지역사회 그리고 보다 넓게는 의료사회복지와 관련된 법률과 제도도 의료사회복지사가 개입하여 변화를 도모해야 하는 대상으로 인식하고 있다.

② 경영효율화 추구를 통한 사회복지 영역 축소

전통적인 의료사회복지 접근은 경영적 측면에서 소비적 활동으로 인식되어 이 활동에 대한 투자 및 지원이 축소되어 왔다. 2000년대 들어서 치료비 지원사업의 활성화로 인해 이러한 인식이 다소 희석되기는 하였으나 근본적으로 생산적 활동으로는 인식되지 않았다. 그러나 최근 기업들이 사회공헌사업의 일환으로 병원과 연계한 다양한 활동들을 시도하고 있으며, 이는 병원 외 예산으로 경영 효율을 도모하는 측면이 있어 새로운 의료사회복지의 영역으로 급성장하고 있다.

③ 클라이언트의 욕구 변화

이전의 사회복지서비스는 잔여적 개념에 기초하여 일정 수준 이하의 특정한 대상에게 시혜처럼 제공되는 서비스로 인식되었다면, 최근의 사회복지서비스는 제도적 개념에 기초하여 대상자들의 권리로 인식되기 시작하였다. 이로 인해 대상자들의 낙인 효과, 자아존중감 하락 등의 심리 정서적 문제 요소들은 많이 보완되었으나, 이에 소요되는 재원 마련, 집행의 효율성 등에 따르는 사회문제가 새로운 논쟁이 되고 있다.

④ 의료기관 간 경쟁의 심화

대학병원 중심의 의료영역에 기업병원이 진출하면서부터 의료기관간 경쟁이 심화되었다. 물론, 이는 대 시민 서비스 강화 · 시설 개선 · 연구 및 투자 촉진 등 많은 측면에서 긍정적인 효과를 창출한 측면도 있으나, 진료의 대형병원 쏠림 현상을 강화하여 중소병원의 경영 위기를 초래한 측면도 있다. 더욱이 의료기술의 발달은 병원 간 진단 능력의 격차를 줄임으로써 의료 외적인 요소에서의 경쟁이 심화되고 있다. 즉, 의료와 문화, 복지의 영역 간에 경계가 완화되고 새로운 서비스 창출이 강조되고 있는 상황이며, 이는 의료사회복지 영역에 새로운 기회를 제공할 수 있다고 볼 수 있다.

또한, 제주도 녹지국제병원에서 촉발된 영리병원 관련 논란은 이제 의료기관간 경쟁이 국내 병원들 간의 경쟁을 넘어서 해외 병원들과도 경쟁을 해야 할 때가 도래되었음을 의미한다. 이에 맞추어 각 병원도 각종 내규를 JCI(Joint Commission International) 등 국제 기준에 따라 정비하고 있으며, 국내의료기관평가도 이러한 추세를 반영하여 수정, 보완하고 있다.

⑤ 국제진료 관련 업무 증가

2009년부터 허용된 외국인 환자 유치 사업은, 대한민국의 우수한 의료인력 · 상대적으로 저렴한 의료비용 · 안정적인 행정지원 시스템 등으로 인하여 유용한 국가사업으로 인정받고 있으며, 특히 2016년 「해외진출 및 외국인환자 유치 지원에 관한 법률」이 제정됨에 따라서 더욱 활성화되고 있다. 이에 각 병원은 해외 환자 유치 및 관리를 위한 전담부서를 설치하고, 외국인 환자 유치 기관들과의 협력을 강화함으로써 보다 많은 외국인 환자를 유치하고자 하고 있으며, 내원한 외국인 환자에 대한 의료적 서비스 외에 심리 · 정서적 지원을 제공하고 있다.

의료사회복지사 중 일부는 기관의 방침에 따라 이러한 해외 환자 유치 및 관리, 해외 진료봉사 등 국제적 활동에 참여하고 있다.

(2) 의료사회복지업무의 주요 변화

역사의 흐름은 사회의 변화를 유도하고 있으며, 이에 따라서 병원계 및 의료사회복지계도 영향을 받을 수 밖에 없는바, 최근 의료사회복지사들의 업무 변화의 특징은 다음의 다섯가지를 생각해 볼 수 있다.

① 단편적 서비스에서 통합적 서비스로의 전환

현장의 사회복지는 '제공한 서비스의 양'보다는 '문제의 해결 여부'에 초점을 두고 있다. 즉, 상담 제공 건수, 후원 금액, 외부 자원 연계 규모 등의 실적보다는 그러한 과정을 통해 실질적으로 환자가 당면한 문제가 해결되었는가를 평가하는 것이다. 이를 위해서는 심리 정서 지원 상담, 인적/물적 자원 연계, 원내외 기관들과의 협력활동 등이 종합적으로 균형 있게 이루어져야 하며, 이러한 활동을 수행하는 의료사회복지사의 역량이 문제 해결에 매우 중요한 요소가 되고 있다.

② 일시적 서비스에서 연속적 서비스로의 전환

평균 수명이 증가하고 의료기술이 발달하면서 만성기 환자에 대한 개입이 증가하고 있으며, 입/퇴원을 반복하며 외래에서 많은 관리를 받는 환자들의 특성상 단회기적 개입보다는 지속적인 개입을 필요로 하고 있으며, 퇴원 후 지역사회에서의 돌봄 또한 그 중요성이 강화되고 있다. 따라서, 최근 의료사회복지사에게는 지역사회 자원과의 지속적인 소통 및 협력의 능력이 요구되고 있다.

③ 개별적 서비스에서 체계적 서비스로의 전환

문제해결 과정이 주목받지 않던 과거에는 '심리 정서 상담'이 의료사회복지의 주 서비스였으며, 이때에는 의료사회복지사의 개별 능력에 따라 서비스의 편차가 심한 편이었다. 반면, 구체적 서비스의 연계가 주요 활동이 된 최근에는 접수–평가–연계의 과정들이 체계화되고 있으며, 의료사회복지사의 개별능력 보다는 지원 시스템의 안정성에 대한 요구가 강조되고 있다.

④ 과정 중심의 서비스에서 결과 중심의 서비스로의 전환

심리 정서적 지원이 의료사회복지사의 주된 개입 목표일 때에는 환자와 가족이 상담의 과정을 통해서 자아 인식과 자아 존중감 향상을 도모하고, 이를 통해 스스로 문제를 해결하는 '과정'이 강조되었다.

반면, '치료비', '간병인', '재활용품' 등 구체적인 재화 지원이 주된 개입 목표일 때에는 문제 해결을 위한 자원이 연계되었는가에 대한 '결과'가 강조된다.

⑤ 장기적 서비스에서 단기적 서비스로의 전환

의료기관은 수익률 극대화를 위하여 환자들의 적정 퇴원을 추구하게 되며, 이로 인하여 환자들의 평균 입원기간은 예전에 비하여 많이 단축되었다. 이로 인해 환자에 대한 개입 활동들은 단기화될 수밖에 없으며, 입원보다는 외래 중심의 활동을 활성화할 수밖에 없다.

따라서, 입원 환자에 대해서는 문제해결 중심의 단기적 서비스를 중심으로 하며, 문제 사안에 따라서 외래 중심의 중장기적 서비스를 연계하게 된다. 다만, 병원 경영 및 업무량 등 현장의 실제 상황을 고려할 때 환자 및 가족을 대상으로 하는 외래 중심의 중장기적 서비스를 시행하는 일은 일반적이라고 보기에는 어려움이 있다.

(3) 변하지 않는 의료사회복지의 가치

위에서 언급한 바와 같이 의료사회복지 업무는 사회의 변화에 따라 그 역할이 변화되고 있다. 그러나 의료사회복지사의 역할이 변하여도 바뀌지 말아야 하는 의료사회복지의 가치들이 있으며, 그 가치가 유지될 때 전문영역으로서의 의료사회복지가 존재 가능하다고 볼 수 있다.

① 환자의 복지 증진

의사의 존재 이유는 치료를 받아야 하는 환자이듯이, 변호사의 존재 이유는 법적 돌봄을 받아야 하는 의뢰인이듯이 사회복지사의 존재 이유는 생존 혹은 성장을 위하여 복지 서비스가 필요한 환자이기에, '환자의 복지 증진' 요소가 없는 활동은 의료사회복지활동이라고 명명할 수 없을 것이다.

② 사회복지사의 윤리 준수

의료사회복지도 사회복지의 한 영역이므로 사회복지사의 윤리를 준수해야 할 의무가 있다. 사회복지사 윤리강령의 주요 주제는 다음과 같다.

- 사회복지사의 기본적인 윤리 기준
- 클라이언트에 대한 윤리 기준
- 사회복지사 동료에 대한 윤리 기준
- 사회에 대한 윤리 기준
- 기관에 대한 윤리 기준

③ 다학제 간 팀워크의 발전

의료사회복지사는 병원이라는 공간에서 다양한 타 전문직들과 교류하며 활동하고 있으며, 이러한 환경이 의료사회복지사의 전문성 향상을 촉진하는 '촉매제' 역할을 하기도 한다. 병원 내에는 장기이식 · 조혈모세포이식 · 호스피스 · 호흡재활 · 유방암 등 다양한 질병군 및 치료기술을 중심으로 TFT(Task Force Team)이 운영되는 바, 각 영역에서 요구하는 사회복지능력을 유지, 향상시키기 위하여 의료사회복지사들은 꾸준히 노력해야 한다.

④ 지속적인 자원개발과 네트워킹

사회복지 문제는 사회의 변화에 따라 재정의되기도 하며, 의료사회복지사가 성장함에 따라 해결할 수 있는 문제영역도 변화할 수 있다. 따라서 의료사회복지사는 지속적으로 자원들을 개발하고 구조화하여서 보다 많은 문제들을 해결할 수 있는 능력을 배양해야 한다.

⑤ 소속 기관의 성장/발전 지원

의료사회복지활동이 지속적으로 성장/발전하기 위해서는 고용을 담당하는 의료기관의 성장/발전과 그 궤를 같이 하여야 한다. 의료사회복지활동은 당시 사회의 문제인식을 공유하며 의료기관 내 체계 속에서 사회문제 해결을 도모하므로 기관의 성장과 발전에 기여할 수 있는 기회 또한 타 전문직에 비해 다양할 수 있다.

3. 의료사회복지활동의 과제는 무엇인가?

우리는 지금까지 미래사회를 예측하는 것의 의미를 고찰하였으며, 의료사회복지와 관련된 환경들의 변화를 고찰하였다. 이제는 이러한 역사적, 사회적 흐름 속에서 지금 그리고 향후 의료사회복지는 그 역할을 다하기 위해서 무엇을 준비해야 하는가가 중요한 시점이 되었다. 이 절에서는 의료사회복지계가 공통으로 준비해야 할 과제들에 대해서 검토하고자 한다.

이제 의료사회복지는 시민들의 건강 회복 및 증진이라는 기본 목표를 성취하여야 하고, 그 활동이 전문 영역으로 인정받기 위해서는 개별성과 보편성, 확장성과 개방성을 갖추어 나가야 한다.

개별성	보편성
확장성	개방성

그림 13-2 의료사회복지활동의 과제

1) 사회환경에 대처하기(개별성)

4차 산업혁명이 도래한 현재 사회는 그 변화의 폭과 깊이가 이전 세대와는 확연히 차이가 날 정도로 넓고 깊다. 이러한 4차 산업혁명 시대에서의 의료사회복지는 빠르게 변하는 사회환경에 신속히 대처하여야 한다.

개인의 가치관이 변화하고 가족의 생활 형태가 변화하며 의료사회복지사가 속한 의료기관을 포함한 사회환경과 각종 제도 및 규정이 변화하므로 문제에 대한 정의 및 대처방안이 일률적일 수 없다.

의료사회복지사가 이러한 '개별성'을 준수하기 위해서는 다양한 사회환경 및 이슈에 대해 열린 사고를 하여야 하며, 문제에 대한 정의도 의료사회복지사의 언어가 아니라 클라이언트의 언어로 정의할 수 있어야 한다. 이러한 과정을 거쳐야 '문제

해결'도 클라이언트 중심으로 정의되어 실질적인 개입 효과를 기대할 수 있게 된다.

2) 통합 서비스 제공하기(보편성)

의사들은 일반적으로 유사한 증상에 대해 유사한 처방을 내리고 있다. 이는 체계화된 교육 프로그램, 증상 및 처방의 표준화, 결과에 대한 지속적인 모니터링을 통해서 획득한 결과물이라고 볼 수 있다. 이와 마찬가지로 의료사회복지서비스는 대상자들의 유사한 문제에 대해서는 유사한 개입을 할 수 있어야 하며, 그 개입의 효과 또한 측정 혹은 예측 가능해야 전문가로서 인정을 받을 수 있을 것이다.

이 부분이 '보편성'과 관련된 부분이며, 업무의 매뉴얼화, 표준화로도 표현할 수 있다. 이때에 간과하지 말아야 할 것은, '표준화'는 '최고화'는 아니라는 것이다. 즉, 표준화는 누구나 수행해야 하는 기본적인 업무 영역이지 업무의 가치를 차별화할 수 있는 '명품화'는 아니라는 것이다. 따라서 '표준화'가 서비스 제공의 기본 요건이라고 한다면, '명품화'는 타 의료기관과의 경쟁에서 우위를 확보할 수 있는 해당 기관만의 특화된 가치관이라고 볼 수 있다.

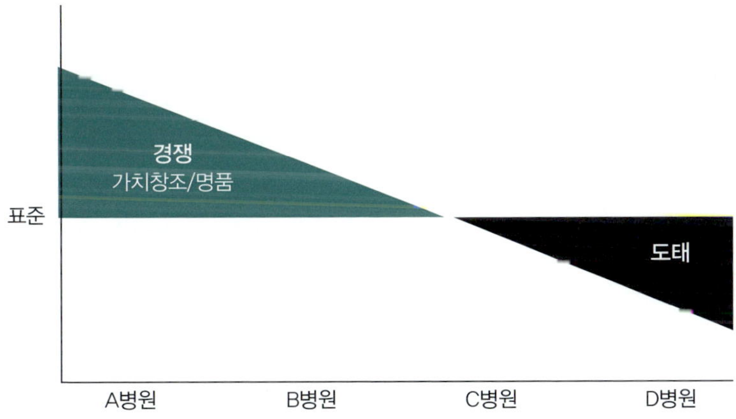

그림 13-3 업무의 표준화 · 명품화

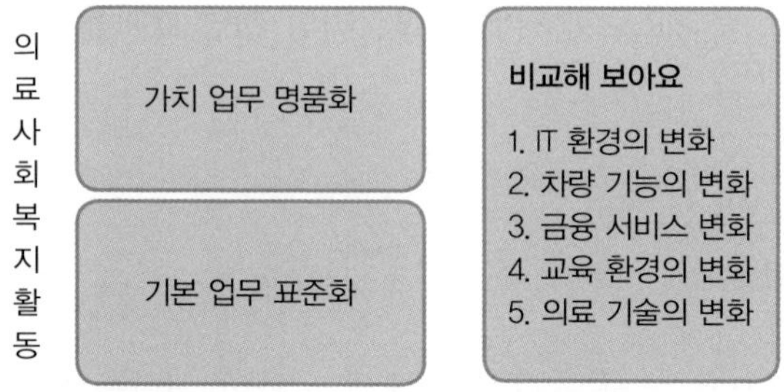

그림 13-4 **의료사회복지 업무 변화 비교**

3) 사회복지 네트워크 형성(확장성)

의료사회복지사가 현장에서 문제해결을 위한 업무를 수행하다 보면 같은 문제를 해결하기 위해 노력하는 다양한 파트너들과 교류하게 된다. 소아 암의 경우를 예로 들면, 다양한 기업과 단체, 협회 등이 후원 및 참여의 의사를 표현하는 경우가 많다. 이런 경우 각각의 기업 및 단체와 별도의 활동을 수행할 수도 있겠지만, 참여를 희망하는 모든 기관들과 연대해서 문제 해결을 도모할 수도 있다.

이처럼 '확장성'은 공동의 문제 해결을 위해 참여할 수 있는 사회적 네트워크를 형성하는 활동이라고 할 수 있다.

4) 감성적 교류 강화하기(개방성)

4차 산업혁명 시대에서의 의료사회복지활동은 High Technology로서의 의료영역에 반하여 Human Touch로서의 사회적 영역을 강조하기 위하여 다양한 형태로 사회와 공유되어야 한다. 때로는 SNS 등을 통한 스토리텔링으로써 때로는 사회적 캠페인으로써 또한 때로는 강좌나 교육 등의 형태로써 일반 시민들과의 소통이 강화되어야 할 것이다.

4. 의료사회복지사는 어떠한 역량을 갖추어야 하는가?

펄먼(Perlman, 1957)은 사회복지실천요소로 Person, Problem, Place, Process의 4P를 제시하고 있는 바(조흥식 외, 2008), 사회복지실천이 이루어지기 위해서는 구체적 대상으로서 문제(problem)를 가진 사람(person)이 있어야 하며, 이러한 문제를 해결하기 위한 장소(Place)와 과정(Process)이 준비되어야 한다고 하였다.

윤현숙 등(2011)은 의료사회복지사의 주요 기능으로 ① 환자와 가족에 대한 기능, ② 병원에 대한 기능, ③ 지역사회에 대한 기능을 제시하였으며, 강흥구 등이 제시한 연구모형을 통해 의료사회복지실천의 13표준, 31개 기준, 103개의 하위 지표를 제시하였다.

이 절에서는 현장에서 필요로 하는 의료사회복지사의 기능과 역할에 초점을 두어 의료사회복지사가 갖추어야 할 세 가지 요소로 ① '사람'에 대한 이해, ② '문제'에 대한 이해, ③ '해결'에 대한 이해를 제시하고자 한다.

그림 13-5 의료사회복지사가 갖추어야 할 역량

1) '사람'에 대한 이해

여타의 사회복지 현장과 마찬가지로 의료사회복지현장에서도 많은 사람들이 소통하며 업무가 이루어진다. 환자와 가족 외에도 병원 내외의 사회복지사 집단 및 다양한 전문가 집단, 행정 기관, 후원자 등 의료사회복지사가 소통하는 대상자의 분야와 그 양은 방대한 편이다. 의료사회복지활동은 이러한 대상자들과의 소통이 원활하고 의미 있게 이루어질 때에 그 효과성 및 효율성이 강화될 수 있다.

의료사회복지사가 이 역할을 잘 수행하기 위해서는 '사람'에 대한 이해와 통찰력을 갖추는 것이 필요하다. 사람의 성격과 성향, 사회와 문화의 영향, 관계의 목적성 등의 지식을 통해 사람에 대한 이해도를 높이고, 상담이나 대화의 기술 등을 습득함으로써 소통 능력을 강화하며, 소통 당사자들 간의 관계를 잘 설정하여 상호 공통의 가치들을 발전시켜 나갈 수 있다면 의료 현장에서 발생하는 '문제'들을 해소하는 데에 큰 도움이 될 것이다.

'사람'에 대한 이해와 통찰력을 높이기 위해서는 '사회복지학' 외에도 심리학, 철학, 사회학 등의 학문을 공부할 필요가 있으며, 다양한 사회적 교류를 통해서 많은 경험을 축적하는 것도 도움이 될 것이다.

2) '문제'에 대한 이해

의료사회복지사가 갖추어야 할 또 다른 역량은 '(사회)문제'와 관련된 것이다. 의사, 간호사, 영양사, 임상병리사 등 다양한 의료 전문직들이 사회적으로 인정받는 이유는, 시민들이 당면한 건강 문제에 대해서 해당 전문가 그룹이 해결 방안을 소유하고 있다는 것에 동의할 수 있기 때문이다.

그렇다면, 의료사회복지사들이 해결할 사회문제란 무엇인가? Leuis Schneider 등은 사회 문제로 규정할 수 있는 사회 현상의 다섯 가지 주요 특성을 아래와 같이 정의하고 있다(Schneider, 1984).

① 사회문제는 불완전한 사회체계에 의하여 발생되며 사회적 인과관계를 갖는다.
② 사람들에 의하여 하나의 문제로서 인정되고 평가된다.
③ 사회적으로 비등한 여론이 존재하는 등 일반적인 시민들의 관심하에 있다.

④ 직접적인 고통을 당하지 않는 사람들에게도 영향을 미친다(간접적 피해 가능).

⑤ 문제 해결 혹은 완화를 위한 행동이나 개입을 유발시킨다.

의료사회복지사는 현장에서 만나는 다양한 사람들이 호소하는 '문제'를 이해하고 그 문제의 해결을 위한 방안을 고안하고 실천하는 전문가라고 할 수 있다. 따라서, 의료사회복지사는 현재 사회적으로 이슈가 되는 문제를 이해할 뿐만 아니라, 사회문제화되고 있는 현상들을 찾아내고 선제적으로 대응함으로써 사회적 손실을 경감하는 역할도 수행하게 된다.

의료사회복지사가 이러한 '사회문제'들을 이해하고 인식하기 위해서는 사회 현상에 대한 지식과 정보, 통찰력과 분석력, 사회적 파장 예측력 등을 키워야 할 것이다. 이러한 역량은 사회복지학 외에 심리학, 철학, 사회학, 행정학, 경제/경영학 등의 학문을 통해 키울 수도 있으며, 평소 독서, 교양 교육, 뉴스 습득 등의 과정을 통해 배양할 수도 있다.

3) '해결'에 대한 이해

의료사회복지사는 의뢰된 '문제'에 대한 '해결'을 도모하는 전문가이다. 무엇이 '해결'인가? 이에 대해서는 서비스를 제공하는 의료사회복지사와 서비스를 제공 받는 클라이언트 사이에 간극이 존재할 수 있다. 즉, 의료사회복지사 입장에서는 제공할 수 있는 모든 서비스를 제공하였으나 클라이언트의 문제가 해결되지 않은 경우 혹은 클라이언트가 만족하지 못하는 수준에서의 서비스가 제공된 경우 등이 그러하다.

문제 해결의 단계로는 다음의 세 가지를 검토해 볼 수 있다.

(1) 안내

기존에 존재하고 있는 지식이나 정보 등을 안내하고, 클라이언트가 이를 활용하여 문제를 해결하는 단계이다. 이때의 의료사회복지사는 다양한 정보를 수집하고 체계적으로 정리하여 클라이언트가 잘 활용할 수 있도록 안내하는 기능을 담당한다. 즉, 문제 해결의 주체는 클라이언트이며, 의료사회복지사는 안내자의 역할을 담당하는 것이다.

- 예: 재난적의료비지원사업, 긴급복지지원사업, 암환자 보건소지원사업 등

(2) 연계

클라이언트의 상황을 평가한 후 적절한 사회자원과 연계하는 단계이다. 이때의 의료사회복지사는 클라이언트가 처한 상황에 대하여 분석 및 평가를 시행하여야 하며, 문제 해결에 적절한 사회자원을 선택하고 협의하여야 한다. 해당 기관에서 요청하는 양식에 따라 클라이언트의 상황을 설명하고, 지원이 필요한 근거에 대하여 해당 기관 담당자를 설득하여야 한다. 이러한 과정은 공문 등의 서류를 통해서 이루어질 수도 있고, 해당 기관들과의 협약 혹은 계약의 형태로 이루어질 수도 있다. 이때에도 주된 역할은 클라이언트가 하며, 의료사회복지사는 지원자의 역할을 담당한다.

- 예: 한국심장재단 등 후원기관 연계, 사회복지공동모금회 프로포절 사업 신청 등

(3) 지원

클라이언트의 문제해결을 위해 활용할 자원이 없는 경우, 현실적으로 의료사회복지사는 개입을 포기할 수도 있겠으나, 가능하다면 주위의 자원들을 활용하여 문

제 해결을 도모하는 것이 좋다. 클라이언트가 처한 문제적 상황에 대한 정의, 문제해결을 위한 프로그램 혹은 사업 기획, 시행을 위한 인적 · 물적 자원 동원, 사업 시행을 위한 병원 내외의 환경 조성 및 행정 절차 시행, 문제해결 시도 등은 의료사회복지사가 주도하여 문제를 해결하는 기본적인 과정이다.

이때에도 의료사회복지사는 클라이언트와 지속적으로 소통하면서, 실질적인 문제 해결 과정에 클라이언트가 참여할 수 있도록 격려하는 것이 중요하다.

의료사회복지사는 클라이언트의 문제를 해결하기 위하여 안내, 연계, 지원 중 한 가지 이상의 방법론을 활용할 수 있으나, 어느 단계의 개입을 시도하든 중요한 것은, 클라이언트의 심리 · 정서 · 사회적 영역을 고려하고 클라이언트가 참여할 수 있도록 역할을 부여하여 자주적 문제해결을 지향하여야 한다는 점이다.

의료사회복지사가 이러한 '해결' 능력을 양성하기 위해서는 사회복지학에서 강조하는 다양한 방법론(사례관리, 집단지도, 지역사회조직, 행정, 정책 등)을 이론적으로 습득하고 현장에서 실습함으로써 체화시키는 것이 중요하다. 이 외에도 상담학이나 사회학, 마케팅 혹은 전산 능력 함양 등을 통해서도 이 역량을 강화할 수 있다.

독일의 철학자 게오르크 헤겔은 '변증법'이라고 알려진 삼단논법을 통하여 우리의 삶은 '정반합'의 과정을 통해 성장한다고 하였다. 하나의 명제(These)에 대입하거나 모순되는 명제(Antithese)를 확인하고, 이에 대한 사변적이고 긍정적이며 이성적인 결론으로써의 명제(Synthese)를 도출함으로써 삶은 변화하고 발전한다는 것이다. 이를 인류의 역사에 대입해 본다면, 인류는 과거(These)에 대한 문제를 확인 및 규정(Antithese)하고 이에 대한 대안책(Synthese)을 모색함으로써 성장, 발전하고 있다고 볼 수 있다. 의료사회복지의 미래 또한 '과거'를 고찰하고 현재를 개선함으로써 만날 수 있는 삶의 선물일 것이다.

appendix

부록

부록 1 세계보건기구 삶의 질 척도

삶의 질은 건강에 관련된 연구에서 자주 등장하는 주요 심리사회적 변인 중의 하나이다. 삶의 질에 대한 평가는 일반인구에 대해서도 그렇지만 특히 의료적 문제를 가진 환자와 보호자에게 있어서 더욱 중요하다. 세계보건기구는 삶의 질을 '한 개인이 살고 있는 문화권과 가치체계의 맥락 안에서 자신의 목표, 기대, 규범, 관심과 관련하여 인생에서 자신이 차지하는 상태에 대한 개인적인 지각'이라고 정의하고 있다. 세계보건기구는 삶의 질에 대한 과학적인 평가를 위하여 삶의 질 척도(World Health Organization Quality of Life Assessment Instrument)를 개발하였는데, 이 척도는 인간의 삶의 영역은 신체적 건강 영역, 심리적 건강 영역, 사회적 관계 영역, 환경영역 등으로 나누고 있다. 삶의 질에 대한 이러한 정의는 인간을 상황적 맥락 속에서 이해하고자 하는 생태체계학적 관점 및 생물심리사회적 모델과 맥락을 같이 하는 것이라고 볼 수 있다. 삶의 질 척도에서 평가하는 내용은 다음과 같다(민성길 외, 2002). 이 척도는 '전혀 아니다 또는 매우 불만족(1점)'으로부터 '매우 많이 그렇다 또는 매우 만족(5점)'에 이르는 5점 척도로 응답될 수 있다. 문항번호 앞에 * 표가 있는 것은 역점수[01]화한다.

⊙ 신체적 건강 영역

*1. 신체적 통증으로 인해 해야 할 일들을 어느 정도로 방해받는다고 느끼는가?

*2. 일상생활을 잘하기 위해 얼마나 치료가 필요한가?

01 6점에서 해당 답안의 점수를 빼면 된다. 1점 → 5점, 2점 → 4점, 3점 → 3점, 4점 → 2점, 5점 → 1점 등이 된다.

3. 일상생활을 위한 에너지를 가지고 있는가?
4. 얼마나 잘 돌아다닐 수 있는가?
5. 수면에 대해 얼마나 만족하는가?
6. 일상생활 활동을 수행하는 당신의 능력에 대해 얼마나 만족하는가?
7. 당신의 일할 수 있는 능력에 대해 얼마나 만족하는가?

⊙ 심리적 건강 영역

1. 인생을 얼마나 즐기는가?
2. 삶이 어느 정도로 의미 있다고 느끼는가?
3. 얼마나 정신을 집중할 수 있는가?
4. 신체적 외모에 대하여 만족하는가?
5. 자신에게 얼마나 만족하는가?

*6. 침울한 기분, 절망, 불안, 우울감과 같은 부정적인 감정을 얼마나 자주 느끼는가?

⊙ 사회적 관계 영역

1. 개인적 대인관계에 대해 얼마나 만족하는가?
2. 성 생활에 대해 얼마나 만족하는가?
3. 친구로부터 받고 있는 도움에 대해 얼마나 만족하는가?

⊙ 환경 영역

1. 일상생활에서 얼마나 안전하다고 느끼는가?
2. 얼마나 건강에 좋은 주거환경에 살고 있는가?
3. 당신의 필요를 만족시킬 수 있는 충분한 돈을 가지고 있는가?

4. 매일 매일의 삶에서 당신이 필요로 하는 정보를 얼마나 쉽게 구할 수 있는가?
5. 여가활동을 위한 기회를 어느 정도 가지고 있는가?
6. 당신이 살고 있는 장소의 상태에 대해 얼마나 만족하는가?
7. 의료서비스를 쉽게 받을 수 있다는 점에 대해 얼마나 만족하는가?
8. 당신이 사용하는 교통수단에 대해 얼마나 만족하는가?

부록 2 사회적 지지 척도

사회적 지지는 인간의 신체적, 정신적 건강에 많은 영향을 미친다. 다음에서 제시한 내용은 박지원(1985)이 개발한 사회적 지지척도로서 사회적 관계에 있는 특정인을 대상으로 적용할 수 있다. 이 척도는 사랑, 이해, 격려, 신뢰, 관심, 청취 등을 포함하는 정서적 지지, 사건해결과 관련된 여러 가지 정보 제공 행위를 포함하는 정보적 지지, 돈, 시간, 물건, 노동의 제공을 포함하는 물질적 지지, 칭찬, 인정 등 자신을 평가하게 해 주는 행위를 포함하는 평가적 지지 등 총 25문항으로 이루어져 있다. 응답범주는 '전혀 그렇지 않다'(0점)로부터 '매우 그렇다'(4점)까지 제시되며, 총점의 범위는 0점에서 100점까지이다. 각 하위차원별 문항은 다음과 같다.

⊙ 정서적 지지

1. 내가 사랑과 돌봄을 받고 있다고 느끼게 해 준다.
2. 함께 있으면 친밀감을 느끼게 해 준다.
3. 나의 문제를 기꺼이 들어준다(경청한다).
4. 그는 내가 배울 점이 많은 존경할 만한 사람이다.
5. 그는 내가 마음 놓고 믿고 의지할 수 있는 사람이다.
6. 항상 나의 일에 관심을 갖고 걱정해 준다.
7. 내가 기분 언짢아할 때 나의 감정을 이해하고 기분을 전환시켜 주려고 노력한다.

⊙ 정보적 지지

1. 내가 어려운 상황(위기)에 직면했을 때 현명하게 문제를 해결할 있는 방안을

제시해 준다.
2. 내가 몰랐던 사실을 일깨워 주고 확실하게 해 준다.
3. 내가 결단을 못 내리고 망설일 때 결단을 내리게끔 자극을 주고 용기를 준다.
4. 내가 현실을 이해하고 사회생활에 잘 적응할 수 있도록 건전한 충고를 해 준다.
5. 나에게 생긴 문제의 원인을 찾아내는 데 도움이 되는 정보를 제공해 준다.
6. 내가 어떤 선택을 해야만 할 때 합리적인 결정을 내릴 수 있도록 조언을 해 준다.

⊙ 평가적 지지

1. 내가 취한 행동의 옳고 그름을 공정하게 평가해 준다.
2. 내가 그에게 필요한 가치 있는 존재임을 인정해 준다.
3. 내가 하고 있는 일에 자부심을 가질 수 있도록 나의 일을 인정해 준다.
4. 내가 잘했을 때는(좋은 결과를 얻었을 때) 칭찬을 아끼지 않는다.
5. 나를 인격적으로 존중해 준다.
6. 나의 의견을 존중해 주고 대체로 받아들여 준다.

⊙ 도구적 지지

1. 내가 필요로 하는 돈이나 물건에 대해 최선을 다해 마련해 준다.
2. 그는 자신이 직접 도움을 줄 수 없을 때에는 다른 사람을 보내서라도 나를 도와준다.
3. 무슨 일이든 대가(보상)를 바라지 않고 최선을 다해 나를 도와준다.
4. 의논할 문제가 생길 때마다 나를 위해 시간을 내주고 응해 준다.
5. 내가 필요로 하는 물건이 있으면 언제라도 빌려준다.
6. 내가 몸져누워 있을 때 나의 일을 대신해 준다.

부록 3 협의진료의뢰지

협의진료의뢰지

등록번호	30003573	
성 명	김준성	
성별/연령	M / F	9세

상기 환자는 신경모세포종으로 입원치료 중입니다.
진료비 지원문제로 상담 의뢰합니다.

의사 **남 달 라** (인)

==

<회 신>

◎ 상기 환자의 어머니와 상담한 결과입니다.

- 가족관계: 부(35세, 건축 미장공), 모(34세, 도배공), 형(14세, 중1)
- 가족의 수입: 부의 수입은 월 150만 원 정도이지만 쉬는 날이 많아 수입이 일정하지 않음. 모의 수입은 100만 원 정도였으나 준성이의 간호로 일을 할 수 없어 수입이 중단된 상태임
- 주거 상황: 연립주택(20평)에서 전세(보증금 2,000만 원, 월 임대료 12만 원)로 살고 있음.
- 진료비 지불 및 부채 이전의 입원기간 동안에 지불한 진료비를 포함하여 현재까지 약 2,000여만 원을 지출하였음. 1,000여만 원의 부채가 있음.

◎ 향후 지원계획: K 방송국의 모금 프로그램에 연결할 예정임.

사회복지사 **심 오 해** (인)

부록 4 사회복지상담기록지 표지

사회복지상담기록지

환자 사항					
환자등록번호		성명		성별/연령	
진단명		병동–병실		연락처	
주소					

보호자 사항					
성명		성별/연령		관계	
연락처 1			연락처 2		
성명		성별/연령		관계	
연락처 1			연락처 2		

의뢰자 사항					
소속		성명		연락처	
의뢰 일시			의뢰 문제		

상담내용			
상담 회기	상담자	내담자	주요 상담내용
1			
2			
3			
4			
5			
6			
7			
8			
9			
10			

부록 5 사회복지상담 과정기록지

사회복지상담 과정기록지

월/일	상담내용	비 고

부록 6 사회복지상담 종결평가기록지

사회복지상담 종결평가기록지

년 월 일

구 분	상담내용	비 고
효과성평가		
과정평가		
사회복지사평가		

부록 7 자기존중감

자기존중감(self-esteem)은 오랫동안 인간의 건강한 발달을 위한 필수요소로 고려되어 왔다. 자기존중감은 환자들에 대한 연구에 종종 등장하는 변인이다. 로저스(Rogers)에 의하면 인간은 긍정적인 존중에 대한 자신의 욕구가 만족되거나 좌절되는 경험의 복합체로부터 자기존중감을 발달시킨다. 자기존중감은 전체 유기체의 행동에 영향을 주는 보편적인 구성 개념이 되며(김정희 외, 2000), 긍정적인 자기존중감은 바람직한 정신건강과 사회적 관계 및 생산적인 생활방식을 발전시키는 데에 있어서 중요한 요소가 된다(Walker & Greene, 1986).

많은 연구자들은 자기존중감을 자기에 대한 평가적 신념으로 정의한다. 자기존중감에 대해서 가장 많이 이용되는 정의 가운데 하나는 Rosenberg(1965)에 의한 것인데, 그는 "우리가 높은 자기존중감에 대해서 말할 때 우리는 단지 개인이 자신을 존중하고 가치 있게 생각하는 것을 의미하며, 반대로 낮은 자기존중감은 자기에 대한 거부, 불만족 및 경멸을 의미한다."고 말하고 있다. 다음에 제시한 로젠버그 자기존중감 척도(Rosenberg Self-Esteem Scale, RSES)는 환자들의 자기존중감을 평가하는데 이용될 수 있다. RSES는 개인의 현재 자기존중과 전반적인 자기가치감의 수준을 측정하는 10문항으로 이루어진 자기보고식 척도이다. 이는 삶과 자기만족에 대한 표현들에 대해서 4점 척도 '매우 그렇다(4점)', '대체로 그렇다(3점)', '내체로 그렇지 않다(2점)', '매우 그렇지 않다(1점)'로 평성된다. 3, 5, 8, 9, 10번 문항에 대한 답변은 역부호화[02]한다. 전체 점수의 범위는 10점에서 40점까지이며, 점수가 높을수록 자기존중감이 높음을 의미한다. 30점 이하이면 낮은 자기존중감을 나타내는 것으로 평가한다. RSES의 문항은 다음과 같다.

---

02 5점에서 해당 답안의 점수를 빼면 된다. 1점 → 4점, 2점 → 3점, 3점 → 2점, 4점 → 1점 등이 된다.

1. 나는 적어도 다른 사람들만큼 가치 있는 사람이라고 느낀다.
2. 나는 훌륭한 재능을 많이 가지고 있다고 느낀다.
3. 나는 내가 실패자라고 느끼는 경향이 있다.
4. 나는 대부분의 다른 사람들만큼 일을 해낼 수 있다.
5. 나에게 자랑할 만한 것이 별로 없다고 생각한다.
6. 나 자신에 대하여 긍정적인 태도를 가지고 있다.
7. 나 자신에 대하여 만족한다.
8. 나는 나 자신을 소중하게 여기지 않는다.
9. 나는 쓸모없는 사람이라고 느낀다.
10. 나는 전혀 우수하지 않다고 생각한다.

부록 8 회기평가 질문지

회기평가 질문지

이 질문지는 귀하가 참여한 프로그램에 대하여 어떻게 느끼고 있는지를 알아보려는 것입니다. 아래에는 단어가 쌍으로 제시되어 있습니다. 각 쌍에 대하여 이번 회기가 당신에게 어떻다고 느껴지는지 그 정도를 잘 나타내는 칸 안에 ✓표 하십시오.

◆ 이번 프로그램은 ____________ 것이었다.

수월한								힘겨운
깊이 있는								깊이 없는
안정된								위태로운
의미 있는								무의미한
좋은								형편없는
밀도 있는								미약한
뿌듯한								공허한
순조로운								어색한
푸근한								거북한
편안한								긴장된

◆ 프로그램 후의 내 기분은 ________________ 상태이다.

의방식인								절망적인
자신 있는								답답한
몰입된								겉도는
다정스런								화나는
활기찬								울적한
행복한								슬픈
신선한								덤덤한
예민한								둔한
상기된								침착한
분명한								혼란스런

부록 9 벡 우울 척도(Beck Depression Inventory, BDI)

다음 문항은 귀하가 일상생활에서 경험할 수 있는 내용들로 구성되어 있습니다. 요즈음(오늘을 포함하여 지난 1주일 동안)의 자신을 가장 잘 나타낸다고 생각되는 문장을 반드시 하나만 골라서 빠짐없이 □에 ✓표 하여 주십시오.

1 □ 0) 나는 슬프지 않다.
□ 1) 나는 슬프다.
□ 2) 나는 항상 슬프고 기운을 낼 수 없다.
□ 3) 나는 너무나 슬프고 불행해서 도저히 견딜 수 없다.

2 □ 0) 나는 앞날에 대해서 별로 낙심하지 않는다.
□ 1) 나는 앞날에 대해서 용기가 나지 않는다.
□ 2) 나는 앞날에 대해 기대할 것이 아무것도 없다고 느낀다.
□ 3) 나는 앞날은 아주 절망적이고, 나아질 가망이 없다고 느낀다.

3 □ 0) 나는 실패자라고 느끼지 않는다.
□ 1) 나는 보통 사람들보다 더 많이 실패한 것 같다.
□ 2) 내가 살아온 과거를 되돌아보면 실패투성이인 것 같다.
□ 3) 나는 인간으로서 완전한 실패자라고 느낀다.

4 □ 0) 나는 전과 같이 일상생활에 만족하고 있다.
□ 1) 나의 일상생활은 예전처럼 즐겁지 않다.
□ 2) 나는 요즘에는 어떤 것에서도 별로 만족을 얻지 못한다.
□ 3) 나는 모든 것이 다 불만스럽고 싫증난다.

5 □ 0) 나는 특별히 죄책감을 느끼지 않는다.
□ 1) 나는 죄책감을 느낄 때가 많다.
□ 2) 나는 죄책감을 느낄 때가 아주 많다.
□ 3) 나는 항상 죄책감에 시달리고 있다.

6 □ 0) 나는 벌을 받고 있다고 느끼지 않는다.
□ 1) 나는 어쩌면 벌을 받을지도 모른다는 느낌이 든다.
□ 2) 나는 벌을 받을 것 같다.
□ 3) 나는 지금 벌을 받고 있다고 느낀다.

7 □ 0) 나는 나 자신에게 실망하지 않는다.
□ 1) 나는 나 자신에게 실망하고 있다.
□ 2) 나는 나 자신에게 화가 난다.
□ 3) 나는 나 자신을 증오한다.

8 □ 0) 내가 다른 사람보다 못한 것 같지는 않다.
□ 1) 나는 나의 약점이나 실수에 대해서 나 자신을 탓하는 편이다.
□ 2) 내가 한 일이 잘못되었을 때는 언제나 나를 탓한다.
□ 3) 일어나는 모든 나쁜 일들은 다 내 탓이다.

9 □ 0) 나는 자살 같은 것은 생각하지 않는다.
□ 1) 나는 자살할 생각을 가끔 하지만, 실제로 하지는 않을 것이다.
□ 2) 자살하고 싶은 생각이 자주 든다.
□ 3) 나는 기회만 있으면 자살하겠다.

10 □ 0) 나는 평소보다 더 울지는 않는다.
□ 1) 나는 전보다 더 많이 운다.
□ 2) 나는 요즈음 항상 운다.
□ 3) 나는 전에는 울고 싶을 때 울 수 있었지만, 요즈음은 울래야 울 기력조차 없다.

11 □ 0) 나는 요즈음 평소보다 더 짜증을 내는 편은 아니다.
□ 1) 나는 전보다 더 쉽게 짜증이 나고 귀찮아진다.
□ 2) 나는 요즈음 항상 짜증을 내고 있다.
□ 3) 전에는 짜증스럽던 일에 요즘은 너무 지쳐서 짜증조차 나지 않는다.

12 □ 0) 나는 다른 사람들에 대한 관심을 잃지 않고 있다.
□ 1) 나는 전보다 다른 사람들에 대한 관심이 줄었다.
□ 2) 나는 다른 사람들에 대한 관심이 거의 없어졌다.
□ 3) 나는 다른 사람들에 대한 관심이 완전히 없어졌다.

13 □ 0) 나는 평소처럼 결정을 잘 내린다.
□ 1) 나는 결정을 미루는 때가 전보다 더 많다.
□ 2) 나는 전에 비해 결정을 내리는 데에 더 큰 어려움을 느낀다.
□ 3) 나는 더이상 아무 결정도 내릴 수가 없다.

14 □ 0) 나는 전보다 내 모습이 더 나빠졌다고 느끼지 않는다.
□ 1) 나는 나이 들어 보이거나 매력 없이 보일까 봐 걱정한다.
□ 2) 나는 내 모습이 매력 없게 변해버린 것 같은 느낌이 든다.
□ 3) 나는 내가 추하게 보인다고 믿는다.

15 □ 0) 나는 전처럼 일을 할 수 있다.
□ 1) 어떤 일을 시작하는 데에 전보다 더 많은 노력이 든다.
□ 2) 무슨 일이든 하려면 나 자신을 매우 심하게 채찍질해야만 한다.
□ 3) 나는 전혀 아무 일도 할 수가 없다.

16 □ 0) 나는 평소처럼 잠을 잘 수 있다.
□ 1) 나는 전에 만큼 잠을 자지는 못한다.
□ 2) 나는 전보다 한두 시간 일찍 깨고 다시 잠들기 어렵다.
□ 3) 나는 평소보다 몇 시간이나 일찍 깨고, 한번 깨면 다시 잠들 수 없다.

17 □ 0) 나는 평소보다 더 피곤하지는 않다.
□ 1) 나는 전보다 더 쉽게 피곤해진다.
□ 2) 나는 무엇을 해도 피곤해진다.
□ 3) 나는 너무나 피곤해서 아무 일도 할 수 없다.

18 □ 0) 내 식욕은 평소와 다름없다.
□ 1) 나는 요즈음 전보다 식욕이 좋지 않다.
□ 2) 나는 요즈음 식욕이 많이 떨어졌다.
□ 3) 요즈음에는 전혀 식욕이 없다.

19 □ 0) 요즈음 체중이 별로 줄지 않았다.
□ 1) 전보다 몸무게가 2㎏가량 줄었다.
□ 2) 전보다 몸무게가 5㎏가량 줄었다.

□ 3) 전보다 몸무게가 7㎏ 이상 줄었다.
* 나는 현재 음식조절로 체중을 줄이고 있는 중이다.
(□ 예 □ 아니오)

20 □ 0) 나는 건강에 대해 전보다 더 염려하고 있지는 않다.
□ 1) 나는 여러 가지 통증, 소화불량, 변비 등과 같은 신체적인 문제로 걱정하고 있다.
□ 2) 나는 건강이 염려되어 다른 일은 생각하기 힘들다.
□ 3) 나는 건강이 너무 염려되어 다른 일은 아무것도 생각할 수 없다.

21 □ 0) 나는 요즈음 성에 대한 관심에 별다른 변화가 있는 것 같지는 않다.
□ 1) 나는 전보다 성(sex)에 대한 관심이 줄었다.
□ 2) 나는 전보다 성(sex)에 대한 관심이 상당히 줄었다.
□ 3) 나는 성(sex)에 대한 관심을 완전히 잃었다.

부록 10 클라이언트 만족도 척도(Client Satisfaction Questionnaire, CSQ-8)

이 척도는 클라이언트의 서비스에 대한 만족도를 측정하기 위하여 고안된 자기 기입식 도구이다. 이 척도는 단일 차원이며 신뢰도와 타당도는 잘 확보되어 있다. 각 문항에 대해서는 '전혀 우수하지 않다' 또는 '매우 우수하다' 또는 '매우 그렇다(4점)'로부터 전혀 그렇지 않다(1점)'에 이르는 4점 척도로 평가된다. 전체 점수의 범위는 8점에서 32점까지이며, 점수가 높을수록 만족도가 높음을 의미한다.

번호	문 항	응 답							
1	당신이 받은 서비스의 질을 어떻게 평가하겠습니까?		매우 우수하다		우수하다		우수하지 않다		전혀 우수하지 않다
2	당신이 원하는 종류의 서비스를 얻었습니까?		전혀 그렇지 않다		그렇지 않다		그렇다		매우 그렇다
3	우리 프로그램은 당신의 욕구를 얼마나 충족시켰습니까?		거의 모두		대부분		일부분		전혀
4	친구가 유사한 도움을 필요로 한다면, 그에게 우리 프로그램을 권하시겠습니까?		전혀 그렇지 않다		그렇지 않다		그렇다		매우 그렇다
5	당신이 받은 도움의 양에 얼마나 만족하십니까?		매우 불만족		약간 불만족		약간 만족		매우 만족
6	당신이 받은 서비스는 문제를 더 효과적으로 다룰 수 있도록 하는데 얼마나 도움이 되었습니까?		매우 많이		많이		적게		매우 적게
7	대체적으로 당신이 받은 서비스에 얼마나 만족하십니까?		매우 많이		많이		적게		매우 적게
8	당신이 다시 도움을 필요로 한다면 우리 프로그램에 다시 참석하시겠습니까?		전혀 그렇지 않다		그렇지 않다		그렇다		매우 그렇다

부록 11 의학용어[03]

1. 진료부서(Clinic Department)

internal medicine	내과(학)	MED
gastrointestinal medicine	소화기내과	GIMD
cardiology	순환기내과	CAMD
pulmonary medicine	호흡기내과	PIMD
endocrinology	내분비내과	EDMD
nephrology	신장내과	NEMD
hematology	혈액내과	HEMD
oncology	종양내과	ONMD
allergic medicine	앨러지내과	ALMD
pediatrics	소아청소년과	PED
neurology	신경과	NEUR
psychiatry	정신건강의학과	PSY
dermatology	피부과	DERM
general surgery	일반외과	GS
cardiosurgery	흉부외과	CS
orthopedic surgery	정형외과	OS
neurosurgery	신경외과	NS
plastic surgery	성형외과	PS
obstetrics	산과	OB
gynecology	부인과	GYN
ophthalmology	안과	OPTH
otorhinolaryngology	이비인후과	ENT
urology	비뇨의학과	URO
rehabilitational medicine	재활의학과	RM
therapeutic radiology	치료방사선과	TR
diagnostic radiology	진단방사선과	DR
industrial medicine	산업의학과	INDM

03 이 자료는 아주대학교병원 사회사업팀의 허락을 받아 인용하였다.

dentistry	치과	DENT
emergency medicine	응급의학과	ERMD
clinical pathology	임상병리과	CPAT
anatomic pathology	해부병리과	APAT

2. 해부학 용어(Anatomic terminology): 신체구조(계통별)

가. Digestive system mouth(입), pharynx(인두), esophagus(식도), stomach(위), duodenum(십이지장), jejunum(공장), ileum(회장), cecum(맹장), colon(결장), rectum(직장), liver(간), gallbladder(담낭), pancreas(췌장)

나. Uninary, excretory system kidneys(신장), ureters(요관), urinary bladder(방광), urethra(요도)

다. female reproductive system mammary glands(유선), ovaries(난관), fallopian tubes(나팔관), uterus(자궁), vagina(질)

라. male reproductive system testes(고환), prostatic glands(전립선), penis(음경)

마. respiratory system nose(코), pharynx(인두), larynx(후두), trachea(기관), bronchi(기관지), lungs(폐)

바. nervous system brain(뇌), spinal cord(척수), nerves(신경)

사. cardiovascular system heart(심장), blood vessels(혈관), arteries(동맥), veins(정맥), capillaries(모세혈관), lymphatic vessels(림프관), lymphatic nodes(림프절), spleen(비장), thymus gland(흉선)

아. muscular & skeletal system

자. integumentary system skin(피부), hairs(체모), nails(손톱, 조), custaneus glands(피부선)

차. endocrine system thyroid gland(갑상선), pituitary gland(뇌하수체), sex gland(성선), adrenal glands(부신), parathyroid glands(부갑상선), thymus gland(흉선)

3. 약어(Abbreviations)

A	anterior
A & O	Alert and Oriented
AA	aplastic anemia
Ab	antibody
abd.	abduction
ABR	absolute bed rest
a	before(Latin:ante)
a.c.	before meals(Latin:ante cibum)
ab	abortion
abd.	abdomen
ABP	arterial blood pressure
ACA	anterior cerebral artery

ACMV	assist control mode ventilation	ACU	acute care unit
add.	adduction	ADE	acute disseminated encephalitis
ADL	activities of daily living	ad lib	as desired(Latin:ad livitum)
adm.	admission ↔ discharge	admin.	administer
AE	above elbow	AFT	acute follicular tonsillitis
AGE	acute gastroenteritis	AI	aortic insufficiency, =aortic valve insufficiency
AK	above knee (amputation)	AKA	above knee amputation
ALD	alcoholic liver disease	ALL	acute lymphocytic leukemia
AM	before noon	AMI	acute myocardial infarction
AML	acute myelogenous leukemia	amp.	amputation
AMV	assist move ventilation	anes.	anesthesia
angio.	angiogram	ANS	autonomic nervous system
ant.	anterior	AODM	adult onset diabetes mellitus
A−P	anterior−posterior	AP	anteroposterior
appl.	applied, application	ARF	acute renal failure
AS	aortic stenosis =aortic valve stenosis	ASAP	as soon as possible
ASD	atrial septal defect	AV	aortic valve
A−V	arteriovenous	AVR	aortic valve replacement
b.i.d.	twice a day (Latin:bis in die)	B/I	bladder irrigation
Ba	barium	BA	bronchial asthma
Ba.E	barium enema	BBT	basal body temperature
BCP	birth control pills	BE	barium enema
bilat	bilateral	BK	below knee
BKA	below knee amputation	BM	basal metabolism, bone marrow, bowel movement
BMT	bone marrow transplantation	BP	blood pressure
BPLD	bilateral pelvic lymphnode dissection	BRH	benign recurrent hematuria
BUN	blood urea nitrogen	BW	birth weight
Bx.	biopsy	C. Cath	cardiac catherterization
C.section	caesarean section	C/S	caesarean section
C/C	chief complaint	C/O	osteoplastic craniotomy
Ca.	cancer	CAD	coronary artery disease
cath.	catheterization	CBC	complete blood count
cbll	cerebellum	Cbr	cerebrum
CBR	complete bed rest	CCU	coronary care unit
CD	cadaver donor	CFT	chronic follicular tosillitis
CHF	congestive heart failure	chr.	chronic
CHVD	chronic hypertensive vascular disease	CI	cerebral infarction

CLD	chronic liver disease
CML	chronic myelogenous leukemia
CNS	central nervous system
COD	cause of death
COPD	chronic obstructive pulmonary disease
CPA	cardiopulmonary arrest
CPS	complex partial seizure
CRD	chronic renal disease
CS(=CSF)	cerebrospinal(fluid)
CVA	cerevrovascular accident
cx.	complication
d	duration
D & E	dilation and evacuation
D/L	dislocation
DDx.	differential diagnosis
DERM	dermatology
DI	drug intoxication
DOA	dead on arrival
DPT	diphtheria, pertussis, tetanus
DTP	diphtheria, tetanus pertussis
ECHO	echocardiogram
ED	effective dose
EGG	electrogastrogram
EKG	electrocardiogram
ENMD	endocrinology medicine
EPC	epilepsy
esoph.	esphagus
ESWL	extracorporeal shock wave lithotripsy
exam.	examination
F.C.C.D.	fracture compound, communited, depressed
F.Hx.	family history
GBS	gall bladder series
GCS	glasgow coma scale
GI	gastrointestinal
GIT	gastrointestinal tract
GS	general surgery
GU	gastric ulcer
CLL	chronic lymphocytic leukemia
CMR	cerebral metabolic rate
CO	craniotomy
COM	chronic otitis media
CP	cerebral palsy
CPR	cardiopulmonary resuscitation
CR	craniectomy
CRF	chronic renal failure
CT	computer-assisted tomography
CVD	cardivascular disease
CXR	chest x-ray
D & C	dilation and curettage
D/C	discontinue
DAA	discharge against advice
Dent.	dentistry
DF	dead fetus
DM	diabetes mellitus
DOD	date of death
DR	delievery room
ECG	electrocardiogram
ECS	electrocerebral silence (brain death)
EENT	eyes, ears, nose, and throat
EH	essential hypertension
EMG	electromyogram
ENT	ears, nose, and throat
ER	emergency room
EST	electroshock therapy
ex.	examined
F	female
F.cath.	foley catheter
f/u	follow up
G.B.series	gall bladder series
GEA	geneal anesthesia
GIMD	gastrointestinal medicine
GM seizure	grand mal seizure
GTI	genital tract infection
GUS	genitourinary system

GVHD	graft versus host disease	H & N	head and neck
HAV	hepatitis A virus	HBAg	hepatitis B antigen
HBV	hepatitis B virus	Hematol.	hematology
HEENT	head, eyes, ears, nose, throat	HD	hemodialysis
HBIG	hepatitis B immunoglobulin	HBP	high blood pressure
F-Angio	fluorescent angiogram	FBS	fasting blood sugar
FD	fatal dose	Fe def.	iron deficiency
FFP	fresh frozen plasma	FH	family history
F Hx.	family history	fl.(=fld)	fluid
FLK	funny looking kids (Ped.)	FUO	fever of unknown origin
FVS	full ventilatory support	Fx.	fracture
G.I.series	gastrointestinal series	G.P.L.D.A.	gravida, para, living, dead, abortion
G/T	group therapy	GA	general anesthesia
GB	gall bladder	GB(S)	Guillain-Barre (syndrome)
Hgb.	hemoglobin	HiBP	high blood pressure
HLA	human lymphocyte antibody	HLD	herniated lumbar disc
HR	heart rate	ht.	height
HTN	hypertension	Hx.	history
I & D	incision and drainage	I & O	intake and output
ICH	intracerebral hemorrhage	ICU	intensive care unit
ID	identification	IDA	iron deficiency anemia
IDD	insulin-dependent diabetes	IDDM	insulin-dependent diabetes mellitus
IM	intramuscular(injection site)	immun.	immunology
imp.	impression	inf. MI	inferior wall myocardial infarction
ing	inguinal	inj.	inject (injection)
IU	intrauterine	IUD	intrauterine death, intrauterine device
IUFD	intrauterine fetal death	IUP	intrauterine pregnancy
IV	intravascular, intravenous	IVH	intraventricular hemorrhage
IVP	intravenous push, intravenous pyelogram	jaund.	jaundice
JBE	japanese bacterial encephalitis	KUB	kidney, ureter, bladder
L	lumbar	L & D	labor and delievery
L(=Lt)	left	L1,L2,...	lumbar vertebrae 1, 2, ...
lac.	laceration	lat.	lateral
LBP	low back pain	LBW	low birth weight
LD50	median lethal dose	LE	lower extremity
leuko.	leukocytes	LFT	liver function test
LIH	left inguinal hernia	LLE	left lower extremity

LLQ	left lower quadrant
LMS	laryngomicrosurgery
LOC	loss of consciousness
LOWBI	low birth weight infant
LU	left upper
LUQ	lower upper quadrant
LVE	left ventricular enlargement
M/S	mental status
mand.	mandible
MG	myasthenia gravis
MM	multiple myeloma
MR	mental retardation
MRI	magnetic resonance imaging
MVR	mitral valve replacement
N / V	nausea and vomiting
NE(=N/E)	neurologic examination
NG	nasogasric tube
NS	neurosurgery
NVD	nausea, vomiting, diarrhea
o. d.	daily
OHS	open heart surgery
OMI	old myocardial infarction
OPD	outpatient department
OR	operating room
OS	orthopedic surgery
P	after
P.Hx.	past history
p.r.n.	whenever necessary
PA	posterior – anterior
Pap.	papanicolaou smear
Path.	pathology
PD	peritoneal dialysis
Ped	pediatrics
PI	present illness
pneumo.	pneumothorax
PO	postoperative
PODx.	preoperative diagnosis
LMP	last menstrual period
LNMP	last normal menstrual period
LOM	limitation of motion
LS	lumbosacral
LUE	left upper extremity
LV	left ventricular
LVF	left ventricular failure
malig.	malignant
MCA	middle cerebral artery
MI	myocardial infarction
MMT	manual muscle test
MR	mitral valve regurgitation
MS	mitral stenosis, mitral valve stenosis
N & V	nausea and vomiting
NCU	neurosurgical unit
Neuro.	neurology
NPO	non per os (nothing by mouth)
NT	nasotracheal (tube)
O & A	observation and assessment
OB–Gyn.	obstetrics–gynecology
OM	otitis media
op.	operation
Ophth.	opthalmology
Ortho.	orthopedics
OT	Occupational Therapy
p.c.	after food
p.o.	by mouth
P/E	Physical Exam.
palp.	palpable
para.	paraplegia
PCA	posterior cerebral artery
PE	physical examination
PH	past history
PIMD	pulmonary medicine
pnx.	pneumothorax
POD	postoperative day
polio	poliomtelitis

POMR	problem–oriented medical record
PRBC	packed red blood cells
Psy.	psychiatry
pulm.	pulmonary
q.i.d.	four times a day (Latin:quater in die)
R/O	rule out
rehab.	rehabilitation
Rh+	rhesus positive (blood)
RM	rehabilitational medicine
ROS	review of system
Rt(=rt)	right
RUE	right upper extremity
S & S	signs and symptoms
Rx.	drugs, medication
S1,S2...	first sacral vertebrae, ...
SAS	sleep apnea syndrome
SD	soft diet
SGOT	serum glutamic oxaloacetic transaminase
SIDS	sudden infant death syndrome
SOAP	subjective, objective, assessment, plan
SPF	sun protection factor
Sx.	symptoms
Sz.	seizure
t.i.d.	three times a day
TA	traffic accident
TB=Tbc.	tuberculosis
TBW	total body weight
TMT	treadmill test
TPR	tempurature, pulse, respirations
TTS	tilt table standing
UA	urinary analysis
UK	urokinase
US	ultrasonic, ultrasonography
UV	ultraviolet, urine volume
vac.	vaccum
VD	vaginal delievery, venereal disease
VHD	valvular heart disease
post.	positive
PS	plastic surgery
PT	physical therapy
q.h.	every hour
q.n.	every night
RBC	red blood cell
RHD	rheumatic heart disease
RIH	right inguinal hernia
ROM	range – of – motion
RR	recovery room
rt.lat.	right lateral
RUQ	right upper quadrant
S/P	status post (no change as before)
S & C	suction and curettage
SAH	subarachnoid hemorrhage
SCI	spinal cord injury
SDH	subdural hemorrhage
SGPT	serum glutamic pyruvic transaminase
SLE	systemic lupus erythemaosus
SOB	short of breath
STD	sexually transmitted diseases
synd.	syndorme
T & A	tonsillectomy and adenoidectomy
T1, T2,....	first thoracic vertebra, ...
TAH	total abdominal hysterectomy
TBI	traumatic brain injury
TIA	transient ischemic attack
TOF	tetralogy of Fallot
TR	therapeutic radiology
Tx.	therapy, treatment
UGI	upper gastrointestinal (series)
URI	upper respiratory infection
UTI	urinary tract infection
V/S	vital sign
vacc.	vaccinate(vaccination)
VH	vaginal hysterectomy
VLBW	very low birth weight

vs	versus	VSD	ventricular septal defect
V-tube	ventilation tube	WAIS	wechsleradult intelligence scale
WBC	white blood cell, white blood count	wds.	wounds
WNL	within normal limits	wt.	weight

4. 혈액종양(Hematology & Oncology)

AA(aplastic anemia)	재생불량성 빈혈	lymphoma	임파종
ALL(acute lymphocytic leukemia)	급성임파구성백혈병	malignant	악성의
alopecia	탈모	metastasis	전이
AML(acute myelogenous leukemia)	급성골수성백혈병	monocyte	단핵구
anemia	빈혈	Multiple Myeloma	다발성 골수종
antibody	항체	myerofibrosis	골수섬유증
antigen	항원	nasopharyngeal ca	비인두암
ascites	복수	neutrophil	호중구
benign	양성의	plasma	혈장
biopsy	생검	NHL(non-Hoggikin's lymphoma)	비호지킨림프종
blast cell	아세포	Oncology	종양학
bone marrow	골수	ovarian cancer	난소암
breast cancer	유방암	platelet pharesis	혈소판 분리반출법
cancer	암	platelet	혈소판
carcinoma	암종	prostate cancer	전립선암
carginogen	발암물질	radiation therapy	방사선치료
CBC(complete blood cell)	전혈구	rectal ca	직장암
chemotherapy	항암치료	recurrence	재발
colon ca	대장암	red blood cell(RBC)	적혈구
CR(complete remission)	완전관해	relapse	재발
endometrial cancer	자궁내막암	remission	관해
engraftment	생착	sarcoma	육종
GVHD(grafte versus host disease)	이식편대 숙주질환	side effect	부작용
Hematology	혈액학	TBI(Total Body Irradiation)	전신방사선 조사
hemorrage	출혈	thrombocytopenia	혈소판 감소증
immune cell	면역세포	thyroid ca	갑상선암
immunotherapy	면역치료	tongue ca	설암
invasion	침범	tumor	종양

lung cancer	폐암	white blood cell(WBC)	백혈구
lymphatic system	림프계	Wilms Tumor	윌름씨 종양
lymphocyte	림프구		

PBSCT(Prepharal Blood Stem Cell Transplantation)	말초조혈모세포이식술
bone marrow transplantation	골수이식 allogenic BMT / autologous BMT /syngeneic BMT
ITP(Idiopathic Trombocytopenic Pupura) leukemia	백혈병
MDS(marrow differential syndrome)	골수이형성 증후군

5. 정신의학(Psychiatry)

acting out	행동화	affective disorder	기분장애
aggression	공격성	agoraphobia	광장공포증
ambivalence	양가감정	amnestic disorder	건망장해
anesthesia	감각상실	antisocial personality disorder	반사회적 인격장애
anxiety disorder	불안장애	apathy	무감동
appearance	외모	auditory hallucination	환청
avoidance	회피	bipolar disorder	양극성장애
borderline personality disorder	경계성 인격	confusion	착란
consciousness	의식	content of thought	사고의 내용
conversion disorder	전환장애	coping mechanism	대응기전
defence mechanism	방어기계	delirium	섬망
delusional disorders	망상장애	dementia	치매
denial	부인	hysterical psychosis	히스테리 정신병
ICD(International Classification of Disease)	국제질병분류	ideas of reference	관계망상
identifying data	신원	illusion	착각
inappropriate affect	부적합한 감정	incoherence	지리멸렬
insight	병식	intellectual function	지적능력
intoxication	중독	in vivo exposure	실제상황노출
irritable isolation	고립	jealous type	질투형
loosening of association	연상작용의 해이	major depression	주요우울증
mania	조증	manic state	조증상태
mental disorder	정신장애	mental illness	정신질환
mental retardation mental hadicap	정신지체	narcissistic personality disorder	자기애적 인격장애
negative symptom	음성증상	negativism	거부증

neurosis	신경증	neurotic depression	신경증적 우울
obsessive compulsive disorder	강박신경증	obsessive – compulsive disorder	강박장애
organic psychosis	기질적 정신병	panic attack	공황발작
panic disorder	공황장애	paranoid personality disorder	편집성 인격장애
paranoid type	망상형	passive–aggressive	수동–공격적
perception	지각	persecutory type	피해형
personal history	개인력	personality disorder	인격장애
positive symptom	양성증상	present illness	현병력
preoccupation	우격개념	projection	투사
prodromal symptom	전구증상	psychiatry	정신의학
pseudo	가성	psychopathology	정신병리학
psychological test	심리검사	depression	우울증
psychosis	정신병	dissociation	해리
disorientation	지남력 장애	echolalia	반향언어
DSM Diagnostic & Statistical Manual	정신장애 진단통계편람	EEG electroencephalography	뇌파검사
echopraxia	반향행동	reaction formation	반동형성
psychotic feature	정신병적 양상	residual symptom	잔류증상
reinforce	강화	schizoaffective type	분열정동형
rigidity	강직	schizophrenia	정신분열증
schizoid personality disorder	분열성 인격장애	sleep deprivation	수면박탈
schizophreniform disorder	정신분열형 장애	social withdrawal	사회적 철퇴
social phobia	사회공포증	Somatoform disorder	신체화장애
somatic type	신체형	stereo typed behavior	상동행동
splitting	분리	thought blocking	사고의 차단
symbolization	상징화	thought progress	사고의 진행
thought broadcasting	사고전파	withdrawal	금단
undifferentiated type	미분화형	ego–syntonic	자아동질적
ego–dystonic	자아이질적	emotional bluntness	정서둔하
electroconvulsive therapy(ECT)	전기경련요법	emotional reaction	감정반응
emotional distance	감정적 거리	fixation	고착
family history	가족력	general attitude and behavior	전반적 태도, 행동
functional psychosis	기능적 정신병	hallucination	환각
grondiose type	과대형	hypochondriasis	건강염려증
hyperactivity	행동과잉	hysteria	히스테리
hypomania	경조증	post–traumatic stress disorder	외상후 스트레스장애 PTSD

6. 재활의학(Rehabilitaion Medicine)

ADL(activities of daily living)	일상생활동작
agnosia	실인증
AK amputation(above knee)	무릎위 절단(수술)
aphagia	실어증
apraxia	실행증
BE ampu.(below elbow)	팔굼치 아래 절단
cane	지팡이
compiete SCI	완전 척수손상
constipation	변비
contracture	구축
CP(cerebral palsy)	뇌성마비
crutches	목발
CVA(cerevrovascular accident)	뇌졸중
decubitus ulcer	욕창
diplegia	양측마비
dysarthria	구음장애
dysphagia	연하곤란
EMG(electromyography)	근전도
EST(electrical stimulation therapy)	전기치료
FIM score,(functional independance maual)	기능독립성 평가
G-B synd.(Guillain-barre syndrome)	길레인 바레 신드롬
Hemiparesis	반불완전마비
Hemiplegia	반마비
hemorrhage	출혈
incomplete SCI	불완전 척수손상
incontinence(fecal / urinary incontinence)	실금
infarction	경색증
ischemia	국소허혈
LBP(low back pain)	요통
LOM(limitation of motion)	관절가동제한
MMT(manual muscle test)	도수근력테스트
neurogenic bladder	신경인성 방광
neurogenic bowel	신경인성 장
occupational therapy	작업치료
orthosis	보조기
osteoporosis	골다공증
operation therapy, OT	작업치료
paraparesis	불완전 하반신마비
paraplegia	하반신마비
physical therapy, PT	물리치료
pressure sore	욕창
prosthsis	의지, 의수
quadriparesis	불완전사지마비
quadriplegia	사지마비
ROM(range of motion)	관절가동범위
SCI(spinal cord injury)	척수손상
sore	궤양; bed sore 욕창
spasticity	강직
stroke	중풍, 뇌졸중
transfer	전달
tremor	떨림
UTI(urinary tract infection)	요로감염
walker	보행기
TENS(transcutaneous electrical nerve stimulation)	전기신경자극

7. 기타

근골격계

osteralgia	골통
osteosclerosis	골경화증
phatom limb pain	환지통
osteopenia	골감소증

ostitis	골염	osteomyelitis	골수염
osteoporosis	골다공증	kyphosis	척추후만
lordosis	척추전만	scoliosis	척추측만
fracture	골절	depressed fx.	함몰골절
incomplete fx.	불완전골절	transverse fx.	횡골절
comminuted fx.	분쇄골절	impacted fx.	매복골절
compression fx.	압박골절	compound fx.	개방성골절
osteoma	골종	osteocystoma	골낭종
giant cell tumor	거대세포종	multiple myeloma	다발성 골수종
osteosarcoma	골육종	reduction of fx.	골절정복
closed reduction	비관혈적 정복술	traction	견인
open reduction	관혈적 정복	arthralgia	관절통
tenderness	압통	lumbago	요통
ankylosis	강직증	contracture	구축
arthritis	관절염	rheumatoid arthritis	류마티스성 관절염
spondylitis	척추염	dislocation	탈구
sprain	염좌	strain	좌상
abduction	외향	adduction	내전
extension	신전	flexion	굴곡
myalgia	근육통	myoedema	근부종
myneuralgia	근신경통	myoparalysis	근마비
myocaritis	심근염	myodystrophia	근이양증
myofibrosis	근섬유증	myofibroma	근섬유종
myosarcoma	근육종	HIVD(herniation of intervertebral disk)	추간판 탈출
degenerative arthritis	퇴행성 관절염		

신경계

cerebrum	대뇌	cerebellum	소뇌
brain stem	뇌간	pons	뇌교
diencephalon	간뇌	medulla oblongata	연수
thalamus	시상	hypothalamus	시상하부
cerebral ventricles	뇌실	cerebrospinal fluid	뇌척수액
spinal cord	척수	confusion	착란
hypothermia	저체온증	aphasia	실어증
epilepsy	간질	coma	혼수
brain death	뇌사	myelitis	척수염

비뇨생식기계

cyst	낭, 낭포	albuminuria	단백뇨
cystoceles	방광류	cystitis	방광염
micturition, urination	배뇨	dysuria	배뇨곤란
hypernephroma	부신종	edema	부종
glomerulonephritis	사구체신염	urine output	소변량
hydroureter	수뇨관(증)	renal tuberculosis	신결핵
renal infarction	신경색증	nephropexy	신고정술
renal abscess	신농양	renal pain	신동통
renal failure	신부전	nephromegaly	신비대
renal biopsy	신생검	nephrocolic	신성산통
pyelonephtitis	신우신염	pyelitis	신우염
nephrotomy	신절개술	nephrectomy	신절제술
nephrorrhagia	신출혈	nephroptosis	신하수증
nocturia	야간 다뇨증	UA urinalysis	요검사
urinary calculus	요결석	ureteritis	요관염
ureterostenosis	요관협착	urgency	요긴급
urethritis	요도염	urethral obstruction	요도폐쇄
uremia	요독증	urinary incontinence	요실금
enuresis	유뇨증, 야뇨증	prostatitis	전립선염
HD hemodialysis	혈액투석	hematospermia	혈정액증
pneumaturia	기뇨(증)	polyuria	다뇨
anuria	무뇨	cystoscopy	방광경 검사
cystectomy	방광절제술	stress incontinence	복압성 요실금
hydronephrosis	수신증	nephrorrhaphy	신봉합술
pyelolithotomy	신우절석(술)	renal transplantation	신이식
urinalysis	요(분석) 검사	dialysis	투석
oliguria	핍뇨	hematuria	혈뇨
ARF acute renal failure	급성 신부전증	UTI urinary tract infection	요로계 감염
malignant nephroangiosclerosis	악성신장혈관경화증	BUN blood urea nitrogen	혈액뇨 질소
CRF chronic renal failure	만성 신부전증	bladder, prostatic pain	방광, 전립선 동통
renovascular hypertention	신혈관성 고혈압	IPD intermittent peritoneal dialysis	간헐성 복막투석
IVP intravenous pyelography	경정맥 신우 조영술	AGN acute glomerulonephritis	급성 사구체 신염
ureteral obstruction, stenosis	요관폐쇄, 협착	IVU intravenous urography	경정맥 요로 조영술
Wilms' tumor	윌름종양, 소아의 신장에 주로 생기는 혼합종양으로 배아성 선근육종		
urinary frequency	(빈뇨) 1회 소변량은 증가 않고, 방광용량이 감소되면서 자주 소변을 보는 경우		
urinary tenesmus	(요후증) 배뇨가 시원하게 되지 않고 뒤 묵직하여 계속 동통이 지속되는 상태		

참고문헌

Reference

강흥구 (2007). **의료사회복지실천**. 파주: 학현사.

국민건강보험공단 (2017). 사업장 업무편람.

국민경간보험공단 (2006). 한국의 건강보험제도 개요.

권오훈 (1984). 사회문제론. 서울: 보성문화사.

김만두 (1997). **사례관리실천론**. 서울: 홍익재.

김융일, 조흥식, 김연옥 (1998). **사회사업실천론**. 경기: 나남출판.

보건복지부 (2017). 제1차 공공보건의료 기본계획(2016~2020) 수립에 따른 2018년 공공보건의료계획 수립 안내.

보건복지부 (2019). 2019 소아청소년 완화의료 사업안내.

보건복지부 (2019). 2019 연명의료결정제도 안내책자.

보건복지부 (2019). 2019 호스피스 · 완화의료 사업안내.

보건복지부 보도자료 (2018.11.19.). 지역사회 통합 돌봄 기본계획.

보건복지부 보도자료 (2018.11.23.). "의료사회복지사 · 학교사회복지사"국가자격증 신설.

보건복지부 (2024). 아동학대 주요통계.

보건복지부 (2024). 의료 · 요양 · 돌봄 등 지역돌봄의 통합지원에 관한 법률 설명자료.

삼성서울병원 (2012). **암치유생활백과**. 서울: 청림라이프.

삼성서울병원. 위암과 치료를 위한 안내.

양옥경, 이기연, 최소연, 현진희 (2010). **사회복지지도감독론**. 파주: 양서원.

연세대학교 의료원 (2018). 2018년도 직무능력향상강좌.

연세대학교 의료원 (2022). 3급 승진교육 자료집.

오영호 (2003). 우리나라 공공보건의료의 적정수준에 관한 연구. **보건사회연구**, 25(1), 38-71.

오영호 (2013). 우리나라 공공보건의료의 정책방향과 과제. 한국보건사회연구원 보건복지 이슈 & 포커스, 203(2013-33).

유승흠 (2005). 병원경영. 서울: 계축문화사.

윤현숙, 김연옥, 황숙연 (2011). 의료사회복지실천론. 파주: 나남.

의료기관 인증평가원 홈페이지. www.koiha.or.kr

이기주 (2018). 의료사회사업론. 서울: 경희사이버대학교.

이영숙 (2011). 국공립병원 의료사회복지의 실태와 개선방안. 2011년 서울대학교병원 공공보건의료사업단 공공의료사업 발전을 위한 심포지엄 자료집.

이영숙 (2013). 한국 호스피스 · 완화의료 사회복지의 과거, 현재 그리고 미래 전략. 한국호스피스완화의료학회지, 16(2), 65-73.

이영호, 송종용 (1991). BDI, SDS, MMPI-D 척도의 신뢰도 및 타당도에 관한 연구. 한국심리학회지: 임상, 10(1), 98-113.

이장호 (2005). 상담심리학(제4판). 서울: 박영사.

이진용 (2015). 공공병원의 공공의료기능 현황과 적자. 의료정책포럼, 13(3), 75-81.

이진용 (2017). 2017년 취약계층 의료안전망 강화를 위한 의료사회복지 활동 제도화 방안. 국회공청회 자료집.

임재관 (2019. 4. 1). 개정된 연명의료결정법의 주요 내용은? 메디컬월드뉴스. http://medicalworldnews.co.kr/news/view.php?idx=1510930069에서 인출.

정대희 (2018). 호스피스완화의료에서의 의료사회복지실천. 대한의료사회복지사협회 수련 교육자료.

조흥식, 권기창, 이태수, 박경수, 이봉주, 범규숙, 박기훈 (2008). 사회복지학개론. 서울: 창지사.

중앙보훈병원 (2018). 권역호스피스센터 현판식 발표자료.

중앙아동보호전문기관 (2017). 전국아동학대현황보고서.

중앙호스피스센터 (2024). 국가호스피스완화의료 연례보고서.

한국호스피스 · 완화의료학회 (2018). 호스피스 · 완화의료. 파주: 군자출판사.

홍영수 (2009). 의료사회복지 사례연구(Ⅰ). 서울: 도서출판 신정.

홍영수, 김재엽 (2003). 발달장애아동 어머니의 정신건강 개선 프로그램 개발과 효과성 평가. 한국사회복지행정학, 9, 169-187.

Attali, J. (2018). 어떻게 미래를 예측할 것인가. 김수진 옮김. 파주: 21세기 북스.

Attali, J. (2018). 어떻게 미래를 예측할 것인가. 김수진 역. 파주: 21세기 북스.

Baldwin, S., & Carlisle, J. (1994). Social Support for Disabled Childr*en and Their Families*. London: HMSO.

Barker, R. L. (1995). *Social Work Dictionary 3rd ed*. Washington, DC: NASW press.

Beauchamp, T., & Childress, J. (2002). *Principles of Biomedical Ethics* (6th Ed.). Oxford.

Beck, A. T. (1967). Depression: Clinical, Experimental and theoretical aspects, Harper & Row.

Beder, J. (2006). Hospital s*ocial work: The Interface of Medicine caring*. NY: Routledge.

Boutin-Foster, C., Euster, S., Rolon, Y., Motal, A., BeLue, R., Kline, R. & Charlson, M. E. (2005). Social work admission assessment tool for identifying patients in need of comprehensive social work evaluation. *Health & Social Work, 30*(2), 117-125.

Burr, W. R., Klein, S. R., Burr, R. G., Doxey, C., Harker, B., Holman, T. B., Martin, P. H., McClure, R. L., Parrish, S. W., et al. (1994). Sage library of social research, 193. R*eexamining family stress: New theory and research*. Thousand Oaks, CA: Sage Publications, Inc.

Cockerham, W. C. (2005). 의료사회학. 박호진, 김경수, 안용항, 이윤수 공역. 파주: 아카넷.

Fisher, J., & Corcoran, K. (2007). *Measures for clinical practice and research 4th ed*, vol(2) Adults. NY: Oxford University Press.

Gehlert, S., & Browne, T. A. (2006). *Handbook of Health Social Work*. NJ: John Wiley & Sons, Inc.

Hall, M., & Ellman, I. (1990). *Health Care Law and Ethics*. MN: West.

Kettner, P. M., Moroney, R. M., & Martin, L. L. (2001). 사회복지프로그램 기획과 관리. 정무성 옮김. 서울: 나눔의 집.

Lazarus, R. S., & Folkman, S. (1984). *Stress, appraisal, and coping*. NY: Springer Publishing Company.

Livneh, H., & Antonak, R. F. (2005). Psychosocial adaptation to chronic illness and disability: a primer for counselors. *Journal of Counseling and development*, *83*(1), 12–20.

Livneh, H., & Parker, R. M. (2005). Psychological adaptation to disability. *Rehabilitation Counseling Bulletin*, 49(1), 17–28.

Lowenberg, F., & Dolgoff, R. (1996). *Ethical decisions for social work practice* (5th ed.). IL: Peacock Press.

OECD 대한민국정책센터 사회정책본부 (2010). 한국의 보건의료 개혁.

Powell, S. K., & Ignatavicius, D. (2001). *Core curriculum for case management*. Philadelphia, PA: Lippincott.

Radley, A. (2004). **질병의 사회심리학**. 조병희, 전신현 공역. 경기: 나남출판.

Royse, D., Thyer, B. A., Padgett, D. K. & Logan, T. K. (2001). *Program evaluation: An introduction 3rd ed*. CA: Wadsworth/Thomson Learning.

Schneider, L. (1984). **사회문제론**. 권오훈 옮김. 서울: 보성문화사.

Selker, H. P., Beshansky, J. R., Pauker, S. G., & Kassirer, J. P. (1989). The epidemiology of delays in a teaching hospital: The development and use of a tool that detects unnecessary hospital days. *Medical care*, *27*, 112–129.

Sheafor, B. W., Horejsi, C. R., & Horejsi, G. A. (1997). *Techniques and guidelines for social work practice*. Boston: Allyn & Bacon.

Sheafor, B. W., Horejsi, C. R., & Horejsi, G. A. (1997). **사회복지실천기법과 지침**. 서울대 사회복지실천연구회 옮김. 경기: 나남출판.

Shontz, F. C. (1975). *The psychological aspects of physical illness and disability*. NY: Macmillan. In R. S. Lazarus, & S. Folkman, Stress, appraisal, and coping. NY: Springer Publishing Company.

Stiles, W. B., & Snow, J. S. (1984). "Dimensions of psychotherapy session impact across clients", *British Journal of Clinical Psychology*, *23*, pp.59–63.

Thiroux, J. P. (2004). *Ethics*: Theory and Practice. Peking Univesity Press.

Wallerstein, J. S., & Blakeslee, S. (1995). The good marriage. Boston: Houghton

Mifflin. In Knox, D. & Schacht, C. *Marriage and the Family: A brief introduction*. Belmont, CA: Wadsworth Publishing Company.

Wedding, D., & Corsini, R. J. (2000). **현대심리치료**. 김정희, 이장호 공역. 서울: 중앙적성출판사.

Wedding, D., & Corsini, R. J. (2007). **현대심리치료(제7판)**. 김정희 옮김. 서울: 박학사.

Zastrow, C. (2008). *Introduction to social work and social welfare* (9th ed.). CA: Thomson.

저/자/약/력

◆송효석
현, 서정대학교 사회복지상담과 교수
전, 삼성서울병원 의료사회복지사
전, 대한의료사회복지사협회 회장
연세대학교 사회복지학과 학사
연세대학교 사회복지대학원 석사
성균관대학교 일반대학원 사회복지학과 박사수료

◆조성상
현, 연성대학교 사회복지과 교수
전, 서울아산병원 의료사회복지사
연세대학교 사회복지학과 학사
연세대학교 사회복지학과 석사
연세대학교 사회복지전문대학원 박사

◆이기주
현, 용인세브란스병원 사회사업팀장
전, 강남세브란스병원 의료사회복지사
전, 세브란스병원 의료사회복지사
연세대학교 사회복지학과 학사
가톨릭대학교 사회복지대학원 석사

◆이동영
현, 가톨릭관동대학교 사회복지학과 교수
현, 대한의료사회복지사협회 회원
현, 강원도 공공보건의료지원단 연구위원
서강대학교 경영학과 학사
연세대학교 사회복지학과 석사
연세대학교 사회복지학과 박사

◆징대희
현, 서울대학교병원 의료사회복지팀장
전, 강남세브란스병원 의료사회복지사
현, 세종사이버대학교 사회복지학과 겸임교수
현, 동국대학교 미래융합대학 사회복지상담학과 강사
전, 대한의료사회복지사협회 사무국장
연세대학교 사회복지학과 학사
연세대학교 행정대학원 사회복지 전공 석사
성균관대학교 일반대학원 사회복지학과 박사수료

의료사회복지론

초판발행 2026년 1월 10일 **1판 1쇄 인쇄** | 2026년 1월 15일 **1판 1쇄 발행**

지은이 송효석, 조성상, 이기주, 이동영, 정대희
펴낸이 최용구 | **펴낸곳** 도서출판 **신정**
주소 (04316) 서울시 용산구 원효로 89길 19 (원효로1가)
전화 02)3211-4782, 0266(영업부), 3211-4783(편집부), 3211-4784(팩스)
이메일 shinjeong72@naver.com | **홈페이지** www.sjbook.co.kr
등록 2001년 5월 11일 제13-702호
기획마케팅 최용구 장만동 최충구 송대용 | **책임편집** 석기은 황가연

ISBN 978-89-5912-977-5 93330
정가 26,000원